循環型人権システム

江島晶子

循環型人権システム

── 憲法・国際人権法・人権法 ──

明治大学社会科学研究所叢書

学術選書
261
憲　法

信山社

は　し　が　き

　本書は、憲法と国際人権条約の共生としてまとめた研究（『人権保障の新局面
── ヨーロッパ人権条約とイギリス憲法の共生』（日本評論社、2002年））の後継研
究の一部にあたる。「共生」という多義的かつ曖昧さを伴う概念の内実を明ら
かにするために、様々な比較実証研究を重ねてきた。それによって、「共生」
を「多層的人権保障システム」と描き、そして、さらなる比較実証研究によっ
て、「多元的・非階層的・循環的人権保障システム」（略称として、循環型人権
システム）という構想を提示するに至った。

　本書の基礎となる論文を執筆した時点と現在では、社会において様々な変化
があるだけでなく法・制度にも変化が生じており、それを反映して構想も少し
づつ変遷している。完全に書き改めるのも一つの方法であるが、循環性という
時間の変遷にスポットライトを当てるアプローチをとる本書は、社会が変わっ
ていく状況、それと伴走して変化していく法・制度を対象としているため、あ
えてその変遷を残しつつ必要に応じて、付記（章末）、追記（文中）および注の
内容補充という形で対応する。また、筆者の構想を複数の学会で報告した後、
学会誌において発表させていただいたことから、構想を説明するという点で内
容に一部重複があることをお断りする。本書第14章および第15章が、現時点で
の筆者の構想および見解となることから、最初にこちらから読んで頂いてもか
まわない。

　変化という点では、本書が比較実証研究の対象の中心においている、イギリ
スおよびヨーロッパ人権条約も例外ではない。まず、イギリスは2016年国民投
票によって EU 離脱（Brexit）を決定し、2020年１月に EU から脱退したこと
から、本書で取り上げている「多元性」という要素において、国民投票によっ
て多元性を解消したことをどのように評価すべきかが課題となる（EU はヨー
ロッパ人権条約の母体であるヨーロッパ評議会とは全く別の組織であるが、EU と
ヨーロッパ人権条約は事実上、相互に補完し合う関係にあることから、人権保障と
いう観点から EU 脱退の影響を検討する必要がある）。そして、同じ政治的潮流の
中で、1998年人権法の廃止、ヨーロッパ人権条約からの脱退が声高に叫ばれ、

v

前者については政府によって改正法案が議会に提出されるまでに到ったが同法案は廃棄となった。現時点で、本書の構想にとって興味深い点は、1998年人権法は、何度も逆風にさらされながら、いまだ改正・廃止されることなく命運を保っており、ヨーロッパ人権条約脱退も実現していないことである。

　他方、2022年2月24日、ロシアがウクライナに侵略したため、同年3月22日にヨーロッパ人権裁判所はロシアのメンバーシップを終止する決議を行い、同年9月16日、ロシアは加盟国でなくなった（ヨーロッパ評議会のメンバーシップについても同様の措置がとられる一方、ロシアは脱退を表明した）。ヨーロッパ人権裁判所は、山積する申立の処理と判決の不履行問題に悩まされ続けてきたが、なかでもロシアとの関係において非常に苦労してきた。それでも「対話」という枠組の中でロシアをつなぎとめてきた裁判所が「除名」という判断をしたことは、これ以上の譲歩はかえって条約の integrity を損なってしまうという苦渋の選択なのであろうか。対話や「循環性」の限界を示した例として検証が必要であり、今後の課題としたい。

　いずれの変化も、筆者の構想において非常に重要な事象であることから、これらについては今後、引き続き比較実証研究を予定している。ひとまず、以下を参照いただけると幸いである。江島晶子「代表・国民投票・EU 離脱（Brexit）——権力者の自己言及（イギリスの場合）」法律時報89巻5号（2017年）19頁以下、江島晶子「イギリスにおけるテロ対策法制と人権——多層的人権保障システムへの新たな挑戦」論究ジュリスト21号（2017年）57頁以下、江島晶子「イギリスにおける2016年国民投票および2017年総選挙」憲法研究2号（2018年）23頁以下、江島晶子「概説　イギリス」小畑郁・江島晶子・北村泰三・建石真公子・戸波江二（編）『ヨーロッパ人権裁判所の判例 II』（信山社、2019年）21頁以下、江島晶子「マーク・エリオット「連合王国の憲法と Brexit ——「憲法的契機」なのか？」（翻訳）」法律時報92巻5号（2020年）15頁以下、江島晶子・河合正雄「イギリス1998年人権法改正をめぐる動向」人権判例報5号（2022年）9頁以下、江島晶子「憲法・憲法学を「開く」」——循環型人権システムにアクセスする権利の実現を通して」江島晶子（編）『グローバルな立憲主義と憲法学』（信山社、2024年）311頁以下。

　さらに、日本における変化として特筆すべき点は、日本の最高裁において近

はしがき

年、立て続けに出されている違憲判断である。なかでも、2023年10月25日「性
同一性障害者の性別の取扱いの特例に関する法律（以下、特例法）」違憲決定お
よび2024年7月3日「優生保護法（1996年に改正され、題名を母体保護法に改
称）」違憲判決に注目できる。前者の法廷意見（多数意見）は、性同一性障害を
有する者を取り巻く社会状況の変化を検討する際に、特例法制定時は法令上の
性別の取扱いを変更する手続を設けている国の大多数は、生殖能力の喪失を変
更のための要件としていたが、「その後、生殖能力の喪失を要件とすることに
ついて、2014年（平成26年）に世界保健機関が反対する旨の共同声明を発し、
また、2017年（平成29年）に欧州人権裁判所が欧州人権条約に違反する旨の判
決をしたことなどから、現在では、欧米諸国を中心に、生殖能力の喪失を要件
としない国が増加し、相当数に及んでいる」（傍点筆者）としてヨーロッパ人
権裁判所の判決およびそのインパクトに言及した（その先触れは2019年1月23日
最高裁合憲決定の補足意見）。そして、本決定で導出された「身体への侵襲を受
けない自由」が、次の2024年違憲判決でも活用されている。しかも2024年違憲
判決では、自由権規約委員会や女性差別撤廃委員会の勧告も参照されている。
この先駆は2013年9月4日民法900条4号但書違憲決定において、すでに観察
できた。よって、2013年決定における参照は、ご都合主義的参照ではなかった
といえよう。筆者は、本書で提唱する循環型人権システムと親和性があるもの
と受け止めている。本書で提示した構想の中で包括的に検討することが今後の
課題である。

　学術的環境の変化にも言及しておきたい。前著のスタンスは伝統的な二国間
比較がいまだベースにあった。研究対象としたイギリスの人権保障システムが、
ヨーロッパ人権条約・EUによって多層性・多元性を有していたがゆえに、現
在の展開につながった。それと時を同じくして学術空間のグローバル化も急速
に進展し、多数の国の同時比較が可能になる一方（コロナ禍で生じた公法的問題
に取り組むために組織された国際的共同研究に参加して痛感した）、欧米法中心主
義的なアプローチは批判の対象になっている。こうした環境ゆえに、ある国・
地域を準拠国（直截にいえば理想モデル）に設定してそれに近づくことを「発
展」とする旧来のスキームに疑問を持ち、本書の構想の核にある「循環型」と
いう発想につながった。本書の研究を進める上で、学会、研究会、訪問調査、

vii

はしがき

共同研究、共同出版などを通じて数えきれない方々に助けていただいた。心からの謝意を表したい。なかでも、本書における「循環性」への着眼は、ある研究会での報告後、須網隆夫・早稲田大学教授と交わした会話の中から生まれた。EU法研究においてもグローバル立憲主義においても第一人者である須網教授からの一言がなければ、いまだ「人権条約の国内適用に関する比較実証研究」にとどまっていたかもしれない。同様に、山元一・慶應義塾大学教授のグローバルな構想力に触発されてきた。日本の憲法学の準拠国分類によれば、山元教授はフランス、私はイギリス、と接点はなかった。ところが国際人権法を介して接点が生まれた。国際法、とりわけヨーロッパ人権条約については、『ヨーロッパ人権裁判所の判例Ⅰ・Ⅱ』や「人権判例報」の編集、研究会・学会での学際的議論を通じて、小畑郁・名古屋大学教授から受けている学恩ははかりしれない。そして、憲法学におけるヨーロッパ人権条約研究について常に先を照らしてくださった建石真公子・法政大学名誉教授に深くお礼申し上げたい。

　他方、IACL（国際憲法学会）やICONなど国際的学会や国際シンポジウムを通してグローバルな研究交流にも恵まれた。多様な国の出身者で構成される研究プロジェクトにおいては、自国の憲法をどのように説明するかが問われる。なかでも、Professor Tania Groppi（University of Siena）らによる憲法裁判所・最高裁判所による外国判例の参照に関する比較実証研究、Professor Wen-Chen Chang（Taiwan University）らとの「憲法とジェンダー」研究、Professor Ngoc Son Bui（University of Oxford）およびDr Mara Malagodi（Warwick University）とのアジア比較憲法プロジェクト、Professor Jeff King（Universiry College London）らとのThe Oxford Compendium of National Legal Responses to Covid-19は得難い機会となった（奥付参照）。グローバルな議論を重ねてきたからこそ、「国の最高法としての憲法」という静的描出には限界があり、人権という共通価値を梃に憲法と国際法の循環型人権システムとして動態的に描く構想を模索することになった。

　最後に、この出版事情の厳しい折に出版をお引き受けくださった信山社、なかでも、出版を促してくださった、袖山貴社長、稲葉文子氏、今井守氏に心からお礼申し上げたい。そして、本書の校正および索引作成については、小出幸祐氏（明治大学法学部兼任講師）のご助力に心からお礼申し上げる。なお残る過

はしがき

ちはすべて筆者の責任である。また、出版においては明治大学社会科学研究所から出版助成を頂戴した。深くお礼申し上げる次第である。

前著『人権保障の新局面』を発刊した際には、21世紀を「人権の世紀」を切望していた1990年代の空気がいまだ漂っていた。それと比較すると、現在、人権は試練の時代を迎えていることは間違いない。だからこそ、人権にいかなる意義があるのか現代的文脈において問うことが必須であり、本書において提示した構想の検討を通じて人権は現在でも有効であると筆者は考えている。それが本書を通じて読者に伝われば望外の喜びである。

2024年12月10日

江 島 晶 子

目　　次

はしがき（v）

◆ **イントロダクション**……………………………………………3

▮ 第Ⅰ部　ヨーロッパにおける多層的人権保障システム ▮

第1章　ヨーロッパにおける多層的統治構造の動態…………9

　Ⅰ　はじめに………………………………………………………9

　Ⅱ　ヨーロッパ・レベルの統治構造……………………………13

　　1　人権の国際的保障とヨーロッパ人権条約…………………13

　　2　ヨーロッパ評議会の統治構造………………………………14

　　　(1) ヨーロッパ評議会の特性（14）

　　　(2) ヨーロッパ評議会の機構（概要）（16）

　　　(3) EU との関係（20）

　　3　ヨーロッパ人権裁判所の現在………………………………21

　　　(1) 申立件数の急増とそれに対する対応（21）

　　　(2) 判決の執行（22）

　　　(3) ヨーロッパ人権裁判所判例の特徴（24）

　　　(4) ヨーロッパ人権裁判所の機構改革 ── ヨーロッパの「憲法裁判所」？（24）

　Ⅲ　ヨーロッパ人権裁判所の判例法形成が各締約国に及ぼす影響…26

　　1　分析視角 ── 多層的人権保障システム（モデル）の提示…………26

　　2　ヨーロッパ人権裁判所と締約国（政治部門と法部門）………32

xi

目　次

　　　　⑴　受　容（32）

　　　　⑵　新たな規範の可能性（36）

　　　　⑶　衝突・無視（37）

　　　　⑷　「対話」（39）

　　　　⑸　尊　重（42）

　　3　多層的人権保障システムの評価……………………………………43

Ⅳ　お わ り に
　　　── グローバル・モデルとしての多層的人権保障システムの可能性……44

第2章　グローバル・モデルとしての比例原則………47

Ⅰ　は じ め に………………………………………………………………47

Ⅱ　比較憲法の国際的隆盛………………………………………………49

Ⅲ　最高裁判所と審査基準論
　　　── アメリカ型審査基準とドイツ型比例原則…………………52

Ⅳ　ヨーロッパ人権裁判所における比例原則…………………………55

　　1　人権条約における比例原則の淵源 ── 比例原則と評価の余地…55

　　2　人権条約の規定形式と比例原則…………………………………58

　　3　人権条約の適合性審査における比例原則………………………60

　　　　⑴　比例原則の萌芽と発展（60）

　　　　⑵　人権条約8-11条（qualified rights）における審査方法と比例原則（60）

Ⅴ　イギリス1998年人権法と比例原則………………………………64

　　1　適合的解釈・不適合宣言とヨーロッパ人権裁判所判例法……64

　　2　比例原則の採用と意義……………………………………………66

　　　　⑴　Wednesbury 原則から比例原則へ？（66）

　　　　⑵　比例原則と Daly 判決（67）

　　　　⑶　比例原則に対する評価（68）

　　　　⑷　人権法をめぐる状況の変化（70）

Ⅵ　お わ り に………………………………………………………………72

xii

目　次

第3章　イギリス憲法の「現代化」とヨーロッパ人権条約の交錯 ………… 75

Ⅰ　は じ め に …………………………………………………………… 75

Ⅱ　ヨーロッパ人権条約における発展
　　── ヨーロッパ人権条約の「憲法化」? ……………………… 77

Ⅲ　「ヨーロッパ人権条約＋1998年人権法」が
　　イギリス憲法に及ぼした影響 ……………………………………… 79

　1　1998年人権法の特徴 ── ヨーロッパ人権条約の国内法上の地位 … 79

　2　人権の保障形式（統治機構）の「現代化」 …………………… 82

　3　「ヨーロッパ人権条約＋1998年人権法」の影響の評価 ……… 83

Ⅳ　「ヨーロッパ人権条約＋1998年人権法」による摩擦と対話 …… 86

　1　政府（内閣）……………………………………………………… 86

　2　議　会 ……………………………………………………………… 88

　3　裁 判 所 …………………………………………………………… 89

Ⅴ　お わ り に …………………………………………………………… 90

第4章　多層的人権保障システムのレジリエンス ── 「自国第一主義」台頭の中で ……………… 91

Ⅰ　は じ め に …………………………………………………………… 91

Ⅱ　多層的人権保障システム …………………………………………… 94

　1　ポ イ ン ト ………………………………………………………… 94

　2　意義と問題点 …………………………………………………… 95

Ⅲ　ヨーロッパ人権条約のレジリエンス ……………………………… 96

Ⅳ　ヨーロッパ人権裁判所とイギリス ………………………………… 98

　1　対　話 ……………………………………………………………… 98

　2　無視 ── 受刑者の選挙権 ……………………………………… 100

　3　衝突 ── テロリズム …………………………………………… 101

Ⅴ　1998年人権法のレジリエンス …………………………………… 102

xiii

目　次

　　Ⅵ　お わ り に ……………………………………………………… 104

第5章　人権実現における議会の新たな役割
　　── イギリス人権合同委員会を手がかりに ……………… 105

　　Ⅰ　はじめに ── 人権実現における議会のポテンシャル ………… 105
　　Ⅱ　人権合同委員会設立の背景 ── 1998年人権法の誕生 ………… 109
　　Ⅲ　人権合同委員会の権限 ……………………………………… 112
　　　1　概　要 ……………………………………………………… 112
　　　2　法案の検討 ………………………………………………… 115
　　　3　裁判所の判決に対する対応 ……………………………… 120
　　　4　人権条約のモニタリング ………………………………… 121
　　　5　テーマ別調査 ……………………………………………… 121
　　　6　法 律 顧 問 ………………………………………………… 122
　　Ⅳ　人権合同委員会と他の機関の関係 ……………………… 122
　　Ⅴ　人権合同委員会とヨーロッパ評議会 …………………… 124
　　Ⅵ　人権合同委員会の意義と課題 …………………………… 125
　　Ⅶ　お わ り に ………………………………………………… 126

■ 第Ⅱ部　日本における多層的人権保障システム ■

第6章　裁判所による適用から統治機構による実現
　　── 多層的人権保障システムの視点から ………………… 131

　　Ⅰ　は じ め に ………………………………………………… 131
　　Ⅱ　問 題 点 …………………………………………………… 133
　　Ⅲ　多層的人権保障システムからの検証 …………………… 137
　　　1　差別的言動解消法 ………………………………………… 137

xiv

⑴ 差別的言動解消法制定直後（138）

  ⒜ 地方自治体（138）

  ⒝ 裁 判 所（139）

  ⒞ 行 政 機 関（139）

⑵ 差別的言動解消法制定前（140）

  ⒜ 地方自治体（140）

  ⒝ 裁 判 所（140）

  ⒞ 行 政 機 関（141）

  2　規制消極論 ……………………………………………… 143

Ⅳ　お わ り に ……………………………………………… 147

第7章　グローバル化社会と「国際人権」……………… 151

Ⅰ　はじめに ── 「国際人権」とは ……………………… 151

  1　国際人権と国内人権─国内実施の重要性 ………… 151

  2　人権救済手段のグローバル化 ……………………… 153

Ⅱ　日本における国際人権条約の国内実施 ……………… 154

Ⅲ　2013年最高裁違憲決定における外国法と国際人権法 …… 156

Ⅳ　トランスナショナル人権法源論の検討 ……………… 159

Ⅴ　多層的人権保障システムの実践例 ── 問題の持続的循環 ……… 161

Ⅵ　お わ り に ……………………………………………… 164

第8章　「グローバル人権法」の可能性

  ── 2019年1月23日最高裁決定補足意見を契機として ……… 165

Ⅰ　はじめに ………………………………………………… 165

Ⅱ　最高裁判所における国際人権法 ……………………… 169

  1　沈 黙 期 ………………………………………………… 169

  2　2008年判決 …………………………………………… 172

xv

目　　次

　　　3　2013年決定 ……………………………………………………… 174
　　　4　2015年判決 ……………………………………………………… 179
　　Ⅲ　多層的人権保障システムの利点 ── 2019年補足意見を契機として … 182
　　Ⅳ　お わ り に ……………………………………………………………… 188

第9章　立憲主義と国際社会
　　　── 「立憲」におけるインタラクションと
　　　　　new concept/conceptions の生成 ……………………………… 191

　　Ⅰ　は じ め に …………………………………………………………… 191
　　Ⅱ　国内立憲主義と国際立憲主義の接合点 ………………………… 192
　　　1　国際人権法 …………………………………………………………… 192
　　　2　国際社会と日本国憲法制定 ……………………………………… 194
　　　3　国際立憲主義 ……………………………………………………… 196
　　Ⅲ　国際立憲主義／国際法の「立憲化」…………………………… 197
　　Ⅳ　日本における立憲主義 …………………………………………… 200
　　　1　司法審査の変遷 …………………………………………………… 200
　　　2　問題の所在 ── 統治機構全体の問題としてとらえる ………… 202
　　Ⅴ　憲法学からの応答 ………………………………………………… 203
　　Ⅵ　お わ り に …………………………………………………………… 205

▪ 第Ⅲ部　多元的・非階層的・循環的人権保障システム ▪

第10章　憲法と「国際人権」
　　　── 国際システムと国内システムの共生 ……………………… 209

　　Ⅰ　は じ め に …………………………………………………………… 209
　　Ⅱ　「国際人権」とは ………………………………………………… 210
　　Ⅲ　国際法学における「国際人権」………………………………… 212

xvi

目　次

　　Ⅳ　憲法学における「国際人権」……………………………………214
　　Ⅴ　「国際人権」と「国内人権」── 内容および実現手段（法システム）…216
　　　1　人権の内容…………………………………………………217
　　　2　実現手段（法システム）…………………………………219
　　Ⅵ　お わ り に…………………………………………………………222

第11章　憲法を「人権法」にする触媒としての国際人権法
── 憲法解釈を行う国家機関の設計・作法における「国際標準化」‥225

　　Ⅰ　はじめに ── 新たな視点を求めて………………………………225
　　Ⅱ　「憲法解釈基準の国際標準化」に潜む難所………………………226
　　　1　裁判指向の弊害……………………………………………226
　　　2　「国際標準」（国際基準）と国内基準の比較（不能性）………227
　　Ⅲ　統治機構の人権保障的再構築………………………………………230
　　Ⅳ　国際基準創出プロセスとの接合……………………………………234
　　　1　接合の局面…………………………………………………234
　　　2　接合するメリット…………………………………………235
　　Ⅴ　お わ り に…………………………………………………………237

第12章　権利の多元的・多層的実現プロセス………………239

　　Ⅰ　は じ め に………………………………………………………239
　　Ⅱ　背　　景……………………………………………………………242
　　　1　日本公法学会における国際人権法・国際人権条約…………242
　　　2　憲法学と国際人権条約……………………………………243
　　　　⑴　通説・判例・実務（243）
　　　　⑵　世界的動向（245）
　　　　⑶　日本の憲法学の応答（247）
　　Ⅲ　憲法と国際人権条約の関係…………………………………………248

xvii

目　次

　　　1　憲法が保障する権利と国際人権条約が保障する権利………248
　　　2　国際人権条約実施における国内実施機関…………………249
　　　　⑴ 政府（執行府）（249）
　　　　⑵ 立 法 府（250）
　　　　⑶ 司 法 府（251）
　　　　⑷ 地方自治体（252）
　　　　⑸ その他のアクター（253）
　　　　⑹ 統治機構における新たな改革（253）
　　　3　国際人権条約実施における国際実施機関………………………255
　　　　⑴ 国連レベル（255）
　　　　⑵ 地域レベル（256）
　　　　⑶ 検　討（257）
　　Ⅳ　権利の多元的・多層的実現プロセス………………………………258
　　　1　モ デ ル……………………………………………………………258
　　　2　意義と課題…………………………………………………………260
　　　3　検証── Comparative and Transnational Moments……………261
　　Ⅴ　お わ り に……………………………………………………………261

第13章　法多元主義と国際人権法
── 多元的・非階層的・循環的な人権保障の可能性……………263

　　Ⅰ　は じ め に……………………………………………………………263
　　Ⅱ　国際人権法の発祥と現状………………………………………………265
　　Ⅲ　国際的実施と国内的実施の関係………………………………………267
　　　1　国　連………………………………………………………………267
　　　2　地　域………………………………………………………………269
　　Ⅳ　お わ り に……………………………………………………………271

目　次

第14章　多元的・非階層的・循環的人権保障システム
── 人権法に向けて ………………………………… 273

Ⅰ　イントロダクション ── 人を中心に据える …………………… 273
Ⅱ　憲法と国際人権法 …………………………………………… 275
　1　憲法と人権 ………………………………………………… 275
　2　憲法と国際法、憲法と条約 ……………………………… 276
　3　憲法と国際人権法・国際人権条約 ……………………… 278
Ⅲ　グローバル化による変容 ── 国際的システムと国内的システムの接合 ‥ 285
　1　人権保障システムのグローバル化 ……………………… 285
　2　アクチュアルな人権問題に対するシステマティックな対応 … 288
　3　最高裁における新たな動向とその先へ
　　　── 比較憲法と国際人権法 ………………………………… 289
Ⅳ　今後の展望：人権法 ── 多元的・非階層的・循環的人権保障システム … 292

第15章　ビジネスと人権
── 国家・国際機関・非国家主体による循環型システム ……… 295

Ⅰ　はじめに ── 人間の経済活動 ……………………………… 295
Ⅱ　憲法・国際人権法と人権 ── 国家・国際機関の役割 ……………… 296
Ⅲ　企業・市民社会と人権 ── 非国家主体の役割 …………………… 299
　1　ビジネスと人権 …………………………………………… 299
　2　ビジネスと人権に関する指導原則と国別行動計画 ………… 301
　3　SDGsと人権 ……………………………………………… 304
Ⅳ　おわりに …………………………………………………… 306

事項・人名索引（311）／判例索引（319）

xix

循環型人権システム

◈イントロダクション

　本書は、憲法が想定する人権実施システム（統治機構）と人権条約が想定する人権実施システム（条約機構）の接合によって、人権をより実効的に保障できるシステムの構築を試みる比較実証研究である。その目的は、「地球上、どこにいても一定の人権が保障される」という理想を実現するためである。これは夢想的に聞こえるかもしれないが、国際社会は、大規模かつ継続的人権侵害を目の当たりにして、数多の国際人権条約とそれを実施する仕組を作り出してきた。何もしないでいることは、「みな同じ人間である」という前提を突き崩す。1948年に採択された世界人権宣言は、第二次世界大戦終了時までに繰り広げられた悲惨な人権侵害状況を目の当たりにして、地球上の人間はみな等しく尊い存在であることを国際社会として確認せずにはいられなかった証である。そして、宣言にとどまることなく、その後、次々と多様な人権条約を生み出してきた。しかし、現在、戦争・内乱、パンデミック、経済危機、自然災害、そして地球環境の悪化等、地球規模の課題に直面して、生身の人間の「生」（生命・生活）が脅かされている。人間であればどこにいても人権が保障されるべきところが、実際にはそうではないという現実が存在する。よって、取り組むべき喫緊の課題は、「人権とは何か」ではなく、「人権を誰がどのように実現するか」であるというスタンスに本書は立つ。もちろん、人権とは何かという問い、そして、地球環境の問題を目前にして「人」権だけでよいのかという問いの重要性を否定する趣旨ではなく、そうした問いを効果的に問いうるシステムが必要だという趣旨である。そして、本書では、それを多元的・非階層的・循環的人権保障システム（略称として、循環型人権システム）という構想として提言する。なお、本構想は、限定的な比較実証研究に基づくもので、比較実証研究ならびに理論研究の蓄積によって、今後もさらなる精錬・深化を行う予定である。

　本書は3部構成である。第Ⅰ部および第Ⅱ部では、多元的・非階層的・循環的人権保障システムという構想の前段階として「多層的人権保障システム」の

◆ イントロダクション

可能性を検討する。まず、**第Ⅰ部「ヨーロッパにおける多層的人権保障システム」**では、人権条約の中でも最も実効性が高いヨーロッパ人権条約に着目し、同条約の締約国であるイギリスとの関係を多層的人権保障システムとして論じる。まず、第1章「ヨーロッパにおける多層的統治構造の動態」は、ヨーロッパ人権裁判所と締約国の統治機構が交錯する状況から多層的人権保障システムを析出する。第2章「グローバル・モデルとしての比例原則」は、多くの国内外の裁判所が人権侵害の審査の際に比例原則を用いており、比例原則という点での共通性（グローバル・モデルの一端）を模索する。第3章「イギリス憲法の「現代化」とヨーロッパ人権条約の交錯」および第4章「多層的人権保障システムのレジリエンス」は、ヨーロッパ人権条約とイギリスの関係においては多層的人権保障システムが存在するために、イギリスの1998年人権法が硬性化されていない通常法であるにも関わらず命運を保っていることを指摘する。そして、第5章「人権実現における議会の新たな役割」では、議会による人権保障の実現の可能性を示すために、1998年人権法を契機に議会内に設立されたイギリス人権合同委員会が人権保障システムの実効性を高めていることを指摘する。

　第Ⅱ部「日本における多層的人権保障システム」では、第Ⅰ部の考察を活用して、日本の文脈における多層的人権保障システムの可能性を模索する。まず、第6章「裁判所による適用から統治機構による実現」では、差別的言動解消法（ヘイトスピーチ解消法）を素材として、裁判所による人権救済だけではなく、国際システムとの接合によって、統治機構全体を多層的人権保障システムとして把握することが可能であり、そうすれば、より実効的な人権保障が可能であることを指摘する。第7章「グローバル化社会と「国際人権」」では、2013年最高裁大法廷違憲決定を、第8章「「グローバル人権法」の可能性」では2019年最高裁小法廷合憲決定を素材として、多層的人権保障システムの可能性を示唆する。最後に、第9章「立憲主義と国際社会」では、国内立憲主義と国際立憲主義の接合という観点から立憲主義の精錬を試み、「多元的・非階層的・循環的人権保障システム」という構想を示唆する。

　第Ⅲ部「多元的・非階層的・循環的人権保障システム」は、第Ⅰ部および第Ⅱ部で析出した「多層的人権保障システム」をさらに精錬させて、憲法の統治機構と条約機構を接合させた、多元的・非階層的・循環的人権保障システムと

いう構想（第9章はその萌芽である）を提示する。まず、第10章「憲法と「国際人権」」では、国際法学および国際人権法学を「外からの視角」として活用し、憲法学の人権理論を再検討し、国内システム（憲法システム）と国際システムの「共生」として把握する。そして、第11章「憲法を「人権法」にする触媒としての国際人権法」では、統治機構の問題点を析出し、それを乗り越えるために国際人権法を活用する方策を提言する。第12章「権利の多元的・多層的実現プロセス」では、人権条約実施における国内実施機関および国際実施機関の役割の検討を通じて、それが多元的・多層的システムとして描出できることを論じる。第13章「法多元主義と国際人権法」では、法多元主義の理論を梃として、多元性・非階層性・循環性という要素を析出する。そして、第14章「多元的・非階層的・循環的人権保障システム」では、第10〜13章における検討を踏まえて、多元的・非階層的・循環的人権保障システムの概要を描出する。さらに、第15章「ビジネスと人権」では、現在、注目されている「ビジネスと人権」という問題領域において、上記システムが見出せることを示す。すなわち、国家・国際機関・非国家主体（企業、NGO、市民社会等）という多様なアクターの活動が、憲法や条約といったハード・ローだけでなく、「ビジネスと人権に関する指導原則」やSDGsといったソフト・ローに依拠しながら、人間の生活の全局面に人権を行き渡らせる営みとして描くことができることを指摘し、筆者の提唱する「多元的・非階層的・循環的人権保障システム」と親和性があることを論じる。

　本書はJSPS科研費JP15H01916、JP18H03616、JP23H00035に基づく研究成果の一部を含むものである。本書で記載したウェブサイトの最終アクセス日は、別に断らないかぎり2023年10月12日である。

第 **I** 部

ヨーロッパにおける
多層的人権保障システム

第1章　ヨーロッパにおける多層的統治構造の動態

I　はじめに

　グローバル化する世界において、各国の統治機構は、様々なレベルで、伝統的統治機構以外の存在と交錯する場面が増加しており、多層化・多極化・多元化している。議会が法律を作り、行政がそれを執行し、司法が解釈・適用するといった従来の枠組で法形成・法実現の作用やプロセスをとらえることはますます困難である[1]。なかでも、ヨーロッパ地域においては、ヨーロッパ評議会およびEUの存在ゆえに、各国の統治機構とヨーロッパ・レベルの地域的機構とが密接に接合し、その結果、各国の統治機構がヨーロッパ・レベルの地域的機構から直接的・間接的影響を受けることによって、各国の国内法が重要な影響を受けるだけでなく、統治構造のありよう自体にも重要な変化が生じている。しかも、ヨーロッパ・レベルで存在する地域的統治機構自体も多層的である。

　本章では、こうした多層的状況に着目して、ヨーロッパ評議会の人権条約であるヨーロッパ人権条約（The Convention for the Protection of Human Rights and Fundamental Freedoms）が設置するヨーロッパ人権裁判所（European Court of Human Rights、以下、人権裁判所）における判例法形成が、各締約国の国内法・国内判例にどのような影響を与えているかを検討対象として、法と政治の交錯する状況について、「法→政治」というベクトルから実証的に分析する。これによって、法形成の場面における、ヨーロッパ人権条約が設置する機関と各締約国の統治機構とのインタラクションをつぶさに観察することができ

---

[1]　本章の元となる論文が最初に収録された、川崎政司・大沢秀介（編）『現代統治構造の動態と展望――法形成をめぐる政治と法』（尚学社、2016年）の企画趣旨より。なお、同書では、民主主義を基本原理とし、民主制・応答性、戦略性などの観点から立法を主体的に扱う機関を「政治部門」、立憲主義・法による支配などを基本原理として憲法適合性・法的合理性・専門性などの観点から立法にかかわる機関を「法部門」と称する。

第 I 部　ヨーロッパにおける多層的人権保障システム

【表1】国内レベルとヨーロッパ・レベルの間の法部門と政治部門の接合

		ヨーロッパ・レベル	
		法部門	政治部門
国内レベル	法部門	①	③
	政治部門	④	②

る。個別の各国研究との違いは、国内の法部門および政治部門が、ヨーロッパの法部門および政治部門と多層的に交錯する点である。その組み合わせは、「①国内の法部門とヨーロッパの法部門」および「②国内の政治部門とヨーロッパの政治部門」だけでなく、「③国内の法部門とヨーロッパの政治部門」および「④国内の政治部門とヨーロッパの法部門」も考えられる（【表1】参照）。また、①や②の相互作用の結果が③や④に関係しうるし、その逆も同様であるので、複雑さは一層増す。国内レベルにおける法部門と政治部門の関係については憲法学が取扱い、ヨーロッパ・レベルにおける法部門と政治部門の関係については国際法学が取り扱うという従来型の分担は、もはや用をなさないといえよう。

　本章では、人権裁判所における判例法形成にとくに焦点を絞ることから、ヨーロッパ・レベルの判例法（これをグローバルな「人権法」と呼べるかも検討課題の一つである）が国内の政治部門（とくに国内法）および法部門（とくに国内判例）に影響を与えることの意義に注目することになる[2]。

　さらに、本章では、上記の意義を考察する中で、人権の実効的保障という観点から、国内システムと国際システムが人権保障のために共働的に機能しうる「グローバル・モデル」を構築する可能性を模索する。実際、現在のヨーロッパにおいて、理念としての人権の普遍性を説くことに異論はないとしても、各国における人権の内容、そして、人権の制約がどこまで許されるかという点について共通理解があるわけではない。むしろ、各国の統治機構とヨーロッパ・

---

(2)　逆の場合について、建石真公子「EU 法およびヨーロッパ人権裁判所判決による法形成における「補完性原則」強化と国内議会の役割」川崎・前掲注(1)所収参照。

第1章　ヨーロッパにおける多層的統治構造の動態

レベルの統治機構との間に密接な接合関係が部分的に存在するだけに、人権の内容および人権の制約の許容程度について、両者の見解が衝突することもあり、かつ、その衝突状況はいっそう鮮明となる。よって、人権の普遍性ゆえに、各国の統治機構がヨーロッパ・レベルの人権基準を抵抗なく受け入れているわけではない。人権の内容や人権の保障の程度の変化に関しては、まさに国内機構とヨーロッパ機構が接合する部分において、時間をかけて発展させてきた「仕組み」が慎重な対応をしてきた。それによって、これまでのところヨーロッパ人権条約は締約国数を増やすことに成功し、また、人権裁判所自身の権威と名声も高めてきた。国内機構と地域的機構によって構築されつつある多層的統治構造の動態に着目すればこそ、この仕組みの実態を解き明かすことができる[3]。

　以上のような観点から、人権裁判所判例が締約国の法に与える影響とそれに対する国内の統治機構（とくに国内の法部門と政治部門）の対応について検討し、「法部門」と「政治部門」が、それぞれ、国内局面および国際局面において、受容・衝突・無視・妥協する様相を検討する。それによって、本章では、統治構造の「多層性」のメリットおよびデメリットを検討することを企図している。前述したような発展状況は、憲法の「国際化」と国際法の「憲法化」という視角からもとりあげうる[4]。実際、ヨーロッパにおいては、ヨーロッパ人権条約、EU[5]の発展を受けて、「ヨーロッパ多元主義」、「ヨーロッパ立憲主義」が

---

(3)　「EU制度とヨーロッパ人権条約制度とのパラレリズムを中心とした、ヨーロッパ公共圏の重層性こそが、現在のヨーロッパ地域憲法秩序の、さらにはヨーロッパ人権条約の憲法秩序化の不可欠の基盤であった」という指摘がある（小畑郁『ヨーロッパ地域人権法の憲法秩序化』（信山社、2014年）29頁）。なお、同書では、憲法の定義を、「国家の基本法」ではなく、憲法の概念から国家的性格を脱色して、公共性の原理体系（内容的側面）とそれを支える一貫したシステムを兼ね備え、これが構成部分の意思から自律して持続的に存立していること（形態的側面）と把握する。そうすると、ヨーロッパ人権条約は、公共性の原理体系である人権の体系を規定し、それを支える一貫性を有するシステム（ヨーロッパ人権裁判所）を備え、この裁判所の管轄権から、締約国は条約自体を廃棄するのではなければ離脱できないという点で、「憲法秩序」ととらえうる（同7頁）。

(4)　石川健治「『国際憲法』再論——憲法の国際化と国際法の憲法化の間」ジュリ1387号（2009年）24頁以下。

(5)　EUのヨーロッパ人権条約加入は長らく議論されており、実現すれば多層性を増す

第Ⅰ部　ヨーロッパにおける多層的人権保障システム

積極的に議論されている[6]。そして、国際法学全体としても、国際立憲主義、国際法の憲法化、グローバル立憲主義、国際法の人権化として、「憲法」、「立憲」、「人権」という概念がメインストリーム化している[7]。

　ここで「法の政治化」という観点に落とし込むとすれば、まず、「法」とは、ヨーロッパ人権条約および人権裁判所判例法である。他方、「政治化」という用語は多義的であるが、国内統治構造において違憲審査制をめぐって議論されてきた「司法の政治化」に引きつけて考えるならば、人権裁判所に対する批判として二つの「法の政治化」が指摘されている。第1に、現在の人権裁判所のあり方に対する批判である。すなわち、人権裁判所によって行われるヨーロッパ人権条約の解釈は、同条約が人権裁判所に与えている権限を逸脱しており、国内の統治機構の決定した事柄が条約違反であると判示することに民主的正当性はないというものである。はたして、この批判は妥当なものか。第2に、国内の裁判所によるヨーロッパ人権条約解釈に対する批判である。すなわち国内裁判所は、国内憲法の下で付与されている権限を逸脱濫用して、民主的正当性がないのに、国内議会の制定した法律を条約違反としているとするものである。これに対して、本章では、垂直的関係を水平的関係に置き直すことによって、統治構造の新たな動態把握を試みる。

　以上、まとめると、本章では、人権に関する法（以下、「人権法」）の形成過程に注目する。その際に、法形成過程に関わるアクターの数の増加およびアクターの存在態様における多様性・多層性に注目する。そして、政治と法の関係において、国内の「法部門」および「政治部門」にグローバルな「人権法」が介入することの意義を批判的に検証する。そのために、人権を実効的に保障する統治構造について、「グローバル・モデル」を現時点で抽出し、これに依拠して分析を行う。

　　ことになる。
(6)　須網隆夫「ヨーロッパにおける憲法多元主義——非階層的な法秩序の誕生と発展」法時85巻11号（2013年）43頁以下および同「グローバル立憲主義とヨーロッパ法秩序の多元性」国際法外交雑誌113巻3号（2014年）27頁以下参照。
(7)　薬師寺公夫「国際人権法の現代的意義——『世界法』としての人権法の可能性？」世界法年報29号（2010年）1頁以下；最上敏樹「国際立憲主義の新たな地平——ヒエラルキー、ヘテラルキー、脱ヨーロッパ化」法時85巻11号（2013年）6頁以下；阿部浩己「国際法の人権化」国際法外交雑誌111巻4号（2013年）1頁以下参照。

第1章　ヨーロッパにおける多層的統治構造の動態

Ⅱ　ヨーロッパ・レベルの統治構造

1　人権の国際的保障とヨーロッパ人権条約

　人権の国際的保障（または人権の国際化）は、第二次世界大戦終結時までのはなはだしい人権侵害という多くの犠牲の下に開花した。人権問題は「国内問題」ではなく、「国際社会の問題」であると認識し、それを条約という形で具体化した。本章において、国内部門と国際部門の統治機構の交錯を検討する上で重要な点は、単に、国際的な人権宣言を採択するだけでなく（「世界人権宣言」が典型）、国際文書に謳った人権を具体的に実現するための国際的実施手段（国際的な統治構造）を導入した点である。これによって、国際法上、法主体ではなかった個人に法主体性をみとめ、個人が救済を国際機関に直接求めることを可能にした[8]。その最初の具体例がヨーロッパ人権条約である。世界人権宣言は1948年に採択された後、これを条約化するための作業が開始されたが、東西対立、南北対立を背景として、人権の具体的内容について協議が難航した。他方、「政治的伝統、理想、自由および法の支配についての共通の遺産を有するヨーロッパ諸国」（ヨーロッパ人権条約前文）が一足先にヨーロッパ人権条約（1950年署名、1953年発効）を成立させるに至った（なお、ここでいうヨーロッパ諸国とは、10数カ国にとどまることに留意したい）[9]。しかも、個人が救済を国際機関に直接求めるという手段を、「個人が国際裁判所に国家を提訴する」という形式で体現するのが人権裁判所である。

　ヨーロッパが他地域に先駆けて地域的人権条約を実現した背景には、大きく分けると、①ナチズムの蛮行を二度と繰り返させないという歴史的反省と、②

---

(8)　これが国内の統治構造にどのようなインパクトを及ぼすのか、長年議論されてきた。日本は個人通報制度を導入していないため、いまだ個人が日本国政府による人権侵害を国際機関に通報するという状況にない。この点が、後述するヨーロッパで展開されている実状と日本との大きな違いである。

(9)　世界人権宣言（1948年）の内容を、条約として実現するのには時間を要し、権利の内容に即して条約を二つに分け、市民的および政治的権利に関する国際規約および経済的、社会的および文化的権利に関する国際規約として実現し、両者は1976年に発効した。

13

第Ⅰ部　ヨーロッパにおける多層的人権保障システム

東西冷戦状況下における、共産主義体制に対する自由主義体制の防波堤という二つの要素が存在していた。この要素は、国内部門と国際部門との役割分担とその後の条約の発展状況を考える上で重要な点である。

2　ヨーロッパ評議会の統治構造

(1) ヨーロッパ評議会の特性

　ヨーロッパ人権条約の母体はヨーロッパ評議会（Council of Europe）である。ヨーロッパ評議会は、ヨーロッパ評議会規程（Statute of the Council of Europe）によって1949年設立された[10]。当初、フランス、イタリア、イギリス、ベルギー、オランダ、スウェーデン、デンマーク、ノルウェー、アイルランド、ルクセンブルクの計10カ国から始まったが、【表2】に示すように、少しづつ増加し、冷戦終結後の大量加入を経て、現在、47カ国に到達している（人口としては8億人）〔追記：2022年9月以降、ロシアは締約国ではなくなったため、46カ国〕。日本もオブザーヴァー資格を1996年に与えられている（アメリカ合衆国、カナダ、バチカン、メキシコもオブザーヴァー資格を有する一方、カナダ、メキシコ、イスラエルはヨーロッパ評議会議員会議においてオブザーヴァー資格を有する）。

　ヨーロッパ評議会の目的は、共通の遺産である理想と原理を保護実現するために、そして、経済的社会的発展を促進するために、締約国間のより大きな統合を実現することである（ヨーロッパ評議会規程第1条）。ヨーロッパ評議会に加入すると、ヨーロッパ人権条約に加入しなければならない。

　現時点でのヨーロッパ人権条約の発展ぶりを見ると、これと類似のシステムが他の地域、とくに、アジア地域において実現するとは考えにくい。だが、それは、現状（到達点）だけを見るからそう考えてしまうのである。ヨーロッパ地域以外の研究者がヨーロッパ・レベルの人権保障システムを研究する際に見逃してはならないのは、その漸進的かつプラグマティックな発展の過程である。本章では、それを、この70年余の間にヨーロッパの統治構造および締約国内の統治構造において生じた変化として描出する。

---

(10)　その経緯について、小畑・前掲注(3)、17頁参照。

第 1 章　ヨーロッパにおける多層的統治構造の動態

【表 2】ヨーロッパ評議会の構成メンバーの拡大（2015年時点）

年代	1940年代	1950年代	1960年代	1970年代	1980年代	1990年代	2000年代
加盟国	フランス (1949) イタリア (1949) イギリス (1949) ベルギー (1949) オランダ (1949) スウェーデン (1949) デンマーク (1949) ノルウェー (1949) アイルランド (1949) ルクセンブルク (1949) （以上，原加盟国） ギリシャ (1949) トルコ (1949)	アイスランド (1950) ドイツ (1951) オーストリア (1956)	キプロス (1961) スイス (1963) マルタ (1965)	ポルトガル (1976) スペイン (1977) リヒテンシュタイン (1978)	サンマリノ (1988) フィンランド (1989)	ハンガリー (1990) ポーランド (1991) ブルガリア (1992) エストニア (1992) リトアニア (1992) スロベニア (1992) チェコ (1992) スロバキア (1992) ルーマニア (1993) アンドラ (1994) ラトビア (1994) モルドバ (1994) アルバニア (1994) ウクライナ (1994) マケドニア (1995)[*1] ロシア (1995)[*2] クロアチア (1996) ジョージア (1999)	アルメニア (2001) アゼルバイジャン (2001) ボスニア・ヘルツェコビナ (2002) セルビア (2003)[*3] モナコ (2004) モンテネグロ (2007)
年代毎合計	12	3	3	3	2	18	6

出典：議員会議ウェブサイト〈https://pace.coe.int〉

＊ 1　2019年国名を北マケドニアに変更。

＊ 2　ロシアは2021年 9 月以降，加盟国ではない。詳細は、はしがきを参照のこと。

＊ 3　セルビアは，2003年当時はセルビア・モンテネグロとしてヨーロッパ評議会に加盟。
　　2006年のモンテネグロ独立に伴い、セルビアがセルビア・モンテネグロの承継国となった。
　　モンテネグロは加盟申請を行い、2007年 5 月に承認された。

第Ⅰ部　ヨーロッパにおける多層的人権保障システム

(2) ヨーロッパ評議会の機構（概要）

　最初に、ヨーロッパ評議会の概要を説明する。同評議会は、閣僚委員会（Committee of Ministers）、議員会議（Parliamentary Assembly）[11]、人権裁判所を中心として構成されている[12]。国内の統治構造との比較において、閣僚委員会を執行府、議員会議を立法府、そして人権裁判所を司法府と分類してもよさそうだが、むしろ、そのようには把握できない部分が、ヨーロッパ・レベルの統治構造を検討する上で重要である。実際、国際機関や地域機関を創設する際に、ある程度、国内の憲法システムとのアナロジーで考えることが想定されるし、そのように見える部分があるが、同時に、その通りにはいかないのも国際社会の現実である。ヨーロッパ評議会を設立する際にも、政府間協力の形態（イギリス）と連邦主義的統合（フランス）という対立があった（そして、これはアメリカ合衆国建国に際して生じた議論とも一定の相関性がある）。そして、この認識の違いは現在も締約国間のスタンスに表れている（後述Ⅱ3参照）。

　閣僚委員会は、各締約国の外務大臣クラスの閣僚によって構成されており、ヨーロッパ評議会の政治部門の中核にある。また、ヨーロッパ評議会の条約の起草も担うことから、ヨーロッパ評議会の立法の一翼を担う。もちろん、条約の批准は各国の政治部門によって行われることなので、閣僚委員会だけで条約を発効させることはできない（ここが、国内の政治部門とヨーロッパ・レベルの政治部門の接合点の一つとなる）。

　他方、議員会議は、締約国の国内議会の議員の中から、国内議会によって選出または任命された議員318名（議員及び予備議員各318名、総計636名）で構成される〔追記：トルコの議席数が増加する一方、ロシアが締約国でなくなったことにより議員306名〕。各締約国の定数は締約国の人口に応じて決定される。もっとも多くの議員を送っているのが、フランス、ドイツ、イタリア、ロシア〔追記：2022年に締約国でなくなった〕、イギリスで各18名である。もっとも少ない

---

(11)　かつては、Consultative Assembly（諮問会議）と呼ばれていたが、1994年2月に閣僚委員会によって名称変更が決定された。

(12)　ヨーロッパ評議会規定が規程する機関は、閣僚委員会と議員会議で、ヨーロッパ評議会が起草したヨーロッパ人権条約によって、人権裁判所が設置されている。

第 1 章　ヨーロッパにおける多層的統治構造の動態

【表3】議員会議における各締約国の議席数（2015年時点）

Albania	4	Lithuania	4
Andorra	2	Luxembourg	3
Armenia	4	Malta	3
Austria	6	Republic of Moldova	5
Azerbaijan	6	Monaco	2
Belgium	7	Montenegro	3
Bosnia and Herzegovina	5	Netherlands	7
Bulgaria	6	Norway	5
Croatia	5	Poland	12
Cyprus	3	Portugal	7
Czech Republic	7	Romania	10
Denmark	5	Russia [1]	18
Estonia	3	San Marino	2
Finland	5	Serbia	7
France	18	Slovakia	5
Georgia	5	Slovenia	3
Germany	18	Spain	12
Greece	7	Sweden	6
Hungary	7	Switzerland	6
Iceland	3	"The former Yugoslav Republic of Macedonia"[2]	3
Ireland	4	Turkey [3]	12
Italy	18	Ukraine	12
Latvia	3	United Kingdom	18
Liechtenstein	2		

出典：議員会議ウェブサイト〈https://pace.coe.int〉

[1]　ロシアは2022年に締約国でなくなった。

[2]　2019年に Republic of North Macedonia に国名変更。

[3]　トルコの議席数は現在18（2023年10月時点）。

第Ⅰ部　ヨーロッパにおける多層的人権保障システム

のは、アンドラ、リヒテンシュタイン、モナコで、各2名である（【表3】参照）。

　議員会議には立法権限はない。これが国内の議会およびヨーロッパ議会（EU）との違いである。また、議員会議の議員は、EU議会の議員のように国民が直接選挙で選ぶわけではないが、国内の議会の議員から選出されているので、国内の民主的選出プロセスを経ている。よって、8億人のヨーロッパ市民の声を間接的に代表しているといえよう〔追記：ロシアが締約国でなくなったことにより現在7億人〕。なお、議員会議が、人権裁判所裁判官の選出も行うので、人権裁判所裁判官は一定の民主的正当性を有している（各締約国が3名の裁判官候補者リストを提出し、それに基づき議員会議が投票を行い1名選出する）。

　議員会議の主たる役割は、ヨーロッパ評議会の「審議機関」で、ヨーロッパ評議会規程上の権限内に属する問題を議論し、その結論を勧告（recommendation）という形で閣僚委員会に提示する（ヨーロッパ評議会規程22条）。場合によっては、閣僚委員会から問題を付託されて審議することもある。議員会議の重要な役割は、締約国政府、国内議会、他の国際機関および市民社会との間の絶え間ない「対話」であり、その結果として出される勧告である。閣僚委員会は、この勧告に応答する責任がある。よって、議員会議は、新しい考えを提起し、戦略的方向性を設定し、ヨーロッパ評議会の重要な活動の多くを発動させたりする「原動力」とみなされている[13]。たとえば、ロシアによるチェチェン住民に対する空爆やアメリカ合衆国CIAによる秘密裡に行った外国人テロリスト容疑者の移送（一部のヨーロッパ評議会締約国がこれに加担）についていち早く問題提起をしたのは、議員会議である[14]。

　最後に、本章の中心的検討対象である、人権裁判所であるが、本章の観点からは、以下の2点が漸進的発展という点で重要である[15]。第1に、ヨーロッ

---

　(13)　議員会議ウェブサイト〈https://pace.coe.int/en/〉

　(14)　一例として、Committee on Legal Affairs and Human Rights, Parliamentary Assembly, Secret detentions and illegal transfers of detainees involving Council of Europe member states: second report, Explanatory memorandum（Rapporteur: Mr Dick Marty）〈http://assembly.coe.int/CommitteeDocs/2007/EMarty_20070608_NoEmbargo.pdf〉.

　(15)　人権裁判所の詳細については、戸波江二・北村泰三・建石真公子・小畑郁・江島晶子（編）『ヨーロッパ人権裁判所の判例』（信山社、2008年）参照。

第1章　ヨーロッパにおける多層的統治構造の動態

パ人権条約は、当初は、ヨーロッパ人権委員会（以下、人権委員会）と人権裁判所の二段階システムであり、個人が直接申立できたのは人権委員会に対してだけだった。第2に、個人の申立権および人権裁判所の管轄受諾は選択的であった。言い換えれば、1998年までは、締約国はヨーロッパ人権条約を批准しても、申立権を承認せず、人権裁判所の管轄を受諾しないことが可能であったので、具体的事件において人権条約違反であると認定されるリスクを回避できたことになる。よって、最初に述べたヨーロッパ人権条約の最も革新的な部分の影響から完全に逃避できた（典型例として、トルコやフランス）。また、受諾している国も、拘束される期間を設定して定期的に更新する形をとっていた（更新しないという選択肢が残されていた）。これが、1998年には、ヨーロッパ人権条約第11議定書の発効によって、第1に、個人と国家との間で調停役を果していた人権委員会が廃止され、個人は直接、人権裁判所に申立を行うことができることになった。第2に、個人の申立権および人権裁判所の管轄受諾は義務的になり、いかなる締約国も個人による人権裁判所への提訴から逃れられないことになった。

　この機構改革の原因および成功した理由は様々であるが、本章の問題意識との関わりで強調しておきたいのは、第二次世界大戦直後の時点では、国家が個人によって国際的機関に訴えられるという点については、非常に強い抵抗感があったのが、約半世紀に及ぶヨーロッパ人権条約の慎重な運用は、抵抗感を弱め、国際機関に提訴されることをデフォルトとして受け止められるようになったことである[16]。

　人権裁判所の裁判官は、現在、合計47名（2014年11月30日現在）〔追記：ロシアが締約国でなくなったことにより、2022年9月以降、裁判官は合計46名〕で構成され、任期は9年（再任不可）で、裁判官の選出は、締約国が提出した3名の候補者名簿の中から、議員会議で選挙によって選出される[17]。よって、人権

（16）　詳細は、小畑・前掲注(3)参照。

（17）　よって、締約国が締約国の国籍を有しない候補者を名簿に入れることは可能である。通常は、締約国は自国の国籍を有する候補者を提出するのが通例だが、リヒテンシュタインが、スイス国籍の候補者を提出したという例がある。

裁判所裁判官は民主的でないという批判があるが、実は、選挙で選ばれていない締約国の国内裁判官の場合よりは民主的正当性が有している。裁判官は、「徳望が高く、かつ、高等司法官に任ぜられるのに必要な資格を有する者または有能な名のある法律家」で、「個人の資格で裁判」し、「任期中、裁判官の独立、公平性または常勤としての必要性と両立しない活動に従事してはならない」常勤職である（ヨーロッパ人権条約21条）。

(3) EUとの関係

　EUとヨーロッパ評議会は混同されやすいが、それぞれ異なる条約に成立根拠を置く独立の機関である。しかし、構成メンバーの点では、EU構成国28カ国〔追記：イギリスのEU脱退により現在27カ国〕は、すべてヨーロッパ評議会締約国であり、かつ、ヨーロッパ人権条約を批准している。それは、EUに加入する前提条件がヨーロッパ人権条約批准だからである。というのも、EUに加入する際に、コペンハーゲン基準として、①機能する市場経済の存在とEU内で競争の圧力や市場の力に対応できる能力、②EU法の共通規則、基準および政策の採用だけでなく、③安定的民主制、人権保障、法の支配、マイノリティ保護を実現していることが要請される[18]。ヨーロッパ人権条約に入れないようでは、この要請を満たしているとはとてもいえない。また、実際上も両者は密接な協力関係にある。東西冷戦後の状況において、中東欧諸国は、まず、ヨーロッパ評議会に入り、人権保障、民主主義、法の支配についてヨーロッパ評議会の監督を受けながら改善し、EUに入れるような条件を整えていった。EUがヨーロッパ人権条約に加入することも長年の課題であり、2014年、EUが加入する草案がまとまったところで、EU司法裁判所から問題点が提示され、再び頓挫している[19]。

---

(18)　EU, Accession criteria (Copenhagen criteria) 〈https://eur-lex.europa.eu/EN/legal-content/glossary/accession-criteria-copenhagen-criteria.html〉.

(19)　OPINION 2/13 OF THE COURT (Full Court), 18 December 2014 〈http://curia.europa.eu/juris/document/document.jsf?docid=160882&doclang=EN〉.

3 ヨーロッパ人権裁判所の現在

(1) 申立件数の急増とそれに対する対応

人権裁判所に対する信頼と権威ゆえに、そして東西冷戦終結後の締約国の急増によって、人権裁判所に対する申立件数は飛躍的に増え、大規模な訴訟遅延を招来させており、裁判所の信頼性を揺るがしかねない事態に至った。全締約国の半数以上は東西冷戦終結後に加入した国である。これらの国々は、本来、人権条約に入ることができる人権保障水準を満たしていないのに、政治的考慮から加入を認めてしまったと批判されてきた[20]。

後述する機構改革によって未処理件数の減少に一定の成果は挙げつつも、【図1】に示す通り相当数の申立が係属中である（2014年は、56250件の申立が裁

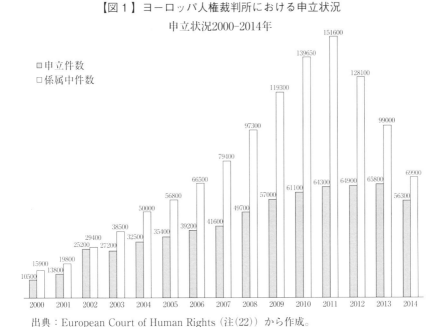

【図1】ヨーロッパ人権裁判所における申立状況
申立状況2000-2014年

出典：European Court of Human Rights（注(22)）から作成。

---

(20) Andrew Drzemczewski, 'Reflections on a Remarkable Period of Eleven Years: 1986 to 1997' in Olivier Delas and Michaela Leuprecht (eds), *Mondialisation et Droit*

第Ⅰ部　ヨーロッパにおける多層的人権保障システム

判所の司法構成体に託されている[21]。人権裁判所は55年間の間に約18000件の判決を下し、その約84％について条約違反を認めた[22]。人権裁判所は、成功ゆえの難問を抱えるという皮肉な事態に直面している。そして、これを制度的に解決するためには、政治部門の協力が必要であり、ヨーロッパ・レベルの政治部門と国内レベルの政治部門との交渉が展開されている。また、パイロット判決という手法が編み出された。これは、同じ争点に関して大量の申立があった場合に、その中から一つ選択して判決を下し、その他の申立についても同様の執行を命じるものである[23]。

(2) 判決の執行

　人権裁判所の判決が無視されるのであれば、判決が出たところで意味がない。人権実現の鍵を握っているのは、人権裁判所の判決の執行である。判決の執行監督を行うのは、閣僚委員会の役目であるが、判決の具体的執行方法は各締約国の統治機構に任されている。よって、判決の執行の鍵を握っているのは、締約国の政治部門ということになる。

　この点、初期においては、閣僚委員会の執行監督はノミナルなものであったが、現在は、判決の執行に力を入れている[24]。【図2】に示す通り、1959年から2014年までの全違反判決の半数は5カ国占められている。また、現在、係属件数上位10カ国中、8カ国は、1990年代以降に加入した国々（ウクライナ、ロ

International（Liber Amicorum Peter Leuprecht）（2011 Bruylant）114.

(21)　European Court of Human Rights, Statistics, 2014〈http://www.echr.coe.int/Documents/Stats_annual_2014_ENG.pdf〉.

(22)　European Court of Human Rights, *Overview 1959-2014 ECHR*（Council of Europe 2015）.

(23)　パイロット判決に関する詳細については、徳川信治「欧州人権裁判所によるいわゆるパイロット判決手続き」立命館法学321・322号（2008年）1690頁以下；竹内徹「ヨーロッパ人権条約による司法的規範統制の限界：パイロット判決手続を素材として」名古屋大学法政論集253号（2014年）145頁以下；小畑郁・前掲注(3)、361頁以下。

(24)　Council of Europe, Departments for the Execution of Judgments of the European Court of Human Rights〈https://www.coe.int/en/web/execution/the-supervision-process〉ルチア・ミアラ（江島晶子訳）「新たに改革されたヨーロッパ人権裁判所における判決執行の監督」比較法学46巻2号（2012年）111-127頁。

第1章　ヨーロッパにおける多層的統治構造の動態

【図2】ヨーロッパ人権裁判所条約違反判決の国別内訳1959-2014

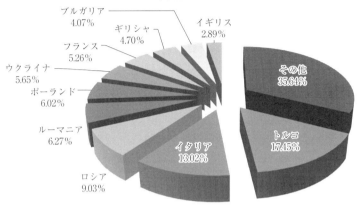

出典：European Court of Human Rights（注(22)）から作成。

シア、ルーマニア、セルビア、ジョージア、ハンガリー、ポーランド、スロベニア）である[25]。さらに、第4位のトルコは、古くからの加盟国〔1954年批准〕ではあるが、トルコが個人申立権および裁判所の義務的管轄[26]を認めたのは1990年代に入ってからであるので、実は、先の8カ国とさほど状況は違わない。これらの国の多くは、クローン事件（または反復的事件）と呼ばれる、争点がほぼ同じ事件が大量にストラスブール（人権裁判所所在地）に提訴されており、構造的問題を抱えている。たとえば、第2位のイタリアは、国内裁判手続における訴訟遅延が有名であり、国内の裁判手続の構造的改革が求められている[27]。よって、人権裁判所の改革と合わせて、国内における人権条約の実効

---

(25) European Court of Human Rights, Analysis of statistics 2014（Council of Europe 2015）.
(26) 第11議定書が発効するまでは、選択的であった。
(27) イタリアでは訴訟遅延を人権裁判所に指摘された結果、通称 Pinto Act を制定したが、その実効性については、*Scordino (No. 1) v Italy*, judgment of 29 March 2006 で検証され、再び条約違反が認められている。訴訟遅延に関する全違反判決（1959年-2014年）のうち22％はイタリアに対するものである。

第Ⅰ部　ヨーロッパにおける多層的人権保障システム

的実施（とくに国内の構造的問題の解決とそれによるクローン事件の一掃）の重要性が強調されてきた。〔追記：1959-2021年の条約違反判決の国別内訳は以下となる。①トルコ（15.52%）、②ロシア（12.66%）、③イタリア（10.02%）、④ルーマニア（6.89%）、⑤ウクライナ（6.80%）、⑥ポーランド（4.96%）、⑦フランス（4.31%）、⑧ギリシャ（4.31%）、⑨ブルガリア（3.14%）、⑩ハンガリー（2.49%）、その他（28.91%）。European Court of Human Rights, *Overview 1959-2021*（Council of Europe, 2022）。〕

⑶ ヨーロッパ人権裁判所判例の特徴

　ヨーロッパ人権条約自体は、古典的自由（国家からの自由）と平等を中心に保障している。判例の中でも、人権裁判所が評価の余地（国家の裁量）を狭く判断する傾向があるのは、①生命に対する権利・拷問禁止、②人身の自由、③法の支配に直結する裁判を受ける権利、④民主制の維持に直結する表現の自由である。人権裁判所における違反判決の内訳は、公正な裁判に対する権利（6条、43.3%）、人身の自由（5条、12.27%）、拷問禁止（3条、8.38%）、実効的救済に対する権利（13条、8.16%）、生命に対する権利（2条、4.34%）、その他（10.43%）である。これらは、前述した、ヨーロッパ人権条約のアイデンティティにも関わる（なお、生命に対する権利〔2条〕、拷問の禁止〔3条〕、奴隷状態の禁止〔4条1項〕、遡及処罰禁止〔7条〕はデロゲートできない権利〔15条〕というカテゴリーに入っている）。これに対して、「ヨーロッパのコンセンサス」が存在しない場合には、人権裁判所は、締約国により広い評価の余地を認める傾向がある。たとえば、性道徳であるとか、政教分離に関する問題である。こうしたことを念頭におきながら、後掲Ⅲでは、人権裁判所の判決をめぐって締約国の政治部門と法部門がどのように反応したのか、最近問題になった幾つかの事例を検討する。

⑷ ヨーロッパ人権裁判所の機構改革──ヨーロッパの「憲法裁判所」？

　前述したような状況において取り組まれてきたのが、人権裁判所の機構改革である。そもそも第11議定書自体が、申立件数の増加傾向に対する対応であった。それ以前は、前述したように、パートタイムのヨーロッパ人権委員会と人

権裁判所の2段階方式で、前者を調停機関として機能させ、個人が人権裁判所に提訴できない形（人権裁判所に提訴できたのはヨーロッパ人権委員会と被告締約国だけ）をとる一方[28]、個人申立権も人権裁判所の管轄も、条約の批准とは独立して、締約国が個別に承認する方式をとることによって、主権国家の「抵抗」を和らげていた。よって、締約国は、条約を締結していても、個人申立を受けず、人権裁判所に提訴されることのない立場に置くことができた（この方式は、締約国の抵抗を和らげ、まずは締約国数を増やすことに貢献した）。

第11議定書の発効（1998年）は、①ヨーロッパ人権委員会と人権裁判所を統合し、フルタイムで勤務する裁判官で構成される単一裁判所を出現させ、②個人申立権および裁判所の義務的管轄の承認を義務的なものにした。これによって、「個人が国家を国際機関に訴える」という理念が名実ともに実現したことになり、人権裁判所の権威を更に高めるものであり、国際機関による人権実施において質的変化が生じたと評価できる。

だが、1990年代末の変化（東西冷戦終結後の締約国急増）は、第11議定書による改革の成果をはるかに超える急増を招来させた。そこで、ヨーロッパ評議会は、制度改革に取り組み、まずは第14議定書（2010年発効）を、そして、インターラーケン会議（2010年）、イズミール会議（2011年）、そしてブライトン会議（2012年）を経て、第15議定書、第16議定書を起草させた[29]。第16議定書では、国内裁判所が人権裁判所に対して勧告的意見（advisory opinion）を求める制度が導入されたので、対話のルートが制度化されたことになる。他方、ヨーロッパの政治部門と国内の政治部門の対話・衝突という点で興味深いのは、第15議定書である[30]。同議定書は、条約の前文に「補完性の原理」と「評価の余地」を挿入することになったものであるが、その動機は、人権裁判所の判決

---

(28)　第9議定書の発効によって、個人が人権裁判所に提訴できるようになっていたが、それには第9議定書の批准が必要なので、第11議定書後の状況とは質的に異なる。

(29)　小畑郁(訳)「第14議定書によるヨーロッパ人権条約実施規定等の改正」名古屋大学法政論集205号（2004年）249頁以下および建石・前掲(2)参照。

(30)　経緯については、江島晶子「ヨーロッパ人権裁判所と国内裁判所の「対話」？――*Al-Khawaja and Tahery v the United Kingdom*」坂元茂樹・薬師寺公夫(編)『普遍的国際社会への法の挑戦　芹田健太郎先生古稀記念』（信山社、2013年）85頁以下参照。

第Ⅰ部　ヨーロッパにおける多層的人権保障システム

に対する締約国側の戸惑い、反感に由来する（後述Ⅲ3⑶参照）。

　以上のような制度改革に随伴して、人権裁判所をどのような存在と考えるかについての議論も活発である。元来、個人申立が人権裁判所判例を構築してきたことから個人申立の重要性を強調してきたが、人権裁判所をヨーロッパの憲法裁判所的存在として位置づける考え方も登場している[31]。そもそも人権裁判所自身も、ヨーロッパ人権条約を「ヨーロッパの公序に関する憲法的文書」と位置づけている[32]。そして、もはや処理しきれない個人申立件数を前に、人権裁判所こそが取り扱うべき重要な人権問題とそうではないものを区別すべきだという実際上の要請とも一定の関係性がある。

　次に、人権裁判所が現在、各締約国にどのような影響を及ぼしているか検討する。

Ⅲ　ヨーロッパ人権裁判所の判例法形成が各締約国に及ぼす影響

1　分析視角 —— 多層的人権保障システム（モデル）の提示

　後述する実証的検討の理解を促進するという意味において、実証研究から抽出した暫定的モデルを先に説明しておく。このモデルにおいては、いずれの機関も優越的な地位を占めるものではないと想定する。各国の憲法における条約の位置づけは様々である。しかし、興味深いことに、国内法上の条約の位置づけとは無関係に、人権裁判所判例法は国内法・国内法判例に影響を及ぼしている。国内法上の位置づけがどうであれ、具体的事件において、人権裁判所判例法に照らして条約違反が認定されれば、条約上締約国は、条約適合的になるように何らかの措置をとることが要請されていて、かつ、現在では判決執行のための措置として何を行ったのかは、閣僚委員会による監督を受けているからであ

---

(31)　Steven Greer and Luzius Wildhaber, 'Revisiting the Debate about "constitutionalising" the European Court of Human Rights' (2012) 12 (4) *Human Rights Law Review* 655.

(32)　*Loizidou v. Turkey* (preliminary objections), judgment of 23 March 1995, *Series A*, no. 310, para 35.

第1章　ヨーロッパにおける多層的統治構造の動態

【図3】多層的人権保障システムの具体例

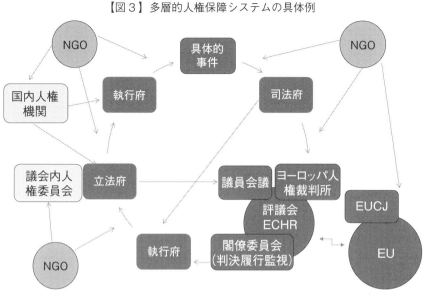

＊イタリックは1998年人権法制定後実現（国連・EU関係省略）。

る[33]。よって、多くの締約国は、条約違反判決を受けたらならば、ただちに判決を執行すべく国内法改正や個別具体的措置に着手するのが通例である（ハードケースの場合を除く）。では、人権裁判所は国内裁判所の上級審ということになるのか。まず、そもそも条約上、人権裁判所は上級審ではない。むしろ前述したように、人権裁判所の監督は「補完的」なものとして設定された上、かつ、前述したように、「補完性の原理」については、第15議定書という形で確認されたばかりである。国内の統治機構またはヨーロッパの地域的機関のどちらかが優位するかについては、どちらにも軍配を上げないという状況が、世界政府が存在しない現状で、かつ、様々な点で相違が存在する締約国において、一定の範囲の人権問題については、「ヨーロッパ社会のコンセンサス」という枠組を使って人権の実現を確保しているのである。

---

(33) もちろん、締約国の法伝統・法制度、そして、とりわけ国際人権条約の国内法上の位置づけの違いゆえに、受容の態度は様々であるが、一定のレベル（条約を実施する責任がある）というところでは、同じである。

第Ⅰ部　ヨーロッパにおける多層的人権保障システム

　還元すると、人権裁判所も締約国（の政治部門および法部門）も、それぞれヨーロッパ人権条約および締約国の憲法に基づき、それに規定されている限りでの権限を有し、かつ、当該権限を行使する正統性を有する。締約国の憲法（中の人権規定）とヨーロッパ人権条約は別個の法秩序で、ヨーロッパ人権条約が締約国憲法の上位に位置づけられるわけではない（また、連邦法と州法のような関係にはない）[34]。そして、人権規定の常として、抽象的一般的であることから、人権裁判所が行いうる解釈の幅は広いが、他方で、人権裁判所判決の実効性自体が、ヨーロッパ・レベルの統治構造と締約国レベルの統治構造の協働関係にかかっていることから、これまで人権裁判所は注意深く、介入すべき場合を選択し、かつ、その理由づけを工夫してきたといえる。

　このモデルでは、問題の提起の役割を個人申立に求める（【図3】の中央を占める最も大きい円環は、個人申立が国内裁判所で救済されずに人権裁判所に提訴されると、人権裁判所を中心にヨーロッパ評議会として締約国へ応答が返され、これに対応して国内の統治機構が応答するという一連のプロセスを示唆する[35]）。なぜならば、ヨーロッパ人権条約のシステムを現在の形にまで発展させたのは、ひとえに個人申立である。実際、人権裁判所が始動した時点では、人権裁判所で審理される事件があるかどうかが懸念されたし、実際、最初の10年間は、年に数件から10件位しか判決が出ていない（1959年から1998年までの40年間の間に出

---

(34)　この点で、イギリスの1998年人権法は、議会を除く公的機関はヨーロッパ人権条約上の権利適合的に行動することを要請されており、たとえば裁判所はヨーロッパ人権条約上の権利適合的にイギリス法を解釈することが義務付けられているために、事実上、ヨーロッパ人権条約が他のイギリス法に優越する地位が付与されたことになる。事実上というのは、議会制定法が適合的に解釈できないときに裁判所がとることができる手段は、当該議会制定法がヨーロッパ人権条約に反していると宣言するだけで（不適合宣言）、無効にする権限はないためである。詳細については、江島晶子『人権保障の新局面』（日本評論社、2002年）参照。他方、オーストリアのように条約に憲法と同じ位置づけを与えている国では、憲法裁判所が積極的にヨーロッパ人権条約を参照するという効果が生じている。

(35)　このとらえ方は、むしろ伝統的な統治機構モデルである。しかし、それがヨーロッパからの問題提起であることの特徴、そして、それを契機として新たな発展が、たとえば国内人権機関の創設や伝統的統治機構内部の新たな改革を生じさせ、同時に、NGOの発達を招来させていることを図全体としては描出している。

第 1 章　ヨーロッパにおける多層的統治構造の動態

された判決総数が837件であるのに対して、ピーク時の2009年には1625件、直近2014年には891件の判決が出されている）〔追記：2023年には1014件の判決が下された〕[36]。人権裁判所で受理されるためには国内的救済を尽くすことが求められているので（ヨーロッパ人権条約35条 1 項）、国内の統治機構を通じて得られるはずの救済を試したが、それが得られず人権裁判所に到達したことになる。

　人権裁判所に受理され、条約違反の判決が出れば、敗訴した締約国はヨーロッパ人権条約上、判決を執行する国際法上の責任を負う。これについては閣僚委員会が判決の執行の監督を行い、定期的に閣僚委員会の場で進行状況が報告される（判決執行が完了するまで「ヨーロッパ社会」の注視を受ける）。こうした状況を回避したい場合には、政府（執行府）は判決執行の実現に真剣に取り組まざるをえない。かつては、判決執行の内容については締約国に一切任されていたが、現在では判決執行の具体的内容についても、個別手段（公正な満足〔賠償〕の支払い、再審、追放命令の取消し等、当該事件に関する救済）と一般手段の実施（法改正、行政実務の見直し等、条約違反の状態が一般的になくなるようにする措置）が要請されている[37]。被告国と閣僚委員会とのやり取り

　（閣僚委員会は年 4 回の会合）の中で、被告国から出されたアクション・プランとその実施に関する報告書が閣僚委員会で承認されると、執行が実現されたことになる。こうした執行監督の下で、締約国の政府（執行府）は、たとえば法改正を立法府に提案したり、行政実務を見直したりする。もちろん、それが十分でなければ、閣僚委員会の監督を逃れられないだけでなく、新たな事件が国内で発生し、それが国内システム、そしてヨーロッパ人権条約システムの中を還流し続ける[38]。ここまでが中心の円環内で起きるアクションとリアクションであるが、実際にはより複雑なインタラクションが各機関の間で起きる上、それ以外のアクターの関与がある。とりわけ個人申立との関係で重要なの

---

(36)　European Court of Human Rights (n22).

(37)　Council of Europe (n24).

(38)　現時点では、ひとたびストラスブールで勝訴し、かつ、当該申立人に固有の事情ではなく、誰もが申立人となりうる事件であれば、大量にストラスブールに申立が押し寄せることになる。たとえば、訴訟遅延は多くの国で問題になりうるが、中でもイタリアは有名である（前掲Ⅱ3(2)）。

29

第Ⅰ部　ヨーロッパにおける多層的人権保障システム

【図４】多層的人権保障システムの具体例：イギリスの場合

＊イタリックは1998年人権法制定後実現（国連・EU関係省略）

は、それを支える弁護士やNGOの役割である。そもそも人権裁判所の存在を一般市民が知っていることは少なく、かつ、仮に知っていてもそれを利用しようとまでは思わないのが普通である（それは国内裁判所についても一定程度あてはまる）。そこに、弁護士やNGOの支援があって、実際にストラスブールにまで到達する。また、NGO（より広義では市民社会）は、円環内の各プロセス（司法過程・立法過程・行政過程）に刺激を与えて、問題が無視されたり、忘却されたりすることを防止する。そして、1990年代以降は、統治機構上、国内人権機関を創設したり、立法府内（場合によっては執行府内）に人権に特化した機関（たとえば議会内人権委員会）を設けたりすることも始まっている。そのため、中心部の円環上の各機関の人権問題に対する感度がより高められる状況が制度的に創出されている。他方、ヨーロッパ人権条約のシステム自身も、EUのシステムとパラレルな構造になっているので、相互に人権実施というマンデートを補強し合う効果が発揮できる。そして、国内平面での決定と国際平面での決定にはタイムラグがあることから、静的に垂直的関係でとらえれば矛盾・衝突に見えるが、時間的経過の中では、実際上は水平関係（対話）としてとらえることが可能である。

　たとえば、イギリスを一例にとって示すと【図４】のようになる。イギリスは、変型方式をとる。そして、ヨーロッパ人権条約は国内法化されなかった。

第1章　ヨーロッパにおける多層的統治構造の動態

そのため、国内の裁判所は同条約を適用する義務も有しないし、場合によって
は議会法との関係で同条約を適用することが議会主権に反するという状況も存
在した。そのため、ヨーロッパ人権条約の国内実施については、国内の統治機
構は何ら積極的な取組をしてこなかった。しかし、その帰結は、1990年代初頭
までは人権裁判所における申立件数、敗訴件数第1位というものであった。ま
た、国内においては、執行府を有効にコントロールする憲法的手段がないこと
が問題とされてきた。そのため、長らくヨーロッパ人権条約の国内法化が政
治的課題とされてきた[39]。

　1997年に労働党が政権に就き、「憲法改革」というパッケージの一つとして、
1998年人権法（以下、人権法）が制定されたことは、イギリスの統治構造に大
きなインパクトを与えた[40]。それは、単に、人権法が制定されて、裁判所が
適合的解釈（人権法3条）と不適合宣言（人権法4条）という新しい権限を手に
入れ、準違憲審査制的役割を果すようになったということにとどまらない。む
しろ人権法を実施する過程において、統治構造のすみずみに至るまで、人権法
適合的（換言すると、ヨーロッパ人権条約適合的）に行動することを意識させた
という点が、20世紀末の国内実施の一形態として特筆に値する[41]。人権法実
施準備の過程で、裁判官、公務員、公的機能を果しうる私人（ハイブリッドと
呼ばれる）が人権研修を受けたりする光景が、民主化支援を受けて民主的、自
由主義的国家体制への転換をはかった中欧・東欧諸国だけでなく、イギリスで
も見られたというのは興味深い[42]。また、人権法実施の過程において、実効
性を重視する観点から、統治機構に一定の追加が行われた。議会内には、貴族
院議員と庶民院議員で構成される人権合同委員会（Joint Committee on Human
Rights）[43]が、国内人権機関としては、平等人権員会（Equality Human Rights

----

(39)　江島・前掲注(34)。

(40)　木下和朗「立法過程の改革及び変動と政治部門における権力の拡散」川崎・前掲注(1)
　　　所収および上田健介「人権法による「法」と「政治」の関係の変容 —— 不適合宣言・適合解
　　　釈・対話理論」川崎・前掲注(1)所収参照。

(41)　ただし、議会主権ゆえに、議会は人権法の拘束下にない。

(42)　江島晶子「1998年イギリス人権法の実施過程に関する検討 ——「人権の世紀」のた
　　　めにとりうる Alternative」法学新報108巻3号（2001年）551頁以下参照。

(43)　同委員会は、高い評価をヨーロッパ評議会から受けている。

Commission）が設置された。人権合同委員会は、議会に出されるすべての法案について人権法（すなわちヨーロッパ人権条約）の観点から検討し、問題点を指摘する報告書を作成する（本書第5章参照）。また、それに先立って、当該法案の担当大臣・省庁との協議を重ねており、内外で高い評価を受けている。そして、政府が法案を提出する際には、当該法案が人権法適合的かどうかを議会において表明することも義務づけられた（人権法19条）。人権法の拘束を受けない議会内でも人権アウェアネスが高まっており（2001年から2005年までの間では人権についてわずか23件しか議場内議論において参照がされていないのに対して、2005年から2010年では1006件に急増している）、「議会と人権」という観点からの検討が開始されている[44]。よって、多層的システムのメリットの一つとして、統治機構の各機関（裁判所に限定されない）において、それぞれの機関が有する権限の行使の中で人権を考慮することを促進する効果があるといえる。また、議院としての貴族院の一部であった司法府の最上級審としての貴族院が最高裁判所に置き換えられ、権力分立に反する状態が解消されたことも、統治構造に対するインパクトである（2005年憲法改革法）。

　では、実際に、多層的人権保障システムがどのように機能しうるのか、具体的な例で検討する。

2　ヨーロッパ人権裁判所と締約国（政治部門と法部門）

⑴ 受　容

　ヨーロッパ人権条約の影響は、けっして当初から強力なものではなかった。とりわけ、前述したように、変型方式をとる国は、直接的インパクトから逃れ得た（国内法ではないので適用しない・適用できない）。他方、成文憲法典を有する締約国は、自国の憲法の解釈適用として行うことによって条約の検討をしないで済ませることが一般的であった。逆に、人権裁判所の判例法が蓄積され一定の権威を持ち始めることによって、締約国側の態度がより問われる事態が生じた。

　受容の例として、新たに加入した中東欧諸国の場合と古い締約国の場合を挙

---

　(44)　Murray Hunt et al, *Parliaments and Human Rights*（Hart Publishing 2015）.

第1章　ヨーロッパにおける多層的統治構造の動態

げる。まず、東西冷戦終結時の中東欧諸国においては、EU 加盟を目標と掲げ
ながら、その第1ステップとしてヨーロッパ人権条約に加入することを目指す
過程で、新たに憲法を制定する場合にヨーロッパ人権条約を国内に受容するの
に親和的な条文が憲法に導入された。また、これらの国々の民主化支援の中で
ヨーロッパ評議会ヴェニス委員会が憲法改革を支援する活動を行ったことに
よって、グローバルな情報交換の場が形成された[45]。たとえば、現在、世界
の97 の憲法裁判所・最高裁判所の裁判官が一堂に会して、共通テーマを設定
して意見交換を行う機会を設けている[46]。

　冷戦終結当時、新規加盟国の一つであったポーランドに関する *Broniowski
v Poland* 判決[47]は、体制転換後の国における土地収用問題について、締約国
とヨーロッパ評議会の全体とのやり取りの中で、実効的な解決が目指されたと
いう点で、受容の一態様として評価できる。人権裁判所単独ではここまでうま
くいくはずがなく、人権裁判所と並んで他の機関の役割の重要性を示す例でも
ある。本判決は、パイロット判決という新たな手法（反復的に繰り返される全く
同種の内容の事件の大量申立に対する対応）が生み出された点でも興味深い。

　他方、原加盟国の一つでもあるイギリスは、人権法によって議会以外の公的
機関にヨーロッパ人権条約上の権利と適合的に行動する義務を課した。なかで
も、裁判所は、ヨーロッパ人権条約上の権利と適合的にイギリス国内法を解釈
できない場合には不適合宣言を下すことになった。よって、成文憲法典がある
国と異なり、国内裁判所が直接、人権条約を解釈する立場に立たされた。実際、
人権法発効直後に「9/11」が生じ、テロリズム対策の一環として制定された
2001年反テロリズム・犯罪・安全法（Anti-terrorism, Crime and Security Act
2001（ATCSA2001））のヨーロッパ人権条約適合性が問題となった。同法にお
いて、とくに問題となったのは、その第4部23条が、国際テロリスト容疑者の

---

(45)　山田邦夫「欧州評議会ヴェニス委員会の憲法改革支援活動 —— 立憲主義のヨーロッ
　　　パ規準」レファレンス平成19年12月号（2007年）3 頁以下。

(46)　World Conference on Constitutional Justice（WCCJ）〈http://www.venice.coe.int/
　　　WebForms/pages/?p=02_WCCJ〉日本の最高裁判所は参加していない。〔追記：2024年
　　　現在、120の憲法裁判所・最高裁判所が参加〕

(47)　judgment of 22 June 2004. 小畑・前掲注(3)361頁。

33

第 I 部　ヨーロッパにおける多層的人権保障システム

うち、国外退去させられない者を無期限で拘束する権限を内務大臣に与えた点
である（更新されないと失効する）。このようなドラスティックな（還元すれば非
常に人権侵害的な）法律が導入されたのは、人権裁判所が、*Chahal v UK*（judg-
ment of 15 November 1996, Report 1996-V）において、本国で拷問を受ける可能
性がある者を国外退去させることはヨーロッパ人権条約 3 条違反（ 3 条のデロ
ゲーションは認められない）であると判示していたからという背景があることも
留意したい。イギリス政府は、同時に、ヨーロッパ人権条約 5 条 1 項 f の下で
許容される退去強制等の合理的期間の限度を超えるため、同項からデロゲート
した。そして、ATCSA2001の制定後すぐ、ムスリム系外国人が Belmarsh 刑
務所に拘束された。

　これに対して、前述したイギリスとヨーロッパ人権条約による多層的システ
ムは以下のように応答した。まず、法案が 1 ヶ月で成立したという事実からも、
「9/11」直後という状況では、法案審議段階における議会のチェック機能は働
かなかったといえよう。その中で、唯一チェック機能として評価されるのは、
人権法制定とともに議会内に設置された人権合同委員会である。わずか 1 ヶ月
で成立した ATCSA2001であるが、その短い間に人権合同委員会は 2 度に渡っ
て報告書を提出した。この報告書は法案の内容に一定の影響をおよぼしたとの
評価がある[48]。人権合同委員会は、それ以降、継続的にテロ対策と人権に関
する報告書を定期的に提出し、9/11後に提出された全てのテロ対策法案を検
討・批判するだけでなく、成立した法律の運用についても定期的に調査を行っ
てきた。

　事後のチェック・メカニズムとして最も機能したのは、2004年12月に貴族院
が下した不適合宣言である[49]。貴族院は、外国人の無期限拘束はヨーロッパ
人権条約と適合的に解釈できないと判示した。これを受けて、2005年 3 月、政

---

(48)　Adam Tomkins, 'Legislating against Terror: The Anti-terrorism, Crime and Se-
　　curity Act 2001' ［2002］PL 205.

(49)　*A v Secretary of State for the Home Department* ［2004］UKHL 56. 詳細は、岩切大
　　地「イギリス貴族院の A 判決に関する一考察」東北文化学園大学総合政策論集 6 巻 1
　　号（2007年）169頁以下；江島晶子「テロリズムと人権」社会科学研究（東京大学社会
　　科学研究所）59巻 1 号（2007年）35頁以下参照。

府は新たに2005年テロリズム防止法（Prevention of Terrorism Act 2005）を制定し、外国人の無期限拘束を廃止した。

　貴族院の結論もさることながら、注目すべき点は、人権法導入後の貴族院自身による裁判所の役割認識である。貴族院は、本件の論点は、①人権条約15条がデロゲーションを認める条件である「戦争その他の国民の生存を脅かす公の緊急事態」が存在するかどうか、②人権条約15条に基づくデロゲーションが「事態の緊急性が真に必要とする限度」を超えていないかどうか、③ATC-SA2001の23条が人権条約14条（差別の禁止）に反していないか、の三点だと整理する。そして、貴族院は、①については、下級審の判断を支持し、原告の訴えを退けたが、②については、これを比例性の問題として検討し「事態の緊急性が真に必要とする限度」を超えていると判断し、③については、ヨーロッパ人権条約14条に反していると判断した。すなわち、①「戦争その他の国民の生存を脅かす公の緊急事態」の有無については、内務大臣や議会の判断を尊重するが（政治的問題は政治的解決が向いている）、②および③は法的問題で、これを解決するのは裁判所の役割だとしたのである[50]。

　以上のような国内裁判所の判決を人権裁判所自身も肯定的に評価しており、その後、本件はストラスブールに提訴されたが[51]、人権裁判所は、国内裁判所の判決の枠組を踏襲しながら、条約違反判決を下した[52]。多くの論者が貴族院の判決を高く評価し、元来、裁判所懐疑論者であった者さえ、「市民的自由論者は元来裁判官に対して抱いていた懐疑を飲み込んで、昨今の状況において裁判官は自由擁護の前線に立っていることを認めよ」とまで言わしめた[53]。人権法が制定されていなかったならば、このような国内判決が出ることはおよそ考えられないので、ヨーロッパ人権条約の受容という文脈において、ハイポ

---

(50)　詳細は、江島・前掲注(49)48-51頁。

(51)　不適合宣言は法律を無効にするものではないので、国内的救済が提供されたとは評価されなかった。

(52)　*A v the United Kingdom*, judgment of 19 February 2009.

(53)　Conor Gearty, 'Rethinking Civil Liberties in a Counter-Terrorism World' [2007] EHRLR 112; Adam Tomkins, 'Readings of A v Secretary of State for the Home Department' [2005] PL 259.

第Ⅰ部　ヨーロッパにおける多層的人権保障システム

イントといっても過言ではない[54]。

⑵　新たな規範の可能性

　ヨーロッパ人権条約は補完的存在であるならば、もっぱら人権の最低基準を保障することが任務ということになる。しかし、人権裁判所は、目的的解釈、発展的解釈、自律的解釈を行い、社会の発展に合わせて条約の解釈が変化することを前提としている[55]。他方、新しい問題については、ヨーロッパ社会のコンセンサスがまだ存在しない問題なのか、それともコンセンサスが生まれつつある領域なのかによって、締約国に認める裁量の広さ（評価の余地（margin of appreciation）と称している）は異なる。よって、多くの場合に、人権裁判所は、当該問題について関係しうる諸外国の立法動向（必ずしも締約国の法だけにとどまらず、非ヨーロッパ地域の外国法も参照することがある）や他の国際条約について検討する。たとえば、婚外子に対する法的差別を条約違反と認定するに際しては、1960年代以降、ヨーロッパでは婚外子差別を廃止する立法動向があったことによって支えられている（*Marckx v Belgium*, judgment of 13 June 1979参照）。

　この点で興味深いのは、*S and Marper v the United Kingdom*[56]である。本件では、2001年刑事裁判および警察法82条による改正によって、嫌疑をかけられたが無罪となった者の指紋またはDNAサンプルを廃棄せずに、保存・利用できるようになったことが問題とされた。その背景には、組織犯罪およびテロリズム対策として、犯罪捜査の実効性を高めたいという要請と新たな科学技術としてのDNAの有用性がある。国内裁判所は、指紋とDNAサンプルの単な

---

(54)　その後の展開については、江島晶子「『テロとの戦い』と人権保障――『9／11』以前に戻れるのか」長谷部恭男（編）『講座人権論の再定位　第3巻　人権の射程』（法律文化社、2010年）113頁以下参照。

(55)　詳細は、江島晶子「ヨーロッパ人権裁判所の解釈の特徴」戸波江二・北村泰三・建石真公子・小畑郁・江島晶子（編）『ヨーロッパ人権裁判所の判例』（信山社、2008年）28頁以下参照。

(56)　*S and Marper v the United Kingdom*, judgment of 4 December 2008. 詳細は、江島晶子「犯罪予防におけるDNA情報・指紋の利用と私生活の尊重を受ける権利――Sおよびマーパー対イギリス事件」国際人権20号（2009年）120頁以下。

る保存は私生活の尊重を受ける権利（ヨーロッパ人権条約8条）に対する介入に該当せず、仮に該当するとしても非常に控えめな介入であると判示し、上告を退けた。

本件で問題となるDNAサンプルは、新しい科学技術を利用するもので、各国の技術力に左右される上、犯罪捜査における利用方法は各国様々である。とすれば、締約国の裁量は広く、条約違反は認めにくい事例のはずである（イギリスは法律によってDNAサンプルの利用を認めたという点で先駆けとなる）。ところが、人権裁判所は全員一致で条約違反を認めた。人権裁判所は、「新しい技術の発展においてパイオニアの役割を主張する締約国は、この点に関する正しいバランスを設定する特別な責任を負っている[57]」という。換言すれば、新しい技術ゆえに何が「正しいバランス」かは明確ではないことをはからずも吐露している。よって、新しい技術と人権との衝突が問題となるところでは、新しい技術の未知数の部分を重視して、現状（他国は同様の技術を取り入れていない）を締約国のコンセンサスと把握することによって、現状を変更しようとする流れに対してヨーロッパ基準としての楔を打ったといえる（今後、他の締約国がイギリスと同様の政策導入を検討しようとすれば、本判決を考慮に入れる必要がある）。補完性の原理を乗り越えるものとして興味深い。

(3) 衝突・無視

人権裁判所の権威が高まり、評者によっては違反認定に積極的になったと評される人権裁判所の判決は、新規加盟国との関係だけではなく、古くからの締約国との間でも軋轢を生じることがある。ここでは、イギリスを例に取り上げ、かつ、イギリスの困惑が国内政治部門を通じてヨーロッパ評議会政治部門に提起されていることに留意したい（前掲Ⅱ3(4)参照）。

たとえば、「受容」の例でも前述した、外国人テロリスト容疑者を、国内の刑事裁判にかけることもできなければ、国外追放もできないという状況とテロリズム対策との衝突は、「9/11」後のヨーロッパにおいては激しいものになりうる。*Othman (Abu Qatada) v the United Kingdom*[58]に対しては、イギリス

---

(57) *S and Marper* (n 56) para 112.

第Ⅰ部　ヨーロッパにおける多層的人権保障システム

首相は、「骨の折れる国際的協定、イギリスの裁判所による審査をはじめとして、合理的な国内プロセスを全て通過したにもかかわらず、いまだ国外追放できないでいる。したがって、現在の取決めがはたして賢明なものなのか疑問を持ち始めても不思議ではない」という不満を、閣僚委員会の議長国となった際に議員会議で行った演説の中で明確に示した。本件では、外国人テロリスト容疑者の本国送還が問題になったが、ヨルダンへの国外追放はヨーロッパ人権条約3条違反ではないが（UKとヨルダンとの国際協定があるので）、ヨルダン国内の裁判においては拷問によって得た証拠によって裁判が行われる可能性があるため6条違反であると人権裁判所が判示したからである。イギリス政府からすれば、ヨーロッパ人権条約3条違反を回避するため、ヨルダン政府との間で拷問にかけないという国際協定の成立に相当の労力を費やしたにもかかわらず、それでも国外追放できないということに相当の苛立ちを感じたことが上記の発言からわかる。

　さらに、同じく、受刑者の選挙権が問題となった、*Hirst v the United Kingdom（No 2）*[59]おいても、イギリス政府は人権裁判所に対して懐疑的になった。イギリスの国民代表法は、日本の公職選挙法と同様、一律に受刑者に対して選挙権を認めない。人権裁判所は、受刑者の選挙権行使の機会の一律剥奪が人権条約第1議定書3条違反であると判示した。同判決後、Hirstと同じ状況に置かれている受刑者または元受刑者からの人権裁判所への提訴が2500件以上にのぼり[60]、人権裁判所は、*Greens and M. T. v the United Kingdom* においてパイロット判決の手法をとるに至った[61]。同判決では、判決確定後6ヶ月以内に国民代表法の改正案を用意することが求められたので、イギリス政府

---

(58)　*Othman（Abu Qatada）v the United Kingdom*, judgment of 17 January 2012.

(59)　*Hirst v the United Kingdom（No.2）*, judgment of 6 October 2005. 評釈および事件の背景について、北村泰三「重層的人権保障システムにおける受刑者の選挙権――欧州人権裁判所の判例を中心に」法時83巻3号（2011年）40頁以下参照。

(60)　イギリスは、1990年代初頭まで、申立件数、条約違反判決件数において第1位という不名誉な地位を占めていたが、その後、相対的に事件数が減少し、10位以下に後退していたところ、2011年の統計では第10位に返り咲いている。〔追記：その後、再び減少した。〕

(61)　*Greens and M.T. v the United Kingdom*, judgment of 23 November 2010.

38

第1章　ヨーロッパにおける多層的統治構造の動態

は法改正の準備に入っていた。ところが、国内では、党派を超えてバックベンチャー（平議員）が法改正阻止の動議を庶民院（下院）で行い、賛成234票、反対22票という大差で動議を可決するに至った（決議には政府を法的に拘束する力はないものの、政府をして法案提出を逡巡させるのには十分な結果である）。その後、同種の事件がイタリアに対して提起され（*Scoppola v Italy (No. 3)*）、大法廷での判決が出る間、イギリスに対する期限の延長が認められた。だが、イタリアの場合は、イギリスの場合とは異なり自動的一律剥奪ではないので条約違反ではないと判示され、イギリスをとりまく状況はさらに厳しくなった[62]。他方、パイロット判決は、イギリスのメディアの格好の批判の種になっている。すなわち、同判決は、一定期限内の条約執行をイギリスに義務づけており、これに従えないときは自動的に賠償の支払い義務が生じる。そこで、タブロイド紙は、人権裁判所が国民の税金を無駄遣いさせていると報道するのである。現在、人権法の廃止を企図する保守党政権下においては、法改正のきざしは見られず、このまま閣僚委員会の監督を無視し続ける可能性が高い。このような事態は両者にとって困難な状況を招くことになる[63]。〔追記：長らく判決不履行状態が続いた後に、法改正ではなく行刑指針の改正により、在宅拘禁中の者と仮釈放中の者に限って選挙権を認めることとし、2018年に閣僚委員会もこれを判決の履行として受け入れた。詳細は第4章および第7章参照のこと。〕

⑷「対話」

前述したように、ひとたび衝突すると解決手段がない以上、衝突を回避するのが望ましい。実際、人権裁判所は、自身の権威と信頼が高まる中で、人権裁判所と国内裁判所・他の国際裁判所との関係について注意を払ってきた[64]。

---

(62)　*Scoppola v Italy (No. 3)*, judgment of 22 May 2012.

(63)　江島晶子「イギリス憲法の『現代化』とヨーロッパ人権条約」倉持孝司・松井幸夫・元山健（編）『憲法の現代化』（敬文堂、2016年）〔本書第3章〕参照。

(64)　裁判官の対話というタイトルの論文もよく見かけられる。最近の代表的なものとして以下を挙げておく。M.E. Villiger, 'The Dialogue of Judges' in C. Hohmann-Dennhardt et al（eds）, *Festschrift für Renate Jaeger – Grundrechte und Solidarität. Durchsetzung und Verfahren*（N.P. Engel Verlag 2011）196. 国際人権25号の特集参照。

第Ⅰ部　ヨーロッパにおける多層的人権保障システム

人権裁判所裁判官と国内裁判所裁判官は、ストラスブールおよび各締約国において定期的に会合の機会を設けてきた。こうした対話の促進は、歴代の所長が努力を払ってきた。たとえば、元所長 Costa は、所長としての在任中、頻繁に各締約国を訪問する一方、各国の首脳を人権裁判所に迎えてきた[65]。これは現在も引き継がれている。また、毎年1月、新たな司法年の開始を期するセレモニーにおいて、締約国の最高裁判所または憲法裁判所の長官等を招聘し、演説をしてもらった上、これを人権裁判所のウェブサイトに掲載すると同時に「裁判官の対話（Dialogue between judges）」として刊行してきた[66]。これらは法廷外での「対話」といえる。

これに対して、法廷内の対話として、*Al-Khawaja v The United Kingdom* 判決は興味深い[67]。同事件では、イギリス裁判所における伝聞証拠の利用が裁判を受ける権利（ヨーロッパ人権条約6条）の違反となるのではないかが問題となった。とりわけ問題となったのは、人権裁判所の伝聞証拠に関する「唯一または決定的ルール」（有罪認定が、被告人が吟味する機会がなかった人物によってなされた証言に、唯一または決定的な程度で基づいている場合、弁護側の権利の制約の程度は、ヨーロッパ人権条約6条によって規定される保障に反する）という判例法理である。

まず、*Al-Khawaja v The United Kingdom* 小法廷判決は、条約違反を認めた[68]。ところが、*R v Horncastle and others*（別の事件）において、控訴院は、

---

(65)　Patrick, Titiun, 'Préface, L'action de Jean-Paul Costa à la tête de la cour européenne des droits de l'homme' in *La conscience des droits, Mélanges en l'honneur de Jean-Paus Costa*（Dalloz 2011）XXVII.

(66)　European Court of Human Rights, *Dialogue between judges, Proceedings of the Seminar 21 January 2005, Most significant or critical issues arising out of the European Court of Human Rights and its case-law*（Council of Europe 2005）.〔追記：近年、judicial dialogue は、Superior Courts Network および ECHR Knowledge Sharing platform（ECHR-KS）の導入によって制度化されたといえる。〕

(67)　*Al-Khawaja v The United Kingdom, judgment of 15 December 2011.* 事件の詳細については、江島・前掲注(30)参照。

(68)　*Al-Khawaja and Tahery v the United Kingdom*, Application nos 2676/05 and 22228/06, judgment of 20 January 2009, para 34.

40

第1章　ヨーロッパにおける多層的統治構造の動態

Al-Khawaja 小法廷判決を丁寧に吟味した上、この判決には従わないと結論づけた[69]。続く、最高裁判所判決[70]もこれを支持した。注目されるのは、Lord Phillips が人権法2条について示した解釈である。Lord Phillips は、次のように述べる。人権法2条が規定する「ストラスブール判例法を『考慮する』要請は、通常、当裁判所がストラスブール裁判所[71]によって明確に確立された原則を適用するという結果になる。しかし、まれに、当裁判所は、ストラスブール裁判所はイギリスの国内手続を十分に正しく理解し、または、習熟したといえるのか懸念を覚えることがある。そのような場合には、当裁判所はストラスブールの決定に従わない自由があり、その理由を述べる。これは、ストラスブール裁判所に、問題となった決定のある特定の側面について再検討する機会を与えることになり、当裁判所とストラスブール裁判所との間の有用な対話となるであろうものが生じるであろう。本件はそうした事件なのである」（傍点筆者）[72]。そして、最後に、「結論を出すにあたって、私はストラスブール判例を注意深く考慮した。私が望んでいるのは、ゆくゆくは、ストラスブール裁判所も、本件において『唯一または決定的ルール』を私が適用しなかった理由を考慮することである」[73]とまで述べて締め括っている。

　これに対して、人権裁判所大法廷は、これまでの判例を確認整理しつつ、イギリス裁判所の意見も考慮しつつ、「唯一または決定的ルール」の硬直的適用は誤りで、総合的考察する必要性を認め、小法廷の結論を変更し、条約違反を一部否定するに至った[74]。

　人権裁判所も、イギリスの裁判所も、双方の判例を丁寧に検討しており、中でも、人権裁判所大法廷は、豊富な比較法的検討（スコットランド、アイルランド、オーストラリア、カナダ、香港、ニュージーランド、南アフリカ、アメリカ合衆国）も交えつつ、長文の判決を出すに至った。

---

(69)　*R v Horncastle and others* [2009] EWCA Crim 964.

(70)　*R v Horncastle and others* [2009] UKSC 14.

(71)　人権裁判所のことを指す。

(72)　*R v Horncastle and others* (n70) [11].

(73)　ibid [108].

(74)　*Al-Khawaja and Tahery v the United Kingdom*, judgment of 15 December 2011.

第Ⅰ部　ヨーロッパにおける多層的人権保障システム

「対話」は双方の歩み寄りによって現実のものとなったが、これを制度化することも考えられる。たとえば、現在、国内裁判所が EU 司法裁判所に対して先決判決を求める手続と類似のものを導入することが考えられる[75]。

(5) 尊　重

対話というよりは、人権裁判所の方が締約国の決定を尊重する姿勢を見せる傾向も最近では見られる。典型的な例は、宗教が関係する問題である。たとえば、公立学校の教室内の磔刑像と教育を受ける権利（ヨーロッパ人権条約第１議定書２条）が問題となった *Lautsi v Italy*[76]では、人権裁判所大法廷は国家の評価の余地を広く認め、条約違反を否定した。同じ事件で人権裁判所小法廷は、①磔刑像は宗教的標章として全ての生徒によって容易に解釈することが可能であり、特定の宗教によって特徴づけられた環境において教育を受けてきたと感じる上、ある宗派の学生を勇気づけるものは、他の宗教を信仰する学生または信仰のない学生にとって邪魔である、②教育的多元主義に奉仕するとはいえない、といった理由から、条約違反を認めていた[77]。ところが、大法廷は、磔刑像を教室におくべきかの決定は、一般的には国家の評価の余地内である（換言すると、ヨーロッパ社会のコンセンサスは存在しない）とし、ヨーロッパの監督が必要となるのは、「教化（indoctrination）」となっているかどうかが問題となる場合だとする。そして、①ある宗教が一国の歴史において圧倒的地位を占めてきたことを考慮すると、当該宗教が学校のカリキュラムにおいて他の宗教よりも目立つだけでは教化とはみなされない、②イタリアの公教育において、磔刑像の存在とキリスト教の必修教育は関連しておらず、他の宗教にも開放的である、といった理由から、条約違反を否定した。

また、*S.A.S. v France*[78]でも、人権裁判所大法廷はフランスのブルカ禁止法の条約違反を否定した。一部のムスリム教徒が着用する顔を含め全身を完全に

---

(75)　ブライトン宣言草案の中にも盛り込まれていた。〔追記：第16議定書によって勧告的意見の制度が導入された。〕

(76)　*Lautsi v Italy*, judgment of 11 March 2011 (GC).

(77)　*Lautsi v Italy*, Judgment of 3 November 2009.

(78)　*S.A.S. v France*, judgment of 1 July 2014 (GC).

覆う服装（ブルカ、ニカブ等が代表的）が、一部のヨーロッパ諸国において問題
となっている状況（そして一部の国では法律によって公道での着用を禁止するに
至った状況）では、人権裁判所の態度には賛否両論がある。とりわけ、ブルカ
禁止法の登場によって、ブルカを着用する女性は、外出の際には自己の宗教上
の信条に反してブルカを外すか（真摯な信仰を持つ者には不可能）、摘発の不安を
抱きながらあえてブルカを着用して外出するか（禁止法の存在ゆえにより嫌がら
せを受けやすい）、あるいは外出を控えて男性家族に用事を託すか（男性に依存し
なければならない生活を甘受するか）という、いずれも困難な選択肢を迫られる
苛酷な状況に置かれるのに対して、フランス政府が主張する「共生すること
(living together)」という目的はそもそもヨーロッパ人権条約8条には明示的に
規定されておらず（この点でも人権裁判所は締約国に譲歩している）、かつ、その
目的が正当であるとしてもそれを実現するために釣り合った手段か（比例原則
を満たしているか）という点で疑問が多い（*S.A.S. v France* 判決反対意見の見解で
ある）。こうした人権裁判所の態度は、そもそも宗教の多様性について新たな問
題状況に直面しているヨーロッパ社会に対する、多層的システムの中での一つ
の反応としてとらえることができよう。今後、この問題がどのように発展する
かは注目に値する。

3　多層的人権保障システムの評価

　では、前述の具体的検証を踏まえて、多層的人権保障システムの功罪を整理
する。同システムの利点としては、第1に、情報収集・交換において、重要な
役割を果たす。第2に、「新しい視角」を提供する。ある国では、現状が「常
識である」、「問題なし」と考えられていても、他国では「非常識である」、「問
題として対応中である」、あるいは「問題として解決済み」ということがある。
第3に、一国の中ではマイノリティでも、全世界として考えれば相当の人数に
なることもあり、国境を越えた視点で見ると重要問題としてのプレゼンスを発
揮することは可能である（たとえば性的マイノリティの問題）。第4に、一度、
多層的システムの中に登場すると、同じ問題が繰り返し別な機関・アクターに
よって、別な場面において提起されることが可能となり、問題としてのプレゼ
ンスをキープできる。第5に、万が一、ある国が非常に人権制約的な手段を導

第Ⅰ部　ヨーロッパにおける多層的人権保障システム

入し始めた場合（たとえば「9/11」後のテロリズム対策立法が典型例）に効果的抑止力となりうる（最低ラインの確立）。第6に、他国の例を参照・集積することによって、新しい問題に対する予防ラインを準備することも可能となる。

　他方、現時点での多層的人権保障システムにおいては、様々な課題がある。第1に、国際規範は利用するのが都合がよいときだけ利用するという御都合主義的利用（cherry-picking）となる危険性がある。第2に、すでにイギリスの例で紹介したように、国内機関と国際機関との緊張・衝突は、国際機関の方が権威と実効性を獲得すればするほど、より具体的かつ深刻なものになる。民主的正当性を問う批判も根強い[79]。また、他国・国際機関による「押しつけ」、「外圧」ととらえれば、バックラッシュも大きなものになる。国際平面における、各国・個人の平等な立場を確保することが重要である。もちろん、現時点で緊張・衝突が生じていないとすれば、むしろ国家の国際人権条約へのコミットメントが「アリバイ」でしかなく、人権実施の実効性が低い疑いもある。最後に、国際機関と国内機関がフラットな関係であるとすると、循環系システムが人権を侵害する方向で働く可能性はないのかという問題がある。これについては、現状のような運用のされ方をする限りはない（すなわちコアの人権、たとえば拷問を受けない権利については、起きない）が、可能性は残る。だが、循環していれば、過去を是正する可能性を維持し続けられると現時点では考えている。

Ⅳ　おわりに
——グローバル・モデルとしての多層的人権保障システムの可能性

　人権の実現をめぐって有機的に発展をとげる多層的統治構造のダイナミクスの存在を本章では指摘した。現状では、実際にインテグリティがあるのかが問われ、むしろ混沌としていて単なるご都合主義のようにみえるかもしれない。

---

(79)　民主的正当性については、改めて別稿で検討する予定だが、数点述べておく。まず、国際機関にも一定の正当性はある。たとえば、人権裁判所裁判官は議員会議（国内議会の議員で構成）の選挙で選出されている。他方、機関によっては民主的選出でないことのメリットという側面がある。

第 1 章　ヨーロッパにおける多層的統治構造の動態

この点が国内法学者から懐疑的に見られているのかもしれない。だが、時間軸をとって検証すると、システムの多層性はこれまでのところ人権を保障することに貢献しているというのが筆者の現時点での評価である。

　では、ヨーロッパという地域で起きている現象の観察から抽出したモデルが、どこまで非ヨーロッパ地域において通用するのか。ヨーロッパ地域の中で見出した多層的人権保障システムの幾つかの要素は、非ヨーロッパ地域でも見出しうる。たとえば、国際人権条約機関が有する国家報告制度、個人通報制度は、現在、制度としても確立し、有用な蓄積（総括所見、見解、一般的意見）を生みだしているだけでなく、個別の問題でみれば、たとえば、婚外子法定相続分規定の問題において、条約機関の勧告が一定の役割を果している[80]。〔追記：この動向は2023年性同一性障害特例法違憲決定や2024年旧優生保護法違憲判決に継承されている〕また、婚外子法定相続分規定が違憲であるという判決を生む過程において、「婚外子差別においては、提訴、当事者を支援する団体・弁護団の結成、裁判の継続、違法性判断をする下級審判決、上述の社会的な動き、メディアの報道などの諸要素が重なり、行政の対応を可能にした」[81]という指摘は、筆者が本章で描出しようとした多層的人権保障システムの一環である[82]。グローバル・モデルとして成立するためには、①モデルとしての通用力が、特定の国や地域に限定されないこと、②考え得る他のモデルよりも、地球規模で通用力があること、③グローバル化社会における人権問題に対して実効性があることが必要であると現時点では考えており、ヨーロッパ地域と非ヨーロッパ地域との比較は今後の課題である（本書第Ⅱ部・第Ⅲ部）。

---

(80)　詳細について、江島晶子「憲法の未来像（開放型と閉鎖型）――比較憲法と国際人権法の接点」全国憲法研究会（編）『日本国憲法の継承と発展』（三省堂、2015年）403頁以下；Akiko Ejima, 'Emerging Transjudicial Dialogue on Human Rights in Japan: Does it contribute in making a hybrid of national and international human rights norms? 明治大学法科大学院論集14号（2014年）139頁以下参照。

(81)　二宮周平「家族法における憲法的価値の実現――家族法改正と司法判断(1)」戸籍時報726号（2015年）2頁以下、13頁。

(82)　日本における可能性を部分的に検証するものとして、江島晶子「グローバル化社会と『国際人権』」山元一ほか（編）『グローバル化と法の変容』（日本評論社、2018年）〔本書第7章〕参照。

45

第Ⅰ部　ヨーロッパにおける多層的人権保障システム

〔付記〕本章は2015年の時点のデータに基づき執筆されている。ロシアは2022年9月にヨーロッパ人権条約の締約国でなくなり、同時にヨーロッパ評議会から事実上除名された。現在、ヨーロッパ人権条約加盟国は46カ国である。詳細は、小畑郁「ロシアによるウクライナ侵略とヨーロッパ評議会・ヨーロッパ人権条約」人権判例報4号（2022年）3頁参照。

第2章　グローバル・モデルとしての比例原則

I　はじめに

　筆者は、人権保障の実効性を高めるという観点から、多層的人権保障システムのモデル構築を試みてきた[1]。また、これを統治機構の人権保障的「再構成」とも称してきた[2]。簡単にいえば、人権制約の正当性の判断が、判断後

---

(1)　江島晶子①「日本における「国際人権」の可能性」阪口正二郎（編）『岩波講座憲法5　グローバル化と憲法』（岩波書店、2007年）199頁以下；同②『憲法の未来像における国際人権条約のポジション」辻村みよ子・長谷部恭男編『憲法理論の再創造』（日本評論社、2011年）311頁以下；同③「憲法を「人権法」にする触媒としての国際人権法」国際人権22号（2011年）69頁以下〔本書第11章〕；同④「イギリスにおける「公正な裁判」」比較法研究74号（2012年）70頁以下。

(2)　具体的には、江島③・前掲注(1)参照。この点について、齊藤正彰教授は、「〈人間の権利〉を保護するために、国家は法律を制定して、人々の行為を規制し、利害の衝突を調整する。これは『統治機構の人権保障的「再構成」』をいわずとも、国家の本来の任務である」（齊藤正彰「新たな人権救済制度がもたらす人権規範の共通化 —— 個人通報制度と国内人権機関」法時84巻5号（2012年）28頁）というが、筆者の議論は「国家本来の任務」は何かを論じているのではなく、現実に存在する日本の統治機構の実態上の問題点を指摘し、それに対する処方箋として、統治機構の制度設計や作法の「国際標準化」を主張している。その代表格が、国内人権機関の導入であり、統治機構の各部門において、国際人権条約を真剣に取り扱うことである（参照、江島③・前掲注(1)、71頁）。日本の人権保障システムに多層性を作り出す方策の一つとして、個人通報制度への参加や国内人権機関の導入に注目し、日本ではこれらがいまだ実現されない理由の究明、実現されないことによる不利益の指摘、そして両者を実現させるための現実的処方箋の模索を喫緊の課題としてきた。筆者の議論に対して、齊藤教授は、「人権規範の共通化」の課題に対する最も穏当な解答が、「対話」に基づく「共生関係」を志向する議論であるとして筆者の論考に言及された上、同教授が提案される条約による多層的立憲主義はこれとは異なるものとして（対比する対象として）議論を展開される（齊藤正彰・同上）。しかし、筆者からすると、齊藤教授の議論と筆者の議論は同じ方向性を目指すものであり、齊藤教授が個人通報制度と国内人権機関の重要性を説く点で直近の目的も共

第Ⅰ部　ヨーロッパにおける多層的人権保障システム

の状況変化を反映しつつ、改めて検証される機会を確保するためには、人権保障システムの多層性が有用であり、かつ、システムが国内に限定されず、国際システムがパラレルに存在することによって、この多層性の意義がより高まるとするものである[3]。もちろん、前提として、国内システムと国際システムとの間に一定の関係が存在することが必要で、いかなるべきものであることが必要かつ可能かについて、イギリスとヨーロッパ人権条約（以下、人権条約）を研究対象として探究してきた[4]。

　本章では、過去に行った比較実証研究をベースにして、多層的人権保障システムを、人権規範生成のグローバル・モデルとしてとらえる可能性という観点から検討したい。グローバル・モデルという言葉によって示唆する内容は、第1に、モデルとしての通用力が、特定の国や地域に限定されないこと、第2に、他の考えうるモデルよりも、地球規模で通用力があるということ、第3に、グローバル化社会における人権保障という課題において実効性があることである[5]。

　検証すべき問題は多岐にわたるが、本章では、手始めに、国内裁判所と国際裁判所・地域裁判所が、「人権侵害の有無について、どのような審査の仕方を

　有する。筆者は実際に観察した事象から提案しうる現時点での「現実的な処方箋」として論じるのに対して、齊藤教授は規範的に「あるべき姿」を導出する違いではないかと考える。なお、筆者の議論は国際人権法と外国法を同視するものだという指摘を齊藤教授によって受けているが、同視していないことについて、本書第7章参照のこと。〔追記：齊藤教授は、齊藤正彰『多層的立憲主義と日本国憲法』（信山社、2022年）において、筆者の多層的人権保障システム論を批判的に検討してくださっている（同書第2章および第6章〔とくに注(20)〕）。これに対する応答は別稿を期したいが、ひとまず、江島晶子「〈書評〉齊藤正彰『多層的立憲主義と日本国憲法』」国際人権34号（2023年）101頁参照。〕

(3)　江島晶子「現代社会における「公共の福祉」論と人権の再生力」明治大学法科大学院論集10号（2012年）77頁以下、77頁、79および80頁。

(4)　イギリスと人権条約について、江島晶子①「ヨーロッパ人権条約とイギリス1998年人権法」芹田健太郎ほか（編）『講座国際人権法1 国際人権法と憲法』（信山社、2006年）203頁：同②「国際人権条約の司法的国内実施の意義と限界」芹田健太郎ほか（編）『講座国際人権法3 国際人権法の国内的実施』（信山社、2011年）151頁。

(5)　Kai Möller, *The Global Model of Constitutional Rights*（OUP 2012）15.

第 2 章　グローバル・モデルとしての比例原則

して結論を出すのか」という点において、「比例原則」をグローバル・モデルとしての多層的人権保障システムにおいて使われる「ツール」の一つ（グローバル・モデルの一部）としてとらえる可能性に注目する[6]。というのも、すでに、人権規範の内容としては、国家法と国際法（とりわけ憲法と人権条約）がそれぞれ人権を規定している上、それを実現する仕組みとしては、国内の統治機構と国際機関が併存するからである。とりわけ、第二次世界大戦後、多くの国内裁判所は憲法適合性審査に従事する一方（憲法裁判所による審査か、通常裁判所による審査かという違いこそあれ）、国際機関の方も、ヨーロッパ人権裁判所（以下、人権裁判所）や米州人権裁判所を筆頭に、国際人権条約の解釈適用に従事し、相当の実践（とくに判例法）を蓄積しつつある。よって、蓄積結果（判例）もさることながら、適合性の判断の仕方において共通性を析出できるとすれば、保障システムとしてのグローバル・モデルの構築も可能である。そして、以上のような想定は、比較憲法の国際的隆盛および日本における審査基準論に関する議論の高まりから意義があると考える。以下、比較憲法の国際的隆盛および日本における審査基準論に関する議論について若干の考察を行ったのち（ⅡおよびⅢ）、人権裁判所における比例原則およびイギリスにおける比例原則について検討を行い（ⅣおよびⅤ）、グローバル・モデルの一部として比例原則を位置づける意義と可能性を模索する。

Ⅱ　比較憲法の国際的隆盛

　比例原則に注目する第 1 の理由は、比較憲法の国際的隆盛である。近年の比較憲法の隆盛は目を見張るものがある。興味深いことに、比較法に対する関心が薄いとされてきたアメリカ合衆国においても関心は高まっている[7]。別の

---

(6)　松原光宏「ドメスティック・グローバルモデルとしての比例性原則」法哲学年報 2010（2011年）176頁以下。

(7)　Vicki Jackson and Mark Tushnet (eds.), *Defining the Field of Comparative Constitutional Law* (Praeger 2002); Sujit Choudhry, *The Migration of Constitutional Ideas* (CUP 2006); Tom Ginsburg and Rosalin Dixon (eds.), *Comparative Constitutional Law* (Edward Elgar 2011); Michel Rosenfeld, M and András Sajó (eds.), *The Oxford Hand-*

第Ⅰ部　ヨーロッパにおける多層的人権保障システム

観点からは、裁判官による外国法の参照の問題として実践的にとらえることも可能である[8]。人権規範適合性審査のアクターという点に引き付けていえば、「国際的対話の担い手としての裁判官」[9]の出現である。

　比較憲法の国際的流行は、他方で国際人権法の躍進ともオーバーラップする。実際、比較憲法の隆盛の背景には、人権条約やEC/EUの目覚ましい発展（そしてその影響から、もはや逃れることができない締約国の存在）がある一方、それらの実体は締約国の理論や実務からアイディアを得ているからである。一部の論者が主張するようにドイツの比例原則が各国に輸出されていると仮にいえるとしても、それは、人権条約やEC/EUが提供するシステムの存在なくしては起こりえなかった。その影響はヨーロッパ圏にとどまらず、たとえば、カナダの比例原則は、人権裁判所の判例に影響を受けつつ採用されたものである[10]。

　他方、人権裁判所が行う判断においては、外国法ならびに外国判例（とくに被告国に関する比較法の知識）は不可欠である。確かに、人権裁判所は締約国の法律や判例を条約違反であるとして無効にしたり、破棄したりする「第四審」ではないが、締約国のとった「介入」が目的との関係で釣り合っているかどうかを、締約国の法制度に関する知識なしに判断することはできない。そして、実際、判決の下準備は、被告国出身（または被告国の法律に長けている）法務官によってなされることが多い（2013年現在、申立件数の筆頭はロシアであるが、

---

book of *Comparative Constitutional Law*（OUP 2012）.

(8)　Tania Groppi and Marie-Claire Ponthoreau（eds.）, *The Use of Foreign Precedents by Constitutional Judges*（Hart Publishing 2013）；山本龍彦「憲法訴訟における外国法参照の作法」小谷順子ほか（編）『現代アメリカの司法と憲法 ── 理論的対話の試み』（尚学社、2013年）316頁。

(9)　山元一「グローバル化世界と人権法源論の展開」小谷・前掲注(8)、358頁。

(10)　Rainer Wahl, 'Der Grundsatz der Verhältnismäßigkeit: Ausgangslage und Gegenwartsproblematik' in Dirk Heckmann et al（eds.）, Verfassungsstaatlichkeit im Wandel.: Festschrift für Thomas Würtenberger zum 70. Geburtstag.（Duncker & Humblot 2013）823. 本論文については、松本和彦教授のご教示を受けたことを記し、謝意を表したい。カナダについて、佐々木雅寿「カナダ憲法における比例原則の展開」北大法学論集63巻2号（2012年）654頁以下、650頁。フランスについて、植野妙実子「フランス憲法院における比例性原則」浦田一郎ほか（編）『立憲平和主義と憲法理論』（法律文化社、2010年）165頁。

第 2 章　グローバル・モデルとしての比例原則

書記局には、現在、68人のロシア人スタッフ〔全675人中〕が存在する）。〔追記：2022年9月以降、ロシア「追放」によりロシア国籍のみのスタッフは人権裁判所を離れた〕

　本章の限界は、現時点では、「人権規範の共通化」として現実的に描きうるのはヨーロッパ地域だという点である[11]。同地域においては、各論レベルでの衝突はあるとしても[12]、総論レベルで、ヨーロッパにおいては、「民主主義、法の支配、人権」は共通価値であると宣することに異論はない[13]。さらに、人権裁判所と締約国が、具体的な事件のレベルで衝突・調整を行うプロセスは、「人権規範の共通化」を具体的レベルで論じることを可能にする（ここでは比較憲法と国際人権法が等置的に存立しうる可能性がある）。人権条約は、すでに、ヨーロッパ社会の公序に関する憲法的文書として位置づけられている[14]。だが、それと同じ条件がアジアや世界に存在するのか。今後、国連レベルの国際人権条約に目を向けることによって同様の検討を行うことを将来的課題とする（たとえば自由権規約委員会では比例原則が用いられている）[15]。

----

(11)　人権条約と人権裁判所判例の締約国内における位置づけと受容の程度についての比較を各国横断的に行うことが可能である。典型例として、Robert Blackburn and Jörg Polakiewicz, *Fundamental Rights in Europe: The ECHR and Its Member States, 1950–2000* (OUP 2001); Helen Keller and Alec Stone Sweet, *A Europe of Rights: The Impact of the ECHR on National Legal Systems* (OUP 2008). 両者の先駆的存在にあたるのが Andrew Drzemczewski, *European Human Rights Convention in Domestic Law: A Comparative Study* (OUP 1983) で、内容を比較するとこの約30年間の目覚ましい発展がわかる。

(12)　江島晶子「ヨーロッパ人権裁判所と国内裁判所の「対話」？―Al-Khawaja and Tanerv v the United Kingdom」坂元茂樹＝薬師寺公夫(編)『普遍的国際社会への法の挑戦』（信山社、2013年）85頁以下。

(13)　人権条約前文およびヨーロッパ評議会規定参照。

(14)　*Loizidou v Turkey*, judgment of 23 March 1995, Series A no 310 para 75.

(15)　東澤靖「研究ノート：表現の自由をめぐる憲法と国際人権法の距離」明治学院大学法科大学院ローレビュー16号（2013年）93頁以下、105頁。

第Ⅰ部　ヨーロッパにおける多層的人権保障システム

Ⅲ　最高裁判所と審査基準論
——アメリカ型審査基準とドイツ型比例原則

　比例原則に着目する第二の理由は、日本の問題として、最高裁判所（以下、最高裁）に「変化」が起きているという指摘と学説における「判例」の読み方に現れている変化である[16]。しかも、従来、学説において、支配的地位を占めてきたアメリカ型審査基準論に対して、ドイツ型比例原則をベースとする立場からの新たな提案を受け、憲法適合性を判断する審査基準論について、新たな議論が生じている[17]。こうした状況が、Ⅱで述べたような国際的状況に照らすと、どのように分析しうるのかが本章の関心事である。すなわち、比較憲法と国際人権法の両者において取り上げられている比例原則を考察することによって、アメリカ型かドイツ型かという二者択一的議論でもなく、アメリカ型とドイツ型の融合という議論でもなく、それ以外の議論の存在可能性について検討できる[18]。

---

(16)　滝井繁男「わが国最高裁判所の役割をどう考えるか」法時82巻4号（2010年）50頁以下；宍戸常寿「最高裁と「違憲審査の活性化」」法時82巻4号（2010年）10頁以下；長谷部恭男「最高裁判例の権威について（特集 憲法最高裁判例を読み直す）」論究ジュリ1号（2012年）4頁以下。

(17)　枚挙にいとまがないが、最近の主要なものとして、松本和彦『基本権保障の憲法理論』（大阪大学出版会、2001年）、石川健治「憲法解釈学における『論議の蓄積志向』」法時74巻7号（2002年）60頁以下〔樋口陽一ほか（編著）『国家と自由・再論』（日本評論社、2012年）15頁以下〔前口上と後記を付けて収録〕）、須藤陽子「比例原則と違憲審査基準」立命館法学321＝322号（2008年）264頁以下、小山剛『「憲法上の権利」の作法』（尚学社、2009年）、君塚正臣「二重の基準論とは異質な憲法訴訟理論は成立するか」横浜国際経済法学18巻1号（2009年）17頁以下、柴田憲司「憲法上の比例原則について(1)(2)」法学新報116巻9・10号（2010年）183頁以下、116巻11・12号（2010年）185頁以下、高橋和之「違憲審査方法に関する学説・判例の動向」法曹時報61巻2号（2009年）3597頁以下、青井未帆「三段階審査・審査の基準・審査基準論」ジュリ1400号（2010年）68頁以下、「特集違憲審査手法の展望」法時83巻5号（2011年）に掲載の論文、阪口正二郎「比較の中の三段階審査・比例原則」樋口陽一ほか（編著）『国家と自由・再論』（日本評論社、2012年）235頁以下、高橋和之「憲法判断の思考プロセス」法曹時報64巻5号（2012年）995頁以下。

(18)　佐々木雅寿教授は、現在の議論状況が比較の対象をドイツとアメリカに限定したこ

第2章　グローバル・モデルとしての比例原則

　そのように考える理由は、抽象的一般的人権規定を初めて手にした裁判官が、それを解釈適用するにあたってどのようにアプローチするかという問題として、多くの国の状況を比較できるからである。この問題に対して、日本の学説は、アメリカの連邦最高裁判所の判例法を参考にした「違憲審査基準論」という処方箋を提示したといえよう。しかし、最高裁は、学説が主張してきた違憲審査基準論を正面から採用したようには見えない[19]。それがなぜかは検討すべきだが、本章ではそれには直接立ち入らず、少し違う視点から見てみたい。すなわち、最高裁は最高裁のやり方で外国判例を咀嚼しているとすればどうだろうか。最高裁はけっして比較法に無関心なのではなく、外国判例の影響を受けている[20]。堀越事件最高裁判決における千葉勝美裁判官補足意見は、近年の最高裁大法廷の判例は、「目的のために制限が必要とされる程度と，制限される自由の内容及び性質，これに加えられる具体的制限の態様及び程度等を具体的に比較衡量するという「利益較量」の判断手法を採ってきており，その際の判断指標として，事案に応じて一定の厳格な基準（明白かつ現在の危険の原則，不明確ゆえに無効の原則，必要最小限度の原則，LRA の原則，目的・手段における必要かつ合理性の原則など）ないしはその精神を併せ考慮したものがみられる」[21]と述べている。学説の推奨する基準はすべて把握しているというわけである。だが、それをそのまま使うのではなく、具体的事案に応じて、適宜選択し、かつ、事案に応じて審査基準の内容を変化させることを披瀝している。

　他方、国籍法判決後、以下のような見解が出てきたことは興味深い。（国籍法判決の）「多数意見ははじめから審査基準の設定に関心がなかったのかもしれない。それよりも、法令の合憲性を支える論拠と違憲性を推定させる論拠を

とに規定されており、①比例原則はドイツのみに由来する議論なのか、②三段階審査論が違憲審査を三つの段階に分節することはどこまで普遍性を有するのかという疑問を提起している。佐々木・前掲注(10)、651-652頁。

(19)　最二小判平成24年12月7日刑集66巻12号1337頁、千葉勝美裁判官補足意見参照。

(20)　調査官解説は外国判例や外国法に言及している。例として、最高裁判所判例解説民事篇〔昭和50年度〕208頁（富澤達）、最高裁判所判例解説民事篇〔平成元年度〕88頁（門口正人）等参照。

(21)　最二小判2012（平成24）・12・7刑集66巻12号1337頁。

第Ⅰ部　ヨーロッパにおける多層的人権保障システム

それぞれ積み上げ、相互に「慎重に検討」しているだけではないか。審査基準の設定を前提に本判決を理解しようとするのは、従来の審査基準論にとらわれた考え方であると思われる」[22]。さらに、日本の憲法学説において、ドイツの三段階審査論を紹介する潮流もあることから、実はこれまで説かれてきた学説上の違憲審査基準論が再吟味されていることになる[23]。

　実際、抽象的一般的人権規定の解釈に乗り出した際に、もしも参照できる似た事例があれば、たとえ外国の裁判所のものといえども参考にしたくなるのは当然である。だが、それをそのまま使うことには様々な困難があるはずである。逆から見ると、どのような条件があれば、そのまま使うことになるだろうか。稿を改めて検討する必要があるが、暫定的考察として次のように考える。一つは、人権条約を1998年人権法（以下、人権法）によって取り込んだイギリスの裁判所のような場合である。文言が同じである上、後日、人権裁判所によって異なる結論を示される可能性を持っている。となれば、人権裁判所の判例の参照は奨励される選択である。実際、人権法において、人権裁判所の判例を考慮に入れなければならないと規定されている（詳細はⅤ参照）。もう一つは、裁判所の種類・位置づけが類似していて、かつ、裁判所の判断の手法も類似している場合である（たとえばオーストリアの連邦憲法裁判所にとってのドイツの連邦憲法裁判所の判例）[24]。

　後者の観点からすると、日本の最高裁判所はアメリカの連邦最高裁判所やドイツの連邦憲法裁判所とどれ位類似したものと位置づけられるであろうか。前者の観点からすると、日本が批准している国際人権条約が備える条約機関は、裁判所ではなく、また条約機関の見解に法的拘束力はないことから、人権裁判

---

(22)　松本和彦「部分（準正）要件を除いた国籍法三条一項所定の国籍取得の要件が満たされるときは、日本国籍を取得するか」民商法雑誌140巻1号（2009年）59頁以下、72-73頁。

(23)　代表例として、渡辺康行・宍戸常寿・松本和彦・工藤達朗『憲法Ⅰ 基本権』（日本評論社、2016年）参照。

(24)　Anna Gamper, 'Austria: Non-cosmopolitan, but Europe-friendly – The Constitutional Court's Comparative Approach' in Groppi（n8）214, 226. 実際、世界の憲法裁判所が、ヴェニス委員会の支援の下にネットワークを形成しつつある。

第2章　グローバル・モデルとしての比例原則

所と同列に並べるのは難しい。だが、一定の先例の構築によって見解が事実上の拘束力を有するようになる可能性はある。しかも、条約を実施する義務を日本政府が負っていることから、条約機関の示す見解や総括所見（最終見解）は、単なる外国法参照とは異なる。よって、これらが事実上の拘束力を高めれば高めるほど、イギリスが現に置かれている状況に近くなる。

Ⅳ　ヨーロッパ人権裁判所における比例原則

1　人権条約における比例原則の淵源 ── 比例原則と評価の余地

人権条約上、比例原則についての明文規定は存在しない。そもそも、人権裁判所が用いる解釈原理は、人権条約の制定趣旨から引き出される基本原理を前提として、各国の理論・実務をも参考にしながら生成されてきたものである[25]。比例原則については、長年、人権裁判所書記局の長であった Eissen（1968年-1994年）が、判例法の分析を通じて、比例原則は一般原則としての地位を獲得したと評価している[26]。だが、いかなる比例原則であるのかは十分

---

(25)　Jean-Paul Costa, Legal Concepts in the European Court of Human Rights' Case-Law: the Influence of Various National Traditions, Lecture Paper at the Inner Temple, 13 October 2003 (Library of the European Court of Human Rights 所蔵).

(26)　Marc-André Eissen, The Principle of Proportionality in the Case-Law of the European Court of Human Rights, in Ronald Macdonald et al (eds.), *The European System for the Protection of Human Rights* (Nijhoff 1993) 125, 146; John Joseph Cremona, 'The Proportionality Principle in the Jurisprudence of the European Court of Human Rights' in Ulrich Beyerlin et al (eds.), *Recht zwischen Umbruch und Bewhrung, Festshrift für Rudolf Bernhardt* (Springer 1995) 323; Jeremy McBride, 'Proportionality and the European Convention on Human Rights', in Evelyn Ellis (ed.), *The Principle of Proportionality in the Laws of Europe* (Hart Publishing 1999) 23; Arai-Takahashi, Y, *The Margin of Appreciation Doctrine and the Principle of Proportionality in the Jurisprudence of the ECHR* (Intersentia 2002) 100; Steeven Greer, *The European Convention on Human Rights: Achievements, Problems and Prospects* (CUP 2006); Georg Letsas, A Theory of Interpretation of the European Convention on Human Rights (OUP 2009); Chrsitoffersen, J, *Fair Balance: Proportionality, Subsidiarity and Primarity in*

第 I 部　ヨーロッパにおける多層的人権保障システム

明確にされているとは言い難い[27]。しかも、人権裁判所が依拠する他の解釈原理（とくに評価の余地）に対しても曖昧、不明確であるという批判があり、同裁判所の結論の予測可能性や締約国内における導入においても障害となる[28]。

比例原則については、その淵源について、ドイツの連邦憲法裁判所の比例原則であるとする考え方[29]と、特定の国を淵源とするには検証が十分ではないという考え方が存在する[30]。前者の代表格 Sweet の根拠は、第 1 に、1970年代初期において、比例原則の枠組はドイツでは日常的に用いられていたが、EU では登場したばかりで、人権条約締約国においてはスイスを例外としてほとんど知られていなかったこと、第 2 に、人権条約における比例原則の発展の斡旋者として、ドイツ出身の Frowein が、1973年から1993年までヨーロッパ人権委員会の委員であったこと（内1981年から1993年まで同委員会の委員長）およびマックス・プランク・インスティテュートの長であったことである[31]。

他方、比例原則のルーツは古代ギリシアやエジプトにまで遡るとする Christoffersen は、主たる源をドイツ法に限定することに懐疑的である。比例原則は昔から存在するとして、ハムラビ法典、マグナ・カルタ、1689年権利章典、Karl Gottlieb Svarez、John Stuart Mill 等を引く[32]。Costa 元人権裁判所所長も、人権裁判所が国内法伝統から影響を受けていることを認める文脈で比例原則に言及しつつ、淵源としては19世紀末のドイツ警察行政法に限定せず、フラ

---

the European Convention on Human Rights（Nijhoff 2009）; Helen Keller and Alec Stone Sweet（eds）, A Europe of Rights; The Impact of the ECHR on National Legal Systems（OUP 2008）699; Aharon Barak, Proportionality（CUP 2012）183.

(27)　近年、急速に分析が開始されている。See Christoffersen, J（n26）; Klatt, M and Meister, M, The Constitutional Structure of Proportionality（Oxford University Press, 2012）; Möller（n5）; Legg, A, The Margin of Appreciation in International Human Rights Law: Deference and Proportionality（OUP, 2012）.

(28)　Christoffersen（n26）, 32.

(29)　Barak（n26）184; Alec Stone Sweet and Jud Mathews, Proportionality Balancing and Global Constitutionalism, 47 Colum. J. Transnat'l Law（2008）73, 147.

(30)　Christoffersen（n26）34-35.

(31)　Sweet and Mathews（n29）147.

(32)　Christoffersen（n26）33-34.

第 2 章　グローバル・モデルとしての比例原則

ンスのコンセイユ・デタが1933年に比例原則を用いていることにも言及している[33]。淵源の実証的検証が必要なところである[34]。また、比例原則を広義でとらえるのか、狭義でとらえるかで射程範囲も異なる。現時点では、人権裁判所のとる比例原則の内容自体が確定していないことから、以下に述べる理由より、Costa 所長がいうように、人権裁判所は、各国の実践に影響を受けているが（ドイツの影響は否定しない[35]）、特定の国のやり方をそのまま採用することはないという推定に立って論を進め、詳細な研究は今後の課題とする[36]。

　第 1 の理由は、比例原則は、条約の文言に明文規定はないとしても、条約の規定形式から、比例原則的な発想をとることを容易にするよう規定ぶりとなっていることである（詳細は後述する）。第 2 に、人権裁判所（1998年 9 月まではヨーロッパ人権委員会も）は、抽象的審査機関ではなく、個別の事件に即して判断を行う司法機関であり、体系的理論を構築することを第 1 の目的としているわけではない。第 3 に、一裁判官として全ての事件に関与できるわけではないし、一人の裁判官ないしは委員が、他のメンバーに比してより大きな影響力を持つことができるのか疑問である[37]。実際上は、判例の整合性の確保という点では、一裁判官よりも書記局の方が重要な役割を果たしている（人権裁

---

(33)　Costa〔n25〕3.

(34)　実際、筆者がヨーロッパ人権委員会においてリサーチを行った1998年時点では、ドイツ語はヨーロッパ評議会の公用語ではないが、ドイツ語圏出身の法務官・裁判官の間では、実際上の作業言語として一定のプレゼンスを有していた。

(35)　元人権裁判所所長 Spielmann による「ヨーロッパ人権裁判所判例法とヨーロッパの憲法システム」という論文で、考察対象国として選択した 4 カ国が、イギリス、ドイツ、フランス、ベルギーである。ベルギーは Spielmann 元所長の出身国であるので熟知しているということを考慮に入れて除外すると、英独仏が現時点でも「要」であることを推察させる。Spielmann, D, 'Jurisprudence of the European Court of Human Rights and the Constitutional Systems of Europe', in Rosenfeld and Sajó〔n7〕1231.

(36)　Nußberger 人権裁判所裁判官（ドイツ出身）に対するインタビュー（2012(平成24)年度科研費基盤研究(C)による）では、人権裁判所がドイツの比例原則を直接取り入れたとはいえないが、強い影響を受けていることは間違いないという回答を受けた。

(37)　言語の問題（公用語は英語と仏語）や経験・能力の点で、事実上の優位性が発生する可能性は除去できない。参照、小畑郁「ヨーロッパ人権条約における国内的実施の進展と補完性原理」法時80巻 5 号（2008年）48頁以下。

第Ⅰ部　ヨーロッパにおける多層的人権保障システム

所裁判官が通年で人権裁判所所在地であるストラスブールに居住するようになったのは1998年以降である）。

2　人権条約の規定形式と比例原則

　規定ぶりから、比例原則の存在が読み取れるのは、人権条約 8 条（私生活および家族生活の尊重を受ける権利）、同 9 条（思想、良心および信教の自由）、同10条（表現の自由）、同11条（集会および結社の自由）である。これらの規定は、いずれも 1 項で権利・自由を規定し、 2 項で権利・自由を制約できる場合を規定する。10条を例に挙げると、 1 項では、「すべての者は、表現の自由についての権利を有する。この権利には、公の機関による介入を受けることなく、かつ、国境とのかかわりなく、意見を持つ自由ならびに情報および考えを受けおよび伝える自由を含む。この条は、国が放送、テレビまたは映画の諸企業の許可制を要求することを妨げるものではない。」として、表現の自由の内容について規定する。そして、 2 項では、「前項の自由の行使については、義務および責任を伴うので、法律によって定められた手続、条件、制限または刑罰であって、国の安全、領土保全もしくは公共の安全のため、無秩序もしくは犯罪の防止のため、健康もしくは道徳の保護のため、他の者の名誉もしくは権利の保護のため、秘密に受けた情報の暴露を防止するため、または、司法機関の権威および公平さを維持するため、民主的社会において必要なものを課することができる。」（傍点筆者）として、表現の自由を制約できる場合を規定する。ちなみに、「民主的社会において必要ならば」という権利の制約条項は、イギリス政府の提案によって草案に入れられた[38]。

　8-11条までの権利群は、イギリスが人権法を導入した際には、qualified rights として紹介された権利群である。qualified の趣旨は、たとえば「国の安全」のためとか「道徳の保護」のためといったように権利を制約できる場合が明記されており、制約付きの権利だという意味である。これは、他の二種類の権利と比較するとさらに意味が明確になる。一つは、absolute rights と呼ばれ

---

　(38)　Council of Europe, Collected Edition of the "Travaux Préparatoires" of the European Convention on Human Rights Vol III (Nijhoff, 1976) 292.

58

第 2 章　グローバル・モデルとしての比例原則

る権利群である。これには、2条（生命に対する権利）、3条（拷問の禁止）、4
条1項（奴隷状態の禁止）および7条（法律なくして処罰なし）が該当し、デロ
ゲーションが認められない（人権条約15条2項）。もう一つは、limited rights
と呼ばれる権利群である。代表格は5条（自由および安全に対する権利）および
6条（公正な裁判を受ける権利）である。こちらは、先ほどの qualified rights
と同様に、権利の制約が明文で規定されているが、制約が個別具体的に規定さ
れている。たとえば、5条の保障する「自由および安全に対する権利」は、
「すべての者は、身体の自由および安全に対する権利である。何人も、次の場
合において、かつ法律で定める手続に基づく場合を除くほか、その自由を奪わ
れない」と自由が規定された上、「次の場合」として、たとえば、「権限のある
裁判所による有罪判決の後の人の合法的な拘禁」、「裁判所の合法的な命令に従
わないためのまたは法律で定めるいずれかの義務の履行を確保するための人の
合法的な逮捕または拘禁」といったように、自由が制約される場合が個別具体
的に規定されている[39]。よって、たとえば、「権限のある裁判所」に該当する
のか、「公法的な拘禁」に該当するのか等、当該文言に該当するか否かが解釈
の中心となる。

　これに対して、8-11条までの権利に対する制約は、人権条約が認める制約目
的のために、法律に基づくかぎり、民主的社会において必要であれば、認めら
れるが、制約目的自体が一般的であるため、民主的社会において必要かをどう
やって判断するかが問題となる。そして、これまで、制約目的が当該制約と釣
り合っているかどうか（比例しているかどうか）を検討する形で吟味されてき
た（後で具体例を用いて説明する）。

　規定ぶりから比例原則の存在がうかがえる他の規定には、15条（緊急時にお
けるデロゲーション）がある。同条1項は、「戦争その他の国民の生存を脅かす
公の緊急事態の場合には、いずれの締約国も、事態の緊急性が真に必要とする
限度において、この条約に基づく義務を免脱する措置をとることができる。た
だし、その措置は、当該締約国が国際法に基づき負う他の義務に抵触してはな

（39）　詳細は、戸波江二・北村泰三・建石真公子・小畑郁・江島晶子（編）『ヨーロッパ人
　　権裁判所の判例』（信山社、2008年）25頁。

59

第Ⅰ部　ヨーロッパにおける多層的人権保障システム

らない。」（傍点筆者）と規定する。

3　人権条約の適合性審査における比例原則

⑴　比例原則の萌芽と発展

　人権裁判所は、裁判所最初の判決の一つである *Lawless v Ireland*（*No 3*）（1961年）[40]において、間接的に比例原則を適用し、*Belgian Linguistic case*（1968年）[41]において、明示的に比例原則を用いた[42]。だが、後述するように、人権条約8-11条で登場する比例原則との関係でいえば、広義の比例原則というべきものである。すなわち、同判決では、「人権条約は、共同体の一般的利益の保護と基本的人権の尊重との間において、後者に特別な重要性を与えつつ、両者の公正なバランス（a just balance）を内包[43]」するという一般的枠組を示したにとどまる。Arai-Takahashi は、人権裁判所の判例には、2種類の比例原則があると整理する。第1に、fair balance で、申立人の権利と公衆の一般的利益との間で公正なバランスを確立する要請である（このバランスの追求は条約全体に内在すると人権裁判所は考えている[44]）。第2に、これをより具体化したもので、手段（手段の厳しさと継続期間を含む）と目的との合理的関係である[45]。こちらが8-11条において頻繁に登場する比例原則で、最初に登場したのは、*Handyside v the United Kingdom*（1976年）である[46]。

⑵　人権条約8-11条（qualified rights）における審査方法と比例原則

　8-11条に関する条約適合性審査については、以下のような審査手順が確立している[47]。

---

(40)　*Lawless v Ireland*（*No.3*）, judgment of 1 July 1961, Ser A no 3.

(41)　*Belgium Linguistic case*, judgment of 23 July 1968, Ser A no 6.

(42)　ibid paras 36-38. Christoffersen（n26）39.

(43)　*Belgium Linguistic case*（n41）paras 5 and 7.

(44)　*Sporrong and Lönnroth v Sweden*, judgment of 23 September 1982, Ser A no 52, para 69.

(45)　Arai-Takahashi（n26）103.

(46)　Eissen（n26）126.

第2章　グローバル・モデルとしての比例原則

①　権利の認定（権利の積極的側面を含む）

②　介入（interference）の認定

③　介入が法律によって規定されているかどうかの検討

④　当該介入によって保護されようとする目的の決定

⑤　介入が「民主的社会において必要」かどうかの決定（国家が、証拠とともに、当該介入の妥当かつ十分な理由を提供しているか、当該理由が申立人の権利享受に対する制約と釣り合っているかを決定する）。

　上記⑤が、比例原則にあたる部分である（なお、この判断には評価の余地が関係する）。上記③〜⑤を権利制約の正当化の有無を吟味している部分として把握すれば、①→②→〔③〜⑤〕として、ドイツ流三段階審査論との類似性が観察できる。

　8-11条に関する事件において、上記のような手順を最初にとったのが、*Handyside v the United Kingdom*[48]である。本件の問題は、デンマークで刊行された性教育の本を英語に翻訳し、イギリスで出版しようとした申立人Handyside を、わいせつ物の出版を規制する法に基づき処罰し、書籍を押収・没収・廃棄したことが人権条約10条に反するかどうかである。本判決は、民主的社会と表現の自由の関係について人権裁判所の考え方を明らかにした点で重要である。同時に、国家の裁量（評価の余地）を限定できる枠組として提示した点でも重要である。すなわち、人権裁判所は、「表現の自由は民主的社会の本質的基礎であり、社会の発展およびすべての人間の発達のための基礎的条件である」ことから、表現の自由は、「好意的に受け止められたり、あるいは害をもたらさない、または、どうでもよいこととみなされる『情報』または『思想』だけでなく、国家や一部の人々を傷つけたり、驚かせたり、または混乱させたりするようなもの」にも及ぶとする（10条2項に服することを前提として）[49]。それは、多元主義や寛容が民主的社会の存続に必要と考えるからであ

---

(47)　David Harris et al (eds.), *Harris, O'Boyle & Warbrick Law of the European Convention on Human Rights* (OUP 2009) 359-360.

(48)　*Handyside v the United Kingdom*, judgement of 7 December 1976. 戸波・前掲注(39)、144頁以下（江島晶子執筆）参照。

(49)　*Handyside* (n48) para 49.

61

第Ⅰ部　ヨーロッパにおける多層的人権保障システム

る。そして、以上より、「すべての『手続』、『条件』、『制約』または『刑罰』は、遂行される正当な目的と釣り合っていなければならない（every "formality", "condition", "restriction" or "penalty" imposed in this sphere must be **proportionate** to the legitimate aim pursued)」として、比例原則が登場する[50]。そして、「利用できる様々なデータを基礎として、国内当局がとった実際上の『介入』手段を正当化するために提供した理由が、10条2項に基づき、関連性があり十分なものか」を検討するとした[51]。

　この審査方法は、後の判例法に強い影響を及ぼした。それが、3年後の*Sunday Times v the United Kingdom*（1979年)[52]である。本件の問題は、係属中の裁判に関する新聞記事に対する差止が人権条約10条に反するかである。人権裁判所は、*Handyside* 判決の判断枠組を踏襲かつ洗練させた上で、これに依拠し、結論としては条約違反の判断を導き出した。

　本章との課題との関連でとくに指摘しておきたい点は、第1に、*Handyside* 判決の判断枠組を整理して、項目化（かつ見出し化）したことである（かつ、これはフォーマットとなり、以後の判決においても踏襲されている）。すなわち、以下の三つの項目の下に検討されていく。

　A．当該介入は「法律によって規定」されていたか。

　B．当該介入は、人権条約10条2項に基づき正当な目的を有しているか。

　C．当該介入は、司法の権威（司法の権威は人権条約10条2項に列挙されている目的の一つ）を維持するために「民主的社会において必要」だったか。

　フォーマット化のメリットは、判断枠組を明示し、人権裁判所判決の理解しやすさを高めると同時に、人権裁判所の判例法の移植しやすさを高めることである。そして、体制転換時の東欧・中欧諸国が、人権条約を自国の憲法の人権規範として移植した際には、それは現実のものとなった。また、最古参締約国にとっても、人権条約に真剣に取り組むことになった場合、このフォーマットを取り込むことになった（イギリスを例として後述する）。実際、比例原則の伝

―――――――――――――――

（50）　ibid.

（51）　ibid para 50.

（52）　*Sunday Times v the United Kingdom*, judgement of 26 April 1979, Ser A no 30. 戸波・前掲注(39)、384頁以下（江島晶子執筆）参照。

62

播の促進に貢献したのではないかと考えられる。

　注目すべき二点目は、制約目的の種類と比例性の判断との関係である。人権裁判所は、国内機関の評価権限が人権条約10条2項に規定されている目的ごとに異なるとした上で、*Handyside* 判決で問題となった「道徳の保護」と本件で問題となっている「司法の権威」とでは、後者の「評価の余地」が狭くなると判示した。すなわち、本判決は、*Handyside* 判決を引用しながら、*Handyside* 事件で問題となった「道徳の保護」については、「道徳の要請について締約国のとる見解は『時と場所によって異なり』、『国内当局は当該要請の正確な内容について見解を述べる上で、国際裁判官よりもふさわしい立場にある』」（『　』内は *Handyside* 判決からの引用）とする。だが、*Sunday Times v the United Kingdom*d で問題となった「司法の権威」については、「全く同じことが、司法機関の『権威』という、より客観的概念についてもいえるわけではない。国内法および締約国の慣行が示しているのは、当該領域において相当程度の共通基盤が存することだ」として、本件ではより広範なヨーロッパの監督を認めた[53]。その結果、「当該介入は、人権条約の意味における表現の自由という公的利益を十分に上回るだけの急迫する社会的必要性には相応しない。…当該制約は、遂行する正当な目的と釣り合っていない。よって、司法部の権威を維持するために民主的社会において必要とはいえない」（傍点筆者）と結論づけた[54]。

　その後、比例原則は、8-11条の権利群だけでなく、他の条文においても用いられている[55]。よって、現時点では、比例原則は人権裁判所が条約適合性審査を行う上で、欠かすことのできない基本的判断枠組といえる。他方、人権裁判所が補完性を前提として、「評価の余地」を締約国に認めてきたことから、評価の余地と比例原則が実際にどのような関係に立つのかが問題である。ところが、前述したように、評価の余地自体の曖昧さが問題となっているため、問題はより複雑となる。すなわち、締約国の評価の余地を超えており「ヨーロッ

---

(53)　*Sunday Times*（n52）para 59.

(54)　ibid para 67.

(55)　Christoffersen（n26）40.

第Ⅰ部　ヨーロッパにおける多層的人権保障システム

パの監督」が発動することになって、人権裁判所が条約違反を判断するために比例原則を用いることになるのか、評価の余地の広狭が判断されたのちに、それが比例原則のはかり具合に影響することになり、その結果として評価の余地を超えていると判断されることになるのか不明確である[56]。この点は、人権裁判所の比例原則を、国内裁判所が国内判決において用いようとするときに問題となる。なお、自由権規約は比例原則を用いているが評価の余地は採用していないことから、両者の相違点の検討も今後の課題である[57]。

V　イギリス1998年人権法と比例原則

1　適合的解釈・不適合宣言とヨーロッパ人権裁判所判例法

人権法（2000年発効）は、議会を除くすべての公的機関に対して、人権条約上の権利と適合するように行動することを義務付ける（人権法6条）。よって、イギリスの裁判所は、人権条約上の権利と適合的になるように、国内法を解釈適用することが義務付けられる（適合的解釈、同3条）。そして、適合的に解釈できない場合には、裁判所は不適合であると宣言する（不適合宣言、同4条。法律は無効にはならない）。これは、議会主権の下で違憲審査制を有しなかったイギリスの裁判所にとっては新しい権限である。多層的人権保障システムの実現という観点から、人権法の興味深い点は、イギリスにおける事実上の権利章典が人権条約となる一方（人権条約は国内法ではなく、他の国内法は人権条約上の権利に適合的でなければならないので、人権条約は他の国内法よりも事実上優位するような実態が生じている。但し、議会は人権条約に反する法律を制定できる）、同一の人権規定（人権条約）をイギリスの裁判所と人権裁判所が解釈することに

---

(56)　Alastair Mowbray, 'A Study of the Principle of Fair Balance in the Jurisprudence of the European Court of Human Rights' (2010) 10 *Human Rights Law Review* 289, 316. 評価の余地について、See Howard Charles Yourow, *The Margin of Appreciation Doctrine in the Dynamics of European Human Rights Jurisprudence* (Nijhoff, 1996); Arai-Takahashi (n26); Legg (n27).

(57)　東澤・前掲注(15)、105頁。

なる点である（成文憲法典や独自の人権法を有する他の締約国は、まずは自前の規定を解釈適用する）。よって、人権条約について示したイギリスの国内裁判所の解釈とは異なる解釈が、後から人権裁判所によって示される可能性が生じる。そして、国内裁判所はそうした事態をできるだけ避けたいはずである（実際にどうであったかについては後述する）。

　当初、とんでもない事件が裁判所に持ち込まれ、裁判所の事件数が急増する等の予測がある一方、裁判所は不適合宣言を行使しない（できない）という予測もあった[58]。では、実際に、どうだったか。裁判の件数自体が、人権法の導入によって増加したという証拠はない上、不適合宣言は実際に出され（数は多くないとしても）、かつ、それに対して、政府・議会は国内法改正で対応している。不適合宣言には、議会法を無効にする効力はないが、政府・議会が不適合宣言を無視することはなかったので、事実上、無効とするに等しい結果が得られた[59]。

　一部の不安を裏切って、ソフトランディングに成功した原因は何か。これは、人権裁判所判例法の存在が大きい。抽象的な権利規定のみを手渡されていたらどうであったか[60]。実際、前述したように、これが日本の裁判所が直面した状況である。従来、最高裁判所は具体的な外国判例を正式に引用・参照することはなかったものの、補足意見・意見・反対意見は、外国法・外国判例に言及することがあった。2013年以降、法廷意見（多数意見）も外国法・外国判例、そして国際人権判例に言及する例が登場している[61]。また、調査官解説にお

---

(58)　法案提出側の予測では、99％の事件では不適合宣言は不要である（大法官 Lord Irvine）、ほぼすべての事件において、裁判所は適合的解釈が行える（内務大臣 Jack Straw）とした。See 585 Hansard（HL）840（5 February 1998）and 306 Hansard（HC）778（16 February 1998）.

(59)　詳細は、江島①・前掲注(4)、157頁以下参照。人権法の制定背景は、江島晶子『人権保障の新局面』（日本評論社、2002年）参照。

(60)　1970年代、新・権利章典に反対する論拠として、抽象的人権規定に不慣れなイギリスの裁判官に託しても解釈できず、司法の政治化に利用されるのが関の山というのがあった。

(61)　Akiko Ejima, 'A Gap between the Apparent and Hidden Attitudes of the Supreme Court of Japan towards Foreign Precedents', in Groppi and Ponthoreau（n8）

いても比較法的考察が行われている[62]。

　イギリスの場合、人権法発効前の 2 年間の実施準備期間においては、人権裁判所の判例を基にしたケース・メソッド型のトレーニングが司法機関および行政機関において行われた[63]。ケース・メソッドにおいては、人権裁判所がどのように審査するかという手順がマニュアル化されて示されたが、その中でも中心となるのが、「当該介入が民主的社会において必要か」、すなわち、当該介入は遂行する目的との関係で釣り合っているか（比例原則）である。もちろん比例原則のとらえ方如何ではマグナ・カルタや Blackstone に遡りうるのであり[64]、新規なものではないということも可能である。よって、人権裁判所の用いる比例原則がイギリスにどれだけ入り込んだかを検討する。

2　比例原則の採用と意義

(1) Wednesbury 原則から比例原則へ？

　人権法発効後、比例原則が Wednesbury 原則（行政機関の決定に対する司法審査において、合理的な大臣ならば、当該状況の下で、実際に課された自由に対する侵害が正当化しうるという結論に到達したかどうかを裁判所は判断する）[65]に取って代ったと評され、多くの論者は、裁判所による比例原則への依拠（そし

---

　273. 民法900条 4 号但書を違憲とした2013年 9 月 4 日最高裁大法廷決定法廷意見がその先駆けであり、外国法の動向および人権条約機関の意見・勧告に言及した。また、2023年10月25日最高裁大法廷決定法定意見は、2017年ヨーロッパ人権裁判所判決に言及した。

(62)　薬局距離制限違憲判決（最大判1975（昭50）・ 4 ・30民集29巻 4 号572頁）に関する調査官解説は、同判決への影響として、ドイツ連邦憲法裁判所1958年 6 月11日判決に言及した。最高裁判所判例解説民事篇〔昭和50年度〕199頁以下（富澤達）、208頁。

(63)　詳細は、江島晶子「一九九八年イギリス人権法の実施過程に関する検討」法学新報108巻 3 号（2001年）551頁以下参照。

(64)　参照、柴田憲司「憲法上の比例原則について(1)」法学新報116巻 9 ・10号（2010年）227頁以下。マグナ・カルタ（1215年）20条は、罪刑均衡に関し、「自由人は、軽微な違法行為については、その違法行為の程度にしたがってでなければ、憫憫罪を課せられない。」（高木八尺・末延三次・宮沢俊義(編)『人権宣言集』（岩波書店、1957年）42頁）と規定する。

(65)　*Associated Provincial Picture Houses Ltd v Wednesbury Corporation*〔1948〕1 KB 223.

第 2 章 グローバル・モデルとしての比例原則

て Wednesbury 原則の退場）は、人権法による最も重要な変化の一つだとする[66]。人権法以前は、人権条約が国内法ではないことから、イギリスの裁判所がこれを解釈・適用する法的義務はないという前提の下に、積極的に解釈・適用することが少なかっただけでなく、一定の場合には解釈・適用が議会主権に反することになるので回避しなければならないとされてきた。議会が人権条約を国内法化していない以上、裁判所によってあたかも国内法化されているような状況（裏口からの国内法化）を作り出してはならないとした[67]。その典型例が、*R v State for the Home Department, ex p Brind* であった[68]。その後、*R v Ministry of Defence, ex p. Smith* において、Wednesbury 原理の精緻化が試みられたが、それが十分なものではなかったことが、*Smith and Grady v the United Kingdom* における人権裁判所人権条約 8 条違反判決によって明示されてしまった[69]。

⑵ 比例原則と *Daly* 判決

比例原則の採用が明示的に示されたのが、*R v Secretary of State for the Home Department, ex p Daly* である[70]。*Daly* 判決において有名な箇所は、

---

(66) Aileen Kavanagh, *Constitutional Review under the UK Human Rights Act*（CUP, 2009）267. 人権法発効時の頃の他の見解として、See David Feldman, D, 'Proportionality and the Human Rights Act 1998' in Evelyn Ellis（ed）, *The Principle of Proportionality in the Laws of Europe*（Hart Publishing 1999）; Richard Clayton, 'Developing Principles for Human Rights' [2002] EHRLR 175; Richard Gordon, 'Regaining a Sense of Proportion: The Human Rights Act and the Proportionality Principle' [2001] EHRLR 504; Ian Leigh, ' Taking Rights Proportionately: Judicial Review, the Human Rights Act and Strasbourg' [2002] PL 265.

(67) 人権法発効前の人権条約の解釈適用は、江島・前掲注(59)（人権保障の新局面）参照。

(68) *R v Secretary of State for the Department, ex p Brind* [1991] 1 AC 696. 江島・前掲注(59)（人権保障の新局面）117頁以下参照。

(69) *R v Ministry of Defence, ex p Smith* [1996] QB 517 and Smith and Grady v the United Kingdom, judgment of 27 September 1999.

(70) *R v Secretary of State for the Home Department, ex p Daly* [2001] UKHL 26. See Tom Hickman, 'The Substance and Structure of Proportionality' [2008] PL 694.

第Ⅰ部　ヨーロッパにおける多層的人権保障システム

Lord Steyn が、*de Freitas v Permanent Secretary of Ministry of Agriculture, Fisheries, Lands and Housing*[71]において枢密院が採用した三段階の審査を引用し、伝統的基準と比例原則の違いを傍論として述べている部分である[72]。すなわち、制約が恣意的または過度かどうかを決定する際に、裁判所が自問すべき問いは次の三つであるという。

① 立法目的は、基本的権利の制限を正当化するのに十分重要であること
② 目的を達成するために考案された立法手段が目的と合理的に関連していること、および、
③ 自由に対する権利を侵害する手段が目的を達成するのに必要な程度をこえないこと

Lord Styen は、Wednesbury 原則に代表される伝統的審査根拠と比例アプローチとの間には重複する部分があるので、どちらに基づいても同じ結果が出ることを認めた上で、三つの違いから異なる結果に到達することがあるという[73]。三つの違いとは、第1に、比例原則が裁判所に要請するのは、意思決定者が行った衡量（balance）を評価することで、合理的な決定の範囲内かどうかにとどまらない。第2に、比例審査は利益や考慮事項の相対的重要性に注意を向けるように要請しうるかぎりにおいて、伝統的審査根拠よりも内容に立ち入りうる。第3に、*R v Ministry of Defence, ex p Smith*[74]で発展された、「より強められた審査」でさえも、人権の保護には必ずしも十分ではないことである。

(3) **比例原則に対する評価**

Daly 判決後、比例原則は人権条約上の権利が問題となる事件においては舞台中央に躍り出たと Tomkins は評価する[75]。Kavanaugh は、*Daly* 判決にお

---

(71)　*de Freitas v Permanent Secretary of Ministry of Agriculture, Fisheries, Lands and Housing* [1999] 1 AC 69.

(72)　*Daly* (n70) [27].

(73)　ibid [27]-[28].

(74)　*R v Ministry of Defence, ex p Smith* (n69) [554].

(75)　Turpin, C and Tomkins, A, *British Government and the Constitution* (CUP, 6 th ed, 2007) 275.

68

第2章　グローバル・モデルとしての比例原則

いて貴族院が明白に比例原則を導入したことには3つの利点があるという。第1に、人権法の下では、立法行為や行政行為に対するより厳格な審査が適切だと示したことになる。これは下級裁判所に対しても、国家の行為の比例性をより厳格に審査する義務が存在するのだと明確に合図したことになる。換言すると、Wednesbury 審査に伴っていた高い度合いの謙譲（deference）の放棄を表明したことになる。強められた Wednesbury 審査（*Smith* 判決）と比例原則との間にさほどの違いはないが、両者は異なっているという認識が、司法文化に変化をもたらす[76]。第2に、人権に十分な重要性を与えるべきだという要請に関して、比例原則は、公的機関の決定を正当化する証明責任を公的機関側に明確に課す[77]。第3に、比例原則は、Wednesbury 審査と比較すると、より、構造的かつ系統的審理を提供できる。

　では、比例原則は、現在、人権法に基づく適合的解釈・不適合宣言の中にどのように組み込まれたであろうか。上述の三つの基準はその後、具体的審査の中で、人権裁判所の行うような形で使われているのかということである。ここでは3点を指摘しておく。

　第1に、前述の基準は、外見的には、前述の人権裁判所の審査基準と類似しており、実際、イギリスの裁判所は、冒頭でこの審査基準に言及し、人権裁判所の類似判例を参照することが通例である。しかし、それが、実際の審査の結果に反映されるかというと疑問がある。深澤龍一郎教授は、「多くの判決は、比例原則とはいっても実質的には必要最小限度性を審査の基準とするにとどまっており、これに加えて諸利益の衡量にまで踏み込んでいるわけではない。イギリスの判例がいう比例原則と、ドイツやわが国の学説がいう比例原則との異同が問題となる。[78]」ことを指摘している。Rivers は、イギリスの裁判所は、権利と公益との間の比較衡量の問題を示したがらない上に、整理されないままに裁量に訴えかけることで、審査の厳格度を制御不能で予測し難いものにする危険があるという[79]。そして、柔軟すぎる比例原則に対しては、審査の

---

(76)　Kavanagh（n66）253-4.

(77)　ibid 254-255.

(78)　深澤龍一郎「イギリスの司法審査と一九九八年人権法（2・完）」法学論叢165巻（2009年）2号45頁以下。

69

第Ⅰ部　ヨーロッパにおける多層的人権保障システム

厳格度の分類と理論化が必要であると主張する[80]。他方、Wednesbury 原則
は、役割を終えていないという議論も最近登場している[81]。

　第2に、審査の厳格度を下げる根拠としての、謙譲の登場である。議会主権
の下で、裁判所と議会・政府との関係のバランスを適正にはかるために、def-
erence という概念が持ち出され、審査の厳格度の調整が行われる[82]。これは、
人権裁判所における評価の余地と比例原則との関係という点でも興味深い。人
権裁判所は、前述したように、評価の余地と比例原則によって、ヨーロッパの
監督の発動と審査の厳格度を設定するからである。もちろん、評価の余地が認
められる根拠は、国際裁判所と国内機関との関係にあり（前者は後者の補完）、
国内の統治機構にそのまま適用されるものではない。しかし、権力分立、議会
主権、裁判所の役割・能力との関係で、裁判所がどの程度厳格な審査をするべ
きかという問題としては、構造的に一定の共通性がある。

　第3に、イギリスの裁判所と人権裁判所との関係を、最近のストラスブール
におけるイギリスの成績（換言すると人権法の効果）から検証することができ
る。すでに、別稿で検討したので、結論だけを述べれば、申立件数も判決数も爆発
的に増え続けている人権裁判所において、イギリスを被告とする申立の受理件
数は減少傾向にあり、他方、不受理件数は増加しているので（換言すれば、国
内的に十分救済されていると判断されることが多いということ）、人権法の効果は
あったということができる[83]。

⑷　人権法をめぐる状況の変化

　人権法制定後、イギリスをめぐる状況は大きく変化した。第1に、テロリズ
ムである。本来、人権法は、1997年に政権を奪還した労働党の初年度の政策の

---

(79)　Rivers, J, 'Proportionality and Variable Intensity of Review' (2006) 65 CLJ 174 at
　　206.

(80)　ibid. See alsod Cora Chan, 'Proportionality and invariable baseline intensity of re-
　　view' (2013) 33 (1) Legal Studies 1.

(81)　James Goodwin, 'The Last Defence of Wednesbury' [2012] PL 445.

(82)　Kavanagh (n 66) 167.

(83)　江島②・前掲注(4)、183頁参照。

第 2 章　グローバル・モデルとしての比例原則

目玉の一つであった。しかし、「9/11」後に続々と制定されたテロリズム対策立法は人権条約上の権利と衝突し、人権法を推進していくはずの政府が人権法を厄介者とみなすようになった[84]。

　第2に、人権裁判所判例に対するイギリスの裁判所・裁判官の態度の変遷である。ストラスブール判例法に忠実に従う態度（Mirror 原則とも称された）から、従うべきではない場合が稀にあり、その時には従わないという態度を示すようになっている。象徴的な例としては、伝聞証拠法則をめぐる、人権裁判所とイギリス裁判所の対立が挙げられる[85]。さらに、元貴族院裁判官 Lord Hoffmann は、裁判官の教育研修機関である Judicial Studies Board（現在、Judicial College）における講演（2009年）において、人権裁判所の裁判官の質に疑問を提起し、人権裁判所は「評価の余地」をもっと尊重すべきだとして人権裁判所批判を行った[86]。他方、人権法導入の立役者であった元大法官 Lord Irvine は、講演（2011年）において、イギリスの最高裁判所は、人権裁判所判例を考慮し尊重すべきだが、条約上の権利の判断の際に拘束されるべきではなく、最高裁判所は最高裁判所として独自の判断をすべきであると主張した[87]。

　第3に、イギリス政府自身が、人権裁判所の制度改革の文脈において、同裁判所の権限を抑制するために、評価の余地や補完性（条文上明文規定なし）を、条約本文中に書き込むという提案を2012年4月のブライトン会議（ヨーロッパ評議会閣僚委員会）において行った。議論の末、本文ではなく前文に書き込むことが決定され、2013年5月、第123回閣僚会議において、それを具体化する人権条約第15議定書が採択され、締約国による署名に付された〔追記：2021年発効〕[88]。

---

(84)　テロリズム対策法と人権の関係について、江島晶子「「テロとの戦い」と人権保障」長谷部恭男（編著）『人権の射程』（法律文化社、2010年）113頁：江島・前掲注(3)。

(85)　*R v Horncastle* [2009] UKSC 14 [108]. 詳細は、江島・前掲注(12)。

(86)　Lord Hofmann, 'The Universality of Human Rights' Judicial Studies Board Annual Lecture, 19 March 2009.

(87)　Lord Irvine of Lairg, 'A British Interpretation of Convention Rights' [2012] PL 237.

(88)　イギリス政府の提案の経緯は、江島・前掲注(12)、91頁以下。

第Ⅰ部　ヨーロッパにおける多層的人権保障システム

　第4に、イギリス国内においては、2010年に登場した保守党／リベラル・デモクラッツ連立政権の下で、人権法を改廃する議論が登場し、2011年3月に権利章典委員会を設置した。同委員会は、人権法に関する意見を各界から聴取し、見直しに関する議論を1年かけて行い、2012年12月に報告書を出した[89]。以上の経過は、人権条約のインパクトの大きさを示すと同時に、ヨーロッパ基準のかかえる問題も示している。〔追記：保守党政権下、2023年に人権法を大幅に改正する法案が提出されるところまで到達したが、廃案となり、2024年に政権交代が生じた。〕

　Hickman が、「我々は重大な岐路にある…比例性がイチジクの葉になるのか、公法における強力な規範的かつ予測できる道具となるのか[90]」というのは、まさにその通りである。そして、前述したように、柔軟すぎる比例原則に対して、事案に即した判断を可能にしつつ、審査の厳格度を維持するような審査方法の工夫の模索が始まっている。こちらは、日本の裁判所もすでに通過してきた道ではあるが、大きな違いは、人権条約を筆頭に、グローバルなプロセスの中に置かれたこの模索は、素材とアイディアに事欠かない点である。

Ⅵ　お わ り に

　人権条約およびイギリスの検討からわかるように、グローバル化した世界においては、比例原則の「継受」は決して一方通行ではなく、かつ、単純な受容ではない。日本国憲法が成立した時点と現在との違いは、第1に、比較の対象が、数国ではなく多数の外国の判例および国際機関の決定・判例へと格段に増えていること、第2に、国際機関の決定・判例のうち、日本が批准した国際人権条約の場合には、当該条約自体が国内法であることから、日本の裁判所はそれを解釈・適用する法的義務を負うことである。類似の状況下で、諸外国の一

---

(89)　Commission on a Bill of Rights, *A UK Bill of Rights?-the Choice before US* (2012). 全メンバー9人中7人は、独自の権利章典を支持する強い主張があることを認めたが、2人のメンバーは、人権法のどこが問題なのか明確にされておらず機が熟していないという反対意見を付した。その後、委員会は解散された。

(90)　Hickman (n70) 716.

第2章　グローバル・モデルとしての比例原則

部の裁判所においては、外国法・外国判例の参照と並行して、国際人権条約の解釈・適用の参照が生じている。近年、活発化した審査基準・審査手法に関する議論において、準拠国の選び直しまたは複数の準拠国の融合ではなく、70年余の間に蓄積された日本の憲法判例を、多層的人権保障システムの下において精錬させることも一つの選択肢として加えることができる。そして、これを成立させるのは、グローバルな、研究と実務の対話、研究者と裁判所との対話である[91]。

　〔付記〕日本の裁判所における比較法的・国際的「対話」状況の発展については、はしがきおよび第8章参照のこと。

---

(91)　江島・前掲注(12)参照。

73

第3章 イギリス憲法の「現代化」とヨーロッパ人権条約の交錯

I はじめに

憲法の「現代化（modernisation）」という言葉が含意するのは、一定のモデルを前提として、それとの距離によって具体的憲法を評価することである。多くの国に当然備わっていて、かつ、立憲主義の当然の要素と考えられるものが、ある国にはないとすると、この国は「遅れて」おり、「現代化」が必要ということになる[1]。

1997年に誕生した労働党政権は、憲法の「現代化」を旗印にして憲法改革に着手したしかし、長大な改革リストの中で実際に実現できたのは、「民主主義の劣化状況」に最も直接的に関係する国会・内閣ではなく、地方分権、人権保障（市民的自由）および裁判所の分野であったことは何を物語るのであろうか[2]。そして、後二者、すなわち人権保障および裁判所は、1998年人権法（以下、人権法）によってヨーロッパ人権条約（以下、ECHR）と直接接合されて、新たな変容を遂げた。しかも、この変容は、一方でヨーロッパ人権裁判所（以下、人権裁判所）の判決に対して、場合によってはイギリス裁判所の判決に対して、イギリス議会および政治家が党派を超えて激しく反発していることと「対」の関係にある。

現代化が、議会・内閣ではなく、裁判所、人権カタログに対して起きたのは、

---

(1) 「周回遅れ」の点について、元山健「イギリスにおける統治状況の変容と憲法学」憲法問題13号（2002年）98頁以下参照。

(2) 「イギリス憲法の現代化」については、松井幸夫(編)『変化するイギリス憲法』(敬文堂、2005年) 参照。「民主主義の劣化状況」については、科研費・基盤研究(B) 23330012「ポスト・デモクラシー状況下のウェストミンスター・モデル憲法の理論的・実証的研究」(研究代表：松井幸夫) が研究の中心の一つとして取組み、本章はその研究成果の一部でもある。

第Ⅰ部　ヨーロッパにおける多層的人権保障システム

民主主義を担うはずの議会が劣化しているから、議会以外の存在の改革によって補完せざるをえないという見方も可能だし（民主主義よりも立憲主義、政治的憲法から法的憲法へ）、そもそも、裁判所も人権カタログも「遅れて」いたので、当然の「現代化」が行われただけという辛辣な見方も可能である[3]。また、ヨーロッパという「外圧」が強力なので現代化せざるをえないという描き方も散見される。しかし、このような図式的整理や辛辣な評価は、現在、ヨーロッパ地域において出現している人権保障システムの意義を十分に汲み取ることができない。外圧ととらえるからこそ反発も起きる。筆者は、これとは異なるアプローチ（多層的人権保障システム）の提示を試みている。本章はその一環である[4]。

　具体的には、労働党政権による憲法改革の1年目の目玉として実現された人権法（実際にはECHR＋人権法〔人権法によってECHR上の権利適合的に行動することが議会以外の公的機関に義務付けられたという意味において〕）が、その後の憲法の「現代化」において果たした役割を、イギリスおよびヨーロッパの両方から観察し、ヨーロッパにおける「憲法」のありようを考察する。すなわち、憲法でもなく、国際法でもなく、そして国際人権法でもなく、「人権法」としてECHR締約国の市民を包み込むシステムが出現し、「人権法」を実施するために、国家（統治機構）と国際機関が様々なレベルで緊密に応答し合う状況が存在することの確認である。筆者の構想は、人権の実現を人権の保障度が高くなる、すなわち、右肩上がりの人権水準の上昇ととらえるのではなく（そもそも人権の保障度が各国間で比較できるのか疑問である）、現実に起きる様々な問題に、人権保障手段が対応し解決するプロセスが準備されていると想定した上で、

---

(3)　イギリスにおける「民主主義と立憲主義」、「政治的憲法から法的憲法へ」について、愛敬浩二「政治的憲法論の歴史的条件」樋口陽一ほか（編）『国家と自由・再論』（日本評論社、2012年）65頁以下参照。

(4)　参照、江島晶子「憲法の未来像における国際人権条約のポジション──多層レベルでの「対話」の促進」辻村みよ子・長谷部恭男（編）『憲法理論の再創造』（日本評論社、2011年）311頁以下；Akiko Ejima, 'Advantages and Disadvantages of Creating a Multi-Layered System for the Protection of Human Rights: Lessons from UK-European Experiences under the European Convention on Human Rights' 明治大学法科大学院論集13号（2013年）1頁以下。

第3章　イギリス憲法の「現代化」とヨーロッパ人権条約の交錯

それがどれだけ迅速かつ実効的であるかに着目するものである。そして、その際に、保障手段が多様であること、そして、複数の異なる保障手段が相互に関係し合うことによって（多層的人権保障システム）、単一の保障手段よりも早く問題を察知し、より実効的な解決を提供しうると想定する。

Ⅱ　ヨーロッパ人権条約における発展
——ヨーロッパ人権条約の「憲法化」？

　第二次世界大戦までの途方もない人権侵害を代償として登場した国際人権法は、「グローバル・ロー」の代表格である。その最大の特徴は、国境を越えて通用し、国家以外の存在も人権の実現に責任を持つ点である。個人の立場から見れば、世界のどこにいようとも自分の人権が保障され、仮に自分が属している国家が自分の人権を侵害・無視することがあれば、国家以外の存在に自分の権利を主張して、国家に人権を実現させるためのアクションをとらせることができる。多くの国際人権条約は、個人が国際機関に対して国家による人権侵害を通報したり、申立てたりすることを可能にした。それまで国際法は国家間の法であったことを考えると、コペルニクス的転回である。すなわち、国際法の「人権化」と呼んでもよい[5]。

　このことをもっとも具体的に体現したのが ECHR である。個人・グループ、そして国家さえもが、人権侵害を理由として国家を裁判所に提訴できる仕組みが世界で初めて採用された。国連レベルの条約は個人・国家通報制度にとどまり、条約機関が出せるのは拘束力のない意見であることと対比すると、その意義は制定時も現在も斬新である[6]。

　ただし、ヨーロッパの経験から何かを得ようとするのであれば、当初からヨーロッパ人権裁判所（以下、人権裁判所）が主権国家を悩ませる裁判所だった訳ではないこと忘れてはならない（国家を服従させる超国家的機関の創設では

（5）　阿部浩己「国際法の人権化」国際法外交雑誌111巻4号（2012年）1頁以下。
（6）　現在、地域的人権条約によりアメリカおよびアフリカに人権裁判所が設置されている。

第Ⅰ部　ヨーロッパにおける多層的人権保障システム

ない）。当初は、個人は、ヨーロッパ人権委員会（以下、人権委員会）にまず申立を行い、人権委員会が被告国との調停を試みつつ、必要に応じて人権裁判所に提訴するという二段階方式であった（人権裁判所に提訴できるのは被告国と人権委員会だけで、個人は裁判所に直接提訴できない）。人権委員会が国家と裁判所との間のバッファーの役割を果たすことによって、国家の抵抗感を緩和する仕組みがとられた（後述するように、第11議定書によって、個人が人権裁判所に直接提訴できる形が完成した）。また、人権裁判所は、補完性と評価の余地という原理に基づいて、慎重な判断を積み重ねてきた。EC（現EU）加盟の前提要件がECHR加入であったことおよび堅実な人権裁判所の活動に後押しされ、ECHRは締約国数を徐々に増やしていったが、東西冷戦の終結を迎えて一気に増加させ、現在、47カ国（人口8億人）を擁するに至った（ヨーロッパ（最広義）の中で未加入はベラルーシのみ）〔追記：2022年にロシアが締約国でなくなったことにより現在46カ国（人口7億人）〕。実績の積み重ねを経て、いまや、人権裁判所は、ECHRを「ヨーロッパの公序に関する憲法的文書」と位置づける[7]。そして、人権裁判所はヨーロッパの憲法裁判所だと評する意見もある[8]。実際上、締約国において、国内法化の有無にかかわらずECHRは国内法・国内裁判所に重要な影響を及ぼしている（後掲Ⅲ参照）。

　他方、人権裁判所の成功は、皮肉にも個人申立を激増させ、現在、人権裁判所は、自らの成功が招いた機能不全（申立件数超過）に悩まされている。こうした事態に対して、ヨーロッパ評議会（ECHRの母体）は機構改革に取組んできた。最初に、第11議定書によって二段階方式を解消し、常設の人権裁判所に一元化した（1998年）。だが、この改革を上回る個人申立の急増があり、さらなる改革が第14議定書（2004年採択）によって試みられた。しかしロシアが2010年まで批准しなかったため、第14議定書が用意した改革プランの実行は大幅に遅れた。その後も裁判所改革をめぐる政治的協議が行われ、インターラー

---

(7)　*Loizidou v. Turkey* (preliminary objections), judgment of 23 March 1995, Series A no 310, para 35.

(8)　Steven Greer and Luzius Wildhaber, 'Revisiting the Debate about "constitutionalising" the European Court of Human Rights' (2012) 12(4) *Human Rights Law Review* 655.

第3章　イギリス憲法の「現代化」とヨーロッパ人権条約の交錯

ケン宣言（2010年）、イズミール宣言（2011年）、ブライトン宣言（2012年）を踏まえ、ヨーロッパ評議会閣僚委員会（以下、閣僚委員会）は第15議定書および第16議定書を採択した（2013年）。〔追記：第15議定書は、2021年8月1日に、第16議定書は2018年8月1日に発効した〕。両議定書の基礎となるブライトン宣言は、閣僚委員会ブライトン会議の産物であるが、そこで人権裁判所の権限を制限しようとするイギリス政府の思惑が示される結果となった（後掲Ⅳ1参照）。

　さらに、ヨーロッパにおける人権保障システムの発展として特筆されるのは、EUのECHR加入である。リスボン条約および第14議定書の発効によって加入が法的義務となったことを受けて、EUのECHR加入に関する合意文書が完成した[9]。いまや国家以上に個人の生活に影響力をもつEUだからこそ、ECHRの人権保障システム下に入る必要性がある。EU司法裁判所と人権裁判所の関係をはじめ、法的難問は数多あるにも関わらず、そして実行すればさらに実務的難問を生じうるにもかかわらず、個人が誰からの人権侵害も受けないことを徹底しようとする両者の姿勢には驚くべきものがある（残念ながら、現時点では、EU司法裁判所側が法的問題を指摘し、合意文書の調印は頓挫している）。

　以上のような状況は、ヨーロッパ・レベルにおいては、ヨーロッパ法の憲法秩序化と呼びうる[10]。他方、国内法においては、ECHRの憲法化が進んでいる。その一例として、人権法を介してECHRがイギリス憲法に及ぼした影響を探求する。

Ⅲ　「ヨーロッパ人権条約＋1998年人権法」がイギリス憲法に及ぼした影響

1　1998年人権法の特徴 ── ヨーロッパ人権条約の国内法上の地位

人権法は、以下に説明するような巧みな工夫なしには実現しなかっただろう。

---

(9)　The Draft Agreement on the Accession of the European Union to the European Convention on Human Rights.〔追記：その後、この試みはEU側から懸念が示され頓挫した。〕

(10)　小畑郁『ヨーロッパ地域人権法の憲法秩序化』（信山社、2014年）。

第Ⅰ部　ヨーロッパにおける多層的人権保障システム

　過去の新・権利章典論議の経験を踏まえて、議会主権という憲法の基本原理に手をつけることなく、かつ、人権として何を盛り込むのかという困難な議論にも踏み込むことなく、ECHR の「国内法化」を選択したことが早期実現を可能にした（いずれかの議論に踏み込んでいれば実現は困難だったはずである）。しかも「国内法化」という言葉には注釈が必要で、実際には ECHR はいまだ国内法ではなく、他の制定法を解釈する際に、ECHR 上の権利と適合的に解釈する義務が公的機関（議会を除く）にあることを人権法が規定したというものである(11)。

　このような導入の仕方は、事実上（法的にではなく）、人権条約を他の議会制定法よりも上位に位置づける効果を今までのところもたらしている。もちろん、人権法は後の議会法によって変更できる。しかし、人権法が変更されない限りは、行政機関および裁判所は、他の議会法を解釈するにあたって人権条約に適合的な解釈をすることが要請される（現時点では、ECHR 上の権利と不適合である宣言された法律は大方改正されているので、事実上の優位が維持されている）。仮に、ECHR に反する議会法を制定するならば、ECHR との関係でデロゲーションが必要になる（デロゲーションには限界がある）。人権法の廃止や ECHR に反する議会制定法の制定は、ただちに「ヨーロッパ」から警戒の目をもって見られることが、現時点での重要なセーフガードとなっている（多層的システムのメリットの一つ）。現在のところ、ECHR から脱退しないかぎり、この事実上の最高法規性から逃れられない。

　そして、人権法の巧妙な仕組みは、最高裁判所に想定していた以上の権限を与えている。適合的解釈の名において裁判所が議会の意思に反しかねない解釈が可能だからである(12)。イギリスの裁判所にとって厄介なのは、イギリスの裁判所と人権裁判所は、ECHR という同じ文書を解釈することから、イギリスの裁判所が ECHR 適合的だと判断した事件が、後に人権裁判所に提訴され、そこで条約違反であるという判決が出る可能性である。具体例として、S. and

---

(11)　江島晶子『人権保障の新局面』（日本評論社、2002年）。

(12)　江島晶子「国際人権条約の司法的国内実施の意義と限界」芹田健太郎ほか（編）『国際人権法の国内的実施』（信山社、2011年）151頁以下、178頁。See Brice Dickson, *Human Rights and the United Kingdom Supreme Court* (OUP 2013).

第 3 章　イギリス憲法の「現代化」とヨーロッパ人権条約の交錯

Marper v the United Kingdom や *Gillan and Quinton v the United Kingdom*
では、イギリスの裁判所が、それぞれの事件で問題となったイギリス法は
ECHR 適合的に解釈可能だと断言したものが、人権裁判所において全員一致
で条約違反を認められることになった（後掲Ⅳ3参照）[13]。後に人権裁判所に
おいて異なる結論が出る可能性はできれば回避したいであろうから、イギリス
の裁判所としては、これにどう向き合うかが問題であり、少し前までは人権裁
判所の判例法に従う方針（Mirror Principle）で対応していたが、最近では新し
い意見が出現している（後掲Ⅳ3参照）[14]。

　人権法は、新たに権利規定を導入したものではなく、ECHR 上の権利を前
述したような形で取り込んだ（ECHR はいまだ国内法ではない）。ECHR が1953
年発効であること、そして、同条約の制定背景は、過去のナチズムに対する反
省と冷戦下の共産主義に対する防波堤であったことから、その内容は古典的人
権に限定され、新しい人権は含まれず、古典的権利章典の系譜に属する。しか
し、人権裁判所は、ECHR を「生きている文書」ととらえ、様々な解釈手法
によって独自に内容を発展させてきた。基本的には、ヨーロッパ社会のコンセ
ンサスを慎重に探りながらの発展的解釈、自律的解釈であり、「評価の余地」
に依拠して締約国に判断の裁量を権利の性質・内容ごとに認めているので、多
くの場合にはヨーロッパ社会の多数派の出した結論の後追いでなり、決して締
約国を驚愕させるという判例にはならない。だが、被告国の立場に置かれた
締約国が少数派の立場になった場合には、苦労することは間違いない（少数派
になった場合の困惑と抵抗）。たとえば、性別適合手術を受けた人々の権利が問
題となった *Christine Goodwin v the UK* の場合にはイギリスが小数派（イギ
リス敗訴）となっても、国内法改正が同時進行中であったので打撃はなかった

---

(13)　Judgments of 8 December 2008 and 12 January 2010. 連立政権は2012年自由保護
　　　法等によって条約違反に対応した。江島晶子「現代社会における「公共の福祉」論と人
　　　権の再生力——Gillan 事件ヨーロッパ人権裁判所判決（警察による停止・捜索）と自由
　　　保護法案」明治大学法科大学院論集10号（2012年）77頁以下参照。
(14)　Mirror Principle として、*Regina v Special Adjudicator, ex parte Ullah*［2004］
　　　UKHL 26における Lord Bingham の用いた表現 'no more but certainly no less' が有名
　　　である。

81

のに対して、*Hirst v the UK*（*No.2*）の場合には、受刑者に一律選挙権を認め
ないイギリス国内法は ECHR 違反であるとする人権裁判所の判決は国内にお
いて強い反発を招来させた（後掲Ⅳ2参照）。

2 人権の保障形式（統治機構）の「現代化」

「ECHR＋人権法」の影響で、注目すべき点は、人権法の契機として設置さ
れた機関（人権の保障形式）と改革である。まず、人権法の制定と同時に、議
会内に人権合同委員会（Joint Committee on Human Rights、以下 JCHR）が設置
された（最初のメンバーは2001年1月任命）。JCHR は、すべての政府提出法案
を ECHR 適合性の観点から審査し報告書を議会に提出する一方、人権裁判所
判決の履行状況を監督する。その過程において関係大臣との書簡のやりとりを
する一方、各界から意見を求め、人権に関係しうる政策形成において重要な役
割を担うに至っている。JCHR は、保守党、労働党、リベラル・デモクラッツ
出身の議員（議院内の各党の議員比率を反映）を擁している。

人権法に関する白書の時点で設置を予定していながら、2006年にようやく設
置されたのが、既存の個別的人権委員会を統合して設立された平等人権委員会
（Equality and Human Rights Commission）である（国内人権機関の装備）[15]。さ
らに、裁判所としての貴族院が名実ともに議会から離れて最高裁判所として設
置された（2009年）[16]。最高裁判所の設置の要因には、「ヨーロッパ」の視点
からみたとき、裁判所としての貴族院が議院としての貴族院の一部であること、
三権にまたがる大法官の存在等が、権力分立として不徹底であるという点であ
る[17]。

また、細かな点ではあるが、2010年憲法改革・統治法は、ポンソンビー・
ルールに制定法上の根拠を与えた（条約は庶民院が批准すべきでないと議決した
ら批准できない）[18]。この点に注目して、人権条約の批准に議会が反対しない

---

(15)　Equality Act 2006, 2006 Chapter 6.

(16)　Constitutional Reform Act 2005, 2005 Chapter 4.

(17)　中村民雄「貴族院から最高裁判所へ——ヨーロッパ法との関わり」比較法研究74号
　　（2012年）180頁以下。

(18)　Constitutional Reform and Governance Act 2010, 2010 Chapter 25.

とき（黙従）は、条約組込立法の代替として機能しうる（議会による条約の立法化をまたずして、裁判所は人権条約に効力を付与できる＝人権保障における裁判所の役割を高める）という指摘もある[19]。

人権 NGO のさらなる隆盛も指摘できる。1997年の政権交代が興味深いのは、今まで政府の立法・政策に ECHR に依拠して反対意見をのべてきた人権 NGO や法律家が、政府が推進する人権法の実施準備過程において人権法（とくに ECHR 判例法）の研修を支援する役割を果たす状況が誕生したことである。もちろん人権 NGO は統治機構ではないが、政権交代を契機として人権 NGO が統治機構とより密接な関係を築いたことに留意したい[20]。

3 「ヨーロッパ人権条約＋1998年人権法」の影響の評価

では、現時点で、「ECHR ＋人権法」の影響をどのようにはかることができるだろうか[21]。第 1 に、人権法導入時のスローガンが、「The Rights Brought Home」であったこと（人権裁判所まで行かなくても、国内で救済が得られるようにすること）、端的にいえば人権裁判所での敗訴件数を減らすことであったことを想起すると、人権法の実効性とは、国内で救済が得られることによって人権裁判所での申立件数、敗訴件数が低くなることを意味するはずである[22]。

まず、受理可能性および本案について検討する。人権裁判所のいずれかの司法構成体（単一裁判官、委員会（3人）、小法廷（7人）ないしは大法廷（17人））に付されたイギリスに対する申立件数が、442（1999年）、625（2000年）、479（2001年）、986（2002年）、687（2003年）、744（2004年）、1003（2005年）、843（2006年）、886（2007年）、1253（2008年）、1133（2009年）、2766（2010年）、1547（2011年）、1734（2012年）、908（2013年）、720（2014年）である。増加傾向のの

---

(19)　バラット・マルカニ博士（佐藤潤一訳）「イギリス法体系における人権条約」大阪産業大学論集人文・社会科学編18号（2013年）225頁以下。

(20)　2010年に成立した連立政権下の状況について、本書第 4 章参照のこと。

(21)　Ministry of Justice, *Responding to Human Rights*, Cm 8962（2014）. 2010年 7 月13日までの詳細については、江島・前掲注(12)、169頁以下参照。

(22)　統計は、人権裁判所ウェブサイトによる。Home Office, *The Rights Brought Home: Human Rights Bill*, Cm 3782（1997）.

第Ⅰ部　ヨーロッパにおける多層的人権保障システム

ち、減少傾向にある〔追記：2022年は240、2023年は202と大幅に減少〕。他方、不受理または総件名簿から削除となった件数は、223（1999年）、466（2000年）、529（2001年）、737（2002年）、863（2003年）、721（2004年）、732（2005年）、963（2006年）、403（2007年）、1240（2008年）、764（2009年）、1175（2010年）、1028（2011年）、2047（2012年）、1633（2013年）、1970（2014年）と増加傾向にあり、国内で問題が処理されているという推定は可能である（断言するには詳細な実証研究が必要である）〔追記：2022年は255、2023年は172と、そもそもの申立件数の減少を反映して件数が減少している。しかも不受理または総件名簿から削除となった割合は、2022年は98%、2023年は97%である。〕。人権裁判所におけるイギリスに対する判決件数［うち敗訴件数］は、14［12］（1999年）、30［16］（2000年）、33［19］（2001年）、40［30］（2002年）、25［20］（2003年）、23［19］（2004年）、18［15］（2005年）、23［10］（2006年）、50［19］（2007年）、36［27］（2008年）、18［14］（2009年）、21［14］（2010年）、19［8］（2011年）、24［10］（2012年）、13［8］（2013年）、14［4］（2014年）で、判決件数および敗訴件数とも、減少傾向にあり、この点でも人権法の実効性を推測しうる〔追記：2023年は、3［1］〕。

　以上の数値を検討するにあたって、幾つか注意すべき点がある。一つは、そもそも人権法によってECHRの知名度がイギリス国内で高まったことである。もう一つはクローン事件（同種の事件）が発生すると申立件数が急増することである。具体的に、2013年8月28日時点の状況で説明する。同時点では119650件の申立が人権裁判所に係属中であるが、そのうち2.5%にあたる3038件がイギリスに対する申立である。うち524件は明白に根拠不十分なものとみなされ単一裁判官構成に付されている。よって残り2514件がECHR上の問題がありうることになるが、そのうちの2,281件は受刑者の選挙権に関する申立である。実は、イギリスは、受刑者の選挙権一律剥奪が条約違反という判決が人権裁判所によって出されたため（Hirst v the United Kingdom（No.2））、イギリスの受刑者が受理要件を満たせば人権裁判所で勝訴できうる状況が生まれ、同種の申立（反復的事件（repetitive cases）とも称される）が人権裁判所に押し寄せた[23]。

---

(23)　*Hirst v. the UK*（*No. 2*）, judgment of 6 October 2005 and *Greens and M.T v.*

第3章　イギリス憲法の「現代化」とヨーロッパ人権条約の交錯

受刑者の選挙権の問題を除けば係属中は233件で、他国の状況と比較すれば低い件数といえよう。同じことが敗訴件数についてもいえる（人口を考慮するとさらに低くなる）。

　第2に、イギリスの裁判所がECHR上の権利に依拠してどれだけ不適合宣言を出しているかに注目できる。2014年12月時点で、29件の不適合宣言が出され、その内、8件は上級審で覆されて、1件は上訴中である。残りの20件のうち12件は議会法（第1次立法）によって救済され、3件は人権法10条に基づく救済命令によって救済され、4件は不適合宣言が出された時点ですでに立法的救済が完了していて、1件は不適合性をいかに救済するかを検討中である。この中でイギリスの貴族院または最高裁判所が出した不適合宣言（または前審の不適合宣言の支持）は総計6件である。この数字は、人権法設計者の想定内であり、不適合宣言など出ないという裁判官不信論者の期待を裏切り、他方、もっと出るはずとの人権法推進派の期待をも裏切って、穏当なところに落ち着いた。なお、2010年からの連立政権下では、3件しか不適合宣言が出ていない点には注意を払う必要があり、今後の検討課題である。〔追記：2024年7月末現在、58件の不適合宣言が出され、その内、12件は上級審で覆されて、13件は処理中である。残りの33件のうち、16件は議会法によって救済され、11件は救済命令によって救済され、5件は不適合宣言が出された時点ですでに立法的救済が完了していて、1件は他の方法で処理済みである。Ministry of Justics, Responding to human rights judgments CP1192（2024）〕

　実際に重要なのは、中身である。ここでは2点言及する。まず、確定した不適合宣言に対して、受刑者の選挙権の問題を除き政府・議会は対応手段をとっている（よって、事実上、他国の裁判所が有する違憲立法審査権の実態と変わらない）。次に、困難な問題でも裁判所はECHRを用いて不適合宣言を出した例がある。具体例として、9・11後、外国人テロリスト容疑者を裁判にかけずに無期限で拘束を可能とする2001年反テロリズム犯罪安全法に対して不適合宣言を出した *A v. Secretary of State for the Home Department* 貴族院判決（2004年）

---

　　the UK, pilot judgment of 23 November 2010. 詳細は、河合正雄「受刑者の選挙権から
　　見たヨーロッパ人権裁判所とイギリス」倉持孝司・松井幸夫・元山健（編著）『憲法の
　　『現代化』──ウェストミンスター型憲法の変動』（敬文堂、2016年）375頁以下参照。

は、「人権法＋ECHR」の真価が発揮された例であり、人権法が存在しなければ異なる展開になったと考えられる[24]。他方、適合的解釈（人権法 3 条）については、議会と裁判所との関係について、理論的にも実務的にも論争を提起させた[25]。

以上より、「ECHR＋人権法」の影響は大きいと結論できる。これは、人権法とECHRがいわば一体型（国内機関はECHRを援用）である上、人権法の実施に真剣に取り組んだことの成果であるが、影響が大きいだけに新たな動向を招来させた。最後に、この点について検討する。

Ⅳ 「ヨーロッパ人権条約＋1998年人権法」による摩擦と対話

1 政府（内閣）

人権法が発効した翌年に生じた 9 ・11以降、ゲームのルールは変わったと公言し、反テロリズム対策を急速に推進させた政府には、人権法は「厄介」な存在となった[26]。さらに、2010年の政権交代後は、野党時代より人権法廃止を主張していた首相キャメロン（Cameron）が、人権法の見直しを連立綱領の中に入れ、2011年 3 月に権利章典委員会（Commission on a Bill of Rights）を設置した[27]。同委員会は、多くの関係団体からの意見聴取を行い、2012年12月に報告書を提出した後、解散した[28]。委員会の多数意見はイギリス独自の権利章典を一般論としては支持したが、その具体的内容について意見の一致を見ることはなく、それ以上の進展はなかった。成熟した民主的国家において、新た

---

(24) 詳細は、江島晶子「「テロとの戦い」と人権保障──「 9 /11」以前に戻れるのか」長谷部恭男（編著）『人権の射程』（法律文化社、2010年）113頁以下参照。

(25) 江島・前掲注(12)、178-182頁。

(26) 江島・前掲注(24)、113頁。

(27) HM Government, *The Coalition: Our Programme for Government*, 11〈https://www.gov.uk/government/uploads/system/uploads/attachment_data/file/78977/coalition_programme_for_government.pdf〉.

(28) Commission on a Bill of Rights〈https://webarchive.nationalarchives.gov.uk/ukgwa/20130206021312/http://www.justice.gov.uk/about/cbr〉.

第3章　イギリス憲法の「現代化」とヨーロッパ人権条約の交錯

に権利章典を書くことは非常に困難だということを示している。

　他方、保守党閣僚メンバーからは、人権法の廃止だけでなく、ECHR から
の脱退を次の総選挙のマニフェストに入れるべきという発言さえ飛び出し
た[29]。その背景には、イギリス政府が、幾つかの人権裁判所判決の履行に苦
慮していることがある。代表的例の一つは、テロリズム対策との関連で、政府
がテロリストの嫌疑をかけている外国人の国外追放を条約違反とした *Othman*
(*Abu Qatada*) *v. the UK* である[30]。もう一つは、前述した *Hirst v. the UK*
(*No. 2*) を発端とする受刑者の選挙権の問題である。

　保守党は、2015年5月の総選挙では、マニフェストに「人権法のスクラップ
と独自の権利章典の制定」を掲げた。保守党は総選挙で安定的勝利を実現し、
単独政権を確立した。しかし、女王演説の中では、人権法を廃止する具体的法
案の提示はなく、イギリス権利章典の提案（proposals）を行うという表現にと
どまった。EU 内存続を問う国民投票（同じくマニフェストに入っていた）を実
現する「EU 国民投票法案」（EU Referendum Bill）は女王演説に入っていたこ
ととは対照的である。人権法の廃止も独自の権利章典の制定も多方面に影響が
及ぶ、非常に難しい課題である上、現在、保守党内でも異論があるため、そう
簡単には具体的法案を提示できないということを示した。

　政府のいらだちの矛先が、国内では人権法であったのに対して、ヨーロッ
パ・レベルでは人権裁判所改革に向かった。2012年に閣僚委員会議長国となっ
たイギリスは、表向きは人権裁判所改革として、ブライトン宣言の草案の中で
人権裁判所の権限を抑制する改革を提案する（人権裁判所が本来取り組むべき重
要な事件に専念すべきという論拠に基づく）。なかでも、①補完性の原則および評
価の余地の明文化および②新しい受理要件（国内裁判所によってすでに人権条約
違反の有無が検討されている場合には、国内裁判所が人権条約の解釈において明ら
かに誤っているか、当該申立が条約の解釈に影響する重大な問題を提起しない限り、

---

(29)　内務大臣 Theresa May の2013年保守党大会での発言（The Guardian, 30 Septem-
　　ber 2013)。

(30)　Judgment of 17 January 2012. イギリスは、同国から引き渡しを受けた者に対する
　　裁判では拷問によって得た証拠の使用を禁止する内容の条約をヨルダンと締結し、同年、
　　Abu Qatada をヨルダンに引き渡した。2014年、同人はヨルダンの裁判所で無罪となった。

87

第Ⅰ部　ヨーロッパにおける多層的人権保障システム

不受理とする）の提案に色濃く現れている[31]。

　結果としては、様々な批判を受け、①を条約本文ではなく前文に入れるという妥協が成立した（第15議定書）[32]。多層的システムという点で興味深いのは、一国がその国の事情ゆえに条約システムの変更を試みても、たやすくはないということである（多層システムの特徴の一つ）[33]。イギリス政府のヨーロッパに対する躊躇（より最近では反感・敵意）は、ECHR に対してだけでなく、EU についても同じことがいえる（参照2011年ヨーロッパ連合法[34]）。〔追記：こちらはEU 脱退という結果に至った。〕

2　議　会

　議会は、人権法以前は、人権をシステマティックに扱う仕組みを有しなかった。しかし、JCHR によって、人権という言葉がより一般化しつつある。最近の調査で、JCHR の報告書が議会の討論において格段に言及されていること（2000-2005年では、23回の参照があっただけなのに対して、2005-2010年では1000件以上の参照された）が指摘されている[35]。

　他方、人権法、そして ECHR の影響力の高まりは、個々の判決に対する関心も集めている。その典型例が、すでに紹介した受刑者の選挙権に関する人権裁判所の *Hirst v the United Kingdom*（*No 2*）判決である[36]。政府は判決履行のために法改正の準備を進めていたのに対して、党派を超えてバックベン

---

(31)　国内裁判所における最高裁への上訴要件を想起させる内容である。

(32)　Protocol No.15 amending the Convention on the Protection of Human Rights and Fundamental Freedoms, Council of Europe Treaty Series No. 213.

(33)　新聞報道によると、ベルギー、ドイツ、オーストリアは懐疑的、スイス、フランスはイギリスの提案に好意的だったという。The Financial Times, 13 March 2012.

(34)　鈴木眞澄「欧州統合の展開と2011年 EU 法 —— 加盟存続国民投票の視点を踏まえて」倉持・前掲注(23)参照。

(35)　Murray Hunt et al, *Parliament and Human Rights: Redressing the Democratic Deficit*（Arts & Humanities Research Council, 2012).

(36)　*Hirst*（n23）. 同種の例として、釈放の可能性を一切与えない終身刑を条約違反とした人権裁判所の判決（*Vinter v. the UK*, judgment of 7 July 2013）も同様の受け止め方をされている。

チャーが法改正措置阻止の動議を庶民院で行い、賛成234票、反対22票という大差で動議を可決した。同決議には政府を法的に拘束しないが、改正は、国民にとっても不人気なものであることが明白であるだけに、その後、政府は法案実現を延期しつづけた。ちなみに、イギリスの判決の履行状況全般は、他国と比較すると良好で、2013年の時点で、閣僚委員会の監督下にある判決の件数は27件で、件数の多い順だと47カ国中30位である（第1位はイタリア［2593件］、第2位はトルコ［1727件］、第3位はロシア［1325件］である）[37]。よって、受刑者の選挙権問題がいかにイギリスにとって悩みの種となったのかが明白である。

興味深いのはこれに対する、2014年9月25日の閣僚委員会の対応である。長期にわたる不履行に憂慮と落胆を表明しつつ、次回の検討を翌年9月の会合に行うとした。恐らく翌年5月の総選挙後までは、どの政党も手が出せないということを見越した判断である。ここにヨーロッパ・システムのもう一つの利点がある。すなわち法的判断を行う人権裁判所とは異なり、各締約国の外務大臣クラスの閣僚で構成される政治的機関たる閣僚委員会ならばの対応である。〔追記：判決不履行状態が長期に渡って続いた後に、2017年11月、法改正ではなく行刑指針の改正により、在宅拘禁中の者と仮釈放中の者に限って選挙権を認めることとし、閣僚委員会の側もこれを判決の履行として受け入れた。〕

3　裁判所

前述したように、イギリスの裁判所においては、人権裁判所判例に対する理解が深まるにつれて、また、自身の判決とは異なる結論が人権裁判所によって明示されるケースが生じることによって、人権裁判所判例に忠実に従う態度（Mirror Prnciple）から、従うべきではない場合（稀にせよ）には従わずに、むしろ人権裁判所に問い返すべきという声が最高裁判所からあがった。それが明確に示されたのが、*Al-Khawaja and Tahery v. the United Kingdom* をめぐるイギリスの裁判所と人権裁判所との間の摩擦と対話である。これは人権法2条（人権条約のみならず、人権裁判所の判例を考慮に入れなければならない）の解釈の問題でもある。結果として「対話」という形をとって双方は歩み寄った[38]。

---

(37)　Home Office［n22］53.

第Ⅰ部　ヨーロッパにおける多層的人権保障システム

実際、人権裁判所と国内裁判所は決して敵対的ではなく、法廷外で人的交流を行っている。たとえば、人権裁判所長と裁判官は、2014年3月に最高裁判所を訪問すると同時に、ロンドン大学 UCL で講演を行い、そこにはイギリス出身の裁判官を含め複数の人権裁判所裁判官と最高裁判所裁判官が列席した[39]。

　他方、同じくブライトン宣言を契機として起草された ECHR 第16議定書では、国内裁判所が人権裁判所に対して勧告的意見（advisory opinion）を求める制度が導入されたので、対話のルートが制度化されたことになる。

Ⅴ　お わ り に

　ヨーロッパの現状は、人権保障の実効性を高める多層的システムが構築されつつあると描ける[40]。もちろん主権国家の枠組を超えたところで進行するかのように見える現象が、伝統的には民主主義を体現するとされてきた機関からの反発を招来している。とりわけ、人権裁判所の判決の一部は、具体的な事件を介して意見の相違を明確にするために反発の度合いは高い。また、伝統的憲法原理が、新たな状況の積極的評価を妨げることにもなりかねない。よって、多層的人権保障システムの実効性を高めるためには、現状を説明する新たな理論を構築する必要性があり、本章はその試みの一部である。現状では摩擦を観察する一方、対話を行う公式・非公式のシステムの存在が指摘できた。

---

(38)　詳細は、江島晶子「ヨーロッパ人権裁判所と国内裁判所の「対話」？——*Al-Khawaja and Tahery v the United Kingdom*」坂元茂樹・薬師寺公夫(編)『普遍的国際社会への法の挑戦』(信山社、2013年) 85頁以下。

(39)　UCL, Award of Honorary LLD to Judge Dean Spielman 〈https://www.ucl.ac.uk/laws/news/2016/jul/award-honorary-lld-judge-dean-spielman〉.

(40)　Greer and Wildhaber [n8] 685.

第4章 多層的人権保障システムのレジリエンス
—— 「自国第一主義」台頭の中で

I はじめに

国際人権法は、「国家」や「法」に対してどのような影響を及ぼしてきたか。国際人権法は、「人権は国内問題ではなく、国際社会の問題である」というパラダイム転換を国家に迫る点で、国家に対しても、法に対しても「挑戦者」である。国家が、国内ではなく、国外で、個人による法的挑戦（法に基づく国家による人権侵害の排除）を受けることは、20世紀前半までは国家にとっておよそ想像できなかったからである[1]。

ところが第二次世界大戦後、次々と国際人権条約が誕生し、それに伴い条約機関が設置され、他方、国内においても国内人権機関が設立され、法としても、実施機関としても充実してきた。とりわけ、東西冷戦が終結し、東欧・中欧諸国が体制転換を行う過程において、国内の統治機関と国際機関が協調的に働き、新たな憲法を制定し、かつ、それを実施する作業（民主化や法の支配の実現）が行われた。1990年代において、21世紀を「人権の世紀」と展望することは自然なことであった（冷戦終結による国連再生への期待とともに）。一定の地域においては、人権実施面で、国際機関と国内機関との密接な関係が誕生し、それを既存の枠組においてどう説明するのか、それとも新しい枠組を考えるのかが理論的課題となった[2]。これを支えてきたのが「国際主義」である。

では、1990年代初頭から約四半世紀を経た現在はどうか。「人権の世紀」の

---

(1) 個人が国際法上の法主体性を獲得し（憲法原理からの借用）、人権のみならず、他の国際法領域に拡大しつつあることを指摘するものとして、Anne Peters, *Beyond Human Rights: The Legal Status of the Individual in International Law*（CUP 2016）.

(2) 江島晶子「グローバル化社会と『国際人権』——グローバル人権法に向けて」山元一・横山美夏・高山佳奈子(編著)『グローバル化と法の変容』（日本評論社、2018年）69頁以下〔本書第7章〕。

第Ⅰ部　ヨーロッパにおける多層的人権保障システム

実現どころか、それとは反対の潮流が出現しつつある。まず、21世紀冒頭で起きた「9/11」は、例外状態を理由とする安全のための大幅な自由の制約を可能にし、拷問禁止原則さえも弛緩させうる事態を招来させた（そして例外の「常態」化が進行中）[3]。さらに、登場しつつあるのは、国際主義自体に対抗する流れである。たとえば、2016年6月23日、イギリスは国民投票（投票率72%）を行い、51.9%の国民が離脱（leave）を選択した[4]。EUとヨーロッパ評議会（ヨーロッパ人権条約〔The Convention for the Protection of Human Rights and Fundamental Freedoms、以下、ECHR〕の母体）は別個の存在だが人権保障に及ぼす影響は無視できない。なぜならば、EUとECHRは、第二次世界大戦後の平和と繁栄のためのプロジェクトとして同根である一方、大部分の人にとってEUとECHR、EU司法裁判所とヨーロッパ人権裁判所（以下、人権裁判所）は区別されていない。イギリスでは、同じ文脈でECHRからの脱退も囁かれ、ECHRの国内実施を推進してきた1998年人権法（以下、人権法）の廃棄が保守党のマニフェストに入っている。

　続いて、同年11月8日のアメリカ合衆国大統領選挙で当選したTrumpは、大統領就任直後、難民及び7カ国（イラン、イラク、リビア、ソマリア、スーダン、シリア、イエメン）の国民の入国一時禁止を命じる大統領令を発する等、America Firstという主張を繰り返す（Nation First主義〔自国第一主義〕はアメリカ以外でも観察できる）。他方、どのようなBrexitを実行するかという議論の

───────────────

(3)　江島晶子「イギリスにおけるテロ対策法制と人権──多層的人権保障システムへの新たな挑戦」論究ジュリ21号（2017年春号）57頁以下、阿部浩己『国際法の暴力を超えて』（岩波書店、2010年）第1章参照。

(4)　江島晶子「代表・国民投票・EU離脱（Brexit）──権力者の自己言及（イギリスの場合）」法時89巻5号（2017年）19頁以下参照。現在、2017年ヨーロッパ連合（脱退通告）法（European Union（Notification of Withdrawal）Act 2017）に基づき、2017年3月に首相はEUに対して脱退通告を行った（2年後にイギリスはEUから脱退）、庶民院を解散し、6月8日に総選挙が予定されている。なお、2年後にEU法が無効となった後にどうするかについてはGreat Repeal Billが予定されている。これによって（a）1972年ヨーロッパ共同体法を廃止する一方、（b）効力を失ったEU法を国内法に変換するもので、その際に①何を国内法として残し、②何を廃止し、③何を修正するかが決定される。〔追記：実際には、EUとの交渉は難航を極める一方、国内議会で脱外を実現するための法案可決に手間取り、脱退できたのは2020年1月31日である。〕

中でイギリス財務大臣 Hammond（当時）は、Hard Brexit の場合、イギリスの競争力を高めるためなら何でもやると述べてて、それは「イギリスがタックス・ヘヴンとなって魅力を高めることか」という質問を否定しなかったほどである（後にこれを取り消しはしたが）[5]。イギリスの国益に適えば、EU への影響など知らないという態度である。

　移民・難民、テロリズムに対する不安、そして、グローバル化の下で自分たちは「見捨てられている」（よって反エリート、反体制）、まずは自分の安全や幸福を確保する必要性があり、それを他に回す余裕はない、余裕があるならそれを自分に回してほしい（新たに到着した難民には食事、衣服、住居がただちに提供されて暖かく迎え入れられているのに、国民である自分はなぜ放置されたままなのか）、自分たちは国民なのだから、国家がまっさきに自分たち国民のことを考えるのは当然だという主張として噴出する[6]。自国第一主義を支える土壌であり、そこには国際主義が受け入れられる余地はない。国際人権保障が「国際主義」の流れの中に位置づけられるとすれば、上記の動向は、国際人権保障にはどのような影響を及ぼすだろうか[7]。

---

(5)　'Hammond threatens EU with aggressive tax changes after Brexit' The Guardian, 15 January 2017.

(6)　こうした主張に呼応して、ポピュリズム政党が支持を拡大してきた。

(7)　同様の懸念を、グローバル立憲主義の文脈で示すものとして、Mattias Kumm et al. 'Editorial: The end of "the West" and the future of global constitutionalism' (2017) 6 (1) Global Constitutionalism 1; Anne-Marie Slaughter, 'The Return of Anarchy?' (2017) 70 Journal of International Affairs 11. See also Ann-Marie Slaughter, *A New World Order* (Princeton University Press 2004). 同じことは海外援助についてもあてはまる。イギリスは、保守党とリベラル・デモクラッツとの連立政権下において2015年国際開発（公的開発援助目標）法を制定し、国家予算の0.7％を海外援助に振り向けることを法的に定めた（G7の中では初）。だが、これに対して保守党内に強い批判がある。

第Ⅰ部　ヨーロッパにおける多層的人権保障システム

Ⅱ　多層的人権保障システム

1　ポイント

　多層的人権保障システムについては、すでに別稿で論じたが、人権実現について複数の機関が何層にも存在し、相互にネットワークを構成することによって、より実効的な人権保障の実現を説くものである[8]。新しいシステムの発案というよりは、既存のシステムに対する見方を変えることによって、国際人権保障が直面する難所を乗り越えようという趣旨である。その際、国内人権システムと国際人権システムが有機的に接合されていることが要となる。なぜならば、憲法および憲法付属法によって規定されている人権実現システム（国内システム）は、現時点で、問題に一番近いところに存在し、制度および過去の経験に基づく一定の作業方法を確立しているからである。また、国家機関として、一定の権力と財源を備える[9]。これに対して、国際法によって規律される国際人権システムは、制度としての網羅性、経験の量、権力の実効性、財源等において国内システムを凌駕するものではない。よって、たとえ法的序列において国際人権法が通常法よりも上位すると設定できるとしても（現状では一部の例外を除きそうではないが）、その実効性には限界がある。

　そこで、国内人権システムと国際人権システムの間に優劣関係はないと想定した上で、「循環する開放系回路」として把握する。現在、国際機関には、様々な形で各国の情報が集積されている。直接的には個人による国際裁判所への申立（典型例としてヨーロッパ人権裁判所への申立）であるが、それだけではなく国連の条約機関に対して各国が国家報告書を送付している。前者は判決（拘束力あり）という形で、後者は勧告（拘束力なし）という形で国際機関の回答が示される。もちろん、拘束力があれば個々の事件についての実効力が高い

---

(8)　江島・前掲注(2)および江島晶子「権利の多元的・多層的実現プロセス —— 憲法と国際人権条約の関係からグローバル人権法の可能性を模索する」公研78号（2016年）47頁以下〔本書第13章〕。

(9)　失敗国家・破綻国家の場合が問題で、国際主義の観点からの「平和構築」が一つの対応策である。

第4章　多層的人権保障システムのレジリエンス

が、後者に意味がないわけではない。むしろ現在の国際機関の実力からすると、後者において蓄積されつつある情報を分析し、有効活用できるようにすれば、新たな発展可能性を有している。グローバル化の進む世界において各国が抱える問題の共通性は高いし、ある国における解決方法が他国においても有用である。国際機関からの勧告を情報提供としてとらえた上、締約国は条約の実施を条約上の義務として負う以上、その勧告が当該国において関連性があるものかどうかを誠実に検討し、関連性がないとすれば明確な理由を付してそれを説明する義務を負うが、それ以上を強制されるものではない。他方、理由を探求する中で、新しい視点から問題を検討し、勧告を採用する方向に至ることもありえる。このシステムの最低保障は、「問題を忘却させないこと」である。そして、忘却させないためには、問題がシステム内を循環し続けることが必要になるが、それは、市民社会によるインプットにかかっている。それを体現・促進するのがNGOやメディアである。そして市民社会の問題提起に常時迅速に対応できるように統治機構全体（裁判所だけではなく）を再構築し、実際に人権を実現できるシステムにすることが重要かつ可能である。

2　意義と問題点

　自国第一主義台頭の文脈において、多層的人権保障システムの意義は、ある国または一定の地域における人権保障の後退に対して抑止力となることである。
　問題点は、両システムの優劣関係を決めないという点で、循環するシステムが基準を引き下げる方向に働く可能性である（経験上は、多層的システムは人権状況の改善を奨励する方向に働いてきた）[10]。さらに、実効的に機能すればこそ国内機関と国際機関の衝突は当然予測される。その場合、衝突が悪化すれば、条約無視や条約脱退を招来させ、多層的システムの終焉となる。そこで、実際

（10）　なぜ基準が引き下げられなかったのか実証的に研究する必要がある。同時に、人権保障については、拷問の有無のように、明らかに人権保障基準として高い・低いが明確な場合とそうではない場合がある。後者の例として、表現の自由とプライヴァシー権の関係がある。表現の自由とプライバシーの調整から到達したある結果は、たとえば、表現の自由から見れば高い保障になるとしても、プライヴァシー権の保障から見れば低い保障になる。

第Ⅰ部　ヨーロッパにおける多層的人権保障システム

に、国家の重大な人権侵害を抑止できるか、そして国内機関と国際機関の衝突を助長するものかを中心に、システムの多層性においては先駆であるヨーロッパをモデルとして検討する。

Ⅲ　ヨーロッパ人権条約のレジリエンス

　ナチズムに対する反省と全体主義に対する防波堤としての ECHR（1950年署名、1953年発効）の発展は、多層的システムの必要性と可能性を体現する[11]。ECHR を理解する上で重要な鍵は、現在あるような人権裁判所が最初から存在していた訳ではなく（創設時は委員会と裁判所の二層制で個人は委員会にしか申立を行えなかった）[12]、かつ、人権裁判所の権威だけで判決の執行が確保されているわけではないことである[13]。むしろ、人権裁判所自身が、ヨーロッパ評議会の多層的システムの中の一機関として他機関のバックアップを受けながら判決の実効性を確保しており、かつ、そのヨーロッパ評議会自身が、ヨーロッパにおいて他の国際機関（とりわけ EU）との多層性の中でその実効性を増強している（逆にいえば EU が弱体化すれば ECHR の実効性にも影響がある）[14]。

　人権裁判所は、当初、慎重な運用からスタートさせ、やがて豊富な判例法の蓄積をバックに権威と信頼性を獲得するに至った。また、判決執行についても、ヨーロッパ評議会閣僚委員会の下で判決執行監督体制が確立し、判決執行は国内政府の裁量事項という時代から、国内政府と閣僚委員会判決執行セクションとの間でアクション・プランをやり取りするところまで発展した。他方、締約国政府としては、判決執行に重大な困難が存在する場合、執行しないという選

---

(11)　詳細は、江島晶子「ヨーロッパにおける多層的統治構造の動態 —— ヨーロッパ人権裁判所と締約国の統治機構の交錯」川崎政司・大沢秀介（編）『現代統治構造の動態と展望』（尚学社、2016年）310頁以下〔本書第 1 章〕。

(12)　詳細は、小畑郁『ヨーロッパ地域人権法の憲法秩序化』（信山社、2014年）参照。

(13)　全体主義に対抗する集団的協約から新ヨーロッパ（当時）の権利章典に発展した。Ed Bates, *The Evolution of the European Convention on Human Rights: From its Inception to the Creation of a Permanent Court of Human Rights*（OUP 2010）.

(14)　Andreas Føllesdal et al（eds）, *Constituting Europe: The European Court of Human Rights in a National, European and Global Context*（CUP 2013）.

第4章　多層的人権保障システムのレジリエンス

択肢（消極的抵抗）しかない（条約脱退という手段を選べば別だが）。そこで、制度改革という文脈において、人権裁判所の権限を制約する改革（人権裁判所への申立件数の削減という名目で）という形で抵抗することが考えられる。これを実際にやったのがイギリスで、閣僚委員会議長国であったときに、ブライトン宣言（2012年）の実現に尽力し、補完性原則と評価の余地を前文に入れる第15議定書の実現に成功した。とはいえ、イギリス案はECHR本文挿入だったのが、反対する他の締約国との間で前文挿入にトーンダウンせざるをえず、多層性（自国第一主義は通用しない）の特徴といえよう。以上のような状況に対して、現在、人権裁判所は「対話」をスローガンに、情報提供・情報共有に力を入れている[15]。これまでも、閣僚や上級裁判所長官を人権裁判所に招聘したり、人権裁判所長が各国を訪問して関係閣僚や上級裁判所を訪問するという人的交流のほかに、セミナーを行ったりしている。なかでも「対話」の実質化という点で興味深いのは、2015年にスタートした上級裁判所ネットワーク（Superior Courts Network）で、人権裁判所と上級裁判所（憲法裁判所や最高裁判所など）との間で人権判例に関する情報共有を試みる（これは前述のブライトン宣言に続くブリュッセル宣言（2015年）に基づく）。

　こうした試みの背景には、締約国における「抵抗」が民主主義や人権を導入したばかりの新規加盟国からだけでなく、古参国からも生じていることがある。しかも、その主張はより精錬されてきている。また、新規加盟国が古参国の議論を援用することもある（これも循環型の多層的システムであれば当然予想されるところである）。たとえば、ロシアでは憲法裁判所と人権裁判所の関係が問題となった。なかでも、ロシアにおける受刑者の選挙権一律剥奪について人権裁判所が条約違反を判示したが、剥奪が憲法上規定されているために、判決執行が難しかった〔追記：2022年にロシアは締約国ではなくなった〕[16]。そうした状況において、古参国の憲法裁判所の人権裁判所に対する消極姿勢や他国（本件で

---

(15)　対話という表現は、憲法学においても、議会と裁判所の関係を記述するものとして用いられている。Alison Young, *Democratic Dialogue and the Constitutions* (OUP 2015) は、機関間の相互作用のメカニズムを分析することを通じて、どのような場合にこの相互作用がより良い権利保障を提供できるかを対話という言葉に込めている。

(16)　Anchugov and Gladkov v Russia, judgment of 4 July 2013.

はイギリス）における同じ問題は、人権裁判所の影響を減殺するのにも有用で
ある。抵抗が、事件ごとの衝突・無視ではなく、一定の論理化・制度化された
抵抗となる可能性も懸念されている[17]。他方、東欧諸国では、体制転換時に
制定した憲法を憲法改正によって変更する傾向も生じていることも注視され
る[18]。そして、頻発するテロは、ECHR からのデロゲーションを選択する状
況を創出しており、この点でも ECHR のレジリエンスが試されている。以前
と違うのは、無知・無関心ゆえの拒絶ではなく、国内裁判所において ECHR
および人権裁判所判例法の理解が進めばこそ対話・衝突が生じる点である[19]。
では、古参国の一つであるイギリスとの関係で、さらに ECHR のレジリエン
ス、そして ECHR をイギリス国内で実施するために制定した人権法のレジリ
エンスを検討する。

Ⅳ　ヨーロッパ人権裁判所とイギリス

1　対　話

イギリスは、1990年代初頭まで申立件数および敗訴件数第 1 位という不名誉
な成績であったが、その後、新規締約国からの申立の急増を背景に目立たない
存在となっている。しかも、後述するように人権法は ECHR の国内実施にお
いて一定の成果を挙げた。だが、数は少ないがハードケースが存在する。後述
するように、人権法発効後、国内法を ECHR 上の権利と適合的に解釈し、そ

---

(17)　これを principled resistence と呼んで、各国の対応について比較する国際会議が開
　　　催された（そこには人権裁判所裁判官も 2 名出席）。Universität Konstanz, ECHR-Con-
　　　ference〈https://www.jura.uni-konstanz.de/echr-conference/echr-conference/pro-
　　　gramme〉.
(18)　Baka v. Hungary, judgment of 23 June 2016.
(19)　Giorgio Repetto (ed), *The Constitutional Relevance of the ECHR in Domestic and
　　　European Law : An Italian Perspective* (Intersentia 2013); Olga Chernishova &
　　　Mikhail Lobov (eds), Russia and the European Court of Human Rights: A Decade of
　　　Change (Wolf Legal Pubns 2013); Eirik Bjorge, *Domestic Application of the ECHR:
　　　Court as Faithful Trustees* (OUP 2015).

のように解釈できない場合には不適合宣言を出すという新しい権限を付与された国内裁判所は、当初は、人権裁判所判例法に従うことを方針としていたが（Mirror Principle）、それに対して異なる意見が出始めた。それが具体的に示されたのが、*Al-Khawaja v UK* 人権裁判所小法廷判決を発端とする、人権裁判所とイギリス裁判所のやりとりである[20]。伝聞証拠法則が問題になった本件において、小法廷は条約違反を認めたのに対して、イギリス貴族院（当時）は国内の別の事件（*R v Horncastle*）において、人権裁判所の判例に従わない場合がありうることを述べた。とりわけ、Lord Phillips が人権法 2 条について示した解釈が注目される。すなわち、人権法 2 条が規定する「ストラスブール判例法を『考慮する』要請は、通常、当裁判所がストラスブール裁判所[21]によって明確に確立された原則を適用するという結果になる。しかし、まれに、当裁判所は、ストラスブール裁判所はイギリスの国内手続を十分に正しく理解し、または、習熟したといえるのか懸念を覚えることがある。そのような場合には、当裁判所はストラスブールの決定に従わない自由があり、そうした理由を述べる。これは、ストラスブール裁判所に、問題となった決定のある特定の側面について再検討する機会を与えることになり、当裁判所とストラスブール裁判所との間の有用な対話となるであろうものが生じるであろう。本件はそうした事件なのである」[22]。これに対して、人権裁判所はイギリス政府の上訴による *Al-Khawaja v UK* 大法廷判決において一部結論を変更し、条約違反を否定するに至った[23]。人権裁判所長 Bratza（当時）は、補足意見の中で、この変更は対話であるといっており、2012年の人権裁判所における年初演説でも対話の重要性を説いている[24]。

---

(20) *Al-Khawaja v UK*, judgment of 20 Jan 2009. なお、貴族院判決は原審である控訴院判決（*R v Horncastle and others* [2009] EWCA Crim 964）を支持するものである。

(21) 人権裁判所のこと。ストラスブールに人権裁判所が所在しているため、このように称される。

(22) *R v Horncastle and others* [2009] UKSC 14 para 11.

(23) *Al-Khawaja v UK*, judgment 15 December 2011（GC）.

(24) 詳細は、江島晶子「ヨーロッパ人権裁判所と国内裁判所の「対話」？ ── *Grand Chamber Judgment of Al-Khawaja and Tahery v the United Kingdom*」坂元茂樹・薬師寺公夫（編）『普遍的国際社会への法の挑戦』（信山社、2013年）85頁以下。

第Ⅰ部　ヨーロッパにおける多層的人権保障システム

2　無視 ── 受刑者の選挙権

　人権裁判所と締約国との意見の相違が「対話」を通じて解消されればよいが、事件によっては、対話が成立する余地がない場合もある。イギリスにとってステイルメイトになったのが、受刑者の選挙権の問題である[25]。2005年 *Hirst v UK*（*No 2*）判決で受刑者の選挙権一律禁止が条約違反であると判示されて以来、この問題は国内において解決の兆しを全く見せないどころか、批判を集める国際的判断の筆頭になった[26]。*Hirst* 判決後、同種の申立が人権裁判所に押し寄せたので、人権裁判所は *Greens and M.T.* 判決において「被告国は、本判決確定後3ヶ月以内に、ECHR 適合的になるように1983年法及び適当ならば2002年法の改正を意図する立法提案を行わなければならず、かつ、閣僚委員会の決定する期間内に要請された法律を制定しなければならない」とするパイロット判決を出す形で応じたが、イギリスは立法提案を行うどころか、庶民院（下院）はいかなる立法改正にも反対するという決議（法的拘束力はない）を行った[27]。他方、興味深いのは、人権裁判所は、*Greens and M.T.* 判決までは、条約違反は認めるが、違反判決自体が申立人にとって公正な満足となるとして損害賠償を認めず、訴訟費用のみを認めていた。ところが、今や、その訴訟費用さえ認めなくなっている[28]。判決執行の監督はヨーロッパ評議会閣僚委員会で行われるが、改善に向けての一切動きがない状態のまま閣僚委員会暫定決議が繰り返される事態が続いており、2015年の決議では「重大な懸念（profound concern）」が示された[29]。多層的人権保障システムの観点から強調

---

　(25)　北村泰三「重層的人権保障システムにおける受刑者の選挙権 ── 欧州人権裁判所の判例を中心に」法時83巻3号（2011年）40頁以下。

　(26)　*Hirst v. UK*（*No 2*）, judgment of 6 Oct 2005.

　(27)　*Greens and M T v UK*, judgment of 23 Nov 2010.

　(28)　*Firth and Others v UK*, judgment of 12 Aug 2014（受刑者10人）; *McHugh and Others v UK*, judgment of 10 Feb 2015（受刑者1015人）; *Millbank and Others v UK*, judgment of 20 June 2016（受刑者22人）。

　(29)　Interim Resolution CM/ResDH（2015）251（9 December 2015）Execution of the judgments of the European Court of Human Rights, Hirst and three other cases against the United Kingdom.

第 4 章　多層的人権保障システムのレジリエンス

したいのは、立法の目途は全く立っていないとしても、閣僚委員会の「リスト」から抹消されることはないので、人権問題として忘却されることはないという点である。〔追記：長らく判決不履行状態が続いた後に、2017年11月、法改正ではなく行刑指針の改正により、住宅拘禁中の者と仮釈放中の者に限って選挙権を認めることとし、閣僚委員会の側もこれを判決の履行として受け入れた。〕

3　衝突 ── テロリズム

「9／11」後、テロリズム対策を強化する中で、イギリスは数々のテロリズム対策法を制定する一方、アフガニスタン、イラクにイギリス軍を侵攻させたことが、別のタイプのハードケースを出現させた[30]。なかでもメディアの注目を集め、かつイギリス政府をいらだたせたのが *Othman*（*Abu Qatada*）*v UK* 判決である[31]。外国人テロリスト容疑者の取扱いをめぐって、国内法制定・改正、国内外での訴訟、ヨルダン政府との交渉（覚書だけでなく条約締結に至った）を経て、当人のヨルダン送還に至った経緯は、多層的人権保障システムの成果と評価できるが、一連の経験はイギリス政府（とりわけ内務大臣 May（当時））に人権裁判所および人権裁判所判例法に立脚した国内裁判所に対する敵対的姿勢を生じさせた。May は、2016年国民投票の際に、EU 脱退には反対だが、ECHR から脱退すべきであると公言した。また、副次的効果として、タブロイド紙が「ヨーロッパ」の裁判所や人権法は犯罪者やテロリストの人権を守ると報道することは、多層的システムにとってマイナスの影響を及ぼしている[32]。

---

(30)　*A v UK*, judgment of 19 Feb 2009（外国人テロリストの裁判によらない無期限拘束）; *Gillan v UK*, judgment of 12 Jan 2010（合理的嫌疑に基づかない警察官による身体検査・質問）; *Al Skeini v UK*, judgment of 7 July 2011; *Al Jedda v UK*, judgment of 7 July 2011.

(31)　*Othman*（*Abu Qatada*）v UK, judgment of 17 Jan 2012.

(32)　*Vinter v UK*, judgment of 9 July 2013 も同じカテゴリーに入る。

第Ⅰ部　ヨーロッパにおける多層的人権保障システム

V　1998年人権法のレジリエンス

　1997年労働党政権の誕生を契機として制定された人権法は、国内憲法（イギリスには成文憲法典がなく、権利章典としても1689年制定のものしかない）ではなく ECHR 上の権利との適合性を国内裁判所に判断させる点で、多層的人権保障システムを体現するモデルの一つとして有効である。不適合宣言は法律を無効にすることはできないが、実際上は、不適合宣言が下された法律について法改正が必要とされたもののほとんどは実施されているので、準違憲審査制的機能を果たしている。しかも、国内裁判所も人権裁判所も同じ文言（ECHR）を解釈することから、国内裁判所における判断と異なる判断が人権裁判所で出ることは、国内裁判所にとって他の締約国の場合と比べた場合より困惑的である。だからこそイギリスの裁判所は、当初は Mirror Principle をとったともいえる。

　2000年10月2日から2016年7月31日までの約16年間に、34件の不適合宣言が出され、内22件が確定（22件中13件は法律による対応が取られた）、4件が上訴中、8件が上訴審で覆されており、人権法は一定の実効性をあげている[33]。最高裁判所は、人権法を憲法的文書（constitutional instruments）の一つとして評価した[34]。

　では、人権法の地位は盤石かというと、前述したような状況から（Ⅳ参照）、成立以来、政府・野党双方から批判を受けてきた。とりわけ人権法制定以来、

---

(33)　Ministry of Justice, Responding to Human Rights judgments: Report to the JCHR on the Government's response to Human Rights judgments 2014-16（Cm 9360, 2016）. 詳細については、江島晶子「国際人権条約の司法的国内実施の意義と限界——新たな展開の可能性」芹田健太郎ほか（編）『講座国際人権法 第3巻 国際人権法の国内的実施』（信山社、2011年）151頁以下および上田健介「人権法による『法』と『政治』の関係の変容——不適合宣言・適合解釈・対話理論」川崎政司・大沢秀介（編）『現代統治構造の動態と展望』（尚学社、2016年）151頁以下参照。〔追記：本書第3章Ⅲ3参照〕

(34)　R（on the application of HS2 Action Alliance Ltd）v. Secretary of State for Transport［2014］UKSC3, para 207. ここで憲法的文書として挙げられているのが、マグナ・カルタ、1628年権利請願、1689年権利章典および権利請求（スコットランドの場合）、1701年王位継承法、1707年合同法に加えて、1972年ヨーロッパ共同体法、1998年人権法および2005年憲法改革法である。〔追記：EU脱退により1972年ヨーロッパ共同体法は廃止された。〕

第 4 章　多層的人権保障システムのレジリエンス

保守党は同法廃止を目指してきた。人権法は 2 年の準備期間をおいて2000年10月に発効したが、翌年には 9 ／11の影響で制定された一連のテロリズム対策立法に直面し、以後、人権法は政府にとって「厄介者」となった。準備期間中に「人権を公権力から一般の人々まであらゆるレベルにおいて浸透させる」との意気込みを語っていた実施担当者（内務省 Human Rights Unit）の声を訪問調査で聞いた筆者としては、 9 ／11以後の環境の激変に驚かされた（実際、人権法の担当セクションは、内務省→大法官府→憲法問題府（大法官府が制度変更）→司法省と転々と移動し、ウェブサイト上の扱いも少しずつ小さくなっていった）。

2010年に政権交代すると人権法への風当たりはさらに強まる。もっとも、2010年総選挙で保守党は単独で政権を樹立できず、元来、人権法制定以前より、ECHR の国内法化を主張してきたリベラル・デモクラッツとの連立政権であったために、保守党はマニフェスト（人権法廃止）通りに進められなかった。他方、2012年自由保護法によって、労働党政権下の自由制約を緩和したが、その内の幾つかは、人権裁判所における条約違反判決で問題点が指摘されたものが含まれている[35]。

2015年総選挙によって保守党が単独政権を実現したことから人権法の命運はさらに危うくなる。同党のマニフェストには人権法の廃棄（scrap）とイギリス独自の権利章典が掲げられていたからである。ところが、2016年国民投票の結果が、EU 離脱であったために、政府はこちらに集中せざるを得ず、人権法廃棄は事実上棚上げ状態となった。内務大臣時代（2010-2016年）の経験ゆえにECHR に敵対的な May が首相に就任したことから、ECHR 脱退と人権法廃棄は長期的にはアジェンダ上にあり続けた。May 首相は、解散はしないといっていたにもかかわらず、保守党断然優位という世論調査に基づき2017年 6 月 8 日の総選挙を実施した。その理由は、Brexit に関して国民の中に対立はないのに、議会内に対立があり Brexit の妨げになるので、Brexit の妨げになる議員に退場してもらい、強いリーダーシップを獲得し、離脱交渉を有利に進めるためである。ところが、結果は保守党が13議席を喪失し（過半数を割った）、労働党が新たに30議席を獲得したが過半数には届かない状態となり、過半数を得

---

(35)　例として、*S and Marper*, judgment of 4 Dec 2008.

第Ⅰ部　ヨーロッパにおける多層的人権保障システム

た政党が存在しないというハング・パーラメント状態を招来した（保守党は
DUP と連立内閣を組んだ）。民意の測りがたさを示す典型例であるが、他方で、
イギリス国民の民意は2016年国民投票の結果（こちらは Yes か No かで示され
る）よりも複雑だということである

　以上のような厳しいかつ混乱した状況に置かれながら、いまだ人権法は手付
かずのままである。人権法が多層的システムの一部であることからくる強靭さ
があると推測できる。議会主権のイギリスにおいては、すみやかな人権法廃止
も議会内の状況次第で可能であるにもかかわらずである〔追記：2024年現在の
人権法を取り巻く状況については、「はしがき」参照〕。EU 自身が人権保障に力を
近年入れてきたことから、EU 離脱はイギリスの人権保障に大きな影響を与え
る（これはひとえに現在 EU 法によって実現されている人権保障をどこまで廃止す
るかにかかっている）。多層性を減じようとしているイギリスの動向は、多層的
システムのレジリエンスは検証するために今後も注視する必要がある。

Ⅵ　おわりに

　現時点では、国際人権保障は自国第一主義に飲み込まれてしまうほど脆弱で
はないと考えるが、本章の中で指摘した幾つかの要素は、それが組み合わさる
とシステムの循環を阻害する要因になりうるし、最悪の場合には循環するシス
テムの中でマイナス要因を普及させた上、多層的システムを終了させることも
可能である。現時点で必要なのは、正しい情報の交換を基礎とした継続的「対
話」である。そしてそこから始めるのであれば、ヨーロッパ地域に限定せず、
他地域においても可能である。また、ある地域が別の地域のカウンター・バラ
ンスとして働きうる。多層的システムのレジリエンスは、地域の拡大によって
一層高めうることを強調しておきたい[36]。

---

(36)　Kumm（n7）3.

第5章　人権実現における議会の新たな役割
—— イギリス人権合同委員会を手がかりに

I　はじめに —— 人権実現における議会のポテンシャル

　議会とはいかなる機関か。たとえば、日本の国会は、日本国憲法上、「国権の最高機関」（同41条）、「国の唯一立法機関」（同41条）、そして国民の「代表」機関（同43条1項）である[1]。内閣および裁判所と比較すると、国民による選挙で選出される議員で構成され、唯一国民の権利を制約したり創設したりすることができる点で、本来的に人権実現の担い手として想定することは自然である。しかし、実際には20世紀における統治機構の発展はその方向には向かわなかった。むしろ、結果から見れば、議会の欠陥や議会の形骸化、最悪の場合には議会による人権侵害をどのように他の機関によって補完・是正するかが課題とされてきた。すなわち、憲法レベルでは違憲審査制の伝播であり、国際法レベルでは国際人権条約の興隆である。そしてこの二者の発展は相互補完的である。たとえば、国際裁判所（または準司法的機能を有する国際機関）と国内裁判所との「司法対話」はその典型例である[2]。総じて、第二次世界大戦後、とりわけ冷戦終結後、人権保障の分野において「国際法の憲法化」および「憲法の国際化」は、司法の領域において進展した。とりわけ、地域的人権保障レジームの実効性が確保されつつある地域においては、国際人権条約と国内法

---

(1)　正確には、「両議院は、全国民を代表する選挙された議員でこれを組織する」（憲法43条1項）。

(2)　江島晶子「ヨーロッパ人権裁判所と国内裁判所の「対話」？ —— *Grand Chamber Judgment of Al-Khawaja and Tahery v the United Kingdom*」坂元茂樹・薬師寺公夫編『普遍的国際社会への法の挑戦』（信山社、2013年）85頁以下：Akiko Ejima, 'Emerging Transjudicial Dialogue on Human Rights in Japan: Does it contribute in making a hybrid of national and international human rights norms?' 明治大学法科大学院論集14号（2014年）139頁以下。〔追記：「裁判官対話」という用語と同義的に用いている。裁判官対話について、伊藤洋一『裁判官対話』（日本評論社、2023年）参照。〕

第Ⅰ部　ヨーロッパにおける多層的人権保障システム

（とりわけ憲法）の「融合」と称しうる状況も存在しうる。

　しかし、それは衝突や停滞（場合によっては後退）も引き起こしうる。また、司法的実現の限界も明らかになりつつある。実際に、もっとも実効性を挙げているヨーロッパ人権条約（以下、ECHR[3]）において常に課題とされているのは、ヨーロッパ人権裁判所に滞留する莫大な申立件数の処理である。件数の多さは同裁判所に対する信頼と期待を物語っているが、処理されるまでにかかる時間と地域人権裁判所自体の限界（補完性・「評価の余地」、第4審ではないこと）から、その信頼や期待に十分応えることはそもそも機構として難しいだけでなく、悪くすれば、同裁判所に対する信頼を失いかねない。

　さらに、地域的人権保障レジームの実効性がそこまで確保されていない地域や、そもそも地域的レジームの存在が極めて微弱な地域においては、人権の実現のペースは緩慢である。たとえば、アジア地域において、憲法裁判所・最高裁判所による司法審査は緩やかな発展を遂げてきているが、各国における政治事情が発展を妨げることも容易である（だからこそ地域的レジームは有用だが、いまだアジア地域には地域的人権保障レジームは存在しない[4]）。実際、立法府（広くは政治部門）が国際人権条約について無知、無関心、無視という状態の中で、司法府が積極的に国際人権条約を活用するというシナリオは予想しにくいし、もしも、司法府がその方向に踏み出すならば、相当の批判を覚悟しなければならない。そうした状況において、司法府が外部の批判・圧力に抗する拠り所となるのは、「法の支配」であるが、アジア地域における法の支配の伝統はまだ微弱である。しかも、そもそも裁判所という組織の限界から、人権の実現をホリスティックに取り扱う機関としては不向きである。とりわけ致命的なのは、第1に、裁判所は自ら問題提起できない受け身の機関である。第2に、裁判による解決は事後的で部分的でしかないことである。人権侵害が実際に行われて相当の被害が生じてから裁判になることが多く、しかも救済の多くは損害

（3）　The Convention for the Protection of Human Rights and Fundamental Freedoms（通称は the European Convention on Human Rights）

（4）　ASEAN 政府間人権委員会は萌芽として注目される。〔追記：2010年に設立された Association of Asian Constitutional Courts and Equivalent Institutions の発展が注目される。〕

第5章　人権実現における議会の新たな役割

賠償である。しかし、実際に生じた損害が金銭によって原状回復されることは少ない（あくまでもそれしかないという次善の策である）。立法過程や政策立案過程において、人権の観点からの考慮がなされていれば、より多くの問題が回避でき、人権の実現度も一層高まる。第3に、多くの人々にとって裁判所に訴えることは身近な手段ではない上、費用や時間の問題がある[5]。

興味深いことに、前述の難問に対してヨーロッパ評議会が重視するのは、締約国内における ECHR の実施（domestic implementation）の強化である。ヨーロッパ人権裁判所（以下、人権裁判所）に押し寄せる申立を減らす鍵は、これらの事件がそもそも締約国内で解決され、人権裁判所にこさせないことである。そして、そこにおいて重要な役割を果たすと考えられているのが国内議会である。ヨーロッパ評議会は、前述した人権裁判所における膨大な係属件数の対応策として、これまで会合をもち、インターラーケン宣言（2010年）、イズミール宣言（2011年）、ブライトン宣言（2012年）、ブラッセル宣言（2015年）を出してきたが、国内実施を強調し、国内実施における国内議会の役割にも注目してきた[6]。

他方、違憲審査制に関する比較研究は、当初、憲法裁判所（および前提となる最高法としての硬性憲法典）をモデルとして盛んに進められてきたが、それとは異なるモデルに対する研究も最近進展している。すなわち、イギリスをはじめとするコモンウェルス諸国における違憲審査制または準違憲審査制（または純然たる違憲審査制の不在）である。これは、コモンウェルス型またはウェストミンスター型議会というモデルとも相互補完的である[7]。換言すれば、この

---

(5)　立法府および司法府が抱えるそれぞれの構造的問題から、国内人権機関という発想が注目されたことに留意しておきたい。もとより、裁判所による人権救済の意義を否定する趣旨ではなく、人権救済について裁判所だけに頼っていたのでは不十分であるという趣旨である。

(6)　各宣言は、available at〈http://www.echr.coe.int/Documents/2010_Interlaken_FinalDeclaration_ENG.pdf〉;〈http://www.echr.coe.int/Documents/2011_Izmir_FinalDeclaration_ENG.pdf〉:〈http://www.echr.coe.int/Documents/2012_Brighton_FinalDeclaration_ENG.pdf〉 and〈http://www.echr.coe.int/Documents/Brussels_Declaration_ENG.pdf〉. なお、Brighton 宣言については、江島・前掲注(2)参照。

(7)　Janet L. Hiebert and James B. Kelly, *Parliamentary Bill of Rights: The Experiences*

モデルにおいては、構造上、人権保障の実現において議会の役割の比重がより大きい。そこで、本章では、1998年人権法制定を契機にイギリス議会に導入された合同人権委員会（the Joint Committee on Human Rights、以下、JCHR）[8]を検討対象として、人権実現における議会のポテンシャルを模索する[9]。

　議会の役割については、様々な議論があるが、ここでは、法的および憲法的価値、とりわけ人権や法の支配の擁護者としての議会の可能性に注目する。人権や法の支配を無視したり、破壊しようしたりする議会（多数派）の横暴にいかに歯止めをかけるかという議論がこれまで主流だったが、裁判所を備える地域的人権保障レジームの発展と国内における違憲審査制の発展が突き当たった「壁」が人権の「実施」であるとすると、この壁を超えるためには、壁自体を壊すか、壁を変えてしまうかしかない。壁を壊すことは民主主義の否定にもつながりかねないとすれば、壁の変更をまず検討することが本章の課題である[10]。そのためには、議会の役割について徹底的に現状を検証すると同時に、議会によってこそ担われるべき新たな役割を広く検討する必要がある[11]。

---

　　of New Zealand and the United Kingdom（CUP 2015）; Stephen Gardbaum, *The New Commonwealth Model of Constitutionalism: Theory and Practice*（CUP 2013）. 江島晶子「イギリス憲法の『現代化』とヨーロッパ人権条約 —— 多層的人権保障システムの観点から」倉持孝司・松井幸夫・元山健（編著）『憲法の『現代化』 —— ウェストミンスター型憲法の変動』（敬文堂、2016年）297頁以下〔本書第3章〕参照。

(8)　人権法については、江島晶子『人権保障の新局面 —— ヨーロッパ人権条約とイギリス憲法』（日本評論社、2002年）参照。

(9)　同じ問題意識を共有するものとして、Cf. Murray Hunt, Harvey Hooper and Paul Yowell, *Parliaments and Human Rights*（Hart Publishing 2015）and Alice Donald and Philip Leach, *Parliaments and the European Convention on Human Rights*（OUP 2016）

(10)　筆者の問題意識として、江島晶子「権利の多元的・多層的実現プロセス —— 憲法と国際人権条約の関係からグローバル人権法の可能性を模索する」公研78号（2016年）47頁以下〔本書第12章〕参照。

(11)　昨今、議会に対する検証が始まっているのは、そうした必要性を反映したものである。参照、大石眞・大山礼子（編著）『国会を考える』（三省堂、2017年）；糟塚康江（編）『代表制民主主義を再考する』（ナカニシヤ出版、2017年）；国立国会図書館調査及び立法考査局『グローバル化の中の議会の役割 —— 欧州の経験から日本への示唆』調査資料2016-2 平成27年度国際政策セミナー報告書。

Ⅱ　人権合同委員会設立の背景 —— 1998年人権法の誕生

　人権合同委員会は、1998年人権法（Human Rights Act 1998、以下、人権法という）の制定に伴い誕生した副産物である[12]。そもそも1998年人権法自体がイギリス法にとって極めて画期的な変革であり、これは1997年に誕生した労働党政権による「憲法改革」（Constitutional Reform）というより大きなプロジェクトなしには実現しえなかった。そして、憲法改革というおよそイギリス的ではないプロジェクトは、労働党が連続して4回総選挙で敗北（18年間野党）という経験なくしては生まれなかった。この憲法改革というパッケージは、今までの労働党（オールド・レイバー）とは違うとして、ニュー・レイバーを印象づけるのに利した[13]。ただし、憲法改革というのは2つの意味においてミスリーディングではある。第1に、イギリスは軟性憲法かつ議会主権の国なので憲法改革といっても実際には通常法律の制定・改正によって憲法改革が実現される（日本でイメージする「憲法改正」と同じように考えることはできない）。第2に、イギリスでは、Constitution/constitution という言葉が一般的に意味するのは統治構造・統治機構である。人権法の登場によって、人権が憲法の内容に深く入り込んだと言える[14]。というのも、元来、イギリスでは国内の人権問題については、civil liberties（市民的自由）という言葉を、外国の人権問題について human rights という言葉を用いてきた。それが、人権法が ECHR 上の

---

(12)　Amanda Finlay, 'The Human Rights Act: The Lord Chancellor's Department's Preparations for Implementation' (1999) European Human Rights Law Review 512; David Feldman, 'Can and Should Parliament Protect Human Rights?' (2004) 10(4) European Public Law 635; Anthony Lester and Paola Uccellari, 'Parliamentary Scrutiny of Human Rights' in Anthony Lester, David Pannick and Javan Herberg (eds), *Human Rights Law and Practice* (LexisNexis 2009); Murray Hunt, 'The Impact of the Human Rights on the Legislature; A Diminution of Democracy or a New Voice for Parliament?' (2010) European Human Rights Law Review 601.

(13)　1997年総選挙（投票率71.5％）では、労働党は、659議席中418議席を得る大勝を得て、同年5月の女王演説に、マニフェストの中からすぐに結果を出せるものの一つとして、ECHR の「国内法化」を選択した。

(14)　人権法制定直前より、human rights をタイトルに含む教科書がイギリスにおいて一気に増えたことにも表れている。

権利を国内法において実施できるようにしたために、human rights という言葉が国内法において一気に浸透した。

人権法が ECHR を「国内法化」したと表現されることもあるが、正確には ECHR 自体はいまだ国内法ではない。人権法の本文中には権利規定は存在せず、人権法の本文の内容は、以下のような新たな義務を各統治機関に課すものである。すなわち、法律は可能なかぎり ECHR 上の権利（これは人権法に附則として付されている）と適合的に解釈されなければならないこと（人権法3条）を前提として、公的機関（public authorities、ただし議会は除く）は ECHR 上の権利と適合するように行動する義務（同6条）を負い、公的機関の不適合な行動（不法な行為）による被害者は裁判所による救済を受ける（同7・8条）。裁判所は、法律を ECHR 上の権利と適合的に解釈できない場合で、当該法律が議会制定法の場合には不適合宣言を出し、それ以外の場合には当該法律を適用しないか、または無効とする（同4条）。不適合宣言は議会制定法を無効にせず（よって議会主権を侵害しない）、大臣の救済命令による当事者救済の手段がある（義務的ではない）（同10条）。事前の適合性確保手段として、法案を提出する大臣は、当該法案の適合性の有無を表明する（同19条）。

イギリスでは、1960年代末より、行政国家化および国際化に対応するために、現代社会に適合した新たな権利章典を制定すべきであるという議論が継続してきたが、1997年の時点で政府が選択したのは、新たな人権カタログの選択でもなければ、違憲審査制の導入でもなかった。新たな人権カタログの導入は、多様化・複雑化した社会においては、その内容について同意を得ることは極めて困難である（しかもイギリス憲法の伝統は、権利として法律によって保障した以上、実際にどのように実現するかが重要となる）。他方、違憲審査制の導入は議会主権との関係で著しく困難である[15]。すでに批准している ECHR（ただし変型主義

---

(15)　議会主権を明文で明確に規定する法律は存在しないが、イギリスの法伝統としておよそ覆すことが難しい法原理である。興味深いことに、2016年の Brexit 国民投票の結果を受けて、「EU 条約50条の発動にイギリス議会の決定が必要か」が議論となったときに、最高裁が議会主権を根拠として議会の決定が必要という判断を下した。同判決は、21世紀において議会主権の存在を改めて確認したことになる。*R（on the application of Miller and another）（Respondents）v Secretary of State for Exiting the European Union*

第5章　人権実現における議会の新たな役割

をとるイギリスにおいては国内法でない）の権利カタログを選択すれば、すでに批准している以上、論争を呼ぶことはない。そして、前述したような、議会主権と衝突することのないように工夫された精妙な仕組が導入された。

　よって、人権法の新規性は権利カタログの内容ではない。人権法は、1953年に発効した ECHR の権利カタログ（ただし13条は除く）にそのまま依拠するだけなので、20世紀末の権利カタログとしてはむしろ古典的である（社会権を有しない）。人権法の新規性は抽象的な権利規定をいかに実現するかという「実施」にある[16]。人権法は1998年10月2日に制定されたが、2年間の実施期間を置き、慎重な準備が統治機構全体において実現された。すなわち、司法府と執行府は2年間の準備期間の間に「実践」を意識したトレーニングを行いつつ、現行法上、ECHR 上の権利と適合しないものがないかどうかを確認した。一方、立法府には本章でとりあげる JCHR が誕生した。JCHR の設立は1998年12月に公表され、実際には2001年1月に設立された。

　「実施」に重点が置かれた要因は二つある。第1に、イギリス憲法には、抽象的権利規定に対して懐疑的であり、実際にどのように救済が可能であるかということを念頭に置く伝統がある（「救済なきところに権利なし」）[17]。第2に、1997年に「憲法改革」を看板に政権にカムバックした労働党が、「憲法改革」の目玉の一つとして人権法を位置づけていたからである。そもそも2年間の実施準備期間を置いたことに政府の真剣さがうかがえる。

　（*Appellant*）[2017] UKSC 5．

（16）　詳細については、江島晶子「一九九八年イギリス人権法の実施過程に関する検討——『人権の世紀』のためにとりうる Alternative」法学新報108巻3号（2001年）551頁以下参照。

（17）　ダイシーは、「何百という抽象的な人権規定よりも人身保護令状の方が役に立つ」と評している。

第Ⅰ部　ヨーロッパにおける多層的人権保障システム

Ⅲ　人権合同委員会の権限

1　概　要

　JCHR は、特別委員会の一つで、庶民院から任命された庶民院議員 6 名、貴族院から任命された貴族院議員 6 名からなる合同委員会で、イギリス内の人権問題を検討する（個別事件の検討は行わない）。JCHR の権限について規定するのは庶民院議事規則152B 条であるが[18]、JCHR は、その任務の範囲を広く解

---

[18]　Standing Orders of the House of Commons - Public Business 2002(2).

　(1) 6 人の委員で構成される特別委員会が存在し、貴族院によって任命される委員会と合同して、合同人権委員会を構成する。

　(2)JCHR は、以下の事項を検討しなければならない：(a) イギリスにおける人権に関する事項（ただし個別事件の検討は除く）、(b) 救済命令の提案、救済命令草案、人権法10条に基づき発給され、人権法第 2 附則の下で提出された救済命令、(c) 救済命令草案および救済命令に関して、議員規則第151（命令（合同委員会））に具体化された理由に基づき本議院の特別の注意を向けるべきかどうか。

　(3)JCHR は、以下の事項に関する勧告を議院へ報告しなければならない：(a) 前述の第 2 附則第 3 パラグラフに基づき議院に提出された提案に関する文書に関して、提案と同じ文言で命令草案を議院に提出すべきかどうか、(b) 前述の第 2 附則第 2 パラグラムに基づき提出された命令草案に関して、命令草案を承認すべきかどうか、および、当該提案または命令草案の検討の結果生じた問題について JCHR が議院に報告すべきかどうか。

　(4)JCHR は、前述の第 2 附則第 4 パラグラフに基づき提出された救済命令に関して、下記の勧告を議院に報告しなければならない：(a) 議会に最初に提出された形式で命令を認めるべきかどうか、(b) 当初の命令の条項を修正する新たな命令によって命令を置き換えるべきかどうか、または、(c) 命令は承認されるべきではなく、当該命令または置き換える命令の検討から生じた事柄について議会に報告すべきかどうか。

　(5)委員会の定足数は 3 名であるが、証言を集める目的の時は 2 名である。

　(6)議院命令が別の旨を規定しないかぎり、各 JCHR 委員は議会の会期の残余期間中は委員である。

　(7)JCHR は、以下の権限を有する：(a) 人、書類、記録を招致し、議院休会中にかかわらず開催し、時に休会し、時に報告すること：(b) 容易に入手できない情報の提供を受けたり、JCHR に付託された権限内の複雑な問題を明確にするために専門相

し、主として以下の活動を行ってきた[19]。

　第1に、JCHR は政府提出法案の人権適合性を検討する。ここでいう人権とは、人権法に基づく ECHR 上の権利、コモン・ロー上の基本的権利・自由、およびイギリスが批准している他の国際人権条約に含まれている人権である。また、この法案の検討には、当該包含がイギリスにおける人権を充実する機会を呈するかどうかという検討も含まれる。

　第2に、JCHR は、人権に関する裁判所の判決に対する政府の対応および国際人権条約上の義務にイギリスが適合しているかどうかについて検討する。

　第3に、JCHR は、テーマ別調査を行う。この調査のテーマ選択は JCHR 自身が行い、当該テーマに関係する経験や利害を有する団体や個人から広く証言を求めている。

　第4に、JCHR は、人権法に基づき出される救済命令に関する報告を議会に提出することが要請されている。救済命令は委任立法の一種で、国内裁判所または人権裁判所によって認定された人権違反を是正するために発給される。

　上記のような任務に落ち着いたのは、2005-2006年会期に JCHR が行った検討とこれまで積み重ねてきた実務が基になっている。同会期に提出した第23報告書において、JCHR は、委任条項「連合王国における人権に関する問題を検討すること（個別事件を除く）」[20]を実際にどのように実現するかということを検討し、全法案を検討するという従来の JCHR の方針を維持する一方、法案が提起する最も重要な人権問題に集中するという新たな方針を打ち出した（結果として、議員提出法案はそれが重要な人権問題を提起し、かつ、法律となる可能性が高い場合に特別に検討することとなった）[21]。検討に際しては、特別顧問と

　　談役を任命したりすること。

（19）　The JCHR website at 〈http://www.parliament.uk/business/committees/committees-a-z/joint-select/human-rights-committee/role〉

（20）　Terms of reference の原文は、'The Joint Committee on Human Rights is appointed by the House of Lords and the House of Commons to consider matters relating to human rights in the United Kingdom (but excluding consideration of individual cases) and proposals for remedial orders made under Section 10 of the Human Rights Act 1998.'

して Francesca Klug が任命され、同氏の報告書が重要な役割を果たした[22]。また、法案の検討に関する仕事の削減によって、他の任務を拡充することを同報告書で提案している。すなわち、法案になる前の検討作業、法律制定後の検討作業、国内裁判所の不適合宣言判決および人権裁判所判決の履行のモニタリング、イギリスが批准した人権条約を遵守しているかどうかの検討、批准前の人権条約に関する重要な問題について議会に注意を向けさせること、テーマ別調査、人権法の実施に関する任務の継続と発展などであり、詳細は後述する[23]。

2017年5月3日の議会解散に伴い、2017年6月8日の総選挙後に新たな特別委員会のメンバーならびに委員長が任命されることになっており、現時点ではJCHR のメンバーは発表されていないので、議会解散直前のメンバーを記しておく。以下からわかるように、異なる所属政党出身の議員で構成されているが、JCHR 内の人権に関する見解の多様性は、弱点というよりは、利点となっているという[24]。

- Harriet Harman（委員長）：庶民院議員、労働党
- Fiona Bruce：庶民院議員、保守党
- Jeremy Lefroy：庶民院議員、保守党
- Mark Pritchard：庶民院議員、保守党
- Amanda Solloway：庶民院議員、保守党
- Karen Buck：庶民院議員、労働党
- Baroness O'Cathain：貴族院議員、保守党
- Lord Trimble：貴族院議員、保守党
- Baroness Prosser：貴族院議員、労働党
- Baroness Lawrence of Clarendon：貴族院議員、労働党
- Baroness Hamwee：貴族院議員、リベラル・デモクラッツ
- Lord Woolf：貴族院議員、無所属

---

(21) Joint Committee on Human Rights, *Twenty-Third Report* (2005-06, HL 241, HC 1577) para 27.

(22) See, Francesca Klug, Report on the Working Practices of the JCHR' in Annex I to the Twenty-Third Report (n21). Francesca Klug は LSE の人権研究センターの教授級リサーチ・フェローで、現在は LSE 客員教授である。人権法の仕組みの発案者でもある。

(23) Joint Committee on Human Rights, Twenty-Third Report (n21) paras 55-72.

(24) Murray Hunt, Joint Committee on Human Rights, in Alexander Horne et al, Parliament and the Law (Hart Publishing 2013) 243.

第 5 章　人権実現における議会の新たな役割

〔追記：2025年1月現在のメンバー〕

House of Commons
・Juliet Campbell MP（Labour, Broxtowe）（Chair）
・Tom Gordon MP（Liberal-Democrat, Harrogate and Karesborough）
・Afzal Khan MP（Labour, Manchester Rusholme）
・Alex Sobel MP（Labour, Leeds Central and Headingley）
・MP（Conservative, New Forest West）
・RT Hon. Sir Desmond Swayne MP（Labour, Peter Swallow）

House of Lords
・Lord Alton of Liverpool（Crossbench）
・Lord Dholakia（Liberal Democrat）
・Baroness Kennedy of the Shaws KC（Labour）
・Baroness Lawrence of Clarendon（Labour）
・Lord Murray of Blidworth（Conservative）

2　法案の検討

　設立時は、JCHR は文字通り全ての法案（政府提出法案、議員提出法案および私法律案（private Bill）を検討してきたが、現在は重要な人権問題を優先的に取扱うアプローチに変更した。有限の資源を前提として、政府の活動（不作為も含め）にどのような人権問題がありうるかをできるだけ早期に政治過程において認識させ、政府の弁明の正当性が公正明大な形で検討されることを確保するためである[25]。また、JCHR が認定した人権適合性の問題（報告書の中で指摘）を排除するために法案の改正を提案することもある[26]。

　重要な人権問題の選定は、議会会期の最初、すなわち女王演説の後に直ちに行われる。女王演説によって当該会期にいかなる法案を提出するかが発表されるからである（女王演説の中身は政府が作成し、女王は読み上げるだけである）。〔追記：2022年9月、女王 Elizabeth Ⅱ 逝去により国王 Charles Ⅲ が即位したので国王演説となった。〕JCHR は、女王演説後の最初の会議において法律顧問（legal advisers）から政府の立法プログラムの中でどれが重要な人権問題を提起しそ

（25）　Hunt（n24）227.
（26）　Hunt（n24）227.

第Ⅰ部　ヨーロッパにおける多層的人権保障システム

うかに関する助言を受け、それに賛成するか、それとも他に重要なものがある
かどうかについて検討し、最終的にどの法案を JCHR として検討することか
を決定する。続いて、選択した問題に関して根拠に基づく情報の提供を呼びか
ける（call for evidence）。この過程を通して、JCHR は当該会期における立法
プログラム中の政府提出法案のうち 3 分の 1 程度を検討している[27]。

　JCHR が法案を見ることができるのは法案が公表されてからである（法案ま
たは法案の一部が法案になる前の検討（pre-legislative scrutiny）のために公表され
る場合は別である）。法案が公表されると、ただちに法律顧問は法案を検討し、
当該法案が検討を要する重要な人権問題を提起するかどうかについて JCHR
に助言する。

　JCHR による検討の必要性の判断基準は、前述の第23報告書に由来する。従
来から使用され、現在も中心となる基準は、①問題となる権利はどれほど重要
か、②当該介入はどれほど深刻か、③当該介入の正当化理由はどれだけ強力か、
④当該介入によってどれだけ多くの人が影響を受けるか、⑤影響を受ける人々
はどれだけ傷つきやすいか、である[28]。これに加えて、前述の第23報告書で
は、以下の基準が提案された[29]。⑥当該問題について、人権裁判所またはイ
ギリスの上級裁判所のいずれかが最近判決を出しているか、⑦当該法案がメ
ディアの注目をどの程度集めているかを含め、法案の政治的・公的インパクト
の大きさ（当該法案が人権に関係するという前提で）、⑧定評のある NGO または
その他の関係者が当該法案についてどの程度問題提起しているか、⑨ JCHR
のメンバーの特定の関心および専門知識および他の委員会が当該法案に対して
行うかもしれない検討に対して JCHR が付加価値を付けられる程度、⑩法案
に付された注釈（the Explanatory Notes）または人権メモランダ（Human
Rights Memoranda）の完全性・充実度（注釈やメモランダが権利に対する介入の
正当化理由について説明しない場合には、担当閣僚に質問をする必要性がより高い）、
⑪当該法案が人権を促進または保護する程度、あるいは、当該法案がそのよう

---

(27)　Hunt（n24）228.
(28)　Joint Committee on Human Rights, Twenty-Third Report（n21）para 27.
(29)　Joint Committee on Human Rights, Twenty-Third Report（n21）para 28.

第5章　人権実現における議会の新たな役割

〈法案検討のフロー・チャート〉(30)

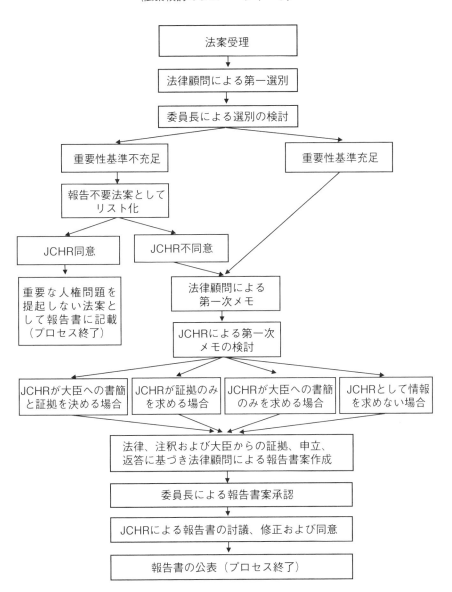

第Ⅰ部　ヨーロッパにおける多層的人権保障システム

な効果を発揮できる条項を備えうるはずなのに備えていない場合、⑫当該問題が、JCHR がすでに報告した問題であるかどうか（とりわけ、たとえば、現 JCHR および過去の JCHR から繰り返し同一の不適合性問題を提起してきたが、政府は取り扱っているようにはみえないというような、不適合性に明確なパターンがある場合が該当する）。

　法律顧問は、法案公表後 2 週間以内に最初の助言を JCHR に提供する。JCHR は議院における法案の報告段階までに当該法案に関する報告書の提出を目指しているので迅速性が重要である[31]。この間に、省庁の法案チーム（関係する条項を取り扱っている法律家を含む）と JCHR スタッフ（法律顧問含む）との会合が持たれることもある。これは、法案チームのために JCHR の委員が後に指摘しそうな人権問題を JCHR 法律顧問が認定し、まだ法案チームから提供されていないがその後の法案の検討のために必要となるかもしれない追加情報を認定し、当該法案の主題に関連する法的基準や人権文書で、まだ省庁においては認識されていないものを指摘する機会として有用である。JCHR による検討を容易にし、かつ、法案の所管となる省庁を助けることを目的とするもので、非公式かつ公表しないことを前提とする。他方、適当な時に、JCHR 委員長と大臣との間で所管のやり取りがなされることを想定して進められている[32]。

　JCHR の法案検討の実効性の鍵を握るのは、当該法案が人権適合的であると政府が考える理由に関する情報の質である。初期においては、法案公表時に提供される情報は通常、法案に付される注釈だけであったが、これは理由として弱く、概して、人権適合性の形式的公式を繰り返すに過ぎないものであった[33]。こうした状況は、一つには ECHR 上の権利との適合性という問題自体が全く新しい任務であったということおよび注釈には論争的な性質の素材は含

---

(30)　Joint Committee on Human Rights, Twenty-Third Report（n21）Annex.

(31)　Hunt（n24）228.

(32)　Hunt（n24）229.

(33)　たとえば、2004年 ID カード法案が提案する手段は、プライヴァシー侵害の点で随分前から論争になっていたにも関わらず、当該法案の注釈は ECHR8条の私生活に対する尊重への権利について言及せず、国務大臣による HRA19条の適合表明を繰り返した

第5章　人権実現における議会の新たな役割

めないという慣行があったからである。しかし現在は、経験を積み重ねる中で、人権メモランダが新たに提出されるようになっている[34]。実際、提供される情報が多ければ多いほど、JCHR の省庁に対する質問が少なくなるというメリット、関係する情報の質の向上が法律の検討を向上させるというメリット、ひいては、人権の観点からの検討と情報を伴った討論を通じて可決された法律は比例性を確保しているだけでなく、そうであるがゆえに裁判所における適合性審査も合格しやすいというメリットがある。このことは政府も認識しており、法案に含まれる人権問題を議会で徹底的に議論しておくことを奨励している[35]。

　前述の第23報告書で提起されたのは、法案になる前の検討（pre-legislative scrutiny）の重要性である。ひとたび政府提出法案として公表されてしまうと、法律の形に変更を及ぼすことが難しく、所管大臣は余程の事情がない限り法案の修正には応じない。よって、法案の内容に影響を及ぼすとすれば、前述の法案検討では遅すぎることが指摘されている[36]。たとえば、法案の草案段階、さらには政策提案の段階での検討も試されたことがある[37]。後者の例としては、司法・安全に関する緑書（Green Paper on Justice and Security）という政府の政策に関する討議資料に対する JCHR の検討およびそれに引き続き出された司法・安全法案（Justice and Security Bill）に対する JCHR の検討が例として挙げられる[38]。そこでは人権の観点から非常に問題となる提案（たとえば民事裁判における非公開資料手続（closed material procedures）が含まれていたと

　　だけであった。これに対して、JCHR は、強く批判している。Hunt（n24）229.

（34）　Hunt（n24）230-232.

（35）　例として、The Protection of Freedom Bill に付した人権メモランダの中で、*S and Marper v UK* 判決を受けて、DNA 保存問題に対する解決について人権問題を含めて議会で徹底的に議論することが、後の司法審査に対して耐えうるものとなると政府は認識していることが例として挙げられている。Hunt（n 24）232-233.

（36）　Hunt（n 24）234.

（37）　Hunt（n 24）235.

（38）　Joint Committee on Human Rights, *Legislative Scrutiny: Justice and Security Green Paper*（*Twenty-fourth Report*）（2010-12, HL 286, HC 1777）; the Government's response to the report（Cm 8365）; and Joint Committee on Human Rights, *Legislative*

いう点だけでなく、JCHR が当該主題についてすでに数年に渡って検討を行い、専門知識を蓄積していたという点でも重要である（後掲5「テーマ別調査」参照）。そして、討議資料に引き続き、法案の検討に入ったことから、証拠の収集を迅速に進め、報告書を報告段階に間に合わせることができ、かつ、影響力のある報告書となったため、結果として政府の反対にもかかわらず、提案した修正の幾つかは貴族院で承認された[39]。

さらに、政府は、2008年12月から、議会による法律制定後の検討（post-legislative scrutiny）を容易にするため、法律について制定後の評価を公表し始めている。JCHR 自身は正式な形では行ってはいないが、他の検討の中で事実上、行っている。たとえば、コントロール・オーダーを導入した立法については、法案として検討しただけでなく、コントロール・オーダーの実施（毎年更新必要）においても検討の対象とし報告書を議会に送っている[40]。その後、コントロール・オーダーはより制約的でないテロリズム防止調査手段（Terrorism Prevention and Investigation Measures、略称 TPIMs）に置き換えられたが、これに対して、法律制定後の検討を行い、その有用性に疑問を呈している[41]。

3　裁判所の判決に対する対応

法律を無効にできる違憲審査制ではないイギリスにおいては、そうであるがゆえに議会には政府の判決に対する対応について検討するという重要な役割が存在する。当初、判決に照らして政府が法律、政策または慣行をどのように変更しようとしているのかを議会が把握するシステムは存在しなかった。しかし、

 Scrutiny: Justice and Security Bill (*Fourth Report*) (2012-13, HL 59, HC 370).

(39) Hunt (n24) 235.

(40) Joint Committee on Human Rights, *Prevention of Terrorism Bill* (*Tenth Report*) (2004-05, HL 68, HC334) and *Renewal of the Control Orders Legislation 2010* (*Eighth Report*) (2010-11, HL 106, HC 838). コントロール・オーダーについては、江島晶子「安全と自由の議論における裁判所の役割——ヨーロッパ人権条約・2005年テロリズム防止法（イギリス）・コントロール・オーダー」法律論叢81巻2・3号（2008年）61頁以下参照。

(41) Joint Committee on Human Rights, *Post-Legislative Scrutiny: Terrorism Prevention and Investigation Measures Act 2011* (*Tenth Report*) (2013-14, HL 113, HC1014).

第 5 章　人権実現における議会の新たな役割

2010年頃までに、人権に関する裁判所判決への応答に関する政府向けガイダンスが公表され、良い慣行（good practice）の確立に至っている[42]。現時点では、政府は毎年、議会に対して、JCHR を通じて、関係する判決を知らせ、委員会に年次報告書を公表し、その中で、人権裁判所敗訴判決およびイギリス裁判所における不適合宣言に対して政府がどのように応答したかを提示している。これは、人権の実施状況を捕捉する上で、現状が事実として明らかになるだけでなく、政府自身の態度も明確になるので非常に有用である[43]。

4　人権条約のモニタリング

JCHR 創設以前は、イギリスが締結した国連人権条約等に基づく国際人権上の義務に関して議会はいかなる役割も果たしていなかった[44]。そこで、JCHR はいろいろな方法を試してきている。最初に行ったのが、イギリスが締結している国連国際人権条約の下でのイギリスの成績について大がかりな調査を行ったが（2001-2005年）、これは非常に労力を要するため、2006年からアプローチを変更し、選択的に行うようにしている。政府も、国連条約機関や国連 UNP の勧告の実施をモニターするフレームワークの必要性は認めている[45]。

5　テーマ別調査

JCHR は、トピカルな人権問題についてテーマ別調査を行っている。何をテーマとして選択するかについても、リストを作成してきた。リストに入れる

---

[42]　Joint Committee on Human Rights, *Enhancing Parliament's Role in Relation to Human Rights Judgments*（*Fifteenth Report*）（2009-10, HL 85, HC455）.

[43]　最新の報告書〔追記：2017年時点〕が以下である。Ministry of Justice, *Responding to Human Rights judgments Report to the Joint Committee on Human Rights on the Government's response to Human Rights judgments 2014-16*（CM 9360, 2016）. 2010年までの報告をまとめたものとして、江島晶子「国際人権条約の司法的国内実施の意義と限界 —— 新たな展開の可能性」芹田健太郎ほか（編）『講座国際人権法 第 3 巻 国際人権法の国内的実施』（信山社、2011年）151頁以下掲載の表 5 および 6 を参照のこと。

[44]　正確にはポンソンビー・ルール（Ponsonby Rule）という憲法慣行があり、これは2010年憲法改革及び統治法によって明文化された。

[45]　Hunt（n24）239.

要因としては、時事性、JCHR の基準により算定された重要性、委員の関心、市民社会からの訴えに基づく。大体、1年間に2ないし3つのテーマ別調査を行うことができる[46]。なかでも、テロリズム対策は、継続して重要なテーマである。「9/11」以降、イギリス政府は次々とテロリズム対策法を制定してきたが、これらの立法は個別に検討対象となってきただけでなく、テロリズム対策全体も検討対象とされてきた。具体的テロ事件を契機として人権制約が正当化されやすい状況においては、裁判所にはできない長期的観点からのコントロールを JCHR は実現している。

6　法律顧問

JCHR のメンバーは議員ではあるが、必ずしも人権の専門家というわけではない。よって、JCHR に対して人権問題に関する助言を与える点で重要な役割を果たしているのが、法律顧問である。現在、法律顧問は、1名の法律顧問と1名の準法律顧問が存在する。

最初の法律顧問は、ケンブリッジ大学法学部の David Feldman 教授で、2004年3月からはバリスターの Murray Hunt 氏が現在の法律顧問である。〔追記：2017年に退任した。〕

Ⅳ　人権合同委員会と他の機関の関係

JCHR は、人権判決のモニタリングにおいて他の機関と協働関係を有している[47]。たとえば、テロリズム対策をめぐる人権問題を例に挙げると、*Gillan and Quinton v. UK* 判決[48]に対する政府の対応について、テロリズム立法独立審査官（the Independent Reviewer of Terrorism Legislation）[49]との協働が挙

---

(46)　Hunt（n24）242.

(47)　Donald and Leach（n9）234-236.

(48)　同判決については、江島晶子「現代社会における「公共の福祉」論と人権の再生力——Gillan 事件ヨーロッパ人権裁判所判決（警察による停止・捜索）と自由保護法案」明治大学法科大学院論集10号（2012年）77頁以下参照。

(49)　The Independent Reviewer of Terrorism Legislation website at〈https://

第 5 章　人権実現における議会の新たな役割

〈議会による JCHR 報告書参照数〉

議会会期	実質的参照数	参照数
2000-01	0	32
2001-02	6	10
2002-03	5	14
2003-04	8	25
2004-05	4	6
2005-06	258	353
2006-07	210	408
2007-08	246	411
2008-09	204	342
20009-10	88	154
合計	1029	1755

出典：Hunt et al（n9）.

〈裁判所が JCHR 報告書を引用した事件数〉

年	引用した事件数
2002	3
2003	2
2004	5
2005	2
2006	10
2007	11
2008	14
2009	8
2010	4
2011	9
2012（to2/12）	4
合計	72

出典：Hunt et al（n9）.

げられる。同判決においては、人権裁判所は、2000年テロリズム法（the Terrorism Act 2000）44条に基づく停止捜索権限が広範すぎる上、権限濫用を抑制する手段が不在であることから ECHR8条違反を認めた。これに対する政府の対応は、緊急の救済命令を発給し、人権侵害となっている条項を廃止し、より抑制された権限で置き換えるというものであった。これについて、JCHR およびテロリズム立法独立審査官は、議会に対して報告を行い、政府の積極的対応を評価しつつも、救済命令の修正と行動規範の採用を薦めた（政府案ではいまだ警察官の裁量が広く、恣意性の危険があるため）。政府は当初は修正不要と拒否していたが、最終的には両者の懸念に対応する変更を行ったので、一定の効果があったといえる[50]。

terrorismlegislationreviewer.independent.gov.uk〉

第Ⅰ部　ヨーロッパにおける多層的人権保障システム

平等人権委員会（the Equality and Human Rights Commission）との協働関係にも注目できる[51]。平等人権委員会は、国連パリ原則の推奨する国内人権機関であるが、設立にはJCHR以上に紆余曲折があり時間を要した。平等人権委員会は、よって、JCHRとは異なる権限に基づき異なる観点から人権問題にアプローチする（この点においてもイギリスでは人権保障の多層性が存在することになる）。

さらに、JCHRは、市民社会のアクター（とくにNGO）や法律の専門家から、証言や法的意見を頻繁に求めており、これらの意見はJCHRの報告書に引用される。それが、議会や裁判所で引用されることもある。ある調査によると、2001年以降、議会ではJCHR報告書の参照数が、1755件（内1668件は2005年以降）、そのうち当該参照が実際に意味あるものが1029件（内1006件は2005年以降）であり、議会において確実にJCHRのプレゼンスは高まっている。裁判所もJCHR報告書について一定の関心を向けている[52]。

Ⅴ　人権合同委員会とヨーロッパ評議会

ヨーロッパ評議会には議員会議（Parliamentary Assembly）という機関がある。これは各締約国の国内議会の議員で構成される。JCHRは、JCHRと議員会議議員とのオーバーラップを提案しているが、いまだ実現されておらず、JCHRと議員会議議員との協調関係も存在しない。そもそも、議員会議の存在はあまり国内で知られておらず、議員の選出方法についても2015年に論争を呼んだところである（換言すれば、明確ではないということ）。人権裁判所との関係としては、2012年3月、JCHRにおいて、イギリスの裁判官と人権裁判所長Braza（同裁判所書記局長Friberghも同席）が会するという機会が存在したことが指摘されている[53]。ヨーロッパ評議会では、JCHRは一定の評価を得てい

---

(50)　Donald and Leach (n9) 235.

(51)　The Equality and Human Rights Commission website at 〈https://www.equality-humanrights.com/en〉

(52)　Hunt et al (n9) 19 and 46.

(53)　JCHR, Uncorrected Transcript of Oral Evidence from Sir Nicolas Bratza and Erik

第 5 章　人権実現における議会の新たな役割

る。

VI　人権合同委員会の意義と課題

　前述の紹介からわかるように、JCHR の任務は違憲審査制のように法律を無効にするといったドラスティックな手段でもなければ、「裁判所対議会」といった対立図式でとらえられるものでもない。むしろ、議会という民主的機関を母体として（ゆえに政府は JCHR を無視できない）、政府と伴走しながら、政府の政策実現、法律制定において人権違反が生じないように、早めに問題を指摘し、人権侵害を予防するという地味な役割である。しかし、JCHR の報告書およびその活動は政策・立法、ひいては判決にも影響を及ぼしている。

　課題としては、そもそも、JCHR は12人の議員であり、他の仕事もあり、JCHR に注げるエネルギーには限界がある[54]。予算は増やせる見込みはない以上、もっとも重要な問題を的確かつ多角的に捕捉し続けることと既存の他の機関とどれだけ協調的に機能できるかが要となる。その点、現状では、人権に関する情報が、国連、ヨーロッパ評議会、NGO、利害関係者、メディアなど様々なアクターを通じて JCHR に到達しうる状況は、JCHR にとっての利点である[55]。そして、このような状況においては、「国家、政府、議会、裁判所の全部門が法の支配を維持する責任を共有する」という考え方も成り立ちうる[56]。また、長い目でみれば、議員に人権という観念を浸透させるゲートウェイになっている。

　Freibergh on Human Rights Judgments, 13 March 2012. See Donald and Leach（n9）239.

[54]　Donald and Leach（n9）237.

[55]　とりわけ、ヨーロッパにおける多層的統治構造の存在が、JCHR のような小規模の機関にとって利点となる。江島晶子「ヨーロッパにおける多層的統治構造の動態 —— ヨーロッパ人権裁判所と締約国の統治機構の交錯」、川崎政司・大沢秀介（編）『現代統治構造の動態と展望』（尚学社、2016年）310頁以下参照〔本書第 1 章〕。

[56]　Hunt（n24）223.

第Ⅰ部　ヨーロッパにおける多層的人権保障システム

Ⅶ　おわりに

　成熟した民主主義と裁判所を備える国が、人権を「実施」することに誠実に取り組んだ例として、1997年から数年間のイギリス政府の実践は、注目に値する。皮肉なことに「9/11」以降、人権法はテロリズム対策を進める上で何度も障害となったことから、次第に政府は人権法の活用を積極的に推進することからは手を引いていった[57]。そして、2010年に政権を取り返した保守党は一貫して人権法の廃止とイギリス独自の権利章典の制定をマニフェストに掲げてきた[58]。しかしながら、人権法は21世紀に入ったとたんに常に逆境状態に置かれ続けたにもかかわらず、改正も廃止もされていない。そこには、人権法が「実施」ということに重点が置かれたものであったために、そして、裁判所や国会の中に「仕組み」として組み込むものであったために、多少の政治的変化に左右されない強さを備えたといってもよいかもしれない。これは、たとえば一連のテロリズム対策立法の経過にも表れている[59]。

　JCHR の活動内容は予め明確に定められたものではなく、既存の特別委員会の機能を活かしながら、人権法および ECHR の特性に合わせて漸進的に発展させてきた。よって、ウェストミンスター議会型の伝統のないところで、JCHR と同様のものを設立してもただちに JCHR と同様の働きをするわけではない。しかし、一つの試みとして十分評価に値する上、個々の試み自体は人権の実施を推進する上で有用である。人権の実現において、議会の役割は常に検討対象となっており、かつ、近年のポピュリズムの台頭という文脈で民主主義の検証も求められているところだが、「実施」というレベルにおける細かな工

---

(57)　詳細は、江島晶子「イギリスにおけるテロ対策法制と人権 —— 多層的人権保障システムへの新たな挑戦」論究ジュリ21号（2017年春号）（2017年）57頁以下参照。Cf. Donald and Leach（n9）5 and 227.

(58)　実際には EU 離脱という前代未聞の「課題」に注力せざるをえなかったので、一時期、人権法廃止は棚上げとなった。そして EU 離脱後、再び人権法を大幅に改正する法案が出されたが廃案となった。

(59)　イギリスにおけるテロリズム対策立法と人権の関係については、江島晶子「イギリスにおけるテロ対策法制と人権 —— 多層的人権保障システムへの新たな挑戦」論究ジュリ21号（2017年春号）（2017年）57頁以下参照。

第5章　人権実現における議会の新たな役割

夫というピースミールから始めるというのも逆転の発想としてとりうるのでは
ないだろうか。

第 **II** 部

日本における
多層的人権保障システム

第6章　裁判所による適用から統治機構による実現
—— 多層的人権保障システムの視点から

I　はじめに

　日本を知らない人から「日本では表現の自由が保障されているか」と質問されたら、どのように答えることができるだろうか。手がかりとして、何かと比較して、より保障されている（またはされていない）というのは一つの答え方である。第1に、過去と比較することが考えられる。治安維持法や検閲が存在した明治憲法下と比べれば、現代の日本では、表現の自由は格段に保障されているといえるだろう（だが、それは、質問者が知りたいのは、今はどうかということだろうから、ストレートな答にはなっていない）。第2に、他国と比較することが考えられる。この場合は、表現の自由が保障されているとされる欧米諸国を想定することが多いだろう（その是非は別として）。しかし、仮に欧米諸国に限定しても、各国の在り方は多様である。後で取り上げる差別的表現をめぐってもこれまでアメリカとヨーロッパの違いが指摘されてきた。差別的表現を規制する法律があるから表現の自由がより保障されていないとは一概にいえない。第3に、国際基準（国際人権法）と比較することが考えられる。この場合には、どの国という問題はなくなる。だが、比較法以上に、国際基準が日本においてなぜ relevant なのかがいまだ問われているのが現状である。たとえば、日本は1995年に人種差別撤廃条約を批准しながら、そして、人種差別撤廃委員会から再三勧告を受けながら、その効果が生じない状況が継続してきた。

　20世紀後半、日本国憲法が人権カタログを憲法上の権利として保障する一方、国際人権条約は、自由権規約および社会権規約という一般的包括的人権条約に始まり、課題または対象をさらに個別化させて、人種差別、女性、子ども、移住労働者、障害者、難民、強制失踪からの保護、拷問等禁止など多様な人権条約を成立させてきた（その多くを日本は批准している）。憲法の権利規定と国際人権条約の権利規定を接合させれば、憲法の権利の内容を充実させるポテン

第Ⅱ部　日本における多層的人権保障システム

シャルを有している。日本国憲法は1946年にテキストが確定して以来、改正されていないことを想起するとその意義は大きい。よって、憲法と国際人権法の架橋の重要性はすでに指摘されてきたところである[1]。しかしながら、架橋はなかなか進まないどころか、相手を知らなかったがゆえに架橋されてなかったというステージから、相手を知ってみたところどうも勝手が違うようだという認識を強めつつあるステージに進みつつある。当初、議論は国内裁判所における国際人権条約の直接適用（それがだめでもせめて間接適用）に中心がおかれ、これを主張することによって国際人権条約を国内法体制に取り込もうと国際人権法学者および実務家が奮闘してきた。だが、これまでのところ成功しているとはいいがたく、批准された条約は国内的効力があり、法律よりも上位であるという通説・判例にもかかわらず、国際人権条約が法律を無効にした例はない。

　筆者は、別稿で、「国際基準を提示し、国際基準なのだからそれに合致すべきである」という設定ではなぜ不毛な議論に陥るのかを検討し、問題点として、①裁判指向（裁判による実現）の限界・弊害および②国際基準と国内基準の比較不能性について指摘した[2]。そして、権利の内容の類似性からアプローチするのではなく、権利を実現するプロセスの相互連関関係を高めることの意義を説いた。すなわち、統治機構（近代立憲主義モデル）を、国際人権条約のシステムと接合させて、統治機構全体において人権実現を強く意識するものに再構築したものとして、多層的人権保障システムの必要性と可能性を論じてきた。

　筆者の現時点での構想では、循環するシステムの保障によって、ある一時点で「よりベターに見える答」を提示し、それを検証し続ける状態を作り出すことをもって、近代立憲主義モデルのオータナティヴの提供またはバージョンアップが可能であるというものである[3]。そこでの主眼は、権利規定の擦り合わせによって内容を確定し、それによって裁判所において実現できる権利が

---

(1)　国際人権法学会は、系統的・学際的交流、および、研究者と実務家の架橋を意図して、1988年12月10日（世界人権宣言採択日）に設立された。

(2)　江島晶子「憲法を「人権法」にする触媒としての国際人権法 ── 憲法解釈を行う国家機関の設計・作法における「国際標準化」」国際人権22号（2011年）69頁以下〔本書第11章〕。

(3)　基本的着眼点については、江島晶子「権利の多元的・多層的実現プロセス ── 憲法

決まるのではなく、憲法の権利実現プロセスと国際人権条約の権利実現プロセスが接合されているシステム（多層的人権保障システム）において生成される人権をグローバル人権法としてとらえるというものである。国際人権条約と憲法の階層関係に基づき、いずれかの法的権威づけによって最終的解決が示されるものではないし、それを目指すことは生産的ではないというスタンスに立つ[4]。「動態的な国内法プロセスにおいて、どの機関がいかなる手続で、国際的な人権動向をウォッチし、対応していくのが適切なのかという、機関適性と権力分立をめぐる問い」というのに近い[5]。

　本章では、多層的人権保障システムの可能性・実効性を検証する一環として、憲法学と国際人権法学・実務家が対立していたテーマを用いながら、憲法学の理論および理論構築の仕方にどのような特徴があり、それゆえ、国際人権条約の摂取においてどのような問題点が生じるのかを探っていきたい。

Ⅱ　問　題　点

　憲法と国際人権法の架橋がうまくいかない原因の一つは、憲法学がこれまで人権の実現（とりわけ救済）を考える際に、主として裁判所にウェイトをおいてきたことと関係する[6]。しかも解釈学として憲法学を洗練させていく傾向は、法科大学院設立後、さらに高まっている。憲法学の教科書の構成をみると、権利の概念や意義の説明の後に、主要な判例が列記される。その後に、現代的問題として、日本の判例がまだない問題が紹介される場合もある。その場合には、外国の判例や法律が紹介されることが多い。他方、国際人権条約の扱いはオプショナルである。日本が批准した国際人権条約は国内的効力があるが、国

───────────

　　と国際人権条約の関係からグローバル人権法の可能性を模索する」公研78号（2016年）
　　47頁以下参照〔本書第12章Ⅳ〕。
（4）　江島・前掲注（3）、65頁。
（5）　宍戸常寿「イントロダクション」法時87巻8号（2015年）72頁以下、74頁。
（6）　川岸令和「人権擁護法案をめぐる諸問題」齋藤純一（編）『人権の実現』（法律文化社、
　　2011年）50頁以下。「今日の憲法学の人権概念についての別の特徴は、裁判所によって
　　実現される権利の保障という構想にある」（同54頁）。

133

際人権条約は憲法学においては、若干の例外を除きいまだ「異邦人」または「新参者」の感がある。

権利の実現の担い手を裁判所と考えてきたことの背景には、第二次世界大戦後、多くの憲法が違憲審査制を人権保障の担い手として導入したことがある。日本もその中に位置づけることができる。しかしながら、裁判所を担い手とすることには、様々な限界がある。そもそも、すべての人権問題が裁判所に登場する訳ではない。裁判所は受け身の機関であり、当事者が問題を裁判所に提起しなければならないが、裁判を起こす条件（資力、時間、知識）が揃う人は多数ではない。仮に提起できたとしても、実は、裁判という形態がその問題を解決するのに適当ではない場合は多い。

しかも、人権問題の多くは、現代社会においては、国家からの自由の侵害を阻止するという古典的な人権問題だけでなく、むしろ、国家による人権の保障を要請するものが多くなっている。前者の場合には、国家からの自由を最大化することを眼目と考えれば、それぞれの機関に付与された権限を超える場合または濫用される場合にそれを押しとどめて、元の状態に戻せばよく、その役割は裁判所に付与されておりそれは裁判所に向いている。しかし、現代社会においては、国家の役割は拡大しており、人権を実現するために国家が積極的に行動することが求められる場面が増えている。そして、当然、想定されることだが、国家は必ずしも積極的に行動するとは限らず、その場合にどうすれば国家を動かすことができるかという難題がある。そして、近代立憲主義を出発点に据える憲法学は、権力を縛るというところに眼目があり、だからこそ、権力を新たに与えて実効的に行使させるという局面には謙抑的である（とりわけ、日本国憲法制定時において、日本の抱える課題は近代立憲主義の再注入であったから余計厄介である）。そもそも、憲法から、後者の意味における人権実現の義務が明記されているとはいえず、仮に一般的義務までは引き出せるとしても、具体的にどのような義務があるのかということを引き出すことは相当困難である。実は、この点で、国際人権条約が寄与できる。なぜならば、国際人権条約は国家に対する義務として一連の義務を条約によって課しているからである[7]。

---

(7)　棟居快行「人種差別と国家の差別撤廃義務」法時84巻5号（2012年）71頁以下。

第6章　裁判所による適用から統治機構による実現

　人種差別撤廃条約を例にとる。同条約は、1965年に採択され、1969年に発効しているが、日本が加入したのは1995年になってからである。条約の加入の際には、実務的には、対処方針や国内実施の方法が検討され、新規立法で手当てできない内容の条約ではないことや条約の履行が日本の憲法秩序に抵触する義務を負わないかどうかがチェックされることになっている[8]。人種差別撤廃条約に関する日本政府の対応は、「人種差別撤廃条約4条（a）および（b）の規定の適用に当たり、同条に『世界人権宣言に具現された原則及び次条に明示的に定める権利に十分な考慮を払って』と規定してあることに留意して、日本国憲法の下における集会、結社及び表現の自由その他の権利の保障と抵触しない限度において、これらの規定に基づく義務を履行する」という留保を付す一方、同条約を国内実施するために立法は不要というものであった[9]。よって、本章でとりあげる差別的表現ないしヘイト・スピーチの問題の対応については、出発点から消極的姿勢を示していたわけである。

　だがこのような状況はそのまま看過されるわけではない。人種差別撤廃条約の条約機関である人種差別撤廃委員会は、国内実施に関する勧告を2001年、2010年と二度に渡って行い、2014年の第3回の国家報告書審査においては、救済を実現できる包括的人種差別禁止法の制定を勧告すると同時に、日本で起きているヘイト・スピーチの問題について懸念が表明された[10]。換言すれば、仮に日本国内の議論としては、差別的表現の規制法は不要または違憲であるという見解が大勢を占めていたとしても、少なくとも2001年には、条約機関（外部）から日本において規制法が必要であるという意見を得ていることになる。従って、遅くとも2001年には日本政府は問題の存在を認識したことになる。もちろん条約機関の総括所見は法的拘束力を持つものではないので、それ自体が

(8)　松田誠「実務としての条約締結手続」新世代法政策学研究10号（2011年）301頁以下、323および326頁。

(9)　戦争宣伝および憎悪唱道の禁止を規定する自由権規約20条2項について、日本は留保を付していない。

(10)　CERD/C/JPN/CO/10-11. ある委員は、NGOによって提供された警察によるデモ警備の映像に対して、警察がヘイト・スピーチを行う人々を守っているように見えると評している。

第Ⅱ部　日本における多層的人権保障システム

日本政府に対して具体的作為を義務付けることはできない。しかし、包括的差別禁止法または差別的表現規制法の欠如という問題が人種差別撤廃委員会によって認識され、これ以降、報告書審査のたびに同じことを言われるというルートが確立するのである。もしも、日本政府が「国際的な人権規範の発展・促進をはじめ、世界の人権状況の改善に貢献していきます」といいたいのであれば、委員会との対話において誠実な態度を示すことが求められよう[11]。これは、日本の憲法学に対しても同じである。

　大事な点は、同委員会は、「差別的表現を法律で規制すべきである」と一般的にいっているのではなく、日本の具体的状況を前提として、すなわち、「人種差別の行為および事件が締約国において発生し続けて」いることを前提として、「人種差別の被害者が適切な法的救済を追求することを可能にする、直接的および間接的人種差別を禁止する特別かつ包括的な法を採択することを促」していることである。とりわけ、ヘイト・スピーチおよびヘイト・クライムの問題に対しては、以下の4つの懸念を表明する。①締約国内において、外国人やマイノリティ、とりわけ韓国・朝鮮人に対し、人種差別的デモ・集会を行う右翼運動や団体により、差し迫った暴力の煽動を含むヘイト・スピーチが広がっている。②個人や政治家による発言がヘイト・スピーチや憎悪の煽動になっている。③ヘイト・スピーチの広がりや、デモ・集会やインターネットを含むメディアにおける人種差別的暴力と憎悪の煽動が広がっている。④これらの行動が必ずしも適切に捜査および起訴されていない。そして、これらの懸念に基づき以下の5つの措置をとることを勧告している。（a）憎悪および人種差別の表明、デモ・集会における人種差別的暴力および憎悪の煽動にしっかりと対処すること、（b）インターネットを含むメディアにおいて、ヘイト・スピーチに対処する適切な措置をとること、（c）行動について責任ある個人および団体を捜査し、必要な場合には起訴すること、（d）ヘイト・スピーチを広めたり、憎悪を煽動した公人や政治家に対して適切な制裁措置をとることを追及すること、（e）人種差別につながる偏見に対処し、また国家間および人種的

――――――――――

(11)　外務省ホームページ「人権外交」参照。〈https://www.mofa.go.jp/mofaj/gaiko/jinken.html〉

あるいは民族的団体間の理解、寛容、友情を促進するため、人種差別的ヘイト・スピーチの原因に対処し、教育方法、教育、文化および情報に関する措置を強化することである[12]。これに対する応答は、差別的表現を法律で規制すべきかどうかを一般的に議論することではなく、日本の現状を前提として具体的にいかなる措置をとるべきか、かつそれが可能かを議論することが求められていることになる。

　他方、国際人権法学（および国際人権法を裁判で活用とする実務家）も裁判指向に陥っていたという点では日本の憲法学と同じである。「はたして、国際法学は、国内裁判におけるハードな適用可能性に固執せず、条約の解釈論として各関係機関の法的責務を特定し、法実務や運動の現場にソフトな実現を促しながら生きた規範を供給できなかったのだろうか。これまで理論的に突き詰められなかった条約の『国内法的効力』は、この文脈でこそ究明されてしかるべき」という国際法学者による指摘は重要である[13]。もっとも、筆者は国内裁判における国際人権条約の直接適用の可能性を否定するものではない。だが、国内の統治機構全体の中にある裁判所の特性と限界を前提とすると、それはすぐに実現しうるものではないだろう。憲法と国際人権条約の違いの認識を前提として、架橋が実現していく中で視野に入れていくべき課題である。

Ⅲ　多層的人権保障システムからの検証

1　差別的言動解消法

　対立の例として、差別的表現の規制の問題を取り上げる。これまで、差別的表現の規制に対して多くの憲法学者が慎重な姿勢を取ってきたのに対して、規制を支持する側は、慎重論を批判すると同時に、国際人権法に依拠しながら、差別禁止法の制定を主張してきた[14]。

---

(12)　Committee on the Elimination of Racial Discrimination, Concluding observations on the combined seventh to ninth periodic reports of Japan, CERD/C/JPN/CO/7-9.

(13)　齋藤民徒「ヘイトスピーチ対策をめぐる国内法の動向と国際法 —— 人権条約の効果的実現への課題と示唆」論究ジュリ19号（2016年秋号）（2016年）91頁以下、98頁。

第Ⅱ部　日本における多層的人権保障システム

　2016年5月24日、「本邦外出身者に対する不当な差別的言動の解消に向けた取組の推進に関する法律」(以下、「差別的言動解消法」)が成立した。差別の対象は本邦外出身者に限定されているうえ、同法は罰則もなければ、救済機関も有していないので、世界に存在する差別禁止法の中でも最も緩やかな規制法といえよう。罰則のない同法に対しては批判や不満が聞かれた[15]。だが、同法は公的機関の実務において一定の変化を生じさせている。この状況を多層的人権保障システムの視点からまず分析する。

(1) 差別的言動解消法制定直後

(a) 地方自治体

　第1に、地方自治体について検討する。川崎市は、差別的言動解消法が成立した同年同月31日、在日コリアンに対してヘイト・スピーチを繰り返してきた団体に対して、市が管理している公園の使用を許可しないと通告した。同市の市長コメントでは、「今般、「本邦外出身者に対する不当な差別的言動の解消に向けた取組の推進に関する法律」の成立により、国の意思が明確に示されたことを受け、本市としても、地域の実情に応じた施策を講じるべく様々な御意見を伺いながら、慎重に検討を重ねた結果、当該申請者が、過去に置いて、成立した法で定める言動等を行ってきた事実に鑑み、今回も同様の言動等が行われる蓋然性が極めて高いものと判断し、不当な差別的言動から市民の安全と尊厳を守るという観点から（傍点筆者)」判断した[16]。市長コメントから、不許可

---

(14)　憲法学説への批判として、たとえば、前田朗『ヘイト・スピーチ法研究序説』(三一書房、2015年)。

(15)　条約実施機関からの要請を満たすものではないと強く批判するものとして、齋藤・前掲注(13)、94頁。法律本文では、適法に在住する本邦外出身者に限定された点にも強い批判があり、両院の付帯決議として、それに限定する趣旨ではないことが付されている。

(16)　「公園内行為許可申請の不許可処分に関する市長コメント」(2016年5月31日) 川崎市市民文化局人権・男女共同参画室『本邦外出身者に対する不当な差別的言動の解消に向けた取組の推進に関する法律に基づく「公の施設」利用許可に関するガイドライン (第2版)』(2020年) 19頁。

第6章　裁判所による適用から統治機構による実現

の判断が差別的言動解消法に依拠していることは明らかである。

(b)　裁　判　所

　第2に、裁判所である。差別的言動解消法が成立した同年6月2日、横浜地裁川崎支部は、在日コリアンの集住地域に事務所を設置して共生の実現を目的として民族差別の解消に取り組む社会福祉法人の申立により、在日コリアンの排斥を謳えるデモを過去に2回行った団体に対して、同団体が前2回と同様に違法性の顕著なヘイトデモを行う蓋然性が高いとして、人格権に基づく妨害予防請求権に基づき、事務所の周囲の半径500メートルの円内において上記のヘイトデモを事前に差し止める仮処分命令を発した。裁判所は、当該団体が行うとみられる差別的言動により、社会福祉法人の社会福祉事業の基盤である事業所において平穏に事業を行う人格権が侵害されることによって著しい損害が生じる現実的危険があると認められ、また、当該団体が行うとみられる差別的言動の内容の看過することのできない悪質性に鑑みれば、差別的言動を事前に差し止める必要性は極めて高いとする。また、差別的言動による人格権の侵害に対する事後的な権利の回復は極めて困難であると認められ、これを事前に差し止める緊急性は顕著であるとする[17]。本判決は、冒頭で差別的言動解消法の条文を掲げた上、判決文の随所で同法に言及する。

(c)　行　政　機　関

　第3に、行政機関である。差別的言動解消法が成立した同年6月3日、警察庁は、各都道府県警察の長に対して、差別的言動解消法の施行に関する通達を発し、「法を踏まえた警察の対応」として、「各位にあっては、法の趣旨を踏まえ、警察職員に対する教養を推進するとともに、法を所管する法務省から各種広報啓発活動等への協力依頼があった場合にはこれに積極的に対応するほか、いわゆるヘイト・スピーチといわれる言動やこれに伴う活動について違法行為を認知した際には厳正に対処するなどにより、不当な差別的言動の解消に向けた取組に寄与されたい」と要請している[18]。

---

　(17)　横浜地川崎支決2016（平成28）・6・2判時2296号14頁。

第Ⅱ部　日本における多層的人権保障システム

(2) 差別的言動解消法制定前

他方、差別的言動解消法制定前に遡ると、すでに以下のような動向が存在していたことも注目される。

(a) 地方自治体

差別的言動解消法に先駆けて、2016年1月15日、ヘイト・スピーチの抑止を目的とした条例として「大阪市ヘイトスピーチへの対処に関する条例」が大阪市で成立した[19]。同条例では、啓発にとどまらず、市長が、ヘイトスピーチに該当することが認められた表現活動の拡散防止のために必要な措置をとることや当該表現活動を行ったものの氏名または名称を公表することができる。ヘイト・スピーチ該当性や措置・公表内容については学識経験者で構成する審査会に諮問することになっている[20]。さらに、本条例の制定過程において、「大阪市ヘイトスピーチの対処に関する条例案要綱（案）」の意見募集を行い、意見の要旨および意見に対する大阪市の考え方を付して公表している点である。現在、各地で条例が制定されつつある。

(b) 裁判所

民族学校に対して行った街宣活動およびヘイト・スピーチに対して、損害賠償と学校周辺のデモの差止めを命じた2013年10月7日の京都地裁判決[21]や

---

(18)　「本邦外出身者に対する不当な差別的言動の解消に向けた取組の推進関する法律の施行について（通達）」警視庁丙備企発147号、丙公発21号、丙備企発191号、丙外事発92号、丙国テ発57号、丙総発57号、丙人発88号（2016年6月3日）。

(19)　なお、大阪府興信所条例（1985年10月施行）および岡山市電子掲示板に係る有害情報の記録行為禁止に関する条例（2002年5月施行、ただし岡山市電子掲示板は廃止）は、差別的表現の一部について規制するものである。これらについて、小倉一志「インターネット上の差別的表現・ヘイトスピーチ」松井茂記ほか（編）『インターネット法』（有斐閣、2010年）145頁以下、162-163頁参照。

(20)　大阪市ヘイトスピーチ審査委員名簿〈https://www.city.osaka.lg.jp/shimin/page/0000366957.html#meibo〉. 現在、大学教授3名および弁護士2名で構成されている。毎月1回審査会が開催され、議事要旨がホームページ上に掲載されている。第1回議事要旨によると新規申出案件13件が出ていることが記録されており、継続的に毎回数件新規案件が出ている。

140

第6章　裁判所による適用から統治機構による実現

2016年4月25日の高松高裁判決[22]がある。

(c) 行 政 機 関

　ヘイトスピーチの増加、そして2016年の人種差別撤廃委員会の総括所見を契機として、政府は初めてヘイト・スピーチに関する実態調査を行った（2016年3月発表）[23]。この調査によって、ヘイトデモの件数は、2012年4月から12月は237件、2013年は347件、2014年は378件、2015年1月から9月は190件と、合計1152件のヘイト・スピーチの発生を確認した。また、インターネットに投稿されたヘイトデモの動画の分析なども行い、減少傾向にはあるが、沈静化したとは言えないという結果が出た。これによって、自民、公明両党は他党案の対案となる法案づくりを促されたという指摘もある[24]。対立する問題において、事実を明らかにする実態調査は大前提である。なお、法務省は、2016年度に外国人住民の人権状況を明らかにするため外国人住民意識調査を行うことも公表している。

　差別的言動解消法制定直後の(a)地方自治体、(b)裁判所および(c)行政機関（警察）によるアクションは、いずれも、差別的言動解消法に言及しており、同法があればこそより乗り出しやすかったといえる。よって、たとえ理念法に過ぎなくても、法ができたことによって統治機関の行動は変化しており、一定の効果がある。また、同法の存在によって憲法が前提とする原理（法による行政、法による裁判、法律と条例の関係など）との抵触についても抗弁できる。

　他方、同法制定前の(a)地方自治体、(b)裁判所および(c)行政機関のアクションの契機としては、民族学校襲撃事件およびヘイトデモという現実の事件の存

---

(21)　京都地判2013（平成25）・10・7判時2208号74頁。同判決の結論は、高裁（大阪高判2014（平成26）・7・8判時2232号34頁）を経て、最高裁（最判2014（平成26）・12・9）で確定した。ただし判断枠組が異なる点について、齋藤・前掲注(13)、95-95頁参照。

(22)　高松高判2016（平成28）・4・25（判例集未登載）。

(23)　人権教育啓発推進センター「ヘイトスピーチに関する実態調査報告書（平成27年度法務省委託調査研究事業）」（人権教育啓発推進センター、2016年）

(24)　自民、公明両党は、2016年3月29日、ヘイト・スピーチへの対策法案を検討する作業チームの初会合を開いた。朝日新聞朝刊（2016年3月30日）。

141

第Ⅱ部　日本における多層的人権保障システム

在が大きいだろうが、事件の存在を広く周知させる上で重要なのはメディアと
NGO の役割である。実際、メディアによって取り上げられるようになったの
は2013年以降で、それ以降、メディアによって取り上げられる件数が急増した
（これはヘイト・スピーチが2013年末に流行語大賞に選ばれたのと呼応する）。そし
て、ヘイト・スピーチに対する世論の動向や NGO の働きかけを受けて、地方
自治体、裁判所、行政機関が動いたと考えられる[25]。多層的人権保障システ
ムにおける円環において、各機関を動かす原動力になるのは NGO やメディア
である証である。

　ここで改めて問うておくべき疑問は、差別的言動解消法が制定される前に依
拠できる法は民法や刑法以外に存在しなかったのかである。国際人権条約は国
内的効力を有するとすれば、上記の機関がそれぞれアクションを取る際に人種
差別撤廃条約に依拠できたはずである（換言すると、たとえ、差別的言動解消法
が制定されなくても、(1)～(3)のアクションは人種差別撤廃条約に基づいてできた
のではなかったということである）。いずれの機関も条約の実施義務を負う国家
として、義務の履行が求められていたはずである。そうではなかったことにつ
いて、検討を深める必要性がある。

　他方、条約および条約機関の勧告を強く意識したのが下級裁判所であったこ
とは興味深い。前述(2)(b)はその代表例である。そこには、人種差別撤廃委員
会をはじめとして、人権条約機関による勧告が蓄積していることが一定の影響
力をもっていると言えよう。裁判官が能動的に自ら勧告を参照しているとまで
は言わないが、少なくとも訴訟において原告が勧告を取り上げることによって
裁判官がこれを目にし、説得されうるところまできている。それが、京都地裁
においては、①国内裁判所の条約上の義務を認めたこと、②①に基づき民法の
解釈適用に人種差別撤廃条約の影響を及ぼしたこと、そして③加害者の活動の
不法行為性の判断において「人種差別撤廃条約上の人種差別に該当する」とい
う認定を行っていることに表れている上、同地裁は国家報告書審査における政
府発言や総括所見を参照している[26]。

（25）　人権教育啓発推進センター・前掲注(20)。
（26）　齋藤・前掲注(13)、94頁。しかし、①～③は高裁段階で除去されている。

第6章　裁判所による適用から統治機構による実現

　そして、2014年に、自由権規約委員会と差別撤廃委員会とそれぞれ国家報告書に対して総括所見を出す機会がめぐってきて、いずれにおいてもこの問題が指摘されたことは、裁判所のみならず、他の統治機関にも一定の影響を及ぼしているといえよう。以上のように、国際人権条約の国家報告書制度の下で、条約機関と政府の対話、そして総括所見は、一定の役割を持ち始めている。

　以上より、裁判所における人権条約の適用にのみ集中するのではなく、統治機構全体において人権条約を波及させる手段を考えることが有効である。かつ、政治部門が人権条約に関心を持つようになれば、裁判所はより人権条約の活用に積極的になるのが常であることが他国の経験から明らかである[27]。さらに、多くの国では、一連のプロセスをより緊密かつ実効性のあるものにするために国内人権機関と個人申立・個人通報制度を備えている[28]。

2　規制消極論

　憲法学では、日本国憲法における表現の自由の保障の重要性を前提とした上で、「きわめて限定的なヘイトスピーチ処罰法ならば、規定の文言が明確であるかぎり、日本国憲法の下でも許容される可能性がある」というのが通説であろう[29]。ところで、日本政府は人種差別撤廃条約に留保を付し、かつ、2013年1月に出された国家報告書の中で「留保を撤回し、人種差別思想の流布等に対し、正当な言論までも不当に萎縮させる危険を冒してまで処罰立法措置をとることを検討しなければならないほど、現在の日本が人種差別思想の流布や人種差別の煽動が行われている状況にあるとは考えていない」と回答しているが（報告書を提出した時点ですでに民族学校襲撃事件やヘイトデモは存在する）、憲法学の通説はこれを間接的にせよ支えてきたことにならないだろうか[30]。憲法

---

(27)　ヨーロッパ人権条約とイギリス、自由権規約と韓国を例として挙げておく。

(28)　その意義について、江島晶子「憲法を「人権法」にする触媒としての国際人権法──憲法解釈を行う国家機関の設計・作法における「国際標準化」」国際人権22号（2011年）69頁以下参照〔本書第11章〕。

(29)　市川正人「表現の自由とヘイトスピーチ」立命館法学360号（2015年）122(516)頁以下、130(524)頁。

(30)　ヘイトデモは2009年頃から始まっているだけでなく、民族学校襲撃事件も2009年に起きている。

第Ⅱ部　日本における多層的人権保障システム

学では、諸外国の立法を参考にしながら（なかでもアメリカ憲法判例の影響が強かった）、差別的言論を罰することは違憲かという問題を表現の自由から論じることの方が多く、ヘイト・スピーチの被害者の人権という観点から論じることが少なかったからである[31]。

　そこで、従来主張されてきた規制消極論の根拠を検証しておく。前述したように、従来主張されてきた規制消極論は、具体的法律に対するものではなく、差別的表現を法律で規制できるか（とりわけ刑法によって処罰できるか）という一般的問いに対してであった。よって、当然のことながら、規制消極論（違憲論）も規制積極論（合憲論）も一般的な議論にとどまる。

　だが、そもそも差別的表現も多様である。国際人権法および比較法から明らかになってきたのは、対応は刑事規制だけでなく、むしろ差別的表現の悪質度に即して、刑事規制、民事規制および法的規制以外の手段の組み合わせによる抑制が考えられる（それぞれについて違憲性が個別に検討されるべきである）。

　規制消極論（違憲論）の根拠としては、以下が挙げられる[32]。①差別的表現の定義は曖昧であること、②差別的表現はある社会集団の集団的名誉を損なうにとどまり、個人の名誉権を侵害する名誉棄損表現とは同列に扱えないこと、③差別的表現に対しては対抗言論で対応すべきあること、④平等の実現は、就職差別や入居差別などの不利益な取扱いそれ自体を禁止することによって達成されるべきであり、人々の差別感情が発露される表現（差別的表現）の段階での規制は、平等の実現という目的に照らして不必要かつ過大な規制であること、⑤重大な政治問題に関する闊達な議論を萎縮させること、⑥政府または議会多数派にとって不都合または不愉快な題材や観点の表現を禁止する立法が行われるおそれ（恣意的な立法のおそれ）があること、⑦適切な意図で設けられた立法であっても実際の運用において政府または法執行部門が嫌う表現のみに適用

---

(31)　ヘイト・スピーチをしているのは国家ではないので、それは憲法学の射程範囲に入っていないということなのかもしれないが、前述したように、人権を実現する国家の義務という視点から考えれば、射程範囲の中に入ってくる。

(32)　棟居快行「差別的表現」高橋和之・大石眞（編）『憲法の争点（第3版）』（有斐閣、1999年）104頁以下、104-105頁、木下智史「差別的表現」『憲法の争点』（有斐閣、2008年）126頁以下、127頁などの整理を参考にした。

第 6 章　裁判所による適用から統治機構による実現

されてしまうおそれ（恣意的な運用のおそれ）があること、⑧新たな表現内容
規制立法がひとつ成立することによって表現内容規制の立法化のハードルが下
がって表現内容規制立法が乱発するおそれ（規制乱発のおそれ）があること。
さらに、上記の規制消極論の根拠に加えて、表現の自由の法理から表現内容の
規制にとくに慎重であるべきとする論拠が考えられる[33]。日本の憲法学では、
政府批判の自由の重要性から政府による言論統制を許すべきではないというの
が基本的前提である。憲法学は権力に対する懐疑から始まり、権力をいかに縛
るかということを出発点としているからである。

　以下、①〜⑧について検討する。①については、憲法や国際人権条約の文言
を活用しながら差別的表現の明確化をはかる方法が考えられる。たとえば、憲
法14条 1 項後段列挙事由に関するマイノリティ集団または個人への誹謗[34]で
あるとか、広義では、「人種、民族、国籍、性などの属性を有するマイノリ
ティの集団もしくは個人に対し、その属性を理由とする差別的表現であり、そ
の中核にある本質的な部分は、マイノリティに対する『差別、敵意又は暴力の
煽動』（自由権規約20条）、『差別のあらゆる煽動』（人種差別撤廃条約 4 条本文））
であり、表現による暴力、攻撃、迫害である」[35]と考えられる。また、明確化
を要求するのは法的規制（刑事規制、民事規制）を念頭においているからとい
うことを念頭に置く必要がある。法的規制外での抑制においては、明確性がそ
こまで厳格に要求されないだろう。

　②については、差別的表現は、集団とともに、集団に属する個人にも「損
害」をもたらしており、かつ、現時点ではそれが実例をもって明らかになって
いる[36]。

　③については、対抗言論の限界が指摘できる。自由意志による選択とはいえ

---

(33)　ここでは、小谷順子「言論規制消極論の意義と課題」金尚均『ヘイト・スピーチの
　　法的研究』（法律文化社、2014年）90頁以下、94-95頁の整理を参考にした。
(34)　棟居・前掲注(32)、104頁。
(35)　師岡康子『ヘイト・スピーチとは何か』（岩波書店、2013年）48頁。
(36)　「○○人は××（××は侮蔑的表現）」という表現は、○○人である個人 A には、
　　「A は××だ」という表現として聞こえると同時に、A が属する○○人に対する侮蔑で
　　あるがゆえに、より強い侮蔑となる。

145

ない属性に基づく差別的関係を前提として「差別的に」機能することから、差別的表現を行う者と差別的表現の対象者との間は対等ではありえず、対抗言論によって解決される余地は狭い。

④については、差別的表現規制を平等の実現の手段ととらえるのではなく、差別的表現が被害者の人権（たとえば人格権）を侵害していると構成すれば、一概に不必要かつ過大な規制とはいえなくなる。

⑤については、規制の仕方次第であると反論できる。しかも、ヘイト・スピーチの存在が、マイノリティによる思想の自由市場への参入を妨げている。他方、ヘイト・スピーチに加担していないマジョリティがヘイト・スピーチに抗議をするかというと、けっしてそうではなくて、「やっかいなもの」と考え、関わらないようにするという態度をとることが多く（無視・黙認）、ヘイト・スピーチは自由闊達な議論を妨げていることが指摘できる。

⑥～⑧については、各統治機関に対するコントロールいう観点から対応できる。まず、⑥についてであるが、当初の意図からの逸脱を防止するには、現状の把握が何よりも重要である。そのためには、差別的表現の実態を調査することが出発点となる（ここに国内人権機関の重要な役割がある）。たとえば、前述した「ヘイトスピーチに関する実態調査報告書」はその一例となる。そして、これに基づき国会において有効な議論ができるかどうかが鍵となる。恣意的な立法のおそれがあるので、はなから立法を諦めるというのは、表現の自由は守っても、マイノリティの人権は守らないアンバランスな対応である。

次に、⑦についてであるが、これは恣意的な運用を防止するシステムの問題として対応できるのではないだろうか。もしも恣意的運用が阻止できないとすれば、それは差別規制法の問題ではなく、統治機構自体の問題である。

⑧についても、立法化のハードルが下がるのは統治機構自体に問題があると考えられる。なぜ、規制乱発を許してしまうのかという観点から統治機構を検証すべきである。

そして、⑥～⑧のいずれにせよ、そのようなことが起きた時のために違憲審査制があるのであり、選挙があるのであり、かつ、国際人権条約のチェック・メカニズム（日本の場合には現時点では国家報告書に限定されるが）があるのである。もちろん、上記のおそれは、表現の自由の民主主義社会における重要性か

らするとけっして軽視してはならないが、それをマイノリティの人権の犠牲の下に絶対視するようなことになれば、結果として社会自体が壊されるというリスクもある[37]。統治機関の問題行動を予防・除去する仕組みがあるかどうかという視点も考慮に入れて規制の是非を考えるべきである。

Ⅳ　おわりに

差別的言動解消法の実現には、表現の自由が不可欠であったことからも、表現の自由の重要性は強調しすぎることはない。ヘイトデモの現状がメディアを通じて人々の知るところとなったとたんに、多くの人々が批判したからこそ、法律が実現した。表現の自由が傷つけられやすいということにも議論の余地はない。多くの憲法学者が表現の自由の規制を警戒するのは、過去に表現の自由が大幅に規制されていたという歴史に基づく警戒だけではなく、現在の問題である。2016年4月、国連人権理事会からの委嘱を受けた表現の自由国連特別報告者が日本を訪問し、1週間の滞在期間中、政府関係機関、報道機関、NGO等と面会した後、日本のメディアの独立性について懸念を表明し、政府に対してメディアの独立を守り、国民の情報アクセス権を促進する措置を緊急で講じるようとの意見を表明した。〔追記：2017年6月15日、報告書が発表された。〈https://ap.ohchr.org/documents/dpage_e.aspx?si=A/HRC/35/22/Add.1〉（accessed 1 November 2024)〕。

他方、言論は人を傷つけることがあることも事実である。言論が言論にとどまるかぎり被害はない、個人に向けられたものではないので被害はないとはいえないことがますます認知されてきている。差別の実情を実際に見た結果、本当に問われるべきだったのは、「もし差別的表現が全く用いられない状態になったとして、差別感情はなくなるだろうか」という問いではなく、「差別感情に基づく差別的表現によって、被害者はどのような苦しみを受けるのだろうか」という問いである。憲法学者が差別的表現の処罰の問題を論じる際に、言

---

(37)　国際人権法においては、差別的表現の自由の横行はジェノサイドの危険を招来するものであることを、歴史的経験から考慮に入れている。

第Ⅱ部　日本における多層的人権保障システム

論の傷つきやすさと同時に浮かべるべき問いではなかったか[38]。

　そして、差別的言動解消法によって問題が解決したわけではない。たとえば、都知事選においては、立候補者によるヘイト・スピーチの問題が浮上した。他方、同法を受けて各自治体が様々な取り組みを始め、規制に対して積極的姿勢に転換する中で、デモの不許可や警察の警備の在り方等に関して新たな問題が生じる可能性もある。差別的言動解消法自体は、いかなる場合に不許可とできるか（そしてすべきか）について明確な基準を示すものではないので、今後の課題である（明確な基準がないがゆえに恣意的運用も起こりうる）。

　以上の課題を解決するためにも、既存の統治機構の見直しは不可欠である。きわめて緩やかな差別的言動解消法を実現するのにさえこれほどまでに時間を要したこと、また、同法がなくても各統治機関がとりえた対策はあったことを想起すると、人権を実現するシステムの方に重大な問題があったといえる。国際人権法の活用によってシステムの多層性を実現することを処方箋として提示したい[39]。

（38）　遠藤比呂通「表現の自由とは何か──或いはヘイト・スピーチについて」金尚均『ヘイト・スピーチの法的研究』（法律文化社、2014年）55頁以下、69頁。

（39）　本章の元となる論稿（江島晶子「裁判所による適用から統治機構による実現──多層的人権保障システムの視点から」樋口陽一・中島徹・長谷部恭男（編）『憲法の尊厳──奥平憲法学の継承と展開』（日本評論社、2017年））で表現の自由を取り上げたのは、奥平康弘教授の以下に紹介するようなスタンスは、国際人権法と実は親和性があると考えたからである。奥平教授は、「表現の自由」は自明のものではないという疑問から出発して、「表現の自由ってなんだ」という問いについて次のように向き合う。「ややもすれば、憲法とか法律とかが保障規定を設けることによって「表現の自由」が出発する、と考えがちであるが、決してそうではない。法文上の保障規定はむしろ、市民の闘い・運動の成果を事後的に表現させたものにすぎない。…要するに、「表現の自由」は、市民の闘い・運動の軌跡のなかから浮き出てきた諸成果によって織りなされた構成物みたいなものである。…あらゆる個別の「表現の自由」事件＝論争の背後には、かならずその背景をなす歴史があるのであり、それぞれが個別特殊な叙述に馴染む「物語」を持っているのであって、それらおのおのが「表現の自由」コンセプトの織りなしにかかわっているのだ、とさえ言える。ただし私たちは、きわめでしばしば大胆にも多くの人間的な営為をバッサリ切りおとし、実の部分だけを吸い上げ、この上澄み部分を抽象化し原理化しあるいは神話化してしまいがちである」（奥平康弘『表現の自由を求めて──アメリカにおける権利獲得の軌跡』（岩波書店、1999 年）ⅳ頁）。これは国際人権法も同

第 6 章　裁判所による適用から統治機構による実現

様である。そして、いまや市民の闘い・運動は各国別に行われその成果が比較法を通じて後に共有されるという段階から、グローバルに行われリアルタイムで共有される段階に到達している。それに対応した人権実現システムの構築が望まれる。

第7章　グローバル化社会と「国際人権」

I　はじめに──「国際人権」とは

1　国際人権と国内人権──国内実施の重要性

「国際人権」とは何か[1]。「国際人権」と設定すると、「国内人権」という対が生じるが、そこにはある種の違和感が生まれる。地球上のどこかに存在する人が有する人権に国際人権と国内人権の区別があるのか。一個人からすれば、人が生まれながらに有する権利として「人権」を有するのであって、そこに国際人権も国内人権もない。人は、常にどこかの「国」内にいる[2]。「国外」はあるが、「国際」という場所はない。国際・国内は、権限を行使する側（そし

---

[1]　日本では、「国際…」、「○○の国際化」というのは一般的にはよいイメージを与えるようであるが、こと「国際人権」については、「国際」と付くことによって「国内法」との区別を強調し、国内機関が無視したり、無関係であるという態度をとることを容易にする効果がある。個人の人権の保護にとって必要なのは、「人権法」であって、それを可能にする実施システムの構築（国内法上のシステムと国際法上のシステムが多元的・多層的・非階層的・循環的に接合していること）が急務であるというのが筆者の立場である。参照、江島晶子「権利の多元的・多層的実現プロセス──憲法と国際人権条約の関係からグローバル人権法の可能性を模索する」公研78号（2016年）47頁以下〔本書第12章〕、同「裁判所による適用から統治機構による実現──多層的人権保障システムの視点から」『憲法の尊厳──奥平憲法学の継承と展開』（日本評論社、2017年）445頁以下〔本書第6章〕、同「多層的人権保障システムの resilience ──「自国第一主義」台頭の中で」法時89巻6号（2017年）90頁以下〔本書第4章〕参照。

[2]　無主地についてはひとまず除いて考える。他方、stateless person の問題を考えてみると、いまなお多くの人は国家という枠組の下で現に保護されており、地位が低下した主権国家でも「ないよりはまし」という現実にどう実践的に向き合うかが本章のスタンスである。

第Ⅱ部　日本における多層的人権保障システム

て研究を行う側）の都合で、現に人権を侵害されている者にとっての死活問題は、実効的な救済が得られるかどうかである[3]。

　もちろん、権限を行使する機関にとっても、研究を行う側にとっても、領域を確定することは必要である。国際人権とは、国際法の一部としての国際人権法によって保障されている人権のことだと了解すればよいのかもしれない[4]。そうすれば国際人権は国際法（国際人権法）によって保障されている人権、そして、国内人権は国内法（とくに憲法）によって保障されている人権だということになる[5]。しかし、この把握の仕方には、実態から考えると問題がある。世界政府が存在しない現状において、国際人権法の実施は第一義的には国内実施機関（憲法が予定する統治機構）に委ねられ、国際人権法の実施の実効性は、国内法およびそれに基づく実施機関による取組次第だからである。現時点での国際実施機関の中心的役割は、国内実施機関の実施の監視・促進であり、国内実施機関に代わって具体的実施を行うことではない。実際上、国際人権条約機関の中でも、もっとも実績と実効性を有するヨーロッパ人権裁判所判決でさえ、国内裁判所の判決を無効にするものではないし（第4審ではない）、判決の履行確保に苦労している[6]。そして仮にある締約国が頑として履行しない場合には、実はそれほど有効な対抗手段を持ち合わせない[7]。そして、申立件数の

────────────

(3)　「国際連合憲章において宣明された原則によれば、人類社会のすべての構成員の固有の尊厳及び平等のかつ奪い得ない権利を認めることが世界における自由、正義及び平和の基礎をなすものであること」（自由権規約前文、傍点筆者）。

(4)　国際人権法を国際法に包摂される下部概念として把握してよいのか疑問は残る。

(5)　国際人権法の最新の教科書は、国際人権法を「人権保障に関する国際的な規範、及びそれを実施するための法制度や手続の体系」と定義する（申惠丰『国際人権法』（信山社、2013年）34頁）。

(6)　ルチア・ミアラ（江島晶子訳）「新たに改革されたヨーロッパ人権裁判所における判決執行の監督」比較法学46巻2号（2012年）111頁以下。

(7)　*Hirst v. the UK（No.2)*, judgment of 6 October 2005は、その典型例である。同判決は、受刑者の選挙権の一律剥奪は条約違反であると判示したが、イギリス議会はこれに反発し、長らく履行されない状態が続いた。、その上、ヨーロッパ人権条約からの離脱という主張が国内で生じると同時に、1998年人権法（ヨーロッパ人権条約上の権利との適合的解釈を議会以外の公的機関に義務づけている）の廃棄が保守党のマニフェストであり続けている。しかも、イギリス政府はヨーロッパ評議会閣僚委員会議長国として

第7章　グローバル化社会と「国際人権」

超過という事態（この点でも国際機関が国内機関に取って代わることができないことを示している）に対する方策の一つは、国内実施の増強充実である[8]。現状としては、国際人権の実施における現実は、国家以外の存在が国家に代わりうる状況には到達しておらず、もしもグローバル化の下で主権国家の地位が低下しているとすれば、国際人権条約の実現は遠のくことはあっても、促進されることはない。

2　人権救済手段のグローバル化

　ここで、「グローバル化社会」という観点から、国際人権法の原点に立ち返る。第二次世界大戦終結時までに明らかになった苛烈な人権侵害状況は、国際社会を一歩先に踏み出させた。人権はもはや「国内問題」ではなく、国際社会の問題となった。そして、それを宣言で終わらせるのではなく、実効性を持たせるために、個人が国家の人権侵害を国際機関に通報・提訴できる手続を導入した（個人が国際法上の主体となりうる）。憲法学の教科書では、国際人権条約を「人権の国際化」（憲法で保障される権利が条約によっても保障されるようになった）として叙述してきた。他方、人権の救済を求める側からすれば、救済が国内で得られないとしても、国外に求め得るという点で、国境が問題にならなくなる。国境を越えて人権が保護されるという意味において、「グローバル化」が生じたのである。権利が実現されなければ意味がないとすれば、この点こそが重要である。人権（の内容）が国際化したことよりも、人権の実現手段が「グローバル化」したことが最大の飛躍である。

　戦後70余年を経て、国際人権法の実効性という点から客観的に評価すれば、

　　2012年ブライトン宣言の採択に力を注ぎ、「補完性」と「評価の余地」を条約前文に盛り込む第15議定書（ヨーロッパ人権裁判所の権限行使を抑制するのに使える）の採択にこぎつけた。なお、*Hirst* 判決については、2017年11月、法改正ではなく行刑指針の改正により、在宅拘禁中の者と仮釈放中の者に限って選挙権を認めることとし、閣僚委員会の側もこれを判決の履行として認めることになった。ここには現時点での条約機関の限界が示されている。参照、北村泰三「重層的人権保障システムにおける受刑者の選挙権──欧州人権裁判所の判例を中心に」法時83巻3号（2011年）40頁以下。

(8)　ヨーロッパ人権裁判所改革には、補完性の原則や裁量の余地を条約前文に記載する（第15議定書）というようなものも存在する。

153

第Ⅱ部　日本における多層的人権保障システム

手放しで賞賛できるどころか、難問が山積している。「世界のどこにいても誰もが人権を享受できる」という理想とは程遠い[9]。よって実現手段のグローバル化の内実を問う必要がある。国際人権条約は、条約に列挙された権利を実現する義務を国家間で約束し合うことによって確保する。国家が当該義務の履行に積極的でなければ、国際人権条約の実現は当該国家内では行われないし、かつ、締約国のいずれも同様の態度をとるのであれば、国際実施機関（条約機関）の監視システムは機能しない。こうした現状を踏まえると、人権の実現の実効性を高めるためには、国際人権法、特に国際人権条約の国内実施の実効性を高める方策が重要である。

　本章では、国際人権法の国内実施について、実施手段の多層性・多元性（実施手段のグローバル化）という視点から、新たな方向性を模索する[10]。まず、日本の実状に簡単に触れ、それを2013年9月4日最高裁判所大法廷違憲決定（以下、2013年決定）[11]に対する憲法学の応答の中でさらに検討し、同応答の中で「新たな地平」を描くトランスナショナル人権法源論を検討した上、実施手段に着目したオータナティヴ（多層的人権保障システム下のグローバル人権法）の下で自由権規約委員会の総括所見を検討する。最初に暫定的結論を提示しておくと、筆者が主張するグローバル人権法とは、最初に単一の統一的人権規範を設定し人権の普遍性の名の下にそれがどこでも通用すると主張するものではなく、人権規範の内容の更新が常に可能な多層的保障システムの中で生成発展する人権規範を意味する。

Ⅱ　日本における国際人権条約の国内実施

　日本における国際人権条約の国内実施は限定的である（真摯な態度でミニマムな実施）[12]。同時に、それを反映してか、憲法の解釈の中で国際人権法を活

---

(9)　シリア難民、ロヒンギャ難民といった難民の問題は、現在、国際社会や各国家に突き付けられている課題である。

(10)　本章で扱う「国際人権」は、日本が批准した国際人権条約を中心に扱う。

(11)　最高裁2013(平成25)年9月4日大法廷決定民集67巻6号1320頁。

(12)　浅田正彦「人権分野における国内法制の国際化」ジュリ1232号（2002年）79頁以下。

第 7 章　グローバル化社会と「国際人権」

かそうという取り組みは限定的であった。憲法学の外からの評価は、「憲法の
教科書においては、……個別人権規定の解釈においては『国際人権』がまった
くと言っていいほど無視されており、うまく練り込んでいるとは言えない[13]」
という1994年での指摘が現在（2015年時点）でも当てはまるとされた[14]。他方、
園部逸夫元最高裁判所判事は、1999年に、裁判官には、①法律の関係規定の合
憲解釈、②憲法の規定の直接適用、③国際人権規約に沿った憲法の解釈、④国
際人権規約の国内直接適用という思考順序があるが、④を緊急に必要とする事
件がなかったと述べている[15]。現在、深刻に受け止めるべき点は、それが今
でも共有されているという指摘である。憲法学と国際法学との対話を試みる
2015年の企画において、これが「実務家だけでなく、多くの憲法学者もいまな
お漠然と共有する『前理解』」だという[16]。また、同じ企画の中で、「現状、
国際人権規範は刑事手続き上の人権の問題、難民、女性や子どもの人権として、
プロテストの側が依拠する論理として使われていますが、仮に考慮義務がある
とすれば大激震が起きる[17]」という発言もある。現状を単純化していえば、
以下のようになる。憲法学は、何でも憲法違反という憲法論から卒業して、判
例の緻密な分析を通じた憲法解釈の学としてのスタイルを整えようとしている
（ロースクール設置によってその傾向に拍車がかけられた）。これに対して、憲法学
の外からは、憲法学は人権救済に対する関心が低い[18]、憲法の想定するモデ
ル自体が妥当性を失いつつあるという批判が向けられている[19]。

（13）　横田耕一「『国際人権』と日本国憲法」国際人権 5 号（1994年）7 頁以下、10頁。

（14）　森肇志「憲法学のゆくえ⑥―1 憲法学と国際法学との対話に向けて」法時87巻 8 号
　　　（2015年）76頁以下、79頁。

（15）　園部逸夫「特別講演／日本の最高裁判所における国際人権法の最近の適用状況」国
　　　際人権11号（2000年）2 頁以下。

（16）　宍戸常寿「憲法学のゆくえ⑥―1 イントロダクション」法時87巻 8 号（2015年）72
　　　頁以下、73頁。憲法学をガラパゴス化させず、「開く」企画として意義深い。

（17）　「座談会／憲法学と国際法学の対話に向けて（後篇）」法時87巻10号（2015年）65頁
　　　以下、66頁。

（18）　たとえば、成年被後見人の選挙権は実務家から発信された問題である。杉原ひとみ
　　　「国際人権の視点が国内司法・立法に果たす役割」国際人権25号（2014年）39頁以下
　　　（とくに41頁）参照。

第Ⅱ部　日本における多層的人権保障システム

　もちろん、国際人権法学会等の機会を通じて、近年、国際法学と憲法学との対話が重ねられている（前述した2015年の企画もまさにそれを企図する）。だが、興味深いのは、憲法学が国際人権法に向き合うことによって、憲法と国際人権法の違いを明確にし、両者の「区別」の重要性を強調する議論が生じたことである[20]。よって、トランスナショナル人権法源論は、この「国際人権」と「国内人権」の区別・分断をグローバル化社会の観点から「統合」するものとして注目に値する。筆者は、トランスナショナル人権法源論が前提とする世界像および目指すゴールには共感を覚えつつ、「法源」という概念を用いること、トランスナショナルな人権規範の確定を裁判官に託すことに躊躇を感じる。そこで、本章では、この点について検討すると同時に、同じゴールに迫りうるオータナティヴ（多層的人権保障システム）を提示し、その有効性について自由権規約国家報告制度を例として暫定的部分的検証を行う[21]。現時点の筆者の考えでは、両者は矛盾するものではないので、二者択一の関係にはない。トランスナショナル人権法源論が、権利の内容から迫ろうとするものであるのに対して、権利の内容自体はひとまず括弧に入れて、多様なアクターが参入しうる権利実現プロセスの方に注目するという違いである。

Ⅲ　2013年最高裁違憲決定における外国法と国際人権法

　最初にトランスナショナル人権法源論が一定の評価を与えた2013年決定をとりあげる。同決定は、その違憲の論理について、多くの憲法学者から厳しい批判を受けた。なかでも、蟻川恒正教授は、「代案」まで示して最高裁の論理を痛烈に批判する[22]。他方、トランスナショナル人権法源論は、同決定は、「グ

---

(19)　窪誠「誰のための何のための憲法学なのか」法時81巻5号（2009年）83頁以下、紙谷雅子「市民のための憲法学とは」法時81巻5号（2009年）87頁以下。

(20)　高橋和之「国際人権の論理と国内人権の論理」ジュリ1244号（2003年）69頁以下。これを乗り越えようとする議論として、棟居快行「国内裁判所における国際人権の適用をめぐって」芹田健太郎ほか（編）『講座国際人権法3 国際人権法の国内的実施』（信山社、2011年）27頁以下。

(21)　包括的検討は将来の課題とする。

第 7 章　グローバル化社会と「国際人権」

ローバル化世界に、おそらく日本の憲法学説よりも切実に直面している日本の最高裁が行った婚外子問題についてのそれなりに評価しうる法的回答」だと評価し、批判する側に二元論的思考という問題性があるとした[23]。

　ところで、蟻川教授の代案もトランスナショナル人権法源論もある一点で同じである。2013年決定は、憲法14条 1 項は、「事柄の性質に応じた合理的な根拠に基づくものでない限り、法的な差別的取扱いを禁止する趣旨」であると解する点で、先例に従う[24]。そして、法定相続分は、国の伝統、社会事情、国民感情、その国における婚姻ないし親子関係に対する規律、国民の意識等を総合的に考慮して決せられるべきもので、これらの事柄は時代と共に変遷するので、その定めの合理性については個人の尊厳と法の下の平等を定める憲法に照らして不断に検討され、吟味されなければならないとした上、「事柄のうち重要と思われる事実」として、8 つの項目を挙げた。その 2 番目に外国法、3 番目に国際人権法が登場する。蟻川教授は、外国法も国際人権法も、憲法14条 1 項適合性判断の中ではなく、適合性判断に入るべきかを検討する箇所で扱い、「法の外」に放逐する。他方、トランスナショナル人権法源論は、外国法も国際人権法も区別せず法源として位置付ける。よって、両者を区別しない点では同じである。もちろん区別をしていないのは、最高裁も同様である。「事柄の変遷等は、その中のいずれか一つを捉えて、本件規定による法定相続分の区別を不合理とすべき決定的な理由とし得るものではない」とする。

　しかし、日本が批准した国際人権条約には国内法的効力がある（通説・判例）。とすれば、具体的事件において、関連性がある国際人権条約を考慮するのは当

---

(22)　蟻川恒正「婚外子法定相続分最高裁違憲決定を書く⑴」法学教室399号（2013年）132頁以下、「婚外子法定相続分最高裁違憲決定を書く⑵」法学教室400号（2014年）132頁以下。

(23)　山元一「『憲法的思惟』vs.『トランスナショナル人権法源論』」法時87巻 4 号（2015年）74頁以下（以下、山元①）、同「憲法解釈における国際人権規範の役割 —— 国際人権法を通してみた日本の人権法解釈論の方法論的反省と展望」国際人権22号（2011年）35頁以下（以下、山元②）、同「グローバル化世界と人権法源論の展開」小谷順子ほか（編）『現代アメリカの司法と憲法』（尚学社、2013年）350頁以下。

(24)　昭和39年 5 月27日大法廷判決民集18巻 4 号67頁及び昭和48年 4 月 4 日大法廷判決刑集27巻 3 号265頁。

157

第Ⅱ部　日本における多層的人権保障システム

然であるし、その際に条約機関の解釈を参考にするのは推奨されてこそ、忌避すべきことではない（条約機関の解釈を盲目的に受け入れるということではなく、参考になる考え方の一つとして検討し、受け入れるべきかどうか選択の余地がある）。それに対して、外国法自身はあくまでも外国法で、日本の裁判所を法的に拘束するものではないので、ある外国法が、具体的事件においてなにゆえ relevant なのかについて理由を説明する必要がある。理由づけや結論が同じだから使う、異なるときは使わないというご都合主義的な利用（cherry-picking）になっていれば、外国法の参照の正当性が問われよう。よって、外国法の参照については、そこから妥当性や説得力を引き出すために満たすべき条件を構築する必要がある。たとえば、2013年決定における外国法の参照、とりわけ、独法と仏法の参照は、日本の外国法継受の歴史において独仏が重要な地位を占めてきたことが挙げられよう。

　ところで、最高裁にとって、外国法と国際人権法のいずれがより参考になるのか。外国法については、最高裁は、一定の欧米諸国について明示的・黙次的に参照してきた[25]。とりわけ違憲判決を出す際には、上記の国々で同種の法律が改廃されているときには、違憲の方向に踏み出す上で有用な参考材料としている[26]。たとえば、婚外子相続規定についても、2013年決定が突然、外国法を参照したのではなく、それ以前にも、補足意見や反対意見の中に、「主として1960年代以降両者を同一に取り扱うように法を改正することが諸外国の立法の大勢」（最大判1995（平7）年7月5日反対意見）、「今や世界の多くの国において法律上相続分の同等化が図られている」（最一小判2003（平15）年3月31日補足意見）という比較法的考察が存在し、従来から、外国法を一つの指針にしており、2013年決定はそれを顕在化させたに過ぎない。最高裁にとっては、

---

(25)　Akiko Ejima, 'A Gap between the apparent and Hidden Attitudes of the Supreme Court of Japan towards Foreign Precedents', in Tania Groppi and Marie-Claire Ponthoreau (eds), *The Use of Foreign Precedents by Constitutional Judges* (Hart Publishing 2013) and Hajime Yamamoto, 'Foreign Precedents in Constitutional Litigation in Japan', in『憲法の基底と憲法論』（信山社、2015年）所収。

(26)　たとえば、1973（昭和48）年4月4日大法廷判決刑集27巻3号265頁及び2008（平成20）年6月4日大法廷判決民集62巻6号1367頁。

第7章　グローバル化社会と「国際人権」

一定の外国法は馴染みがあり、こと独法と仏法は法継受の歴史を前提とすると日本法における relevance の説明は不要という暗黙の了解があるのだろう[27]。

　他方、国際人権法については、違憲という結論を引き出す際に参照した最初の例が2008年国籍法違憲判決であるが、ここでは条約名の言及にとどまった。そして、2013年で初めて条約機関の総括所見の中の勧告に言及するに至った。だが、より仔細に検討してみると、補足意見、反対意見のレベルにおいて、以下の前哨戦が行われている。まず、最大判1995年7月5日反対意見は、自由権規約26条および子どもの権利条約2条1項を引用し、最二小判2003年3月28日反対意見は、自由権規約委員会の勧告を参照しており、最一小判2003年3月31日では、補足意見も反対意見も自由権規約委員会の勧告を参照するという具合である。ここには、総括所見およびその中で繰り返される勧告の蓄積、そして、それを支える、たとえば自由権規約委員会の条約機関としての信頼性・権威の醸成が関係している（後述V参照）。

　今回の条約機関の勧告の参照は、新たな門戸を開いたことになる。後述するように、条約機関は多くの勧告を出しているからである。しかも、そのうちの一部は、何度も同じ勧告が出され、フォローアップ項目にしているだけでなく、複数の異なる条約機関から出されている（今回の婚外子法定相続分規定はその典型）。以上より、最高裁は、従来から行ってきた外国法の参照については、今回、具体的な法律を明示的に言及した点で発展があり、条約機関の勧告に言及した点では、人権条約の国内的実施の質を高めると同時に、同条約の国際的実施の実効性にも貢献したことになる（条約機関の勧告の積極的参照は、条約機関の権威を高める）。

Ⅳ　トランスナショナル人権法源論の検討

　トランスナショナル人権法源論は、方法論的ナショナリズムからの解放を目的として、国内の人権法解釈の問題を、ナショナルな人権法源とトランスナショナルな人権法源の競演によって解決させる考え方である。国内裁判所が人

　（27）　詳細は、Ejima（n25）参照。

159

第Ⅱ部　日本における多層的人権保障システム

権問題を解決するために依拠する法的規準＝法源が、国内法秩序において憲法と国際人権規範や外国人権判例が重層化して存在する。これをトランスナショナル人権法源と称する。この考え方においては、国際人権規範と外国法の区別も、説得的根拠（従来の外国判例の位置づけ）と拘束的根拠（国内法源）という二分論も相対化される[28]。

　トランスナショナル人権法源論の特徴は、第一に、対話的プロセスである。第二に、上記のプロセスの実現を「グローバル世界に立つ裁判官」に任せることである。〈開かれた人権保障システム〉としての日本国憲法の運用という展望は魅力的である。それゆえ、幾つかの疑問点を検討したい。

　第一に、「法源」という概念に依拠する点である[29]。法源論については憲法学と国際法学との間に違いがある（トランスナショナル人権法源論は国際法の法源論に近い）。とりわけ、憲法学の方では、憲法解釈学の進展とも相俟って、解釈学としての憲法学の立場としては、憲法の法源は憲法解釈の対象となる憲法規範を対象とすべきだという議論さえある[30]。他方、国際法における法源論は、国際社会においては国内法制のような権限を有する立法機関による立法の制度が存在しないこと、また、国際法の効力を論理的に何に依拠して基礎づけるかによって国際法の法源の範囲が変化するという特殊性があることから、国際法学の議論をただちに憲法に持ってくることが妥当だろうか[31]。

　第二に、前述したように、外国法と批准した国際人権条約を区別せずに、「グローバル世界に立つ裁判官」に、託すことである。

　第三に、「グローバル世界に立つ裁判官」の実態である。国境を越えた裁判官の相互交流や判例の相互参照は確かに指摘できるが、他方で相互交流も相互

---

(28)　山元②・前掲注(23)、37-38頁。

(29)　「座談会／憲法学と国際法学との対話に向けて（後篇）」65-66頁（宍戸教授発言）においても、「法源論」と表現することに違和感が示されている。

(30)　たとえば、松井茂記『日本国憲法（第3版）』（有斐閣、2007年）31頁。

(31)　斎藤民徒「国際法における法源論の変容」法時87巻9号（2015年）84頁以下、小寺彰ほか編『講義国際法』（有斐閣、2010年）35頁。他方、酒井啓亘・寺谷広司・西村弓・濱本正太郎『国際法』（有斐閣、2011年）は、最近の国際法理論では、多義的な「法源」の語を用いることを避け、国際法の形成という記述的表現を用いることが増えているという。

第7章　グローバル化社会と「国際人権」

参照もしない裁判官もいるという現状をどう考えるか（後述する多層的人権保障システムがグローバルになった段階で、トランスナショナル人権法源が名実ともに登場しうるのではないか）。

　第四に、人権実現の中心を司法機関に置く点である。裁判所は、自ら事件を探して取り上げる存在ではない。個人が裁判所に提訴するためには、知識、能力、資金、時間、覚悟など、様々なハードルを越える必要がある。また、政治部門が積極的ではないところで、司法部門だけが外国法や国際人権条約に依拠して救済を行う可能性は低い（仮にそれを行えば批判を招き、最悪の場合にはバックラッシュを生む）。権利実現の構造は、統治機構全体に目配りして構成する方が長期的には説得的ではないだろうか。

　第五に、トランスナショナル人権法源論では、「人権先進各国の憲法判例や国際人権規範を総体として『憲法的財産』として一括的に観念し、人権法解釈のための法的規準として受け止める」という[32]。「先進性」はどうやって判断するのか。西洋コロニアリズムに陥らないことが重要課題であるという主張と齟齬する危険性はないだろうか[33]。

V　多層的人権保障システムの実践例 —— 問題の持続的循環

　これまで、国際人権法の国内実施を促進する立場からは、裁判所における国際人権条約の適用を実現すると同時に、個人通報制度への参加によって国内裁判官に条約に目を向けさせるという方針で臨んできた[34]。だが、個人通報制度は一向に実現されず、国際人権条約の適用は限定的という現状では、この処方箋は行き詰まる。だが、視野を少し広げると、多層性を確認できる実践例は

---

(32)　山元②・前掲注(23)、38頁。

(33)　山元①・前掲注(23)、79頁。

(34)　江島晶子「憲法を『人権法』にする触媒としての国際人権法」国際人権22号（2011年）69頁以下参照〔本書第11章〕。なお、齊藤正彰「新たな人権救済制度がもたらす人権規範の共通化」法時84巻5号（2012年）25頁以下も、憲法のしくみに個人通報・申立制度をはじめとする国際人権条約のしくみを積み上げることで公権力を統制する構想を描いている。

第Ⅱ部　日本における多層的人権保障システム

存在する。かつ、それは、司法機関だけでなく、立法機関、行政機関に広がりうる[35]。ここでは、国連の主要な国際人権条約の中でも、実績をもっとも確立している自由権規約委員会を例にして考えたい。

　日本は、批准している8つの条約の条約機関に定期的に報告書を送付し、各条約機関から総括所見を受け取っている[36]。国家報告の種類と機会が増え、かつ、幾つかの条約機関との間では相当回数のやりとりを重ねていることから、日本の人権状況について、①政府の評価（国家報告）、②条約機関の評価（総括所見）、③市民社会（NGO）の評価（カウンター・レポート）の三種類が存在し、有効な人権状況に関する基礎資料および評価となる。たとえば、2014年7月の第6回報告に対する自由権規約委員会の総括所見からは、日本の人権状況について、3つの特徴が抽出できる[37]。第1に、人権保障システムの制度的欠陥である。国際人権条約に国内法的効力があるとされながらそれを具体化する制度・運用がなく、個人通報制度も国内人権機関も実現されていない。第2に、日本の刑事司法における問題として、死刑制度、代用監獄、取り調べ等がある。第3に、女性およびマイノリティの人権の問題である。今回の総括所見では、女性、外国人（難民、入管収容者、技能実習生）、精神科病院に強制入院させられた人、少数民族（アイヌ、琉球）、性的マイノリティ、「慰安婦」問題等が挙げられた。今回指摘された問題の相当数が、過去の審査の際に勧告を受けており、過去の勧告の多くが未履行という懸念も表明された。これらの多くは日本の憲法学が中心的に取り上げる問題ではないことから、憲法学は人権救済に対する関心が低いという前述の批判は真摯に受け止める必要がある。

　他方、2013年決定が違憲とした婚外子法定相続分規定は、勧告を受ける常連項目であった。第3回から勧告を受け、その他に、子どもの権利委員会からの勧告、そして、最高裁は言及していないが、女性差別撤廃委員会からの勧告を

---

(35)　棟居快行「国際人権条約と国内法ネットワークの自己組織化」国際人権25号（2014年）45頁以下。人権条約の「国内実施」の本体は関連国際法の見直しや運用の改善といった立法・行政レベルでの変化にこそあることを確認する（46頁）。

(36)　加えて、2006年に創設された国連人権理事会の普遍的定期審査も加わっている。

(37)　Human Rights Committee. Concluding observations on the sixth periodic report of Japan. CCPR/C/JPN/CO/6.

受けていた。今回の2013年決定後、ただちに実現した法改正は、第6回審査では肯定的側面として評価されている。時間はかかったが、問題は消滅せず、解決にこぎつけた[38]。その際に重要なのは、NGOがカウンター・レポートを提出してきたからこそ、問題が消滅せずに残り続けた点である（第6回審査では、50近いNGOがカウンター・レポートを提出している）。

　自由権規約委員会の総括所見は法的拘束力を持たない。だが、委員は、個人通報および国家報告の検討という任務に際して、規約を解釈し適用する権限を締約国によって与えられていること、自由権規約委員会は規約によって設置された履行監視機関であること、委員は、高潔な人格を有し、人権の分野において能力を認められ、個人の資格で職務を遂行する存在であること（自由権規約28条2項）という自由権規約上の位置づけに加え、30年以上に及ぶ経験と実績から一定の評価が与えられていることを考慮に入れると、同委員会の条約解釈は権威ある解釈（有権解釈）である[39]。そして、条約機関のメンバーは異なる18国から集まっており、グローバルな比較法的要素も体現する。そうだとすれば、憲法学が上記の問題に取り組む際に、自由権規約委員会の解釈を検討材料とすることによって国際人権を「うまく練り込」むことができる。また、行政機関や立法機関にとっても一つの指針として参考になりうる。国際人権法を統治機構の各部門において活用する具体的方法論を開拓していけば、「国内憲法における人権の構造と国家機関の権限分配の関連を剔抉し、柔軟な連続的思考で特徴づけられた国際人権の論理を国内平面に持ち込めば、かかる権限分配が破壊される」という懸念をも回避できる[40]。報告書制度において蓄積しつつある実行は、もはや国際人権を「プロテストの側が依拠する論理」から一歩前進させている。「プロテスト」は自由権規約委員会のフィルターを通過し、

---

(38)　同種の展開を辿る可能性がある有力候補として、再婚禁止期間（民法733条1項）、男女の婚姻適齢における差異（民法731条）等が考えられる（女性差別撤廃委員会の勧告あり）。前者は、夫婦同姓強制制度（民法750条）とともに最高裁大法廷に回付されている。

(39)　岩沢雄司「自由権規約委員会の規約解釈の法的意義」世界法年報29号（2010年）50頁以下、62-63頁、坂元茂樹「日本の裁判所における国際人権規約の解釈適用」、芹田健太郎ほか（編）『講座国際人権法3 国際人権法の国内的実施』（信山社、2011年）45頁以下。

(40)　宍戸・前掲注(16)、73頁。

第Ⅱ部　日本における多層的人権保障システム

残ったものであり、それに対する政府の対応は、次の報告審査でまた再チャレンジの機会があり、再び委員会に取り上げられれば、それは単なるプロテストではない。かつて、人権を「野性味ゆたかで生きのいいじゃじゃ馬みたいなもの」と評し、それが憲法的秩序に適合するように飼いならされて「憲法が保障する権利」になると評されたが、国際人権法が保障する権利も、今や「じゃじゃ馬」ではない[41]。

Ⅵ　おわりに

　20世紀後半以降、違憲審査制、国内人権機関、個人通報、国家報告と、憲法を人権法にする試みが世界的に進行している。近年では、人権の担い手として議会にも注目が集まっている[42]。個人の立場からすれば、ありがたいのは使いやすい「人権法」であって、憲法や国際法をあちこち探し、争い方の難しい場である裁判所でそれを使うという状態ではない。憲法学や国際法学のそれぞれが持つ固有の体系、作法、用語がもしも「人権法」の生成を妨げているとすれば、早急に取り組むべき課題である。本章では、その第一歩として、条約機関に対する国家報告制度の成果を中心に、これを国内実施機関に還元するシステムの可能性とそこにおける個人・NGO の重要性に注目した。比較憲法と国際人権法が相互に還流し合う実態も存在する。それを理論に還元する努力が求められている。

---

(41)　奥平康弘『憲法Ⅲ　憲法が保障する権利』（有斐閣、1993年）20-21頁。

(42)　Murray Hunt, Parliaments and Human Rights（Hart Publishing 2015）.

第8章 「グローバル人権法」の可能性
——2019年1月23日最高裁決定補足意見を契機として

I はじめに

「世界的に見ても、性同一性障害者の法的な性別の取扱いの変更については、特例法の制定当時は、いわゆる生殖能力喪失を要件とする国が数多く見られたが、2014年（平成26年）、世界保健機関等がこれを要件とすることに反対する旨の声明を発し、2017年（平成29年）、欧州人権裁判所がこれを要件とすることが欧州人権条約に違反する旨の判決をするなどし、現在は、その要件を不要とする国も増えている。」[1]（傍点筆者）

これは、2019年1月23日に最高裁判所（以下、「最高裁」）第二小法廷の合憲決定（以下、「2019年決定」）に付された補足意見の（裁判官鬼丸かおるおよび同三浦守）の一節である。「性同一性障害者の性別の特例に関する法律」（以下「特例法」）3条1項4号の規定（以下「本件規定」）が、性同一性障害者の性別の取扱いの変更の審判が認められるための要件として「生殖腺がないこと又は生殖腺の機能を永続的に欠く状態があること」を求める点で、憲法13条および14条1項に反するという訴えに対して、法廷意見は合憲判断を下したが、補足意見（以下、「2019年補足意見」）は、「現時点では、憲法13条に違反するとまではいえないものの、その疑いが生じていることは否定できない」と一歩踏み込んだ。

これまでも、最高裁は外国法および国際機関の見解に言及してきた。とりわ

---

(1) 最小二判2019（平31）・1・23判時2421号4頁補足意見。同判決の第一審判決に対する判例評釈として、栗田佳泰「性同一性障がい者特例法上の性別取扱変更要件と憲法13条・14条」『平成29年度重要判例解説』（有斐閣、2017年）12頁以下参照。

第Ⅱ部　日本における多層的人権保障システム

け、「諸外国」の立法状況については、違憲判断を行う際に言及することが多い。問題となる立法の合理性の検討に入る前に、制定時はそれが他国の法状況と歩調が合っていることを指摘した上、現時点では諸外国の法状況が変化していることを指摘し日本法の合理性に疑問を提起し（とりわけ最高裁の先例（合憲判断）がある場合、改めて検討する必要がある根拠として援用）、憲法判断に踏み出すという論法である[2]。2019年補足意見も同じ形式をとっている。他方、法令違憲という判断を基礎づける文脈で、法廷意見が国際人権条約に初めて言及したのは2008年国籍法違憲判決（以下、「2008年判決」）である[3]。そして、法廷意見が初めて国際機関の見解に言及したのは2013年民法900条4号但書き違憲決定（以下、「2013年決定」）である[4]。なお、補足意見、反対意見のレベルではこれ以前から国際人権条約に言及する例は存在する。

　今回、注目されるのは、2019年補足意見が「欧州人権裁判所の判決」に言及した点である。これは*A.P., Garçon and Nicot v. France*判決（以下、「2017年ECtHR判決」）のことだが、この判決では、不妊手術を出生証明書上の性別およびファーストネームの変更を認める条件とすることは条約違反であると判示しており、事件の類似性が高い[5]。この「欧州人権裁判所」（以下、「ヨーロッパ人権裁判所」または「人権裁判所」）とは、ヨーロッパ人権条約に基づき設置された地域的人権裁判所である。同人権条約は、ヨーロッパ評議会（1949年設立）が策定した地域的人権条約で、同条約への署名は同評議会加盟国に対して開かれ、1953年に発効した[6]。現在、ヨーロッパ評議会全加盟国47カ国が締約国として名を連ね、ほぼ最広義のヨーロッパ（ベラルーシを除く）をカバー

---

(2)　初の法令違憲判決である最大判1973（昭48）・4・4刑集27巻3号265頁が典型例。

(3)　最大判2008（平20）・6・4民集62巻6号1367頁。

(4)　最大決2013（平成25）・9・4民集67巻6号1320頁。2013年決定の画期的意義について、江島晶子「憲法の未来像（開放型と閉鎖型）——比較憲法と国際人権法の接点」全国憲法研究会（編）『日本国憲法の継承と発展』（三省堂、2015年）403頁以下参照。

(5)　本補足意見の言及する判決が*A.P., Garçon and Nicot v. France*, Judgement of 6 April 2017であることを、法政大学建石真公子教授からご教示いただいた。2019年補足意見は判決名を具体的に明示していないが、正式な引用を行うことが望ましいのではないだろうか。

(6)　日本はヨーロッパ評議会のオブザーヴァー国である。

第8章 「グローバル人権法」の可能性

する〔追記：2022年ロシア「追放」により46カ国〕。1年間で約8千件の申立が提起され、約千件の判決が下されるという規模の裁判所であり、質量ともに世界でも有数の豊富な人権判例を誇る[7]。しかし、日本は同条約の締約国ではない[8]。日本が法的に拘束されていない条約に言及する意義は何だろうか。狭義の法的拘束力にこだわらない「トランスナショナル人権法源」論が成立しうるエヴィデンスとして評価できるだろうか[9]。それとも、「一つの重要な参考資料[10]」として言及しているだけだと理解すべきだろうか。だが、たとえそうだとしても、あえて言及した以上（日本がヨーロッパ人権条約の締約国ではないという批判を受けるのは容易に想像がつく）、そこに何らかの積極的評価があったことに着目し、その意義を探求することには意味がある。たとえば、「裁判官対話」という観点からとらえれば、グローバルに通用する人権法を梃子として、裁判官が国境を越えて対話するという可能性を、日本の文脈でも指摘できるといってよいだろうか[11]。

筆者は、国内および国際機関における人権規範の生成において、国境を越える現象に着目し、グローバル人権法として積極的に評価すると同時に、それは立憲主義を多元的・非階層的・循環的なものとして把握することによって可能になることを論証しようとしている[12]。外国法・外国判例法の参照について

---

(7) 詳細は、戸波江二・北村泰三・建石真公子・小畑郁・江島晶子（編）『ヨーロッパ人権裁判所の判例』（信山社、2008年）および小畑郁・江島晶子・北村泰三・建石真公子・戸波江二（編）『ヨーロッパ人権裁判所の判例Ⅱ』（信山社、2019年）参照。

(8) ヨーロッパ評議会の条約の中には、日本が批准したサイバー犯罪条約（Convention on Cybercrime, ETS No.185）のように、同評議会に加盟していない国が批准できる条約もある。

(9) 山元一「『国憲的思惟』vs『トランスナショナル人権法源論』」山元一他（編）『グローバル化と法の変容』（日本評論社、2018年）3頁以下参照。

(10) 最大判1974（平49）・11・6刑集28巻9号393頁。

(11) 「小特集裁判官対話の臨界」法時90巻12号（2018年）53頁以下参照。

(12) 多層的人権保障システムおよびグローバル人権法について、江島晶子「グローバル社会と『国際人権』」山元一ほか（編）『グローバル化と法の変容』（日本評論社、2018年）69頁以下〔本書第7章〕、同「多層的人権保障システムのresilience──『自国第一主義』台頭の中で」法時89巻6号（2017年）90頁以下〔本書第4章〕および同「権利の多元的・多層的実現プロセス──憲法と国際人権条約の関係からグローバル人権法の可能

第Ⅱ部　日本における多層的人権保障システム

は一定の研究が存在するが、概して国内法学者は比較法に重点があり、それを国際人権法と総合的に把握する視点が弱い[13]。他方、日本の国内法において法的拘束力を有するはずの国際人権法について、国内法学者も裁判所も従来、この国際人権法を国内法の解釈・適用において取り込む作業を十分に行ってこなかった。

　本章では、国際法と憲法の関係について新たな対話が学際的に開始されていること[14]、特定の国民国家を前提とする立憲主義にしばられずにグローバルな次元で立憲主義を語ろうとする議論動向（グローバル立憲主義）が存在すること[15]、そして、最高裁においても、国際人権法の参照という点で、2000年代以降に興味深い動向が観察されること（後掲Ⅱ）を背景として、国際人権法が憲法秩序においてどのような法的効力を持つのかという問題を、2019年補足意見がヨーロッパ人権裁判所の判決に言及したことに注目して、多元的・非階層的・循環的立憲主義（多層的人権保障システム）という視点から評価する。

　最初に、国際人権法の参照をめぐって最高裁の判決の中に見られる変化を観察する（後掲Ⅱ）。ここでは、憲法学が判例の分析をする際に重点をおく違憲

性を模索する」公研78号（2016年）47頁以下〔本書第12章〕参照。

(13)　比較憲法学の再検討も必要である。君塚正臣「大学における『比較憲法』の存在意義」関西大学法学論集52巻2号（2002年）1頁以下、山元一「憲法解釈と比較法」公研66号（2004年）105頁以下、112頁参照、新井誠「憲法解釈における比較憲法の意義」憲法理論研究会編『憲法学の未来』（敬文堂、2010年）31頁以下、阪口正二郎「比較憲法研究としてのアメリカ憲法研究の意味と課題について考える――『ローバツコートの立憲主義』を読んで」憲法研究3号（2018年）215頁以下。

(14)　宍戸常寿「イントロダクション」法時87巻8号（2015年）72頁以下、森肇志「憲法学と国際法学の対話に向けて」法時87巻8号（2015年）76頁以下、「［座談会］憲法学と国際法学との対話に向けて（前篇）・（後篇）」法時87巻9号（2015年）89頁以下（以下、前篇）および同87巻10号（2015年）65頁以下（以下、後篇）参照。

(15)　グローバル立憲主義の著作は枚挙にいとまがないが、アジアに関連するものとして以下を参照。マティアス・クム（翻訳：根岸陽太）「グローバル立憲主義の歴史と理論について」憲法研究3号（2018年）177頁以下、Mattias Kumm et al, 'Editorial: the end of 'the West' and the future of global constitutionalism' (2017) 6 (1) *Global Constitutionalism* 1、Takao Suami et al (eds.), *Global Constitutionalism from European and East Asian Perspectives* (CUP 2018).

第 8 章 「グローバル人権法」の可能性

審査基準の分析ではなく、判断をする際にどのような材料を参考にしているかという側面に注目する[16]。そして、2019年補足意見を素材にして、ヨーロッパ人権裁判所判決のグローバルな意義を明らかにすることによって、グローバルな人権法の可能性を検討する（後掲Ⅲ）。その際に、筆者が主張する多層的人権保障システムの利点の一つとして、少数者の問題がグローバルなネットワーキングを通じて実効的な問題提起を行い、問題解決への糸口をつけられること（民主制の欠陥の補完）を挙げているが、その具体例として本件を取り上げ、多層的人権保障システムの利点を具体的に検証したい。

Ⅱ　最高裁判所における国際人権法

1　沈　黙　期

日本が最初に批准した条約は自由権規約および社会権規約（いずれも1966年採択、1976年発効）で、1979年のことである。続いて女性差別撤廃条約を1985年に、子どもの権利条約（別名「児童の権利に関する条約」）を1994年に、人種差別撤廃条約を1995年に、拷問等禁止条約を1999年に、強制失踪条約を2009年に、障害者権利条約を2014年に批准し、現在、国連の主要な人権条約 9 つのうち 8 つの人権条約を批准するに至っている（ただし各条約の個人通報制度は受け入れていない）。そして、日本政府はそれぞれの条約機関に対して定期的に国家報告書を提出し、審査を受け、勧告を受けてきた。また、上告人は頻繁に国際人権法を最高裁において援用してきた。だが、最高裁法廷意見が法令違憲の結論を根拠づけるまたは補強するという文脈で国際人権条約自体に言及したのは2008年国籍法違憲判決（以下、「2008年判決」という）が最初であるから、自由権規約が法廷意見に登場するまでに30年近い年数を要している[17]。なにゆえ

---

(16)　違憲審査基準は何のためにあるかも再考すべきである。審査基準の設定と審査基準の忠実な適用は、裁判官の恣意性を排除して人権保障につながるが、既定の審査基準を用いさえすれば人権が保障されるわけではない。違憲審査基準を見出し、当該基準にあてはめようとする憲法学者の視線がときに本来の目的である人権を見失っていないか自戒したい。

169

第Ⅱ部　日本における多層的人権保障システム

これほどまで時間を要したのか（逆にいえば、2008年になって最高裁が言及したのはなぜか）。その理由として挙げられてきたのは、①裁判官が国際人権法について関心がないまたは熟知していない、②国際人権法に言及しなければ対処できない事件がなかった（憲法で足りる）、③国際人権法が具体的事件の解決に適当ではないなどである[18]。

①については、40年前と現在では一定の発展が認められる。たとえば、本章でとりあげる2019年決定との関係でヨーロッパ人権裁判所に限っても、日本の最高裁判所とヨーロッパ人権裁判所との間には「裁判官対話」が存在する。日本の最高裁の裁判官がヨーロッパ人権裁判所を、ヨーロッパ人権裁判所の裁判官が日本の最高裁を訪問し、相互交流を続けている。たとえば、Wildhaber所長（当時）が2003年、Costa元所長が2013年に、Huseynov裁判官が2018年に最高裁を訪問する一方、泉最高裁裁判官（当時）が2009年にストラスブールを訪問し、Costa所長（当時）、Tulkens裁判官と婚外子差別や死刑の問題について意見交換を行っている[19]。さらに、日本の裁判官が在ストラスブール総領事館に領事として派遣されており、ストラスブールで展開される人権裁判所の活動を観察する機会を有すると同時に、ヴェニス委員会のオブザーヴァー・メンバーとしても活動している。また、最高裁は日本の主要な最高裁判例をヨーロッパ側に継続的に提供している。

②については、2008年判決は国際人権法に言及しなければ対処できなかったとまではいえないにしても、言及した方が判決の結論を補強するのに効果的である。そして、それは2013年決定についても同様である。2019年決定の場合には、より一層そうだといえる（これについては後掲Ⅲ参照のこと）。性同一性障がいについては、『性同一性障害に関する診断と治療のガイドライン（第4版改）』（以下、「ガイドライン」）も認めているように、「性同一性障害者の示す症

---

(17)　外国判例・国際人権規約等についての個別意見による積極的援用について、泉徳治「グローバル社会の中の日本の最高裁判所とその課題」国際人権25号（2014年）13頁以下、15頁の別表参照。

(18)　代表的見解として、園部逸夫「日本の最高裁判所における国際人権法の最近の適用状況」国際人権11号（2000年）2頁以下参照。

(19)　泉・前掲注(17)、13頁参照。

状は多様であり症例による差異が大きいことがすでに記述されており、この多様性は、「生をどのように生きるのか」、そして「性をどのように生きるのか」という価値観ないし人生観の違いに由来する部分が大きい」[20]。このような問題を取り扱う際には、できるだけ多くの例を検討対象にすること、そして多様な例に対してどのような対応が可能であるのかを網羅的に検討して、すでに実践例があればそれをいちはやく考察に入れることが、より適切な対応のために望ましい。

　③についても、国際人権法を国内法のアナロジーでとらえて、裁判所による国際人権法の「直接適用」によって解決すると考えれば、憲法と国際法の関係（とくに序列問題）という難問に加えて、国際人権法が具体的問題の解決にただちに向かない場合もある。ましては、日本が批准していない条約や外国法を直接適用しうると考えることは、現時点では受け入れがたいだろう。だが、国際機関の見解を含め国際人権法を「説得的根拠（persuasive authority）[21]」または「影響的権威[22]」ととらえれば、その活用領域は格段に広がる。

　さらに、もう一つ考慮に入れるべき点は、1987年4月以降、2002年9月まで、そもそも違憲判決自体が出されていないことである。最高裁法廷意見は、最高裁の揺籃期には、最高裁が有する違憲審査権の性格づけという重要な論点をめ

---

(20)　日本精神神経学会・性同一性障害に関する委員会『性同一性障害に関する診断と治療のガイドライン（第4版改）』（2018年）（以下、ガイドライン）9頁。

(21)　松田浩道は、憲法秩序における国際規範の法的効力を、従来の「直接適用」・「間接適用」の二分論ではなく、(1)狭義の直接適用の根拠としての効力、(2)司法審査の根拠たる裁判規範としての効力、(3)説得的根拠（persuasive authority）としての効力という3種類に整理すべきことを提唱する。この主張は、憲法秩序における国際規範につき、実施権限の配分原理という観点からアプローチしようとする点で、人権規範の中身というよりも、人権規範を実施する機関の権限分配という点から規範のグローバル性を追求する筆者のアプローチと共通する。松田浩道「憲法秩序における国際規範——実施権限の比較法的考察(1)〜(5)」国家学会雑誌129巻5・6号、同7・8号、同11・12号（2016年）、130巻1・2号および同7・8号（2017年）参照。

(22)　山元・前掲注(9)、13頁。山元の「影響的権威」と松田の「説得的権威」との異同について検討が必要だが、将来の課題とし、本章では、両者のフォーカスが異なること（前者は法源、後者は実施権限の配分原理）のみを指摘する（よって、場合によっては、両者は重なりうる）。

第Ⅱ部　日本における多層的人権保障システム

ぐって、*Marbury v Madison* 判決に言及しているが、その後、外国法・外国判例の明示的言及を行わなくなった。そして、前述したように、1973年に刑法200条（当時）を違憲と判示するにあたって、「諸外国の立法状況」という一般的言及が登場した。だが、判決文を精査すると、そこには外国法の一般的参照にとどまらず、特定国の特定判例を考慮に入れている状況が浮かび上がる[23]。最高裁は、けっして外国法に無関心なのではなく、注意深く関心を払っていて、ただ、具体的参照を回避してきただけである。実際的に考えても、裁判官として、先例のないところで新たな問題に取り組もうとするとき、類似の事件について外国の裁判所が判断を下していれば参考にするのは当然であるし、かつ、それらの裁判所が依拠する法律が日本にとって馴染みのある国（とりわけ日本が法制度を継受した国）であればなおさらである。そして、こうしたことは、国際人権法についても同様の状況が生じうる（一部の調査官解説からは「生じている」ことが読み取れる）。

2　2008年判決

最高裁の法廷意見が、違憲判断を基礎づける材料として国際人権法に言及したのは2008年国籍法違憲判決（以下、「2008年判決」）が最初である。そこでは、自由権規約および子どもの権利条約に言及した[24]。とはいえ、この判決における国際人権条約の言及とは、「我が国が批准した市民的及び政治的権利に関する国際規約及び児童の権利に関する条約にも，児童が出生によっていかなる差別も受けないとする趣旨の規定が存する。」というものである。具体的にどの条文かも明示せず、国内法が条約違反となるという判示でもない。

では、2008年判決が違憲という結論を導き出す上で、国際人権条約の存在がどのような役割を果たしているのだろうか。2008年判決は、国籍法3条1項が、「日本国民である父の非嫡出子について、父母の婚姻により嫡出子たる身分を

---

(23)　詳細について、Akiko Ejima, 'A Gap between the Apparent and Hidden Attitudes of the Supreme Court of Japan towards Foreign Precedents' in Tania Goppi and Marie-Claire Ponthoreau（eds.）, *The Use of Foreign Precedents by Constitutional Judges*（Hart Publishing 2013）.

(24)　最大判2008（平成20）・6・4民集62巻6号1367頁。

第8章　「グローバル人権法」の可能性

取得した者に限り日本国籍の取得を認めていることによって、同じく日本国民
である父から認知された子でありながら父母が法律上の婚姻をしていない非嫡
出子は、その余の同項所定の要件を満たしても日本国籍を取得することができ
ないという区別」が、憲法14条1項違反かどうかを判断する。その際の判断枠
組は、14条1項は「事柄の性質に即応した合理的な根拠に基づくものでない限
り、法的な差別的取扱いを禁止する趣旨」という先例で、他の事案と変わらな
い。よって、2008年判決が違憲の結論に到達する上で、二つのポイント（工
夫）が必要であった。

　第一に、立法裁量の限定である。憲法10条は、「国籍…をどのように定める
かについて、立法府の裁量判断にゆだねる趣旨」だとしながら、法律による区
別が合理的理由のない差別的取扱いならば憲法14条1項違反の問題となり、そ
の場合に、①立法目的に合理的な根拠が認められない場合、または、②その具
体的区別と上記立法目的との間に合理的根拠が認められない場合、合理的理由
のない差別として、憲14条1項違反となるとする。

　第二に、日本国籍の意義を人権保障と関連づけることである。日本国籍が、
日本国の構成員としての資格であるとともに、日本において基本的人権の保障、
公的資格の付与、公的給付等を受ける上で意味を持つ重要な法的地位であると
位置づける一方（後に、これを「日本国籍の取得が、前記のとおり、我が国におい
て基本的人権の保障等を受ける上で重大な意味をもつものであることにかんがみれ
ば」と言い換えており、人権保障に眼目があることは明らか）、父母の婚姻によっ
て嫡出子たる身分を取得するか否かは子の意思や努力では変えらない事柄であ
ることを指摘し、そのような事柄をもって区別を生じさせことに合理的な理由
があるか否かについては慎重な検討が必要であるとする。

　そして、二つの事情（判決文中のウおよびエ）を合わせ考慮すると、立法裁
量を考慮しても、「立法目的との合理的関連性の認められる範囲を著しく超え
る手段を採用して」おり、不合理な差別であるとする。二つの事情のうちの1
番目のウでは、①社会通念および社会的状況の変化（家族生活や親子関係の多様
化）という一般的事情と国際化を背景として日本国民である父と日本国民でな
い母と間に出生する子が増加し、その親子関係の在り方が複雑多面なためその
子と日本との結び付きの強弱を両親が法律上の婚姻をしているか否かをもって

173

第Ⅱ部　日本における多層的人権保障システム

直ちに測ることはできないという具体的事情、②「諸外国においては、非嫡出子に対する法的な差別的取扱いを解消する方向にあること」という諸外国の立法状況、③「我が国が批准した市民的及び政治的権利に関する国際規約及び児童の権利に関する条約にも，児童が出生によっていかなる差別も受けないとする趣旨の規定が存する」という国際人権条約の存在、④「国籍法3条1項の規定が設けられた後，自国民である父の非嫡出子について準正を国籍取得の要件としていた多くの国において，今日までに，認知等により自国民との父子関係の成立が認められた場合にはそれだけで自国籍の取得を認める旨の法改正が行われている」という諸外国の立法状況である。これを、「以上のような我が国を取り巻く国内的、国際的な社会的環境等の変化に照らしてみると、準正を出生後における届け出による日本国籍取得の要件としておくことについて、前記の立法目的との間に合理的関連性を見いだすことがもはや難し」いとする。そして、ここに登場した諸外国の立法状況と国際人権法は、2013年決定ではさらなる深化を遂げる。

3　2013年決定

　2013年決定が2008年判決と異なるのは、第一に、諸外国の立法状況という一般的記述に加えて具体的外国法への言及があること、第二に、国際人権条約の規定だけでなく、それに基づいて条約機関が出した具体的勧告に言及している点である。そして、これらは「事柄の変遷」における事柄（または事柄を判断する要素）の一つとして位置付けられている（2008年判決ではその点も明確ではない）。

　これらの「事柄」が、違憲という結論を出す上で、どのように登場するかを確認しながら（以下、「事柄」に関係する箇所に下線を付す）、2008年判決のポイント（工夫）と比較する。まず、法廷意見は、憲法14条1項は、「事柄の性質に応じた合理的な根拠に基づくものでない限り、法的な差別的取扱いを禁止する趣旨」だと最高裁の先例を確認する。そして、本件で問題となる事柄、すなわち、相続制度は、「国の伝統、社会事情、国民感情」、「その国における婚姻ないし親子関係に対する規律、国民の意識等」（これらの事柄に関する重要な事実がア～クとして指摘される）を「総合的に考慮した上で、相続制度をどのよう

174

第 8 章 「グローバル人権法」の可能性

に定めるかは、立法府の合理的な裁量判断に委ねられ」るが、立法府の裁量権を考慮しても、区別に合理的な根拠が認められない場合、当該区別は憲法14条1項に違反するとした。ここで、2008年判決と同様に立法裁量に限定をかけたことになる。しかし、2008年判決の場合と異なるのは、①国籍と人権保障を直接関連づけ（日本国籍は日本において基本的人権の保障を受ける上で重要な法的地位）たようには、相続制度と人権保障を関連づけることはできないこと、そして、②最高裁自身が1995年に民法900条4号但書きが立法府の合理的裁量を超えていないとすでに判示していることである(25)。

そこで、2013年決定では、「法律婚主義の下においても、嫡出子と嫡出でない子の法定相続分をどのように定めるか」は、「前記2で説示した事柄(26)を総合的に考慮して決せられるべきものであり、また、これらの事柄は時代と共に変遷するものでもあるから、その定めの合理性については、個人の尊厳と法の下の平等を定める憲法に照らして不断に検討され、吟味されなければならない」とした。よって、「個人の尊厳と法の下の平等」を持ち出すことによって①を乗り越え、事柄は変遷するので不断の検討が必要とすることによって②を乗り越えたといえよう。

そして、「前記2で説示した事柄のうち重要と思われる事実について、昭和22年民法改正以降の変遷等の概要をみる」として、ア〜クの事柄を検討し、「本件規定の合理性に関連する以上のような種々の事柄の変遷等は、その中のいずれか一つを捉えて、本件規定による法定相続分の区別を不合理とすべき決定的な理由とし得るものではない。しかし、」ア〜クを「総合的に考察すれば、家族という共同体の中における個人の尊重がより明確に認識されていることは明らか」とし、「以上のような認識の変化に伴い、…子にとっては自ら選択ないし修正する余地のない事柄を理由としてその子に不利益を及ぼすことは許されず、子を個人として尊重し、その権利を保護すべきであるという考えが確立されている」。「以上を総合すれば、…立法府の裁量権を考慮しても、…区別する合理的な根拠は失われ」、違憲との結論に到達した。

---

(25) 最大判1995(平成7)・7・5民集49巻7号1789頁。

(26) その前の「国の伝統、社会事情、国民感情」、「その国における婚姻ないし親子関係に対する規律、国民の意識等」を指す。

175

第Ⅱ部　日本における多層的人権保障システム

　このア〜クのうち、アが社会および国民の意識の変化、イが諸外国の立法状況、ウが国際人権法である。そのうちのウについてさらに検討する[27]。2013年決定は人権条約機関の具体的勧告に以下のように言及する。「我が国の嫡出でない子に関する上記各条約の履行状況等については、平成5年に自由権規約委員会が、包括的に嫡出でない子に関する差別的規定の削除を勧告し、その後、上記各委員会が、具体的に本件規定を含む国籍、戸籍及び相続における差別的規定を問題にして、懸念の表明、法改正の勧告等を繰り返してきた。最近でも、平成22年に、児童の権利委員会が、本件規定の存在を懸念する旨の見解を改めて示している」。

　これらの勧告は実際に何を示唆したのか。1993年の自由権規約委員会の勧告（第3回報告に対する総括所見）[28]は、「婚外子に関する差別的な法規定に対して、特に懸念を有するものである。特に、出生届及び戸籍に関する法規定と実務慣行は、規約第17条及び第24条に違反するものである。婚外子の相続権上の差別は、規約第26条と矛盾するものである」と懸念を表明し、「規約第2条、第24条及び第26条の規定に一致するように、婚外子に関する日本の法律が改正され、そこに規定されている差別的な条項が削除されるよう勧告」した。その後、第4回および第5回報告に対する総括所見においても同旨の勧告が繰り返された上、勧告の多くが未履行であること自体への懸念も表明した[29]。なお、2013年決定後、法改正による差別的部分を削除したことを自由権規約委員会は第6回報告に対する総括所見の中で、「肯定的側面」として評価した[30]。

　2010（平成22）年の子どもの権利委員会（別名「児童の権利委員会」）の勧告（第3回報告に対する総括所見）[31]では、「今なお、婚外子が、相続に関する法律において嫡出子と同様の権利を享受していないことを懸念する」とした上、包括的な差別禁止法を制定し、根拠にかかわらず子どもを差別する法律を廃止す

---

(27)　イおよびウの検討は、江島・前掲注(4)に依拠している。

(28)　CCPR/C/79/Add.28.

(29)　2014年の総括所見でも勧告の同じ懸念が表明された。CCPR/C/JPN/CO/6, CCPR/C/JPN/CO/5 and CCPR/C/79/Add.102.

(30)　CCPR/C/JPN/CO/6.

(31)　CRC/C/JPN/CO/3.

第8章 「グローバル人権法」の可能性

ることを勧告している。よって、勧告の内容は非常に明確である。

　他方、2013年決定は、2009年の女性差別撤廃委員会（女性差別撤廃条約が設置する条約機関）の勧告に言及していない。調査官解説は、900条4号但書き「に係る問題が嫡出子と嫡出でない子との平等の問題であり、上記二つの条約がこの問題との関連性が強いことなどが考慮されたものと考えられる[32]」とその理由を説明するが説得的だろうか。女性差別撤廃委員会の2009年の勧告（第6回報告に対する総括所見）は、「男女共に婚姻適齢を18歳に設定すること、女性のみに課せられている6ヶ月の再婚禁止期間を廃止すること、及び選択的夫婦別氏制度を採用することを内容とする民法改正のために早急な対策を講じるよう締約国に要請する。さらに，婚外子とその母親に対する民法及び戸籍法の差別的規定を撤廃するよう締約国に要請」するもので、かつフォローアップ項目（2年以内に勧告の実施に関する書面での詳細な情報の提出が要請）に指定された[33]。フォローアップ項目は、勧告の中でもただちに実効的実現が要請される重要項目である。最高裁の不言及は、他の民法改正の指摘が勧告中に含まれているので敬遠したからであろうか。現に、第7回および8回報告に対してまとめて応答した女性差別撤廃委員会の総括所見（2016年）では、以下のように懸念と勧告が表明され（日本の民事法に相当数の懸念が示されていることに注目されたい）、そのうちのパラグラフ13(a)（下記引用部分の下線部）を再びフォローアップ項目にして「勧告を実施するために取った措置について書面による情報を2年以内に提出するよう締約国に要請」している[34]。

　　「12. 委員会は、既存の差別的な規定に関する委員会のこれまでの勧告への対応がなかったことを遺憾に思う。委員会は特に以下について懸念する。
　　（a）女性と男性にそれぞれ16歳と18歳の異なった婚姻適齢を定めているように民法が差別的な規定を保持していること、（b）期間を6ヶ月から100日に短縮すべきとする最高裁判所の判決にもかかわらず、民法が依

───────────

(32)　最高裁判所判例解説68巻1号292頁（伊藤正晴）、308頁。

(33)　CEDAW/C/JPN/CO/6

(34)　CEDAW/C/JPN/CO/7-8.

177

第Ⅱ部　日本における多層的人権保障システム

然として女性のみに離婚後の再婚を一定期間禁止していること、(c) 2015年12月16日に最高裁判所は夫婦同氏を求めている民法第750条を合憲と判断したが、この規定は実際には多くの場合、女性に夫の姓を選択せざるを得なくしていること、(d) 2013年12月に嫡出でない子を相続において差別していた規定が廃止されたにもかかわらず、出生届時に差別的記載を求める戸籍法の規定を含め、様々な差別的規定が残っていること、並びに (e)（以下略）。

13.　委員会は、これまでの勧告（CEDAW/C/JPN/CO/5）及び（CEDAW/C/JPN/CO/6）を改めて表明するとともに、以下について遅滞なきよう要請する。

(a) 民法を改正し、女性の婚姻適齢を男性と同じ 18 歳に引き上げること、女性が婚姻前の姓を保持できるよう夫婦の氏の選択に関する法規定を改正すること、および女性に対する離婚後の再婚禁止期間を全て廃止すること、(b) 嫡出でない子の地位に関するすべての差別的規定を撤廃し、子とその母親が社会的な烙印と差別を受けないよう法による保護を確保すること、並びに (c)（以下略）。」

本決定の違憲の結論の導き出し方については、憲法学者の間では非常に評判が悪い。「実体的憲法論を事実上回避」した「前代未聞」の事態で、「一国の法秩序の廉潔性…にもかかわる深刻な事態」と厳しく批判をした上、対案まで提示するものもある[35]。この対案の中では、ア～オおよびキは、憲法適合性判断に再び立ち入るべき状況の有無を検討する中で登場するだけで、適合性判断の判断枠組み構築および具体的検討の対象ではない。筆者は、これは日本が批准した国際人権条約ならびに当該条約の設置する条約機関の見解を背景的「事実」に格下げする点で問題だと考える。条約機関は条約によって設置された条約履行監視機関であり、個人通報および国家報告の検討という任務を果たす際に、人権条約を解釈適用する権限を締約国によって与えられていると考えられ

---

(35)　蟻川恒正「婚外子法定相続分最高裁違憲決定を読む」法教397号（2013年）102頁以下、同「婚外子法定相続分最高裁違憲決定を書く(1)・(2)」同399号（2013年）132頁以下および同400号（2014年）132頁以下。

第8章 「グローバル人権法」の可能性

ることから、条約機関が総括所見等を通じて示す条約の解釈は有権解釈である[36]。よって、締約国はこれに従うか、従わないのであれば説得的な理由を提示する責任がある。そうだとすれば、最高裁による条約機関の勧告への言及は、まさにその応答責任を果たしたものと解することができる[37]。また、現に条約機関の側も最高裁の下した判決に対して一定の応答を行っている（自由権規約は2013年決定の成果である法改正に対して肯定的評価、女性差別撤廃委員会は2015年判決に対して否定的評価を与えた）。

4 2015年判決

2015年12月16日に下された二つの判決は、比較法および国際機関の見解について以下のような展開を示した。

第一に、民法733条（再婚禁止期間）に関する判決は、100日を超える部分については違憲とし、その際に外国の法状況に言及したのに対して（2013年決定と同じくドイツとフランスの具体的法改正に言及）、自由権規約委員会および女性差別撤廃委員会による再婚禁止期間廃止の勧告には言及しなかった（以下、本判決を「2015年判決①」。)[38]。他方、山浦裁判官反対意見は条約機関の勧告に言及する（民法733条1項の全部が違憲で、かつ、それを廃止する立法措置をとらなかった立法不作為が国家賠償法上違法）。諸外国の立法動向という点でも、法廷意見はドイツとフランスの法改正に言及したのに対して、山浦裁判官反対意見

---

(36) 岩沢雄司「自由権規約委員会の規約解釈の法的意義」世界法年報29号（2010）50頁以下。

(37) この点が、比較法と国際人権法の違いである。これは、山元・前掲注(9)が拙稿前掲注(12)の「トランスナショナル人権法源論」に対する疑問点に応答してくださった2点目（②）に対する再応答である（それ以外の点は稿を改めて応答する予定）。筆者は、国家が国際人権条約上負う法的義務を梃子にして、条約機関の見解について一定の拘束力（ゆるやかなものにせよ）を認めることによってグローバルな建設的対話を行えるフォーラムが存在しうると把握する。また、このフォーラムにおいては、比較法が重要な働きをすると考えているが（よって結果的には山元の同じゴールに到達する）、現在の実定法の枠組みをあくまでも前提とすれば、法的拘束力についてこだわる意味があると考える。

(38) 最大判2015（平成27）・12・16民集69巻8号2427頁。

は、日本と「よく似た法制をとっていた大韓民国」において、韓国の憲法裁判所の違憲判断を契機として法改正が行われ再婚禁止制度が廃止されたことに言及した点は興味深い。

第二に、民法750条（夫婦同氏制度）に関する判決は、合憲判断ということもあり、法廷意見には外国法も国際機関の見解も登場しない（以下、本判決を「2015年判決②」）[39]。寺田裁判官の補足意見は、「諸外国の立法でも柔軟化を図っていく傾向があるとの指摘があるが、どこまで柔軟化することが相当かは、その社会の受け止め方の評価に関わることが大きい」として、諸外国の立法動向の関連性を弱めている。他方、民法750条は違憲であるとする岡部裁判官意見（櫻井裁判官および鬼丸裁判官はこれに同調）は、女性差別撤廃委員会の度重なる勧告に言及する。山浦裁判官反対意見も女性差別撤廃委員会の勧告および諸外国の立法動向に言及し、現時点において、例外を許さない夫婦同氏制をとっているのは日本以外にほとんど見当たらないとする。

以上からすると、2015年判決①および②は、外国法および国際人権条約の参照において、2008年判決から2013年決定の流れをそのまま踏襲するものではない。第一に、2015年判決①では、違憲判断を導き出す際の根拠として、外国法のみ言及し、自由権規約委員会および女性差別撤廃委員会のいずれの勧告にも言及しなかった。両条約は日本が批准していることから、日本は当該条約の遵守義務を条約上のみならず憲法上も負っている（憲法98条2項）。また、前述したように条約機関の見解は、有権解釈として国内機関は尊重すべき存在であり、応答責任がある。ところが、2015年判決①は、外国法だけに言及した。そして、その際に、「かつては再婚禁止期間を定めていた諸外国が徐々にこれを廃止する立法をする傾向にあり」と諸外国の立法状況を一般的に記述するだけでなく、ドイツが1998年に、フランスが2005年にそれぞれ再婚禁止期間の制度を法改正によって廃止したことを具体的法律名とともに言及している。この点では2013年決定と全く同じであるだけに、条約機関の勧告については全く言及しなかったことが余計目立つ。法廷意見は「諸外国の立法の動向は、わが国における再婚禁止期間の制度の評価に直ちに影響を及ぼすものとはいえないが、再婚をす

（39）　最大判2015（平成27）・12・16民集69巻8号2586頁。

ることについての制約をできる限り少なくするという要請が高まっていること
を示す事情の一つとなり得る[40]」といっているが、それは条約機関の勧告に
ついても同じだからである。2015年判決①の最高裁判所判例解説はこの点につ
いて、「それらの勧告等が本件規定の短縮ではなく廃止を前提とするものであ
り、諸外国の状況自体は社会状況および経済状況の変化等の一つとして考慮し
ていることから、違憲判断の根拠として説示しなかったものと推測される[41]」
とする。しかし、諸外国の法状況も最高禁止期間の短縮ではなく廃止の傾向に
あることからすると、諸外国の法状況にのみ言及して、条約機関の勧告に言及
しない理由にはならないのではないだろうか。説明責任を十分果たしたとはい
えない。

　さらに、2015年判決②に至っては、法廷意見においては、外国法への言及も
条約機関の勧告への言及も存在しない。合憲判断を行う際には、そもそも言及
がないのが普通であることからすると驚くべきことではないのかもしれないが、
2015年判決①と同日に2015年判決②が出されているがゆえに、2015年判決①の
外国法への饒舌な言及との対比で、2015年判決②の「沈黙」は、最高裁による
外国法への言及がご都合主義的なものではないかという疑いを招来する。先に
引用した「諸外国の立法の動向は、…再婚をすることについての制約をできる
限り少なくするという要請が高まっていることを示す事情の一つとなり得
る[42]」という部分は、そのまま夫婦の氏に関する制度についても同様に当て
はまるからである。さらには、女性差別撤廃委員会がたびたび勧告を繰り返し
てきたにもかかわらず何ら応答をしないのは、説明責任を十分に果たしている
とはいえない。そして、2015年判決②の最高裁判所判例解説もこの沈黙状況に
ついて説明を加えていない[43]。これに対して女性差別撤廃委員会は、前述し
たように、「2015年12月16日に最高裁判所は夫婦同氏を求めている民法第750
条を合憲と判断したが、この規定は実際には多くの場合、女性に夫の姓を選択

---

(40)　2015年判決①・前掲注(38)。

(41)　最高裁判所判例解説69巻5号1438頁（加元牧子）、1480頁。

(42)　2015年判決①・前掲注(38)。

(43)　最高裁判所判例解説68巻12号3193頁（畑佳秀）。なお、本解説自体は、女性差別撤
　　廃条約の勧告内容を紹介している。

せざるを得なくしていること」に懸念を表明し、「女性が婚姻前の姓を保持できるよう夫婦の氏の選択に関する法規定を改正すること、及び女性に対する離婚後の再婚禁止期間を全て廃止すること」の勧告という形で応答している[44]。

Ⅲ　多層的人権保障システムの利点——2019年補足意見を契機として

　前述したような最高裁における国際人権法の活用状況を前提としつつ、2019年補足意見のヨーロッパ人権裁判所判決への言及を素材として、多層的人権保障システムの利点を検討する。

　第一に、いままでなぜ問題が提起されなかったのかである。特例法は、戸籍の変更を望むものには、「生殖腺せんがないこと又は生殖腺の機能を永続的に欠く状態にあること。」（特例法3条1項4号）や、「その身体について他の性別に係る身体の性器に係る部分に近似する外観を備えていること」（同5号）という条件を要求する。この要件は現時点では、性別適合手術によってしか実現できないので、結果として、戸籍の変更を望む場合、手術自体を望んでいなくても手術を受けなければならないという状況に個人を置くことになる。手術自体が「身体への強度の侵襲」（2019年補足意見）であることは、起草時も現在も変わらない。他方、戸籍上の性別と当人が望む性別とが一致しない状態は、社会生活を送る上でさまざまな困難（たんなる社会的不利益だけでなく、2019年補足意見も言及するように「人格と個性の尊重」に直結する問題）をもたらすことも容易に想像できる。

　では、なぜ立法時に問題にならなかったのか。それは問題が一国（日本）の中にとどまっていたからではないだろうか。特例法制定前の状況は、そもそも性別適合手術の合法性自体が問題である。1969（昭和44）年、東京地裁は、医師が行った性別適合手術を優生保護法（当時）28条違反で有罪とする判決を下した[45]。日本精神神経学会・性同一性障害に関する特別委員会の「ガイドライン」は、この判決によって「性転換手術は優生保護法違反である」との結論

---

(44)　CEDAW/C/JPN/CO/7-8.

(45)　東京地判1969(昭和44)・2・15判時551号26頁、33頁。

第 8 章　「グローバル人権法」の可能性

の一部だけが一人歩きし、「この呪縛」に支配されて、その後長い「暗黒の時代」を迎えたという[46]。この「暗黒の時代」の闇を打ち破るために、日本精神神経学会・性同一性障害に関する特別委員会が、1997（平成 9 ）年 5 月28日付『性同一性障害に関する答申と提言』のなかで「性同一性障害の診断と治療のガイドライン」（初版ガイドライン）を公表し、性同一性障害を医療の対象とし、性別適合手術（sex reassignment surgery）を性同一性障害の治療として正当な医療行為であると位置づけた。そして、この初版ガイドラインに従って、1998（平成10）年、埼玉医科大学において、日本で初めて公に性同一性障害の治療として性別適合手術が施行された。こうした経緯からすると、違法とされるかもしれない性別適合手術（保険の対象にもならず、手術に伴うリスクもある）により生殖腺を喪失したとしても戸籍の訂正が認められる可能性のない状況から脱して、手術を受ければ戸籍の訂正が可能になったという点で肯定的評価が与えられるのは当然であろう[47]。

　しかし、特例法は、結果として、戸籍の訂正を望むならば性別適合手術をしなければならないという状況を生み出した。特例法以前は、性別適合手術を受けても戸籍の変更をもたらしえなかったから、手術を受けるかどうかは本人が手術によってもたらされる変化を望むかどうかにもっぱらまかされる。しかし、性別適合手術が戸籍変更の条件となることによって、2019年決定法廷意見自身も認めているように、「性同一性障害者によっては、上記手術まで望まないのに当該審判を受けるためやむなく上記手術を受けることもあり得るところであって、その意思に反して身体への侵襲を受けない自由を制約する面もあることは否定できない」[48]。

　では、どうすれば特例法の起草過程において問題提起ができただろうか。よ

（46）　ガイドライン・前掲注(20)。

（47）　大島俊之「性同一性障害と戸籍の訂正」別冊ジュリ183号232頁。東京高判2000（平成12）・ 2 ・ 9 判時1718号62頁。

（48）　本件規定は、性別違和に伴う苦悩の軽減や社会適応を改善する「治療」のためというよりも、戸籍上の性別を変更するために性別適合手術を選択させる契機となっているという指摘は医師からもある。難波祐三郎「身体的治療——性別適合手術」医学のあゆみ256巻 4 号（2016年）299頁参照。

第Ⅱ部　日本における多層的人権保障システム

り広いパースペクティヴで問題を見るとどうなるか。ここに、多層的人権保障システムにおけるグローバル人権法の役割がある。「特例法の制定当時は、いわゆる生殖能力喪失を要件とする国が数多く見られたが」と2019年補足意見は言うが、実は、当時、ヨーロッパでは新たな転換期を迎えている。たとえば、日本が特例法を制定するのとほぼ同じ頃にイギリスは2004年ジェンダー認定法（Gender Recognition Act 2004）が制定し、ジェンダー再指定後の性転換者に新たな性別に対して法的承認を認める制度を導入しているが、これは性別適合手術を要求しないし、「子なし要件」も存在しない。そして、この2004年ジェンダー認定法は、人権裁判所の *Christine Goodwin v UK* 判決（以下、2002年 ECtHR 判決）によってもたらされた[49]。2002年人権裁判所判決の注目すべき点は、人権裁判所が従来の先例を変更して、性転換者の法的承認の不存在は人権条約違反であると判示したことである。従来は性転換者の性転換後の性別の法的承認について締約国の広い裁量（評価の余地）を認めてきたが[50]、締約国における新しい動向（相当数の締約国が法的承認をすでに認めている）を考慮に入れて、国家の裁量を狭め条約違反の結論に到達した[51]。その結果、イギリス政府は同判決を履行するべく2004年ジェンダー認定法を制定した。なお、2002年人権裁判所判決は、*Bellinger v Bellinger* 貴族院判決（2003年）が不適合宣言を下すことにもつながった[52]。

　ここで強調しておきたいのは、2002年人権裁判所判決の時点で、人権裁判所が率先して「新天地」を切り開いたのではなく、法的承認を認める国が増えはじめた結果、法的承認を認めない状態を続けるのであれば一定の説得的理由が求められるという状態に至っていて、その結果、人権裁判所はもはや締約国の裁量を広く認めることはできないとして、従来の先例を変更して条約違反とい

---

(49)　*Goodwin v UK*, judgment of 11 July 2002. 建石真公子「性転換 ── 性転換後の戸籍の性別記載変更と結婚」戸波江二・北村泰三・建石真公子・小畑郁・江島晶子（編）『ヨーロッパ人権裁判所の判例』（2008年、信山社）305頁以下参照。

(50)　*Rees v UK*, judgment of 17 October 1986; *Cossey v UK*, judgment of 27 September 1990; and *Sheffield and Horsham v UK, judgment of 30 July 1998.* Cf. B v France, judgment of 25 March 1992.

(51)　*Goodwin v UK* (n 50) [103].

(52)　*Bellinger v Bellinger* [2003] UKHL 21.

う判決を出したという展開である。条約違反としうる状況は各国法の蓄積（比較法）およびそれに共鳴する国際法によって支えられている。そして、ひとたび人権裁判所の判例（ヨーロッパ社会のコンセンサス）となると、個々の判決は被告国以外を法的に拘束するものではないにもかかわらず、被告国以外の締約国も人権裁判所で将来敗訴したくなければ国内法の改正をしておこうという流れになる。また、2002年の時点では、性別適合手術を条件に入れても人権条約違反とはされなかったかもしれないが、イギリスは条件としない方を選択した（人権条約適合性を十分に確保するという観点から起草されたからである）。これは後述するように手術を要件としない新たな潮流を形成する一翼となる。よって国際人権法と比較法は、国内法制定および国内判例形成の過程の中で相互還流を繰り返しながら、コンセンサスを作り上げてきたといえよう。

　2019年補足意見が言及した2017年人権裁判所判決にもこのプロセスが観察できる。人権裁判所は、具体的事案の検討に入る前に必ず、当該国の関連法を列挙するだけでなく、比較法と国際法に言及する。2017年人権裁判所判決では、比較法として、Transgender Europe という人権 NGO の作成した資料に基づき、本件の時点では、法的承認を与えない国が7カ国、法的承認を与えるが不妊手術を法的要件とする国が24カ国、法的要件とはしない国が16カ国であったこと、その後、さらに2カ国の法改正によって、現在、法的要件とする国が22カ国、法的要件としない国が18カ国という状態になっている上、現在、多くの国で法改正が検討されていることを指摘している[53]。なお、2018年現在では、手術を法的要件として要請しない国の数が増えて、法的要件とする国は14カ国に減少し、逆転している[54]。〔追記：2024年現在、法的要件とする国は9カ国、法的要件としない国は27カ国〕

　国際法・国際機関の見解としては、以下のような言及が2017年人権裁判所判決中にある[55]。まず、ヨーロッパ評議会レベルでは、2009年に人権コミッショナーが「人権とジェンダー・アイデンティティ」という文書を発表し、不

---

(53)　Transgender Europe, Trans Rights Europe Map 2016 〈https://tgeu.org/trans-rights_europe_map_2016〉.

(54)　〈https://tgeu.org/trans-rights-map-2018〉.

(55)　*A.P., Garçon and Nicot v. France* (n5) paras 73-81.

第Ⅱ部　日本における多層的人権保障システム

可逆的な不妊手術をジェンダー・アイデンティティの法的承認の要件とすることに反対している。閣僚委員会は、2010年に、法的承認の要件については恣意的な要件を除去するべく定期的見直しを勧告した。議員会議も、2010年に、不妊手術、性別適合手術、ホルモン治療を要件としないことを要請する決議や強制的不妊手術の廃止を要請する決議を、2015年には、不妊手術の廃止や精神科医の診断書を法的要件として強制することを廃止すべきとする決議を出した。国連レベルでは、国連人権コミッショナーが、2011年に人権理事会に提出した報告書で、性別の変更を認めるに際して、不妊手術を受けることが暗黙にまたは明示的に要請されることがあることを指摘し、「他の人権を侵害することなく」希望する性別が法的に承認されるようにすることを勧告している。また、拷問等に関する特別報告者は、人権理事会に提出した2013年の報告書において、各国の状況を紹介した上、強制的手術の廃止を勧告している。そして、2014年、WHO、UNICEF、国連人権高等弁務官事務所、UN ウーマン、UNAIDS、UNDP および UN 人口基金が共同で、強制的、威圧的な、またはそれ以外の非自発的な不妊手術の撤廃に関する声明を発表した（2019年補足意見が参照したものこれである）。これだけの素材を並べれば、締約国にいまだ裁量を認めることに躊躇を感じるのは当然であろう（日本の最高裁はそうは考えなかったのかを問いたい）。

　第二に、他国の経験は、2019年決定において、日本の最高裁が結論として「身体の侵襲」よりも上回る利益として認定した「親子関係等に係る問題が生じ社会に混乱を生じさせかねないこと」が、実際にどれだけ具体的危険があるかを示す材料となる。現在、手術を要件とせずに法的承認を与える国において混乱が生じた話は特に聞かない。廃止する国が加速度的に増えていることも制度さえきちんと作れば混乱を招くことにはならないことの傍証となろう。また、2019年決定法廷意見は、本件規定は「長きにわたって生物学的な性別に基づき男女の区別がされてきた中で急激な形での変化を避ける等の配慮に基づくもの」として正当化しているが、近年の生物学的研究の進展は、性別は単純に二元化できないこと（たとえば、インターセックスの存在）を明らかにした。医学的には、disorders of sex development または differences of sex development（DSDs）として取り扱われる。人間には男女しか存在しないという前提で制度

が作られてきたがゆえに、そこに当てはまらない場合に社会的不利益と社会的偏見を被らざるをえない人々が存在することも明らかである。抽象的危険としての社会的混乱だけで、一部の人々に一生に渡って継続する生きづらい人生を押し付けることが妥当だろうか。さほど重要なことでなければ「急激な形での変化」を要請するのは釣り合わないかもしれないが、一部の人々が一生、生きづらい人生を続けなければならないことを考えれば、「急激な形での変化」として敬遠されるべきではなく「迅速な法改正」が必要な状態と言うべきだろう。そして、改正のための前例はすでに世界中に豊富に存在するのだから困難な作業とはいえない。前述のガイドラインが、「法的な問題のために諸外国に比較すると特有の歴史を辿ってきた[56]」と吐露しているが、21世紀においては、人権保障メカニズムを外に「開放」することによって、辿らなくてもいい隘路に入る必要はなくなっている[57]。

　今回の2019年決定では、第2小法廷の4人の裁判官のうち2人が疑いを提起しているので、あともう1人がこれに賛成すれば、大法廷回付の可能性もあった。今後、新たに裁判が提起されれば、今回の補足意見が提起した疑問を梃子として将来的には救済の可能性が開けるのかもしれない。しかし、この間、最高裁で最終的に違憲が認められた立法事例の中には、婚外子に対する差別的取扱い、再婚禁止期間など、世界的動向からすると「周回遅れ」となっているものが多々見受けられることを真剣に受け止めるべき時がきている。というのもジェンダーをめぐって次々と新たな問題提起が世界的になされているからである。たとえば、同性婚を認める国が増加しつつある（同性婚を認めないことが違憲であるという訴訟が日本でも2019年2月14日に提起された）。ヨーロッパでは、性同一性障がい者の法的承認の要件の中に精神科医の診断を含めない国（ベルギー、デンマーク、フランス、ギリシャ、アイルランド、マルタ、ノルウェー）も登場していることから、精神科医の判断を要件とすべきかどうかもすでに論点化されている[58]。オーストリア憲法裁判所は、2018年6月15日、登録や身分証

---

(56)　ガイドライン・前掲注(20)、4頁。Cf. Claire Ainsworth, 'Sex Defined' (2015) 518 *Nature* 288.

(57)　国連人権高等弁務官事務所は2013年にLGBTIの人々の平等な権利と公正な取り扱いを奨励するキャンペーンUN Free & Equalをスタートさせている。

第Ⅱ部　日本における多層的人権保障システム

明書上の性別欄は個人の自己決定に基づく性自認を反映したものとなることを命じる判決を下した[59]。これは、男性でも女性でもないインターセックスの人が、出生登録上の性別について、男性から「inter」、「other」または「x」に変更するか、性別欄を削除してほしいと、民事局（civil status office）に申し出たことによる。この判示は、ヨーロッパでは初だが、世界では3番目で、世界初はネパール（2007年）、それにインド（2014年）が続く[60]。よって、ヨーロッパだけの動向ではない。こうした動向はグローバル人権法の可能性を示唆していると筆者は考える。また急速に進む科学技術の発達やライフスタイルの変化は、人間というカテゴリー自体を多角的に問い直している[61]。こうした急激な変化が生じている状況において、従来のような法解釈のアプローチでは変化のスピードに追い付けない。その点でも多層的人権保障システムは有用だと考える。

Ⅳ　おわりに

2013年決定は、国際機関の勧告に言及することによって、「対話」のルート（ないしは外形）を作り出した。そのために、2013年決定後は、最高裁が勧告に言及しなければそれはなぜなのかを「問う機会」を創出したことになる。そこに一定の説得的な説明ができれば問題がないが、「諸外国」ではすでに立法的対応がされていて、そして、国際機関の見解が存在するところでは、それとは違う回答を選択することは、少なくとも困惑的なことである。しかし、これはグローバル化する社会において半ば必然的である。それをすでに自覚している諸外国の裁判所は、「対話」という水平的な関係において説得力を高め合う関

---

(58)　TEGU, Trans Rights Europe Map & Index 2018 〈https://tgeu.org/trans-rights-map-2018〉.

(59)　Constitutional Court of Austria, Intersex persons have the right to adequate entry into civil register (29 June 2018).
〈https://www.vfgh.gv.at/medien/Civil_register_-_Intersex_persons.en.php〉.

(60)　TGEU, Austria : intersex genital mutilation not constitutional – immediate Third gender recognition ordered (30 June 2018) 〈https://tgeu.org/austria-intersex-genital-mutilation-not-constitutional-immediate-third-gender-recognition-ordered〉.

(61)　「特集　現代法における『人間』の相対化」法時90巻12号（2018年）の各論稿参照。

第8章 「グローバル人権法」の可能性

係に入っている[62]。そして、国際社会において国際法は固定的なものではなく生成されていくものであること、書き換えられる可能性を残したものであることを念頭に置くと、国内裁判官が国際的視野を持つことの重要性は、グローバル社会において軽視できない。現に、アジアという地域においても、憲法裁判所のネットワークが出現し[63]、他方で ASEAN 限定とはいえ ASEAN 人権憲章が登場している。日本の裁判所がこうしたネットワーク型の規範生成プロセスにどのように参加するかが問われている。

　これまで検討してきた事例からもわかるように、一国内においては少数者であっても、グローバルなネットワーキングを通じて実効的な問題提起を行い、問題の解決への糸口をつけることができる。そして問題提起が国内法と国際法、国内機関と国際機関が接合された多層的人権保障システムの中でなされればより実効的な解決になりうる（前述した日本とイギリスの性同一性障がい者の取扱いの違いを参照）。また、多数決による決定に基づくゆえに少数者の問題を提起しにくい民主制の過程の欠陥を補完する役割は、憲法レベルでは違憲審査制に期待されていることになるのかもしれないが、その役割は限定的である（とりわけ日本の最高裁の解決はいずれも「周回おくれ」となっている）。たとえば国内の違憲審査制と国際機関の条約審査が接合されると、より一層民主制の過程の欠陥を埋めることができよう。よって、これも筆者が主張する多層的人権保障システムの利点の一つとして主張しうると考える。

〔付記〕2023年10月25日に、最高裁大法廷は、2019年決定を変更し、特例法が違憲であることを認める決定を下した。同決定は、本章で論じた主張に沿うものと考えるが、同決定に即した検討は別稿を予定している。

---

(62)　114の憲法裁判所・最高裁判所の裁判官が集合する World Conference on Constitutional Justice や72カ国の裁判所（人権裁判所含む）が相互に各国の判例法を共有する Superior Courts Network は好例。

(63)　Fabian Duessel, 'Getting to know AACC members' IACL-AIDC Blog（1 February 2019）〈https://blog-iacl-aidc.org/2019-posts/2019/1/31/getting-to-know-aacc-members〉.

第9章　立憲主義と国際社会
—— 「立憲」におけるインタラクションと new concept/
conceptions の生成

I　はじめに

　本章は、「日本国憲法をめぐる基本的な概念と諸構想を手がかり」に、「日本国憲法の現代的課題とその意義をトータルに検証する」という2017年全国憲法研究会研究集会の企画趣旨の下で筆者に割り当てられた「立憲主義」を取り扱う。国際化・グローバル化の進展する社会において「立憲主義」という言葉をめぐって concept や conceptions がダイナミックに生成発展している状況を、憲法学のみならず国際法学における新たな展開を踏まえつつ検討することによって、日本国憲法の現代的課題について検討したい。

　従来、憲法学においては、立憲主義とは、①政治権力を制限し、正義を実現することを最広義の定義とし、②国家権力を憲法によって制限し、国民の権利・自由を確保すること（近代立憲主義）を一般的な定義としてきた。そして、現代においては、②を実効的に担保するために③司法審査（違憲審査制・憲法適合性審査[1]）を設置する（現代立憲主義）のが一般的である[2]。このような立憲主義は、「国内社会」の内部では、概念およびそれを実現する仕組として定着し、かつ、当然の前提として多くの国で共有されている。中でも、第二次世界大戦後、憲法裁判所の定着と発展は目覚ましく、発祥の地であるヨーロッパを越えて世界中に伝播・定着している（しかも、この発展は後述する国際人権法、

---

(1)　「最高裁判所は、一切の法律、命令、規則又は処分が憲法に適合するかしないかを決定する権限を有する終審裁判所である。」（日本国憲法81条）

(2)　南野森「近代立憲主義」法学セミナー659号（2009年）12頁以下、12-13頁。立憲主義に関して、法学教室428号（2016年）の特集および憲法理論研究会2016年度春季研究総会「立憲主義の多義性と普遍性」（憲法理論研究会編『対話的憲法理論の展開』（敬文堂、2016年）所収）参照。

第Ⅱ部　日本における多層的人権保障システム

国際立憲主義の潮流とクロスオーバーする）。

　他方、国際化・グローバル化の進展する現代社会においては、「国内社会」と「国際社会」の垣根は相対化しており、国内社会と国際社会の接する部分で多くの問題が発生しており、国内社会に限定する思考枠組では問題を解決できない。人権問題に引き付けていえば、国内人権と国際人権という二分法的枠組が現実の人権問題を解決する上で有効なのか、憲法学が依拠する（国内）立憲主義という概念で人権が実効的に保障できるのか、という疑問がある（後述するように、主権国家の枠組では人権が守れなかったことから国際人権法が登場した経緯からすると、答えは出ている）。よって、主権国家を前提とした立憲主義の概念をめぐって、新たな検討を行うべき段階にある。なかでも立憲主義と平和主義をめぐる問題があるが（平和は他国や国際社会との関係を抜きにして語ることはできない）、これについては平和主義に関する他の報告が予定されているのでそちらに譲り、本章では（国内）立憲主義と国際立憲主義という視角から、人権の実現に絞って立憲主義について検討する[3]。

Ⅱ　国内立憲主義と国際立憲主義の接合点

1　国際人権法

　検討に当って、本章が注目する両者の接合点を最初に提示しておく。

　まず、国際人権法である。第二次世界大戦後の国際人権条約の興隆の文脈では、前述した古典的定義としての立憲主義②における「国民の権利・自由」の内容には、もはや憲法だけでなく、国際法（とくに批准した国際人権条約）が大

（3）　憲法理論研究会・前掲注(2)参照。安保法制の議論においては、「立憲主義」が頻繁に援用された。「『憲法ではできない』ことを『国際法ではできる』という名目を梃子に解禁しようとする現政権に顕著なその思考パターンは、『法の支配』を隠れ蓑として立憲主義（憲法の支配）を隠蔽する『国際法の支配』とでも呼ぶべきもの」という批判がなされた（蟻川恒正「国際法の支配」法時87巻12号（2015年）6頁以下、7頁）。他方、安保法制を推進する側からは、安保法制の憲法上の根拠として、国際調主義に基づく積極的平和主義（2013年国家安全保障戦略）が主張された。

第9章　立憲主義と国際社会

いに関与している。そして、それ以上に重要なのは、権利・自由を担保する仕組（前述③）としても、条約機関の人権実施手段が充実しつつあることである。コアを構成する9つの国連の人権条約は、いずれも条約機関を備え、国家の報告を定期的に受けて総括所見（最終見解）出し、国家に勧告を与えると同時に、個人からの人権侵害に関する通報を受け、条約違反の有無について見解を示す（ただし勧告および見解は法的拘束力を有しない）。さらに国連人権理事会も UPR を通じて定期的に締約国の人権状況をモニタリングしている。アジア以外の地域にいたっては、地域的人権条約に基づく地域人権裁判所が締約国の条約違反の有無について法的拘束力を有する判決を出す。国際機関の判断の蓄積は事実上または法律上、締約国に影響を及ぼし、とりわけ国内裁判所との関係で対話的または対立的関係を生じさせている。

　もっとも現時点において留意すべきなのは、世界政府の存在しない現状において、そして、国連の統率力はいまだ実効的とはいえない現状において、国際機関は決して国内の統治機構に代置しうるものではなく、また、国家が無視しようと思えば無視しうる（もちろん国際社会における「地位」を犠牲にしてではあるが）。だからこそ、国際人権法の発祥を確認し、どこから補強していくべきかについて確認しておく必要がある。第二次世界大戦後に明らかになったのは、大規模な人権侵害の露見を通じて、人権を「国内問題」としていたのでは救えない人権があるということである。直截に言えば、国内の立憲主義では、人権の内容が不十分であったり、人権を保障する仕組に問題があって人権を実現できない場合があったりするということを経験したということである。よって、③については国内立憲主義としては司法審査がビルトインされたが、他方で、国家の主権を制約して「国内」の人権侵害を放置させることのない国際的仕組を構築することにした。よって、国内人権と国際人権という腑分けは、実際には国内の統治機構（国内機関）と条約機関（国際機関）のそれぞれの権限の腑分けに落とし込んで考えるべきだが、その際に、国内機関と国際機関のインタラクティブな局面にこそ、いまだ生成中の国際人権法をさらに発展させていく鍵がある。筆者の構想では、統治機構（国内機関）と条約機関（国際機関）をホリスティックに把握する多層的人権保障システム（多元的・非階層的・循環的人権システム）と称している。そこでは、システムのとらえ方として、上下対

第Ⅱ部　日本における多層的人権保障システム

水平、一元的対多元的、階層的対非階層的、静態的対動態的（循環的）、結果指向対プロセス指向という幾つかの対立軸が指摘できるが、いずれにおいても後者の要素を重視する。

2　国際社会と日本国憲法制定

次に、日本における立憲主義が確立する上で、国際的視点（ないしはグローバルな視点）が影響を及ぼした契機に注目する。端的に言えば、日本の憲法制定は常に国際的影響の下にあり、日本国憲法と国際法の接合度の高さは歴史的経緯から説明しうる。実際、日本が最初に向き合う欧米法は、国際法（万国公法）[4]である。不平等条約撤廃という動機は 1889（明治22）年大日本帝国憲法の制定理由の一つである。日本国憲法にいたっては、1945年ポツダム宣言（条約）――（マッカーサー・ノート／総司令部案）――憲法改正草案要綱・憲法改正草案とより直截な関係がある。しかも、アメリカ合衆国大統領 Roosevelt の「四つの自由」、そして、大西洋憲章の間接的影響が指摘できる上（「われらは、全世界の国民が、ひとしく恐怖と欠乏から免れ、平和のうちに生存する権利を有することを確認する。」）、これらは他方で国連憲章、世界人権宣言の基礎となっている。

ところで、日本国憲法の自律性・民定性は、憲法制定以来、議論されてきた問題である。最近でも、たとえば、日本国憲法下における最初の憲法改正は「他律的憲法」から脱却するという憲法理論上の意味をあわせ持つという主張がなされている[5]。この議論において気になるのは、「国際化された憲法」を

---

(4)　明治政府は攘夷から開国への転換の理由として「万国公法」を利用したという評価もある。当時、「公法」、「公論」、「公道」が流行した。吉野作造「わが国近代史における政治意識の発生」『吉野作造　日本の名著48』（中央公論社、1984年）422頁。

(5)　井上武史「立憲主義とテクスト――日本国憲法の場合」論究ジュリ20号（2017冬季号）（2017年）112頁以下。同論文では、Nicolas Maziau, 'L'internationalisation du pouvoir constituant, Essai de typologie: le point de vue hétélodoxe du constitutionnaliste' *Revue générale de droit international public*, 2002, p.549 に依拠して、まず、憲法を自律的憲法と他律的憲法に分類し、他律的憲法をさらに①全面的に国際化された憲法と②部分的に国際化された憲法に分けた上、②の中で、合意に基づく場合と事実状況に基づくもの（ここに日本国憲法やドイツ基本法が入る）に分ける。

第9章　立憲主義と国際社会

「他律的憲法」に置き換える点である。「国際化」が「他律的」に変換されるのは「憲法制定権力の保持者は主権者国民のみ」という前提に立てばこそだが、第二次世界大戦後の各国の憲法制定は多かれ少なかれ国際機関・諸外国の「注視」の下で実施されている[6]。「立憲主義プロジェクト」（人権・民主主義・法の支配の移植／受容）の「先駆」としてとらえる可能性もある。また、実際にハンガリーやポーランドの例を見ても、「他律的憲法」からの脱却は、民主的社会において前提とされる憲法的価値や原理からの脱却であったりすることにも注意を払いたい。よって、権利・自由や権利保障の仕組の「伝播」（または国際化）という視点から、日本国憲法の客観的評価（当該国民の権利保障にどれだけ役立ったか）を行うことも、有用であろう。さらに、国際的介入が、他国の権益から行われるのか、国際社会の共通価値から行われるのかという問題もここに関わってくる。これは、次に指摘する国際立憲主義の問題にも一部関連する。そこに移る前に、「他律的」という言葉にこだわって、日本国憲法の制定過程において、2点言及しておく[7]。

第1に、日本国憲法の最高法規の章に存在する国際法遵守義務（98条2項）は、日本が従来条約を守らなかったという外部の印象を払拭したいという外務省の意図から発せられた提案「日本が締結又は加入した条約、日本が参加した国際機関の決定及び一般に承認せられた国際法規はこの憲法とともに尊重される」に由来するもので、日本側に国際法遵守で今後は国際社会に臨むという意思が表明されていることである。

第2に、日本国憲法前文「政治道徳の法則は、普遍的なものであり、この法則に従ふことは、自国の主権を維持し、他国と対等関係に立たうとする各国の責務であると信ずる」の元となる連合軍総司令部民政局案においては、政治道徳の法則の普遍性をめぐっては民政局内においても議論があり、結果として肯定する方向で妥協が図られた[8]。換言すれば、民政局のスタンスはアメリカ

---

(6)　とりわけ旧社会主義諸国の体制転換時に EU やヴェニス委員会が果たした役割に注目できる。

(7)　紙幅の都合から、具体的検討は、江島晶子「国際人権保障の観点から見た「国際協調主義」の課題と可能性」笹川紀勝（編著）『憲法の国際協調主義の展開』（敬文堂、2012年）41頁以下参照のこと。

第Ⅱ部　日本における多層的人権保障システム

の国益という立場から起草したのではなく、国際社会の普遍的原則に依拠することによって正当化したという要素が指摘できる。また、民政局が案を考える過程において、アメリカ合衆国憲法のみならず、世界の憲法典（そこにはソヴィエト憲法やワイマール憲法も含まれており、たとえば現憲法24条の案を書いたシロタはアメリカ合衆国憲法がさして役に立たないのに対して、ワイマール憲法等の豊穣さに感嘆している）を参考にすると同時に、日本の民間案も参考にしていることにも留意したい[9]。

　よって、日本国憲法は世界の憲法の中にどのように位置付けられるのかという観点から、日本国憲法を客観的に評価することも有用であろう。しかも、グローバル化は憲法学においても例外ではなく、現在、比較憲法学が世界的に盛んになっている。それによって、欧米一辺倒の比較ではなく、これまで目を向けてこなかった非欧米地域も含めた比較が行われる一方、日本の憲法をこうしたグローバルな視点から研究するものもある[10]。

3　国際立憲主義

　国際法学では、立憲主義に対する関心が高まった。国際法の「立憲化」、グローバル立憲主義、批判的国際立憲主義、国際法の人権化[11]、「世界法」としての人権法[12]と様々なバリエーションが散見されるが、国際社会においても、法の支配、人権、民主主義といった立憲的原則を見出し、それによって国際社会を規律しようとする点で、前述の国内立憲主義との類似性を見出しうる。

　以下、国際法学における立憲主義（国際立憲主義）の理論動向および日本における立憲主義の状況、とりわけ、統治機構内における権限配分と国内機関と

---

(8)　江島・前掲注(7)。

(9)　ベアテ・シロタ・ゴードン『1945年のクリスマス』（柏書房、1995年）。

(10)　Comparative Constitutions Project〈http://comparativeconstitutionsproject. org〉；Kenneth Mori McElwain & Christian G. Winkler, 'What's unique about the Japanese Constitution?' 41(2) *Journal of Japanese Studies* 249 (2015).

(11)　阿部浩己『国際法の人権化』（信山社、2014年）。

(12)　薬師寺公夫「国際人権法の現代的意義——『世界法』としての人権法の可能性？」世界法年報29号（2010年）1頁以下。

第 9 章　立憲主義と国際社会

国際機関における権限配分を人権の実現という観点から検討する。

Ⅲ　国際立憲主義／国際法の「立憲化」

　国際法が立憲主義に注目するようになった背景には、「グローバル化」と国際組織の発展がある。その顕著な例は、前述した国際人権法の隆盛である。それは、個人の国際法主体性を認める点で、主権国家間の関係を規律する法としての国際法からの脱却であり、かつ、人権問題は国内問題であり、当該国家内の国内機関によって解決されるべき問題であるという枠組からの脱却でもある。これは前述したように、国際法の人権化、世界法としての人権法という可能性をも惹起する。さらに、「グローバル化」の下で、国際法の規律対象およびコントロールはますます拡大する。これは国際法の「断片化」という問題を生じさせ、それが国際法の「立憲化」という形での統合をはかろうとする試みとしても整理できる。そして、グローバル化を、ヒト、モノ、カネ、資本が国境を越えて自由に行き来する現象（国境の持つ意味が低下する）としてとらえると、とりわけ EU との関係で生じた法現象は、理論的のみならず実践的な問題として突きつけられ、EU 法の「立憲化」として、憲法多元主義、さらには、グローバル立憲主義の理論を生み出す契機となっている。

　一方、グローバル化の進展は、国内機関と国際機関との間に対話や協調を生み出す契機も発生させている[13]。なかでも、顕著なのは「司法対話」とそれを通じたグローバルな法律家共同体の生成である。国際司法機関と国内司法機関との対話のルートや各国の憲法裁判所の間のネットワークなどはその具体例として挙げられる[14]。

---

(13)　Cf. Anne-Marie Slaughter, *A New World Order* (Princeton University Press, 2004).

(14)　現在、ヨーロッパ人権裁判所と各国の上級裁判所との間で Superior Courts Network（を設立し、ヨーロッパ人権条約判例法および関連情報を交換し合っている。単なる外交的交流を超えて、国内上級裁判所側とヨーロッパ人権裁判所側との交流ポイントが具体的に設定されており、今後の発展が期待できる。一方、憲法裁判所（およびそれと同等の機能を持つ裁判所）は、ヨーロッパ評議会ヴェニス委員会を事務局として 3

第Ⅱ部　日本における多層的人権保障システム

　国際立憲主義の一つであるグローバル立憲主義の代表的論者である Anne
Peters によれば、「グローバル立憲主義とは、現代国際社会を特徴付ける諸現
象の中に立憲的要素を見出すとともに、国際社会が、法の支配・均衡・抑制・
基本的人権の保護、そして民主主義といった立憲的原則に裏打ちされた、『立
憲主義者が満足する基準（constitutionalist standards）』を満たす、ある種の憲
法を備えるべきであるという主張であり、国際社会を立憲的方向に改革しよう
とする議論」[15]だという。「国際社会における法秩序を認識する新たな認識方
法を提示する試み」[16]であり、「思考態度（mindset）」[17]、「視座・方法論」[18]
と評されることからも、発展途上の概念である。

　他方、国際立憲主義の中でも、「批判的国際立憲主義」は、国際社会におけ
る国際法に準拠して、あるいは準拠しないでとられた国家や国際機関の行動を
批判する理論枠組として主張されている。「国連憲章2条4項に配置すると判
断しうる武力行使や、適法性に疑問のある安全保障理事会（安保理）決議や、
適法ではあれ正統性に疑問の余地がある安保理の権限構造などにつき、その法
秩序上の適否を一定の立憲的原則に照らして判断する理論的枠組み」[19]として
提示されるがゆえに、現実の国際社会を批判する分析視座としての有用性は高
く、かつ、平和主義と立憲主義の問題にも関係する。

　国際立憲主義は、論者が扱う対象および目的によってその内容は多義的であ
る[20]。だが、本章において、そして憲法学にとって重要な点は、国内の立憲

　　年に1回世界会議（World Conference on Constitutional Justice）を開催している。現
　　在、121カ国に到達しているだけでなく、地域ごとのネットワークも発展しており、た
　　とえばアジアには Association of Asian Constitutional Courts and Equivalent Institu-
　　tions（AACC）が2010年に設立された（現在21カ国、日本は未加入）。
(15)　須網隆夫「グローバル立憲主義とヨーロッパ法秩序の多元性」国際法外交雑誌113
　　号3号（2014年）25頁以下、27頁。
(16)　須網・前掲注(15)、27頁。
(17)　Martti Koskenniemi, 'Constitutionalism as Mindset: Reflections on Kantian
　　Themes About International Law and Globalization' 8 *Theoretical Inquires in Law* 9
　　(2007) 9-36, 31.
(18)　最上敏樹「国際立憲主義批判と批判的国際立憲主義」世界法年報33号（2014年）1
　　頁以下、5頁。
(19)　最上・前掲注(18)、2頁。

主義と共通しうる価値ないし原理（の概念ないし諸構想）に基づき、国際社会の法秩序を把握しよう（力が支配する国際社会や無秩序に帰すのではなく）とする意欲が国際法学において高まっているという点である。なかでも、グローバル立憲主義の内容として、グローバル立憲主義と国内立憲主義の距離に注目できる[21]。国際立憲主義の多義性を反映して、この点でも複数の立場に分かれる。まず、（A）国内立憲主義と近接させて把握する考え方（国内立憲主義の主要な要件を満たさなければならない、または、国内立憲主義の再構成を必要とする）がある。第二に、（B）国内立憲主義の最小限の要素（基本的人権の最小限の範囲を取り込み、かつ、公権力行使の制限に力点を置く）をグローバル立憲主義の内容とするものがある。しかし、いずれも極端であり、グローバル立憲主義の中心的立場は、（C）（A）と（B）の中間をとり、国内立憲主義を、国家を超える状況に適合させようとする（国内立憲主義の本質的または基本的要素を抽出し、それを抽象化・一般化する）。どのように適合させるかは課題であり、今後の議論の深化が望まれるところである。いずれにしても（A）〜（C）に共通する特徴として、以下の点が重要である。すなわち、「国際法が未解決の問題がある」という共通認識を前提に、法秩序間の抵触を解決する最終的な法的権威の不在、複数の憲法間の非階層的な関係、そして、国内憲法（欧米の憲法）に由来する立憲的価値・原則（とくに法の支配、人権保障）の共有である。これは、筆者が人権に特化してモデル構築を進めている「多層的人権保障システム」とも共通する部分がある（後掲Ⅴ参照）。

　グローバル立憲主義に対しては、様々な批判がある。とりわけ、EUの経験（とくにEU法）に基づくものであることから、それが非欧米地域にどこまで通用するのか普遍性が問われよう。しかも、発祥の地である欧米地域において、イギリスのEU離脱（を決した国民投票）、EU・ヨーロッパ評議会のバックアップの下に行われた体制転換後の東欧諸国において現在生じているバックラッシュ、自国第一主義を旗頭に国際主義（国際法に準拠して国際社会の秩序を構築）に背を向けたアメリカのトランプ政権（2017-2021年）〔追記：2025年1月

---

(20)　最上・前掲注(18)、1-2頁。
(21)　須網・前掲注(15)の整理に基づく。

第Ⅱ部　日本における多層的人権保障システム

から二期目を予定〕と、グローバル立憲主義を成立させる条件が揺らいでいるようかの現象が観察される[22]。もっとも理論としては、「ヨーロッパ憲法多元主義」ではなく、グローバル立憲主義であるとすれば、他地域における進展がこれを補うことが考えられる。その点でも非欧米地域、とりわけアジアにおけるグローバル立憲主義の進展（の可能性）が気になるところである[23]。

Ⅳ　日本における立憲主義

1　司法審査の変遷

そもそも立憲主義を、司法審査に特化して検討することは十分ではない。国家権力を「制限」することによって国民の権利・自由を保護する方法は、司法審査に限定されるわけではないからである。司法審査は、確かに第二次世界大戦後の立憲主義を確保する手段の目玉であるが、それが機能するための前提条件があり、それが整わないところでは、司法審査は沈黙するか、無視されるかのいずれかとなる。さらに、現代憲法においては、国家は国民にかぎらず「国民＋外国人」の権利・自由が実際上保障されている状態にするために積極的措置をとることが要請されている[24]。国家は制限されておとなしくしていればいいのではなく、必要なときに必要なだけの積極的な行動をとることが要請されている（ただし必要なときに必要なだけの行動であることも要請される）。ここでも、司法審査はおよそ積極的措置を取らせるには、迂遠な手段である。憲法学が強調する「権力への警戒」が重要であるというのはその通りであるが、結果として国家にさぼらせるための口実を与えるようなことになれば本末転倒で

---

(22)　江島晶子「代表・国民投票・EU 離脱（Brexit）」法時89巻5号（2017年）19頁以下および同「多層的人権保障システムの resilience」法時89巻6号（2017年）90頁以下参照〔本書第4章〕。

(23)　Mattias Kumm et al, 'Editorial: The end of 'the West' and the future of global constitutionalism' (2017) 6 (1) *Global Constitutionalism* 1; Anne-Marie Slaughter, 'The Return of Anarchy?' (2017) 70 *Journal of International Affairs* 11.

(24)　国民だけでなく外国人に対してどれだけの人権保障を提供できるかは、国内立憲主義をどれだけ乗り越えることができるかの試金石となる。

第9章　立憲主義と国際社会

ある。これまでの憲法学が人権保障手段として司法審査（憲法訴訟）に比重を置いてきたことにはそのような意図は毛頭ないだろうが、実際に生じた結果としてみるとどうであろうか。そのことに留意した上で、法令違憲判決を概観してみる。

　最初の法令違憲判決が出されたのは1973年である。1973年から1987年の15年の間に5件の法令違憲判決が出された（1973年尊属殺重罰規定判決：1975年薬事法距離制限規定判決：1976年定数不均衡判決：1985年定数不均衡判決：1987年森林法判決）。その後、15年の沈黙期を経て、再び、違憲判決が出されるようになり、2002年判決を皮切りに2002年から2017年（約15年）の間に5件の法令違憲判決が出された（2002年郵便法判決：2005年在外日本国民選挙権判決：2008年国籍法判決：2013年民法900条4号但書決定：2015年民法733条判決）。1973年以降、4～5年に1本しか違憲判決が出ない割合（沈黙期を抜かした違憲判決が出されている期間に限定しても3年に1本しか違憲判決が出ない割合）は、比較憲法的に見ても極めて少ない部類に属する。その理由については分析・検討されてきたところだが[25]、本章では紙幅の関係から省略し、上記違憲判決において観察できる比較法的契機と国際人権法的契機についてのみ指摘しておく。

　比較法的要素は、当初から存在している。結論が違憲の場合に、諸外国の法状況と比較しうる場合には、具体的な国の名前に言及せずに「諸外国の立法」の動向として言及している。たとえば、最初の違憲判決である1973年判決では、「諸外国の立法例を見るに、右の中国古法制のほかローマ古法制などにも親殺し厳罰の思想があつたもののごとくであるが、近代にいたつてかかる思想はしだいにその影をひそめ、尊属殺重罰の規定を当初から有しない国も少なくない。そして、かつて尊属殺重罰規定を有した諸国においても近時しだいにこれを廃止または緩和しつつあり、また、単に尊属殺のみを重く罰することをせず、卑属、配偶者等の殺害とあわせて近親殺なる加重要件をもつ犯罪類型として規定する方策の講ぜられている例も少なからず見受けられる現状である。」とある[26]。このような、当初は諸外国にも存在したが（だから当時は合憲）、しか

（25）　市川正人他『日本の最高裁判所』（日本評論社、2015年）、渡辺康行他『憲法学からみた最高裁判所 —— 裁判官70年の軌跡』（日本評論社、2017年）参照。

201

第Ⅱ部　日本における多層的人権保障システム

し現在では姿を消しているという状況認識が、より明確に示されたのが、2013年決定である。同決定にいたっては、諸外国ではなく、ドイツおよびフランスの具体的法律名が明示的に示されるに至った（かつ1995年合憲決定時は両国においても差別立法が存在していたことは、両国を参照国としたことが偶然ではないことを物語る）。また、外国の憲法判例については、初期に多数意見がアメリカ連邦最高裁 *Marbury v Madison* 判決を参照した後は、明示的参照は影を潜めたが、外国の憲法判例の影響は調査官解説においてたびたび指摘されるところである（例として、薬事法事件最高裁判決における西ドイツ連邦憲法裁判所判決の影響）。また、堀越事件最高裁判決千葉勝美裁判官補足意見（そもそもの出自は1992年成田新法事件の千葉勝美調査官解説である）は、最高裁が比較法の造詣があることを裏付ける。

　他方、国際人権法・国際人権機関の勧告については、最初に登場するのが2008年国籍法判決であるが、そこでは自由権規約と子どもの権利条約の名前を出すにとどまった。その後、2013年決定の中で、両条約の総括所見中の勧告に言及するに至った。しかし、同じく条約機関（女性差別撤廃委員会）の勧告を受けていた民法733条や民法750条については、沈黙を守ったことから、最高裁による国際人権法の参照はご都合主義的なものとなるのか今後の動向が問われるところである。

2　問題の所在──統治機構全体の問題としてとらえる

　日本の最高裁がどれ位慎重かを確認すると同時に、何が備わっていれば人権侵害の是正に要した時間を早められたかを、幾つかの違憲判決・決定を通して検討する。前述の1973年判決の前哨戦は1950年10月11日合憲判決および1950年10月25日合憲判決であるが、そこでは「尤も、刑法200条が、その法定刑として『死刑又ハ無期懲役』のみを規定していることは、厳に失するの憾みがないではない」と述べており、1973年判決は加重の程度が重すぎるという点で違憲としている。2005年判決が違憲とした在外日本国民の選挙権の制限は、1984年に法案が提出され、廃案となった上、その後何もされずに放置されたという

―――――――――――
　(26)　最大判1973(昭和48)・4・4刑集273・2・265。

202

ケースである。2008年判決の検討対象となった旧国籍法3条1項は1984年法改正の結果で、準正の要件として認知だけでなく父母の婚姻を要求していた。最高裁は、1984年当時は合憲であったとしたが、2008年判決で問題となった子の置かれた状況が人権侵害的であること（日本で日本国籍保持者の子として出生し、日本で成長しているにもかかわらず帰化しないかぎり外国籍保持者）は、1984年の時点でも2008年の時点でもそうかわりはない。立法者の行った検討が、個人の人権の保障という観点からは十分なものではなかったことが明らかである。2013年決定が違憲とした民法900条4号但書は、最高裁が1995年に合憲としている（ただし反対意見有）。その後、条約機関から何度も法改正を勧告されてきた。2015年判決が違憲とした民法733条も、1995年にすでに最高裁で争われており、かつ、条約機関は法改正を勧告していた。

　若干の例であるが、いずれも15〜20年前にすでに違憲の結論を出しえていた（あるいは違憲となることを未然に防ぎえたかもしれない）。憲法学は、最高裁の慎重さをことに批判してきたが（かつ、それはそれで批判すべき点ではあるが）、実際のところ裁判所だけの問題ではなく統治機構全体の問題として検証することが可能かつ有効である。そして、国内立憲主義の限界の一例であると同時に、人権侵害に気づくための手段として、比較法および国際人権法の重要性を指摘できる。すなわち、国内立憲主義は国際立憲主義との接合によって、人権保障度を強めることができるのである。では、どのような接合が可能か最後に検討する。

V　憲法学からの応答

　国際法学における立憲主義の興隆に対して、憲法学からはどのように応答しているか。たとえば、トランスナショナル人権法源論は、前述の立憲主義②（国家権力を憲法によって制限し、国民の権利・自由を確保すること）のレベルにおいて、法源の拡大によって、外から人権法源を取り込もうとするものといえる[27]。これに対して、「憲法による人権保障のしくみに個人通報／申立制度を

---

(27)　山元一「『憲法的思惟』vs『トランスナショナル人権法源論』」法時87巻4号（2015年）

第Ⅱ部　日本における多層的人権保障システム

はじめとする国際人権条約による人権保障のしくみを積み上げることで公権力を統制する構想」を提唱する「多層的立憲主義」[28]は、筆者の構想する「多層的人権保障システム」と共通する部分がある[29]。多層的人権保障システムについて簡単に説明すると、人権を実現するシステム（統治機構の再構築が必要）に注目し、国内人権システムと国際人権システムを接合するものである。その際に、重要な点は、国内人権システムと国際人権システムの間に優劣関係を設けず、循環系として把握し、循環を維持・促進するシステムを目指す。NGO、メディア、市民社会および国内人権機関、議会内人権委員会（例示）は、この循環を果たす上で重要な役割を果たす。このように把握すると、裁判所による救済はあくまでも循環系の一部であり、統治機構全体による実現にウェイトを置く[30]。意義としては、①情報収集・交換の促進、②新しい視点の獲得、③マイノリティのプレゼンス、④問題の忘却阻止、⑤国家による人権侵害に対する抑止力、⑥未知の問題に対するグローバルな取組（早期予防ライン）をあげることができる。他方、問題点としては、①循環するシステムが人権侵害を悪化させる方向に働く可能性、②外国法・国際人権法のご都合主義的利用、③新

74頁以下；同「世界のグローバル化と立憲主義の変容」憲法理論研究会編『対話的憲法理論の展開』（敬文堂、2016年）57頁以下。トランスナショナル人権法源論に対する筆者の評価として、江島晶子「グローバル化社会と国際人権」法時87巻13号（2015年）348頁以下参照〔本書第7章〕。

(28)　齊藤正彰「憲法の国際法調和性と多層的立憲主義」北星学園大学経済学部北星論集52巻2号（2013年）303頁以下。〔追記：なお、齊藤教授の多層的立憲主義は静的立場から階層性を重視するのに対して、本書は動的把握という観点から非階層性を主張する点で異なっている〔本書第10章〕。

(29)　江島晶子「権利の多元的・多層的実現プロセス──憲法と国際人権条約の関係からグローバル人権法の可能性を模索する」公研78号（2016年）47頁以下〔本書第12章〕；江島・前掲注(27)〔本書第7章〕。

(30)　「求められているのは、動態的な国内法プロセスにおいて、どの機関がいかなる手続で、国際的な人権動向をウォッチし、対応していくのが適切なのかという、機関適性と権力分立をめぐる問いの深化」（宍戸常寿「イントロダクション」法時87巻8号（2015年）72頁以下、74頁）；「本書に通底するテーマは、権力分立構造の中で、国内議会と国内裁判所の機能分担、権限配分である」（山田哲史『グローバル化と憲法』（弘文堂、2017年）476頁）。

204

第9章　立憲主義と国際社会

たなアクターの民主的正当性、④実効性、⑤アリバイに使われる危険、⑥国内機関と国際機関の衝突が無視・脱退という最悪の結果を招く危険である。接合の結果としては、憲法と国際人権法の内容面におけるインタラクションと人権カタログの一定程度の共通化があるだけでなく、国内機関および国際機関との間の密接な関係構築およびその結果としての人権侵害の予防または早期解決が期待できる[31]。

Ⅵ　おわりに

　これまで論じてきたことの実現には、憲法学と国際法学の学際的研究が求められる。憲法学と国際法学の対話は端緒についたばかりだが、憲法学における立憲主義を人権保障の実効性を高めるという観点から再構成していく上でも、国際法学における国際法の「立憲化」を試みる上でも必須の条件である[32]。そして憲法学および国際法学の双方で立憲主義を精錬させていくことは、「なぜ、憲法が時に我々の意思に反してまで我々を拘束することが許されるのか」[33]という、繰り返し問われてきた問いに対する実践的試みの一つとなる。

〔付記〕2020年代に入って、立て続けに3件の法令違憲判断が最高裁によってなされた上、しかも、そこでは比較法的契機および国際人権法的契機（2017年ヨーロッパ人権裁判所判決への言及を含む）があった。これは、本章が提唱しようとする、多元的・非階層的・循環的人権保障システムと親和性が高いものと考えているが、詳細な検討は稿を改めたい。

---

(31)　詳細については、江島・前掲注(29)で挙げた文献参照。

(32)　宍戸・前掲注(30)、「[座談会] 憲法学と国際法学の対話に向けて」87巻9号（2015年）89頁以下および87巻10号（2015年）65頁以下参照。

(33)　江藤祥平「近代立憲主義と他者」国家学会雑誌129巻7・8号（2016年）1頁以下、4頁。

第**III**部

多元的・非階層的・循環的
人権保障システム

第10章　憲法と「国際人権」
—— 国際システムと国内システムの共生

I　はじめに

　本章は、2005年全国憲法研究会研究総会のテーマ「＜全国憲40年＞憲法理論の再検討」に応答して、国際法学および国際人権法学を視角として依拠しながら、憲法学との対比を通じて、憲法学における人権理論の再検討を試みようとするものである。同総会の企画全体の趣旨は、憲法学を「外から・内から検討・検証する」もので、とりわけ、春季研究総会では、「外からの視角」として国際法学を梃子にして、人権理論について再検討が行われた。本章では、具体的には、国際人権法(学)の射程範囲について、憲法学および国際法学はどのようにとらえているかを意識しながら、人権の「内容」と人権の「実現手段」（システム）という視点から検討し、人権の「実現手段」の重要性を強調する[1]。

　「人権」という言葉は、現在、様々な局面で様々な意味において使われている。とりわけ、近年、憲法学以外の学問領域において人権が新たな視角として活用されている。一方、一般社会において人権の言葉が使われる際に、それはけっして一義的ではなく多様である。実際、一般社会においてもっとも市民権を得ているのはそのうちのいずれであろうか[2]。公権力による人権侵害と私人（メディア含む）による人権侵害の等価的対置、国民の権利と義務の等価的

---

[1]　本章の比較分析の視角は、イギリス憲法とヨーロッパ人権条約を中心とするが、日本が欧米の人権観念や法制度を継受していること、国連レベルにおける国際的実施手段は発展段階にあること、イギリスが抱える問題はヨーロッパで共有されうる問題と言える点から比較は一定程度有効と考える。

[2]　高橋和之「現代人権論の基本構造」ジュリ1288号（2005年）110頁以下、111-112頁参照。

対置は、憲法制定後直後よりも現在の方がより顕著な形で出現することが多くなっている。たとえば、前者の点が明確になったのが、「人権擁護法案」およびその前提としての人権擁護審議会での議論（およびその結実としての「人権救済制度の在り方に関する中間とりまとめ」、「人権救済制度の在り方についての答申」および「人権擁護委員制度の改革についての答申」）である。人権擁護法案に対してはさまざまな問題点が指摘されたが[3]、憲法学における人権概念の基本的理解からするともっとも問題視されるのが、私人による個別具体的な人権侵害問題が人権問題の中心とされ、なかでも私人による差別、虐待が人権問題の代表格と把握され、一方で公権力による人権侵害の比重が小さい点であった[4]。他方、後者については、憲法改正に関する議論の中で、たとえば読売改正試案や憲法調査会等の一部の議論においてみられる、憲法において国民の「義務」を強調すべきだというような主張がある。端的には、憲法学が前提とする近代立憲主義の下での人権観念が問われているといえよう[5]。

II 「国際人権」とは

最初に、問題をときほぐす契機として、「国際人権」という言葉に注目したい。この言葉は、国内法（とりわけ憲法）によって保障されている人権[6]と区別して、国際法（とくに国際人権条約）によって保障されている人権を「国際

---

(3) 「特集・人権救済制度の在り方をめぐって」ジュリ1196号（2001年）「特集人権救済機関設置をめぐって」法時73巻2号（2001年）、野中俊彦「新しい人権救済制度を求めて —— 人権擁護推進審議会の答申と今後の課題」ジュリ1221号（2002年）116頁以下、小山剛「人権擁護立法の意義と課題」憲法問題14号（2003年）51頁以下参照。

(4) 人権擁護法案には、人権の定義はなく、「人権侵害」の定義として、「差別、虐待その他の人権を侵害する行為」となっている。

(5) 憲法学は自覚的に取り組んできたと思われるが、憲法学に対して向けられている批判を見るとそのようには受け取られていない。憲法学の現状を示すものとして、辻村みよ子「序論 近代人権論批判と憲法学」憲法問題13号（2002年）7頁以下参照。なお、石埼学「野蛮な人権」憲法問題17号（2006年）47頁以下。

(6) 厳密には「人権」と「憲法上の権利」の区別があり、本章では原則として実定法としての人権（憲法上の権利）としてとらえている。

第10章　憲法と「国際人権」

人権」と呼ぶことが多い[7]。また、憲法学の教科書においては、人権の国際化または人権の国際的保障（国際人権保障）として、後者の国際人権条約による人権保障が紹介されている。ここに表れているのは、すこし誇張した言い方をすれば、そもそも人権は憲法／国家が発祥で、それが国際化されたのであるという前提、あるいは人権は憲法／国家によって従来保障されていたが、国際法／国際機関によっても保障されるようになったという前提である。

興味深いのは、「人権をめぐる国際的および国内的諸問題を関連学問諸領域の協力によって研究し、もって人権の伸長に資すること」（国際人権法学会会則）を目的とする国際人権法学会[8]の英訳名を、International Human Rights Law Association としたのは、「「国際人権」の法学会なのか、「人権法」の国際学会なのかについての断を下さないための方策」であったという点である[9]。学会設立時（1988年）において、国際人権法とはいかなる学問領域であるか、そしてその射程範囲は未だ不明であったことはもとより、どのような方向で発展していくかについても議論があり、曖昧にしておくことによってより広い可能性を残しておきたいという考慮が働いていることがうかがえる。実際、そこでめざしていたのは、「国内人権」と「国際人権」という役割分担をした上で後者に特化して取り組むことではなく、人権保障の維持促進のために、学際的な協力のもと「人権法」という新しい領域の可能性を模索することも含まれていたのではないだろうか。

では、現時点ではどうか。国際人権法学に対する総合的評価については現時

---

(7)　例として、高橋和之「国際人権の論理と国内人権の論理」ジュリ1244号（2003年）69頁以下。

(8)　国際人権法学会設立趣意書は、「しかし、国際人権保障の国内的実施の段階を迎えると、憲法その他の国内法研究者や法律実務家などの参加なくしては、多くの実りを期待できない。のみならず、一国における人権保障は、人々が世界の人権状況に絶えず目を配っていることによって担保され、世界の人権問題への関心と関与は、不可欠である」と記す。

(9)　芹田健太郎「編集後記」国際人権1号（1990年）86頁以下、86頁。〔追記：筆者自身の国際人権法学会に関する検討として、江島晶子「国際人権法学会の軌跡——人権と学術性」大津浩（編）『国際人権法の深化——地域と文化の眼差し（国際人権法講座第7巻）』（信山社、2024年）221頁以下〕

第Ⅲ部　多元的・非階層的・循環的人権保障システム

点では留保したいが、創設時と比較して多少気になる点は、目的を実現する上で憲法学のプレゼンスが少しづつ低下しているように見受けられることである。実際、国際人権法はこれまでのところ理論構築よりも実践（個々の具体的人権救済）に重点がおかれてきた。そこでは、憲法学こそが検討すべき課題[10]を検討していないという厳しい批判の声も聞かれる。たとえば、「閉塞的な人権状況を打開するうえで、憲法は決して有効な武器としては機能してこなかった」という認識のもと、「人権理念を実生活の場で蘇生させるチャンスは、国際人権法との遭遇によって訪れた」[11]という評価は、実務家や国際法をバックグラウンドとする国際人権法学者の一部に見られる。そしてこの議論は、実は冒頭で言及した人権擁護推進審議会における議論とも一定の重なりがある。他方で、このような動向に対しては、国際人権保障に対する過剰な期待に対する懸念や人権のインフレを指摘する声もある[12]。実践に重点が置かれてきた国際人権法であるが、その射程範囲について検討すると同時に、国際人権法の妥当性・正当性はどこに求められるのか、今や本格的な取組が必要とされている[13]。

Ⅲ　国際法学における「国際人権」

　国際法学では、国際人権法学と国際法学との関係はまだ定まっておらず、国際法学から相対的に独立した別個の学問分野としての体系化を主張する論者から、国際人権法という独立の存在はなく、そう称することは混乱の原因となると主張する論者まで両極端に分かれ、多数の論者は曖昧なまま両者の中間領域にいることが指摘されている[14]。また、元来、個人を主体ではなく客体と解

---

(10)　その代表格として、社会権の権利性、司法権の独立等が挙げられる。

(11)　阿部浩己『人権の国際化』（現代人文社、1998年）313-314頁。

(12)　尾﨑久仁子『国際人権・刑事法概論』（信山社、2004年）224頁。

(13)　これに関する検討は別の機会に期す。たとえば寺谷広司「国際人権の基礎」ジュリ1244号（2003年）51頁以下は社会契約論に基礎付けようとする。Cf., J. Rawls, *The Law of Peoples* (HUP 1999).

(14)　寺谷・前掲注(13)、51-52頁。

第10章　憲法と「国際人権」

してきた国際法学においては、人権分野はけっしてメインストリームではなかったことも確認しておく必要がある。

　さらに、国際人権法の実際上の役割について現実的に検討することが重要である。実際、国際人権法の分野においては実践が先行しているがゆえに、それをまずは既存の法分野との比較によって理論づけしようとするのは当然であり、その場合、違いが存在すれば、違いゆえに法領域としての独立性を否定するか、独立なものととらえるかということになろう[15]。加えて、国際人権法の歴史的変遷にも注意を払う必要がある[16]。

　一方、現時点で、国際人権法の仕組をどのようにとらえるか（とりわけどのように人権基準を設置し運用していくかという点では）、現実の国際社会を念頭に置くと、多種多様な価値観の併存する現在の国際社会において、厳格な人権基準を設定し、その遵守を確保する強力な仕組を構築することは、少数の国家しか参加できない結果を招来しかねないので、現状では、柔軟な基準を設定し、緩やかな遵守確保の手続を採用して、参加国の範囲を広げ、国際人権保障の普遍化をはかることこそ肝要だ[17]という指摘は、その指摘が自由権規約人権委員会委員としての経験に裏打ちされているだけに説得力がある。このような現状であることを踏まえた理論構築でなければ、国際人権法は画餅に帰しかねない。

　それに関連して、ヨーロッパ人権条約（以下、ECHR）のような司法的保障の強化を目指すことが、世界的規模でも適切か否かという指摘も重要である[18]。後述するように、憲法学の領域では違憲審査制との類似性という側面から司法的保障に注目がいきやすい。しかし、もっとも実効性を挙げているECHRでさえも、ヨーロッパ人権裁判所がヨーロッパという地域の最高裁判所または憲法裁判所かというと、そのような特質を観察しうるものの、同時に、

---

(15)　国際人権法は、「限りなく国内法に近い国際法」として、国際法学の中でも一種独特の地位を占めるという指摘もある。小寺彰・岩沢雄司・森田章夫（編）『講義国際法』（有斐閣、2004年）335頁。

(16)　尾﨑・前掲注(12)、104頁。

(17)　安藤仁介「国際人権保障の展開と問題点」国際法外交雑誌98巻1・2号（1999年）1頁以下，30頁。

(18)　同上。

第Ⅲ部　多元的・非階層的・循環的人権保障システム

そうではないという論証も可能である。ヨーロッパ人権裁判所自身も、同裁判所は国内の裁判所の上に位置づけられる上級審でも第4審でもないとする（*Perlala v Greece*, judgment of 22 February 2007）。現実に、ヨーロッパ評議会は8億人〔追記：ロシア「除名」により現在7億人〕の人口を擁する地域をカバーしており、国内裁判所に比肩しうる形での最高裁判所または憲法裁判所という役割を果すことは事実上不可能である上に、裁判所の判決の執行自体が国内法制度におけるような形で確保されているものではない。現段階では、国内の憲法裁判所的な特質に注目しつつ、他方で国際的裁判所の特質も維持した方が現実的だからである。とすれば、国連レベルの人権条約において、裁判所のような制度を持たず、自由権規約人権委員会（その見解 views は法的拘束力をもたない）のような制度のレベルにとどまる現段階では、司法的保障に固執することは必ずしも実効的ではない。また、ECHR に比して取り上げられることが少ないが、ヨーロッパ評議会の他の諸機関、またヨーロッパにおける他の国際機関が重畳的に人権保障に及ぼしている影響を見逃してはならない[19]。司法的解決にはなじまない、または裁判所にまであがってくることがない多くの事件について、非司法的手法が有効である。現段階では、ヨーロッパ・レベルの人権保障は、複数の国際機関が人権保障という目的において、異なる観点から、違うアプローチを多層的・重畳的に提供していることが、全体の実効性を引き上げているといえる。

Ⅳ　憲法学における「国際人権」

「国際法学は国際人権を真剣に受け止めてきただろうか[20]」という問いかけが国際法学の方であるとすれば、では、憲法学はどうであろうか。「国際人権法は国際法から独立するものでも、あるいはただの下位カテゴリーに属するものでもなく、むしろ、核となって国際法の再定義を牽引しうる[21]」というと

---

(19)　ヨーロッパ評議会の行う非司法的人権保障の一例として、江島晶子「人権の実現過程における「経験」の共有可能性」中京法学39巻1・2号（2004年）69頁以下参照。

(20)　寺谷広司「国際人権の立憲性——国際人権諸条約におけるデロゲートできない権利を視角として」国際法外交雑誌100巻6号（2002年）27頁以下、29頁。

第10章　憲法と「国際人権」

らえ方が、国際法学でなされうるとすれば、憲法学においては、国際人権法は
どのように受け止められるであろうか。実際、憲法学と国際人権法との関係に
ついて理論的検討はまだ部分的である。憲法学では、比較研究の対象としてい
る国における国際人権法を素材として考えることになる場合が多い。そのため、
研究対象国いかんによっても、国際人権条約に対する認識は異なる。それは同
一の地域的人権条約の傘下にあるヨーロッパ諸国に限定しても、条約の法的位
置付け、法的効力、国内的実施のあり様が異なっているからである。だが、興
味深い点は、こうした違いを超えて、ECHR が、各国の国内法の解釈適用を
法的にまたは事実上拘束し始めていることである。それゆえヨーロッパ憲法と
かヨーロッパ権利章典といった表現も出現した[22]。ただし、これは EU の前
身である EC やヨーロッパ人権裁判所といった国際機関が憲法学において紹介
される際に、憲法に関する原理や構造を前提として各国家の憲法や機関の上に
存在する超国家的機関（世界政府）として描き出されている訳ではない。とり
わけ、ECHR は、超国家的存在ではなく、むしろ補完的存在として位置付け
られ、裁判所の慎重なアプローチの結果として、無視し難い実績としてのヨー
ロッパ人権裁判所判例法が構築され、いったんそのような実績ができあがると
それがいまや憲法的存在として、またヨーロッパ人権裁判所は憲法裁判所的存
在[23]として評されうる実体を形成するに至っている。

　憲法学の教科書では、現代憲法（20世紀）における人権保障の特徴として、
社会権の登場、違憲審査制の採用に並んで、人権の国際化が挙げられる。だが、
人権の国際化の内容としては各種国際人権条約の名称が列挙されるにとどまり、
一部の例外を除き人権各論のレベルでの具体的言及という点では充実している
とは言い難い。しかも、国際人権条約の実施手段については不言及であること
が多い[24]。国際人権条約の重要な特徴は、人権保障の実現において、個人に

（21）　寺谷・前掲注(13)、61頁。
（22）　ヨーロッパ憲法条約は、フランスとオランダの否決によって頓挫した。
（23）　Luzius Wildhaber, 'A Constitutional Future for the European Court of Human
　　　Rights?' (2002) 23 *HRLJ* 161.
（24）　具体的内容は、申惠丰「国際人権の救済方法」ジュリ1244号（2003年）62頁以下参
　　　照。

第Ⅲ部　多元的・非階層的・循環的人権保障システム

対して国際機関に救済を直接求める手段を与えたことおよび国際機関がそれを実施する点である。ただし注意しなければならないのは、現時点では、国際機関が自ら国内における人権実現にただちに乗り出すわけではなく、第一次的には人権の実現は各国家（国内機関）に委ねられていることであり、それでは不十分な場合に、国際機関が国際実施手段によって国内機関に実現を要請していくという仕組である。よって、国内的実施については国内システムがどれだけ対応できているか、また国際的実施についてはそれが国内システムにどのように影響を与えることができるかという点が重要になる。ところが、各種人権条約を批准しながら、個人通報制度については一切批准していない日本の現状について、憲法学者の側でそれに対する問題意識は、国際人権条約について関心のある一部の研究者の除き薄い[25]。よって、その当然の帰結として、たとえば一般的意見（general comments）、見解（views）、総括所見（最終見解）（concluding observations）にまで言及するものは非常に少ない。

　また、憲法学で扱う問題としては、第一に、条約の規定が国内法へ取り入れられる際の、国内法システムにおける条約の位置付け、第二に、国内裁判所における国際人権条約の解釈・適用に絞られてきた。これらには二つの問題がある。第一に、人権の実現に関して裁判所に過大な期待をもつことになる。これは国際人権条約だけではなく憲法自身に関しても該当する。第二に、ところがその期待とはうらはらに、日本の裁判所は国際人権条約の解釈適用には消極的であるがゆえに、いっこうに国際人権条約が国内法の実効的部分にならないということである。

Ⅴ　「国際人権」と「国内人権」──内容および実現手段（法システム）

　国際法学においても、憲法学においても、日本における国際人権法の射程範囲は明確ではないといえよう。そして現段階では、日本では、各々が独自の発

---

(25)　個人通報制度を含め、国際人権保障を通じた憲法による人権保障の充実を憲法学から主張するものとして、市川正人「人権保障の展望」全国憲法研究会編『憲法改正問題』（日本評論社、2005年）315頁以下参照。

第10章 憲法と「国際人権」

展をとげ、両者がすれ違うという可能性さえある。それは、国際的実施に対する過大な期待と貧相な国内的実施につながりかねない。人権法の実効性確保という観点から国際人権法の理論構築をしようとすれば、その他にどのようなモデルが可能か以下検討する。そこで、「国際人権」と「国内人権」の内容および実現手段（法システム）という視点を用いる。

1 人権の内容

第一に、内容の面である。周知のように、各国の憲法典ないしは人権法における人権内容は、細部に違いはあるが一般的な内容は共通する部分が多い。これは、憲法学の教科書では人権宣言の普及として人権の歴史のところで説明される部分である。このような共通基盤があるからこそ第二次世界大戦後に、戦前・戦中に起きた人権侵害について、国際的な批判と反省が可能となったのであり、国際人権条約が制定されることができたのである。（もちろん起草過程における議論は、各国間の違いを占めるものでもある）。

興味深い点は、第二次世界大戦後に独立した多くの国は、同時期に制定された国際人権条約に一定の影響を受け同様の内容を有していることが多い。たとえば、戦後、イギリスから独立した国々は、イギリス自身が成文憲法典を有しないがゆえに、イギリスが締約国である ECHR 中の権利群を参考にしたといわれている[26]。日本国憲法も同時期に制定された国際人権条約群と内容面で一定の共通性を共有する。

皮肉なことに、このことは、結果として、日本の国内裁判所において、国際人権条約は憲法と同様の内容を有するという理解を前提として、憲法を解釈することによって条約についても考慮したことになるという論法をとりやすくしている[27]。だが、憲法制定後に制定された条約、とりわけ条約が個別的テー

---

(26) Michael Zander, *A New Bill of Rights?* (4th ed., Sweet & Maxell); Geoffrey Marston, 'The United Kingdom's Part in the Preparation of the European Convention on Human Rights' (1993) 42 *ICLQ* 796.

(27) 「これまでのところは、国際人権規約の直接適用を緊急に必要とする事件がなかったと推察される」という元最高裁裁判官の見解がある。園部逸夫「日本の最高裁判所における国際人権法の最近の適用状況」国際人権11号（2000年）2頁以下、4頁。

第Ⅲ部　多元的・非階層的・循環的人権保障システム

マに絞っている条約（人種差別、女性、子ども等）、かなり最近に制定された条約について、憲法と条約のそれぞれの内容が同一であると簡単にいえるだろうか。そうかどうかを問うのが、後述する手段としての国際的実施措置であり、かつ具体的な事例ベースで同一性を問うことができるのが個人通報制度である（よってその未批准は重要な問題である）。

　もちろん、文書に規定されることによってただちに当該権利が実現されるものではないし、そもそも権利群が抽象的一般的であるがゆえに、その具体的中身は実際の解釈適用の中で明らかになる。とすれば「人権や権利といった法的用語を理解しようとするとき、通常、その具体的な意味は、それが組み込まれている法システムにより規定されている[28]」という指摘は、実定法上の人権を理解する上で重要である。では、「国際人権は国際法という相対的に自律した法システムの中にはめ込まれて存在し、その法システムから独自の具体的意味を受け取っている。同様に、国内人権としての「憲法上の人権」は、憲法システムから独自の具体的意味を受け取っている[29]」ということになるのであろうか。前述の指摘は、現在、指摘のある幾つかの問題[30]において、議論をする場の設定として興味深い。個々の問題を全てとりあげることは紙幅の関係上省くが、自由権・社会権の不可分性の議論[31]について言及しておく。すなわち、憲法学では自由権の重要性をいうために自由権と社会権の区別をしているのではなく、これはむしろ国家機関の権限分配から出てくる区別だという点[32]である。これについては、国際人権法学において憲法学以外の分野（とくに実務家）においてはそのように理解されていない（ただし実践面で、権限分配という観点において各機関の裁量論が社会権の権利性を弱めることに利用されたことは否めない）。

---

(28)　高橋・前掲注(7)、69頁。

(29)　同上。

(30)　高橋教授は、①私人間効力、②自由権・社会権の不可分性、③人権の分類を代表例としてあげている。高橋・前掲注(7)、74頁。

(31)　代表的なものとして、申惠丰『人権条約上の国家の義務』（日本評論社、1999年）、大沼保昭『人権、国家、文明』（筑摩書房、1998年）参照。

(32)　高橋・前掲注(7)、79頁。

第10章　憲法と「国際人権」

　他方で、この権限分配はどこまで明確に線引きできるかは議論のあるところ
である。一定の社会保障制度が整備され、日々実践が繰り返されているところ
では、その内容について客観的に確定可能な部分も想定できる。換言すれば、
境界例において、客観的に確定可能な具体的基準に基づき司法機関が判断しう
る部分が存在するのか現時点で再度議論する必要がある。保障の切り下げが裁
判において問題になったときに、どこまでが立法裁量／行政裁量かについては
細かな場合分けが、憲法上の生存権の保障という観点からも必要であり、その
際に、国際人権条約上の社会権の具体的内容（国家の具体的義務に関する分類
論）も参考になる[33]。

　さらに、権限分配という観点から考えると、政府や国会が国際人権条約の受
容に積極的ではない場合、現在の違憲審査制の運用からすると、国際人権条約
について積極的に解釈・適用するとは考えにくいし、積極的に解釈適用するよ
うに仕向けるだけの理論構築がいまだ不十分ともいえる。その点でも、違憲審
査制と国際機関（とりわけヨーロッパ人権裁判所や自由権規約人権委員会）による
人権の国際的実施を重ねて考えることには注意を要する。「国際法と国内法を
貫通する統一的人権保障システムの実現[34]」は、現在、日本が参加しうる国
連システムを前提として考えると、違憲審査制と国際機関の審査制度という点
に限定するならば現時点での実現は相当困難であると考える。

2　実現手段（法システム）

　次に、人権を実現する手段の面について検討する。人権が実際にどのように
実現されるかについては、まさに法システムがどのようになっているかに大い
に依存する。そこで、注目したいのは、仮にシステムは「国内システム」と
「国際システム」とに分かれているとしても、両者はまったく独立無関係に存
在するわけではなく、何らかの相互関係を有するはずである。そして、その関
係の中で、それぞれのシステムにおける権利内容を確定することになる。

　日本の場合、確かに、全ての個人通報制度に参加していない現状では、両シ

---

(33)　具体的な議論については特集「社会権の権利性」国際人権16号（2005年）参照。
(34)　高橋・前掲注(7)、69頁。

第Ⅲ部　多元的・非階層的・循環的人権保障システム

ステムの関係性は、他国と比して低い。しかし、国家報告制度においてもゆるやかな関係性は指摘できる。各種国際人権条約が用意する国家報告制度は、定期的に日本における人権状況を政府自ら、前回の報告内容と比較してどの部分がどこまで改善され、現在、どのような問題が未解決なのかを報告書にまとめて国際機関に提出することが義務づけられている。現在、自由権規約、社会権規約、女性差別撤廃条約、子どもの権利条約、人種差別撤廃条約、拷問等禁止条約、強制失踪条約、障害者権利条約と8つの条約が報告書の提出を政府に義務付けておりその負担は相当なものであるが、こうした機会は、個人の個別的救済には直接つながらないとしても、人権状況を総合的に把握改善することに有用である。さらに、最近は、各報告書の作成段階や、国際機関における報告書の審理段階において、関係するNGOが情報提供（カウンター・レポート）を通じて影響を及ぼしている点も重要である。個人通報制度[35]が導入されれば、この両システム間の相互関係は、個別具体的事例をベースとして、より緊密なものとなるであろう（但し、国際機関の審査制度を第4審、上級審的にとらえるものではない）。

　実際、権利の内容は、各システムにおいて決定されるとしても、システム間の相互関係によってその内容の相違が明らかになり、かつ可能性としては内容の共通性が促進されるということもありえる。たとえば、ヨーロッパにおいても、各国は、「人権」という用語を最初から頻繁に用いていたわけではない。その顕著な例としては、たとえば、イギリス憲法の場合、市民的自由（civil liberties）が国内における権利・自由であり、もともとは人権という言葉は外国における問題を形容するのに用いられてきた。それがECHR、そして1998年人権法[36]によって、市民的自由と人権のつきあわせと、後者の国内における普及が生じている。よって、ECHRを通して、現在、各国の人権内容の突合せが行われているともいえる。そこで、注目したいのは、その結果として一致不可能だという結論ではなく、多くの部分は重なるという理解が生じてきた

---

(35)　詳細については、江島晶子「「司法権の独立」と個人通報」法時77巻12号（2005年）25頁以下。特集「国際人権救済申立手続の現在」法時77巻12号（2005年）も参照のこと。

(36)　詳細は、江島晶子『人権保障の新局面』（日本評論社、2002年）および江島晶子「イギリスにおける人権保障の新展開」ジュリ1244号（2003年）173頁以下参照。

ことである。ECHR が補完的な存在で、かつ ECHR は最低基準であるという
基本設定に基づけば、条約を批准した後は、それ以上の内容の変化・深化も、
基準の向上もありえないはずである。ところが、ECHR においては、同条約
を「生きている文書」ととらえ、ヨーロッパ社会のコンセンサスを梃子として、
幾つかの国における人権保障の向上がヨーロッパ社会全体に広がるようになる
と、それがヨーロッパ社会の共通基準とみなされて、制定当時の人権基準が高
められたり、新たな権利内容が加わったりしている。このような状況を説明す
るためには（換言すると各国がこのような状況を一応受け入れているのは）、ヨー
ロッパ人権裁判所の権限に着目するだけでは十分ではなく、ヨーロッパ・シス
テムと国内システムがいろいろなチャンネル（ヨーロッパ人権裁判所であったり、
議員総会であったり、ヨーロッパ評議会のモニタリングであったり、メディアで
あったり、NGO であったり）を通じて、部分的に接合しており、その慣行が積
み重ねられることによって国内システムにおける事実上の受容・発展が生じう
る。

　もちろん、ヨーロッパの状況を、日本の文脈に合うように一般化することは
できないということもできる。あるいは、ヨーロッパはまさに条約の「憲法
化」の段階に到達しているからだという説明もありえよう。だが、日本からみ
て参考とすべきは、以下の点である。すなわち、ヨーロッパ地域といえども、
主権国家の枠組を前提とし、そしてそれが人権保障、民主主義、法の支配を基
本原理とする国家であるということを前提として、それを維持するために補完
的に地域的システムを構築したのであり、補完性という前提が守られているか
らこそ各国家は条約のスキームの中に参加し、留まりつづけてきた。そして、
その成果として、現在のような段階に到達したという点である。現時点で、日
本の文脈において有用なのは、ECHR の直輸入ではなく（よってアジアに
ECHR のような地域的条約を制定することではなく）、ECHR が約半世紀の間に積
み重ねてきたプロセス自体である。そして、このようなアプローチは、実現手
段を通じた結果の集積としての人権の具体化が、国際システムと国内システム
の共生関係の成立っているところにおいて実現されることによって、人権の普
遍性の問題に対しても建設的なアプローチが可能となる。

　以上、まとめると、国際人権法が条約の国内的実施と国際的実施を両輪とし、

第Ⅲ部　多元的・非階層的・循環的人権保障システム

国内的実施に関しては各国家に委ねつつ、それを国際的実施手段によって担保しようとするメカニズムであればこそ、以下のように考えることができる。①国内システムと国際システムは相互に関連している（どの点においてどのようにかという部分に関しては、人権の内容および実現手段の両面において精緻な検討が必要である）。②関連性は司法的機関間だけではなく、非司法的機関間にも存在する（現段階では後者の重要性が高い）。③システムが関連している程度において人権の内容においても国際人権と国内人権の近接性が生じる。④上記の①〜③の進展が国内システムと国際システムの「接合」を実現する。

なお、注意すべきは、この「接合」は、国内の違憲審査制と国際機関の審査制度との統一的システムになるのではなく、両者の特性と独立性を維持し、両機関の特性を考慮した役割分担の下で（どちらが優位するかということではなく）、人権基準を引き上げるのに有効な「共生」システムとして考えることが現実的・実効的である。

Ⅵ　おわりに

国際人権保障の重要な特徴は、個人に権利救済を求める手段を付与したことと、国際機関が人権を実現する手段を有するようになったことである。このような手段を設置することにつながった基礎には、国内法においてすでに実現されている手段を一定のモデルとしている。よって規範原理や規範内容が基本的に同質性を有するのは当然ともいえる。

だが、現状を国内の憲法になぞらえて比較し、国内憲法の下で実現されている仕組に近づけることが理想的だと考えることも、国内の憲法原理に照らして国際機関の仕組・機能を評価することも、現時点での国際機関の司法的実効性の脆弱さを強調することによって国際的手段の実効性に悲観的になることも、現段階では適切なアプローチとはいえない。むしろ、国際システムならばこその特性を見逃さないこと（その意味で各システムを区別する発想は必要である）およびその特性が国内システムにどのような形で影響を及ぼすか（法的なものも政治的なものも含め）を検討することが必要である。国際人権保障機構自体が、国内における人権実現を肩代りするような段階ではない現段階においては、

第10章　憲法と「国際人権」

国内システムといかに協調的に働くかが、目的である人権保障の実効性を挙げ、かつ各国の多様性を尊重する鍵となる。

　人権とは、「人間が生まれながらもっている権利」[37]であるとすれば、当該人権を享有する個人からすれば、「国内人権」と「国際人権」を有するのではなく、やはり「人権」を有するというべきであろう[38]。だが、単純に両者を同視することによって問題が解決されるわけではない。現に人権を侵害されている個人にとっては、人権の内容および救済手段の両面において、国内法のシステムと国際法のシステムがどのように接合されているのか／接合しうるのかという観点から検討・構築された「人権（救済）法」を必要としていよう。そしてそれを理論的に究明することが今後の研究課題であろう。

〔付記〕本章は、前章（第9章）に示した構想の出発点である。元となる論文は2006年に発表されたものであるが、国際人権法学の発展において憲法学が果たせる役割があるはずだという認識は変わっていない。詳細は、江島晶子「国際人権法学会の軌跡 —— 人権と学際性」大津浩（編）『国際人権法の深化』（信山社、2024年）221頁以下参照のこと。

---

(37)　宮沢俊義『憲法Ⅱ〔新版〕』（有斐閣、1971年）77頁。
(38)　「国際人権」は形容重複または形容矛盾だという指摘もある。寺谷・前掲注(13)、51頁。

第11章 憲法を「人権法」にする触媒としての国際人権法
——憲法解釈を行う国家機関の設計・作法における「国際標準化」

Ⅰ　はじめに —— 新たな視点を求めて

　本章は、「憲法解釈基準の国際標準化」という問題設定について、従来から論じられてきた憲法（およびその下位法）上の権利が「国際標準」に合致するかという視点ではなく、憲法上の権利の保障を担う国家機関の設計・作法が「国際標準」に合致するかという視点から見ることはできないかを模索する[1]。なぜならば、これまでの国際標準化が、裁判所における権利実現を中心に考えてきたがゆえに、後述するような暗礁に乗り上げていると考えるからである。最初に、国際標準」に合致するかという視点だけではなぜ不毛な議論に陥るのか、①裁判指向の限界・弊害および②「国際標準[2]」（国際基準）と国内基準の比較（不能性）について指摘する。そして、統治機構（近代立憲主義モデル）について人権保障をより促進するような形の再構築の必要性と可能性に言及した上で、「国際標準」（国際基準）創出プロセスと国内機関（国家機関）との関わりについて注目しながら、国際機関と国内機関（国家機関）の設計・作法における接合の可能性を模索する。

---

(1)　本章は、国際人権法学会第22回研究大会「国際人権法と人権の国際スタンダード ——憲法解釈基準の国際標準化に向けて」の午後の部のパネル・ディスカッション「国際人権と『国際標準』」における発表を基に原稿化した。原稿の性格および紙幅の都合上、問題提起に重点を置く。なお、江島晶子「人権を"クール"に活かすには何が必要か——憲法では足りない？」世界800号（2010年）123頁以下参照。

(2)　パネル・ディスカッション（前掲注(1)参照）のテーマの一部に使われた「国際標準」という言葉をあえて残したが、国際基準という言葉と同義として用いている。

第Ⅲ部　多元的・非階層的・循環的人権保障システム

Ⅱ　「憲法解釈基準の国際標準化」に潜む難所

1　裁判指向の弊害

　憲法は、人権保障を目的とし、統治機構を手段と規定する国の最高法であると説明されることが多い[3]。だが、実際にはどのように人権を守る仕組になっているのか。現実に存在する具体的問題に憲法、そして憲法学はどのように向き合うのか。企画趣旨の投げかけた問い、すなわち、「日本国憲法とその判例理論、そして憲法学は、日本の現実の人権問題をすくい上げられているのか。……憲法学の側では、こうした深刻な人権問題は見えているのか[4]」は重たい指摘である。

　もちろん、個々の憲法学者は個々の興味関心のレベルにおいて具体的な問題を取り上げている[5]。だが、問題なのは、憲法学の理論的枠組、歴史的発展は、こうした個々の問題から出発するというよりは、抽象的原理・理論から具体的判例・事件に引き下ろされる格好をとることによって、上記の問題はあくまでも各論、具体例としての扱いにとどまりやすい（他方、理論的枠組については、歴史や文化の違いはあるという留保を付しつつも、共有しうるという前提に立っているようなところがある）。

　しかも、「どのように人権を守る仕組」となっているのかという点で、裁判所、とくに、違憲審査制に、理論的にも実践的にも注目してきたことの意義と限界が問われるべきである。実際のところ一時期、憲法訴訟論が学界においては隆盛を極めたが実務を変えるに至っていない[6]。そして、さらに疑問が存在する。憲法学においては、アメリカ憲法学由来の違憲審査基準論（「二重の基準」論）を実務に向けて提唱してきたわけだが、そもそもそれは人権救済と

---

(3)　芦部信喜『憲法（第5版）』（岩波書店、2011年）386頁。

(4)　国際人権法学会第22回研究大会統一テーマ「企画趣旨」より。申惠丰「座長コメント」国際人権22号（2011年）49頁以下参照。

(5)　従来の憲法学の想定する個人像に疑問を投げかけるものもある。代表例として、石埼学『人権の変遷』（日本評論社、2007年）。

(6)　「特集憲法訴訟と司法権」ジュリ1400号（2010年）。

第11章　憲法を「人権法」にする触媒としての国際人権法

いう観点から考えて、また日本の政治システムという観点から考えて、もっとも妥当なモデルであるのだろうか（昨今、ドイツ憲法学を研究するグループから「三段階審査」論が提唱されているのは興味深いところである[7]）。違憲審査基準論については、判例と学説の乖離が指摘されて久しいが、学者が人権理論、政治哲学等から精緻な体系的審査基準論を準備したとしても、それを判例が受け入れていないのであれば、実務においては学者の用意した審査基準論は戦略的に有効なアプローチなのかも問われている[8]。

2　「国際標準」（国際基準）と国内基準の比較（不能性）

裁判所による人権実現を、審査基準の分類と精緻化によって対応するというアプローチには、別の問題が伴走している。すなわち、「国際人権条約の国内裁判所による解釈・適用」という問題設定を行うと、憲法の人権基準と国際人権条約の人権基準の比較とその優劣という問いから始まることになる[9]。憲法学における通説は、国際人権条約は国内法的効力を有し、国内法的序列としては、「憲法＞国際人権条約＞法律」と措定する。すると、①憲法の人権基準＞国際人権条約の人権基準および②憲法の人権基準＝国際人権条約の人権基準の場合は憲法を用いればよく、問題となるのは、③憲法の人権基準＜国際人権条約の人権基準の場合だとなる[10]。だが、ここには幾つかの問題がある。第1に、この問題設定が前提とするのは、それぞれの人権基準が客観的・一義的に一応確定できて、相互に比較できることである。しかし、憲法にしても、国際人権条約にしても、多くの規定は抽象的・一般的な文言にとどまることが多く、そのレベルではどちらに優劣があるともいいかねる。よって、比較するた

---

(7)　代表的なものとして、小山剛『憲法上の権利の作法』（尚学社、2009年）。他方、高橋和之「違憲審査方法に関する学説・判例の動向」法曹時報61巻12号（2009年）3597頁以下。

(8)　二重の基準論に基づき、表現の自由に対する規制が違憲と判断された例が最高裁には存在しない。

(9)　具体的には、①国際法の国内的効力、②国際法の国内的序列、③国際法の国内適用可能性と段階的に論じられる。

(10)　横田耕一「国内裁判所による国際人権条約解釈と憲法学」国際人権11号（2000年）41頁以下、41-42頁。

第Ⅲ部　多元的・非階層的・循環的人権保障システム

めには解釈による具体化が前提となり、その解釈は、実際には個々の事件において行われる（あるいは条文の内容自体が解釈を要しないほどに客観的・一義的に明確である場合だが、これに該当する場合は限定されよう）。そうすると、現時点で、国内基準も国際基準もどこまで具体化されていて、どこまで比較が可能だろうか（逆にいうと、個人通報や個人申立を通じて抽象的基準が具体化されることは重要である）。

　第2に、仮に比較が可能だとして、そして、保障の広狭(11)を比較することも可能だとして、広い方を採用するというのは、「保障は厚ければ厚いにこしたことはない」という前提に立つ。だが、人権Aを保障するために人権Bを制約する必要がある場合には、人権Aの保障が厚くなることは、人権Bの保障が薄くなる側面が存在することにも留意しなければならない。

　第3に、法の段階構造を前提とすれば、③憲法の人権基準＜国際人権条約の場合には、前述の国内法的序列を前提とすれば、憲法の人権基準にとどまることが要請されているという論理も成り立つ。学会において山元報告が指摘した「下位法（条約）による上位法（憲法）の内容具体化という指向は適切かという疑問」である(12)。この疑問を回避するためには、③の趣旨は、当該国際人権条約の基準を採用することが、憲法の趣旨に反しないならば、という条件付きで理解されなければならない。たとえば、自由権規約14条3項（f）が保障する被告人の無料通訳権は、憲法よりも国際人権条約の人権基準が高い場合で、かつそれを保障することは憲法の趣旨に反しないと説明されよう。だが、別の説明も可能である。すなわち、憲法32条の裁判を受ける権利も無料通訳権を保障しているのであり、具体化されていないだけだと考えれば、自由権規約によって初めて認められたのではなくて、憲法の人権基準もそれを予定していたという説明も可能である(13)。そうなると、国際人権条約が役に立つ場合は、

---

(11)　保障の広狭と保障基準の高低の違いについても詳細に検討すべきだが、ここでは紙幅の関係上省略して将来の課題としたい。

(12)　当日配布された山元一教授の報告レジュメより。なお、山元一「憲法解釈における国際人権規範の役割」国際人権22号（2011年）35頁以下参照。

(13)　同様の説明の例として、只野雅人「受刑者と民事訴訟代理人との接見につき刑務所所長が刑務所職員の立会いと接見時間を30分以内とすることを条件に許可した措置が裁

第11章　憲法を「人権法」にする触媒としての国際人権法

それほどないという結論が憲法学者や裁判官から引き出されてくるのももっと
もということになる[14]。
　だが、こうした不毛な状態が生じるのは、憲法および国際人権条約がそれぞ
れ想定している、憲法上の権利または条約上の権利の実現の仕組を捨象して、
国内裁判所において使おうとするからこそではないだろうか。すでに、憲法と
国際人権条約の規定構造の違いは多くの論者が指摘している[15]。実際、今回
の学会報告において、憲法学の設計・作法と国際法学の設計・作法が相当異
なっていることも浮き彫りになった。これは、「国際法と憲法がそれぞれ規定
する人権の実現方法の違いが、それぞれ保障する人権の内容を規定する」とい
う憲法学者の指摘を裏打ちするともいえよう[16]。しかし、筆者が強調したい
のは、確かにそれぞれの作りは違うが、現時点で、その作りがまったく独立し
ているのではなく、幾つかの接合点がある点である。しかも、国際社会・国内
社会がおかれている「グローバル化」という潮流の下で、接合はより緊密にな
りつつある[17]。さらに付言すると、憲法と条約の関係を、あたかも憲法と法
律という上位法と下位法の関係のように考えてきたからこそ難所を生み出して
いないだろうか。しかも、法の段階構造を厳密に問わざるをえない裁判所とい
う機関において考えるからそうなるのである。だが、統治機構において、人権
保障に当たるのは裁判所だけでなく、その他の機関がある。

　　量の範囲内であるとされた事例」判例評論509号（2001年）23頁以下。
(14)　園部逸夫「日本の最高裁判所における国際人権法の最近の適用状況」国際人権11号
　　（2000年）2頁以下、4頁、内野「国際法と国内法（とくに憲法）の関係についての単
　　なるメモ書き」国際人権11号（2000年）5頁以下、9頁。
(15)　薬師寺公夫・小畑郁・村上正直・坂元茂樹『ケースブック国際人権法』（日本評論
　　社、2006年）9頁。高橋和之「国際人権の論理と国内人権の論理」ジュリ1244号（2005
　　年）69頁以下。
(16)　高橋和之「現代人権論の基本構造」ジュリ1288号（2005年）110頁以下、119頁。
(17)　さらに言えば、作りが違うとはいえ、一方が他方をモデルとして生み出されるよう
　　な関係もあり、一定の共通性、類似性も存在する。

第Ⅲ部　多元的・非階層的・循環的人権保障システム

Ⅲ　統治機構の人権保障的再構築

憲法学においては、古くは「国際化」の名の下に、現在では「グローバル化」の名の下に、国家の相対化が語られてきたが[18]、ヨーロッパの現状と比較すれば日本における国家の相対化は実際面では進展しているのだろうか。確かに、政治改革、行政改革、司法制度改革、地方分権推進等、一定の統治構造改革は行われてきたが（憲法改正によらずして）[19]、個々の課題に対応しての改革という様相が強い。まして、憲法は人権を規定するがゆえに最高法規だとされているにもかかわらず、人権を守る仕組の改革という観点から国家機関の設計・作法が検証されたことはない（人権擁護法案は極めて少ない例外の一つであり、失敗に終わっている）。いや、それは大上段過ぎるアプローチだという声が出るかもしれないが、1990年代以降、パリ原則に象徴されるように、人権の国内実施の強化という観点から統治機構を人権保障の観点から見直していく潮流は存在する。国際的に進展する国内人権機関の創設・強化の流れから、日本の統治機構は取り残されていることに留意したい。

では、こうした消極性は何に由来するのか。そもそも近代立憲主義の枠組は、国家をして様々な人権保障活動に積極的に乗り出すようには設計されていない。統治機構の基本原理である権力分立とは、「積極的に能率を増進せしめるための原理ではなくて、消極的に権利の濫用または権力の恣意的行使を防止するための原理[20]」である。国家が必要以上に積極的にならないように機能するのであって、国家が積極的に乗り出すためには別途、新しい行動原理、制度設計を必要とする（そしてそれらは既存の原理、設計との関係で軋轢を生じる）。たとえば、自由権に加えて社会権が主張されるようになったこと（およびそれに伴う行政権の肥大化）や、第二次世界大戦中の重大な人権侵害を踏まえて（もちろ

---

(18)　例として、江橋崇「主権論の変容」公研55号（1993年）1頁以下、森英樹「国家の「ゆらぎ」と憲法」公研64号（2002年）1頁以下、辻村みよ子「国家の相対化と憲法学」法時73巻1号18頁以下。

(19)　土井真一『岩波講座憲法4 変容する統治システム』（岩波書店、2007年）ⅴ頁（はしがき）参照。

(20)　清宮四郎「権力分立制序説」公研3号（1950年）2頁。

第11章　憲法を「人権法」にする触媒としての国際人権法

んそれだけが要因ではないとしても）登場した憲法裁判所／違憲審査制を例として挙げられる。さらに、第二次世界大戦後の人権保障の特徴として、個々の国家は人権保障に向けて積極的に動かないことから、それを動かすために国際人権条約が設けられ、国内実施をモニタリングするための国際実施という仕組が登場したことをここで強調したい。

　よって、「憲法解釈基準の国際標準化」という課題は、憲法解釈基準の国際標準化としてとらえる限りでは、そして、既存の統治機構の仕組・作法を前提とする限りでは現状の膠着状態から脱することは容易ではないが、憲法解釈を行う国家機関の設計・作法における「国際標準化」に目を向ける余地がある。憲法解釈基準の国際標準化は、いくら国際人権法を国内機関（とりわけ国内裁判所）に向けても概して拒否・無視といった反応を引き起こしてきた。だが、その原因は、実は統治機構の制度設計や伝統としてきた作法との関係が大きいとすれば、現在、他国の統治機構は国際人権条約とどのように向き合っているのか、いかなる設計・作法が国際標準を満たすものかを提示するというアプローチも有効だと考える。それによって、結果として、憲法解釈基準の国際標準化が実現可能になる。

　考えうる着眼点としては、たとえば、①違憲審査制・憲法裁判所、②国内人権機関、③議会による人権保障（人権モニタリング）、④個人通報制度、⑤国家機関内における人権教育等（国家機関における組織文化の改善）を挙げることができよう[21]。日本には、現在、①はあるが、②の創設は失敗し、③はもっぱら、個々の国会議員による問題提起にとどまり、④は30年近く「検討中」という状態を維持し、⑤については、むしろ公的機関による個人に対する人権教育の色彩の方が強い[22]。①でさえ、国民が努力のすえに勝ち取ったというよりも、偶然的摂取であるとすれば、日本においては統治機構を現実の要請に合わせて新設・改革する弱さが露呈されているともいえよう（統治機構のアップデート力）。

---

(21)　現時点では、網羅的ではなく、あくまでも例示列挙である。

(22)　国民の人権感覚からは、国家に対して「人権を尊重せよ」と要求するよりは、自分たちが「人権を守れ」と言われるほうがぴったりくるという指摘（高橋・前掲注(13)、112頁）は、その裏返しである。

第Ⅲ部　多元的・非階層的・循環的人権保障システム

　他方、国際標準からみるとどうなるか。①については、ヨーロッパでは、国内の憲法裁判所とヨーロッパ人権裁判所、EU司法裁判所との衝突・対話を通じて、一定の人権については共通基準が確立しようとしている。それは憲法原理に関連づければ、「法の支配」の国際化であり、審査方法・基準という点からすれば、「比例原則」の浸透であり、現象面からいえば、グローバルな裁判官コミュニティの出現である（後者が今後、制度的な面にどのような影響を与えうるかは検討する必要がある）。もちろん、これは主としてヨーロッパで起きていることではあるが、憲法裁判所を梃子にしてヨーロッパ地域以外の裁判所にも影響を及ぼしていくポテンシャルを有する[23]。

　②については、パリ原則の後押しを受けて、世界各国で国内人権機関の創設が進展した。国内人権機関の興隆は、独立の裁判所と民選の議会だけでは十分ではないという認識から出発している。すでに、国内人権機関については、国連およびEUによる調査が実情を捕捉する努力が行われている一方、International Coordinating Committee of National Institutions for the Promotion and Protection of Human Rights（ICC）による認定（格付け）システムも存在する〔追記：ICCは2016年にGlobal Alliance of National Human Rights Institutions（GANHRI）に名称変更した。2024年現在、メンバーの数は118。〕。よって、国内人権機関としていかなる条件を満たすべきかについて、「国際標準」が存在するとも言える[24]。周回遅れの日本は、逆にいえば、こうした蓄積を参考にしてより現実的な制度構築ができる状況にある。

　一方、国内人権機関が創設されれば問題がただちに解決するわけではない。近代立憲主義において、民主主義原理との関係で、人権保障を担うのは本来、議会の役割である（むしろ万が一多数派の暴走が生じた時のセーフガードとして①がある）。よって、③は、人権保障の仕組を総合的一般的に構築するためには

---

(23)　ヴェニス委員会が開催した第2回憲法裁判世界会議 World Conference on Constitutional Justice（WCCJ）には、ヨーロッパだけでなく、世界中から88カ国の憲法裁判所、最高裁判所が参加しているが、日本は参加していない。〈http://www.venice.coe.int/WCCJ/WCCJ_E.asp〉。〔追記：2024年現在、120の憲法裁判所・最高裁判所が参加〕

(24)　詳細は、江島晶子「「人権救済法」としての憲法の可能性——憲法訴訟・国際人権機関・国内人権機関」法律論叢83巻2・3号（2011年）65頁以下参照。

第11章　憲法を「人権法」にする触媒としての国際人権法

重要である。実際に、司法的実現に比重をおくのではなく、政治的・民主的メ
カニズムを通じて人権をより実効的保障する筋道を提唱する議論も登場してい
る[25]。

　④については、個人通報制度は、自由権規約にとどまらず、今や社会権規約
を含め、主要な国際人権条約において完備されつつあることを強調しておきた
い。

　そして、最後に、⑤についてだが、統治機構をアップデートする能力として
言及しておきたい点がある。すなわち、日本が日本国憲法を制定した際に、そ
こに書き込んだ人権を統治機構がどのように実現するかという視点は、新設の
違憲審査制を除き（憲法上の権利を実現するために戦後、様々な憲法訴訟が提起さ
れた）弱かったのではなかろうか。当時、違憲審査制を除き、国家機関が人権
保障の観点からどのように行動すべきかという点も「国際標準」としても明確
ではなかった。だが、20世紀末以降、新たな潮流が存在する。とりわけ、東西
冷戦終結後の、体制転換において東欧諸国がヨーロッパ評議会（そしてヨー
ロッパ人権条約）およびEUに入っていくにあたって、多くの司法・警察研修
のための援助をヨーロッパ評議会やEUから受けているのはより直接的な例で
ある。だが、それだけではなく、それ以外の国においても、国家機関（とくに
行政機関）が人権適合的に行動することを確保しようとする潮流が存在する[26]。

---

(25)　例として、Tom Campbell, K D Ewing and Adam Tomkins (eds), *The Legal Pro-
tection of Human Rights* (Oxford 2011).

(26)　ここでは、イギリスが1998年人権法の発効に際して、2年の準備期間を設けて、裁判
官および公務員の研修を行ったことを例に挙げておく。詳細は、江島晶子「一九九八年イ
ギリス人権法の実施過程に関する検討」法学新報108巻3号（2001年）551頁以下；同
「憲法の未来像における国際人権条約のポジション」辻村みよ子・長谷部恭男編『憲法理
論の再創造』（日本評論社、2011年）311頁以下。また、ドイツ、フランスが憲法の大改正
を行ったことも見逃せない。初宿正典・辻村みよ子編『新解説世界憲法集（第5版）』
（三省堂、2020年）参照。

第Ⅲ部　多元的・非階層的・循環的人権保障システム

Ⅳ　国際基準創出プロセスとの接合

1　接合の局面

　司法的実現に議論の比重が置かれてきたがゆえに、国内裁判における国際基準の活用、そして国内裁判では認められなかった場合には、国際機関に個人通報を行い国際基準に基づく判断を求めるという接合面にスポットライトが当たってきたことは否めない。だが、接合の局面はそれだけではない。国際実施措置と国内実施措置がどのように接合しうるか、制度的に検討することが必要であろう。たとえば、現在、日本が活用できる国際実施措置の一つとして、政府報告制度が挙げられる。日本は、自由権規約、社会権規約、女性差別撤廃条約、人種差別撤廃条約、子どもの権利条約、拷問等禁止条約、強制失踪条約、障害者権利条約という8つの人権条約の下で報告書を提出しているだけでなく、これらとは別に新たに創設された国連人権理事会のUPRも定期的に受けている。報告書は個別具体的な問題を扱うのではなく、一般的に人権状況を報告するという性質上の限界があるのは言うまでもない。だが、日本の人権状況が定期的にモニタリングされ、検証され続けるプロセスをより有効に活用できないだろうか。しかも、長年の積み重ねの中で、NGOが委員会にオータナティヴ・レポート（カウンター・レポート）を提出し、場合によっては、提出前に政府とNGOとの間の協議の機会も設けられるようになっており、政府が一方的な報告を提出して終了ではない。そして、委員会に対する情報提供においてNGOと国内人権機関の存在は重要なものである。他方、たとえば、自由権規約委員会側も手続を変革して扱うべき問題点を予め絞り込んで対峙しようとしている（focused report based on replies to list of issues）[27]。報告書作成は政府（行政）内で対処され、それにかかる労力は今や相当なものであるが、現時点ではそれに見合った活用がなされていない。政府以外の統治機構においてもっ

---

(27)　Human Rights Committee, Guidelines for the treaty-specific document to be submitted by States parties under article 40 of the International Covenant on Civil and Political Rights, CCPR/C/2009/1.

第11章　憲法を「人権法」にする触媒としての国際人権法

と活用の途を模索すべきであるし、その際に、国会は重要な働きができる[28]。さらに、日本の報告書だけが重要なのではない。むしろ、共通の問題に対して他国がどのような取組をとっているのか（とっていないのか）も貴重な比較資料である。そのために、利用しやすいデータベース化をはかることも一案である。

　他方、長年の課題となっているのが、個人通報制度である。日本は自由権規約を筆頭に、いずれの個人通報制度も受け入れていない。それがいかに国際人権保障の実効性を質的に進展させることの障害になっているかについては、多くの論稿によって指摘されているのでここでは繰り返さないが[29]、国際基準創出プロセスとの接合という点では、まさに個人の具体的人権問題をベースとするだけに、接合の度合いがより緊密になることを、ひいては国際基準と国内基準とのすり合わせがより実質的に行われる契機をもった有用な機会であることを改めて強調しておきたい。そして、個人通報制度に対する慎重論に対しては、この個人通報制度は、批判・糾弾の場ではなく、改善のための情報収集・交換の場として活用できることを指摘しておきたい。自由権規約委員会の意見を尊重するとは、意見を検討せずに全く無視してしまうというのはだめだが、意見を検討した上日本には当てはまらないというのであれば、なぜ日本の文脈においてはそれが該当しないか理由を示すべきだということである。

2　接合するメリット

　では、接合するメリットは何であろうか。第1に、情報収集・交換である。国家機関の設計・作法は、現時点では、その国際基準はまだ生成途上にある。各国がとっている人権保障のための設計・作法は、当該国の文脈でのみ有効な

---

(28)　議員・野党にとって政府の政策を継続的に吟味する資料になるし、裁判所において行政や立法の立法裁量を吟味する資料にもなる。統治機構外では、メディアにとっても有効な資料である。この関係で、イギリスの議会内に設置されている人権合同委員会は参考になる。

(29)　申惠丰「国際人権の救済方法」ジュリ1244号（2005年）68頁以下、村上正直「オーストラリアに対する人権条約の影響」国際法外交雑誌98巻1・2号（1999年）194頁以下、江島晶子「「司法権の独立」と個人通報」法時77巻12号（2005年）25頁以下参照。

第Ⅲ部　多元的・非階層的・循環的人権保障システム

ものもあれば、他国においても導入可能なものもありえよう。たとえば、憲法裁判所は、第二次世界大戦後、世界に相当普及し、ある意味で、国際裁判所（たとえばヨーロッパ人権裁判所）と国内裁判所を接合する契機を持ち合わせている。国内人権機関についても、研究機関、政策提言機関のようなものから、実際に具体的人権侵害事例に介入するものまで、各国によってその設計・作法は異なり、これが「理想形」というものはない。だが、相互に情報交換することによって、それぞれの弱点を補強することができる。こうしたプロセスこそが、人権を実際に保障する上で重要だと考える。前述したように、国家報告制度における国家報告書とその吟味や国内人権機関の創設と各国内人権機関同士の情報交換が、まさに実態としての「人権保障」の設計・作法を明らかにしていく契機になるのではないだろうか。

　第2に、最低ラインの確立である。「人権とは何か」について議論を始めれば、百花繚乱であろう。とくに、社会権については、それが自由権と同様の形で人権であるかどうかについてまだ議論は継続中である[30]。他方で、これだけは「だめだ」という最低ラインが国際基準として生成しつつある。正確にいえば生成されたと考えられていたものが「9/11」を契機に大いに揺らいだ（典型例として、拷問禁止の絶対性の弛緩）。しかし、楽観的見解かもしれないが、国際基準創出プロセスと国内システムがより密接に接合されている地域では、最低ラインを守ろうとする努力、最低ラインに戻そうとする努力が一定程度になされたと考えられる[31]。

　第3に、予防ラインを用意することも可能になる。現代社会においては、たとえばめざましく進歩する科学技術の発展は、予想もしえないような問題を突

---

(30)　Conor Geary and Virginia Mantouvalou, *Debating Social Rights*（Hart Publishing 2011）.

(31)　イギリスとヨーロッパ人権条約を素材に、最低ラインの可能性を論じたものとして、江島晶子「「テロとの戦い」と人権保障――「9/11」以前に戻れるのか」長谷部恭男編著『講座人権論の再定位　第3巻　人権の射程』（第6章）（法律文化社、2010年）113頁以下：同「テロリズムと人権――多層的人権保障メカニズムの必要性と可能性」社会科学研究59巻1号（2007年）35頁以下：同「安全と自由の議論における裁判所の役割」法律論叢81巻2・3号（2008年）61頁以下参照。

き付けてくる。もっといえば、突き付けてくるならば身構えもするが、気がつかないうちに浸食されているということも起きうる。だが、これは、どの国でもいっせいに起きることもあれば、幾つかの国で現象が最初に起きるということもある。後者の場合には、その段階で、人権の観点から慎重に考えることができれば、望ましくない結果が広がってしまうことを未然に防止することができる[32]。

V　おわりに

　これまで、人権保障の発展を、右肩上がりの直線を理想として描いてきたようなところがある。国際基準にせよ、国内基準にせよ、人権水準を少しでも高めていくことを理想とし、また、努力を継続すれば次第に人権水準は上がっていくようにイメージしてきた。ゴールととらえるから、目指すものとなる。だが、現に起きているのは、21世紀は「人権の世紀」という期待とは正反対の現実である。時間と人権水準の2次元でとらえてきたが、むしろ様々な要素を加味した多次元でとらえるべきではないかと考える。国際化の「外圧」による「国際標準化」も当初は一定程度効果を挙げたかもしれないが、その効果は限定的であり、逆効果の側面も強い（個人通報程度の批准が実現されないのはその一つではないだろうか）。「国際標準だから受容せよ」（さらに一般的にいえば、国際社会の普遍的基準だから受容して当然）ではなくて、多層的レベルで、様々なアクターが意思疎通（積極・消極）を何度にも渡って行う中で、「国際標準」自体がある程度、内容的な幅と例外を持った形で成立し、それだからこそ国家がそれを受容できる状況が整うし、国家の後退を許さない包囲網もできあがる。そのためには、多層的に存在する手段、プロセスの部分に、より目を向けていく必要がある。

---

(32)　「監視社会」と人権というテーマで、予防ラインの可能性を論じたものとして、江島晶子「犯罪予防における DNA 情報・指紋の利用と私生活の尊重を受ける権利——Sおよびマーパー対イギリス事件」国際人権20号（2009年）120頁以下参照。〔追記：2024年、ヨーロッパでは、AI について、EU が AI 規則を、ヨーロッパ評議会が AI に関する枠組条約を実現させた。その波及的効果について注目できる。〕

第12章　権利の多元的・多層的実現プロセス

I　はじめに

2015年度の日本公法学会総会テーマ「現代公法学における権利論」は、「権利」に関して生じる新しい問題に対して、権利論自体だけでなく、権利の実現方法（救済）という観点からアプローチした。とりわけ、そこでの報告を基礎とする本章の課題は、「憲法学の領域においては、グローバル化が人権の実現にどのような影響を及ぼしているのか、国際人権と憲法上の権利の役割分担を含めて、さまざまなアクターが有機的に協働して権利を多元的に実現するプロセスを構築する可能性」の検討である（日本公法学会2015年度運営委員会企画趣旨）。本章では、憲法の権利実現プロセスと国際人権条約の権利実現プロセスを分析し、権利の実現において両者の多元性・多層性にどのような意義と課題があるかを明らかにし、多層的人権保障システムという観点から統治機構の再検証を行う[1]（それを通じて「グローバル人権法」の可能性を模索する）。

国際人権条約の源は、20世紀前半、なかでも、第二次世界大戦中の大規模な人権侵害の存在がグローバルに認識され、人権問題は「国内問題」ではなく、「国際社会の問題」であるという了解に国際社会が到達したことである。権利の実現方法という観点からすれば、権利の実現を担う憲法上の統治機構が人権を侵害する場合、国際社会の介入は内政干渉ではない。第二次世界大戦以降の権利実現方法の強化という点で、憲法上の対応が違憲審査制の導入であるとすると、国際人権法上の対応は国家を監視する国際機関の設置である（権利実現手段のグローバル化）。

---

[1]　人権保護と行政・司法・立法という観点から権利実現プロセスを検討する、斎藤誠「人権保護における行政と司法」樋口陽一他(編)『日独憲法学の創造力』（信山社、2003年）229頁以下参照。

第Ⅲ部　多元的・非階層的・循環的人権保障システム

　では、戦後から70余年が経過した現在、国際人権法は、権利実現においてど
れだけの実効性があるのか。日本における権利実現にどれだけの影響を及ぼし
ているのか。地球全体に対してはどうか。他方、日本国憲法はどのような影響
を及ぼしうるのか（そもそも憲法学は地球全体に対して何かを語りうるのか）。議
論の出発点として、国際人権法とは、「人権保障に関する国際的な規範、及び
それを実施するための法制度や手続の体系(2)」と定義するならば、国際機関
が国家の力を借りることなく国際規範を実施する陣容を備えていない現状では、
実施のために国家は欠かせない。権利の実現という観点から、地位の低下した
国家といまだ実現プロセスとして不十分な国際機関を組み合わせて、権利実現
の実効性をいかに高めるかが問われている。国際システムを考える際に、国内
法学者は国内システムとのアナロジーで考えやすいが、「国際法は国内法とは
ちがって『穴だらけ』であり（法の欠欿）、諸国は自国に有利な法を『作って』、
それを埋めようと日夜努力している」という現実的視点も欠かせない(3)。

　では、これまで憲法学は国際人権法をどのように把握してきたのか。従来、
憲法学は、「憲法の国際化」、「人権の国際化」ととらえて、一定のスペースを
教科書上割いてきたが、国際人権法が憲法にどのように組み込まれるのか（権
利の内容および実現方法の具体的記述）まで記述するものは少数である。国際人
権法を国際法の一部と把握すればこそ、憲法の「外」の問題と遇してきた感が
ある(4)。近年では、憲法学は国際人権法に注意を向けるようになったが、そ
れが両者の接合を生み出すというよりは、「国際人権」と「国内人権」という
腑分けを強調し、憲法学および国際法学の双方が違いを一層意識し始めてい
る(5)。人権のインフレを避け憲法解釈学を精錬させる傾向がこれに拍車をか

---

　(2)　申惠丰『国際人権法』（信山社、2013年）34頁。
　(3)　小寺彰ほか(編)『パラダイム国際法』（有斐閣、2004年）ⅰ頁。
　(4)　例えば、「[座談会]憲法学と国際法学との対話に向けて（前篇）・（後篇）」法時87巻
　　　9号（2015年）89頁以下（以下、前篇）および同87巻10号（2015 年）65頁以下（以下、
　　　後篇）参照。「異なるものが上から…」（前篇96頁）、「国の外から新たに規範らしきもの
　　　が降ってくる」（同上）、「国際人権が日本に下りてくるのが当たり前…」（後篇67頁））
　　　という表現が散見される。
　(5)　国際人権というネーミングについて以下を参照のこと：江島晶子「グローバル化社

第12章　権利の多元的・多層的実現プロセス

ける。もちろん憲法と国際人権法の安易な同視や統治機構の原理を無視した国際人権法の援用は百害あって一利なしであるが、世界的動向と比較しても国際人権法の摂取において謙抑的な日本の現状は、権利の実現という観点から原因を究明すべきである。とりわけ、現行の統治機構の下で、発見・解決に時間を要している人権問題がある現状からすると、統治機構自体（権利実現プロセス）に問題があると考えられる（例えば、日本国憲法の下で、民法900条4号但書き（改正前）が維持されたことや医療の進歩にもかかわらず（旧）らい予防法（新法）を制定したこと（そして廃止に多くの時間を要したこと）は、当事者の権利を大規模に侵害し続けたことはもとより、なにゆえ解決にこれほどまで時間を要したのかを問うべき典型例である）。憲法学の外からは、憲法学は人権救済に対する関心が低い、憲法の想定モデルは妥当性を失ったという指摘[6]もある。

　さらに、本章は、比較憲法と国際人権法の架橋を通じて、憲法学を「開く」試みである。欧米法継受の歴史ゆえに、日本の憲法学では比較研究が精力的に行われてきたが、アカデミアのグローバル化の下では問題がある。諸外国の研究成果に依拠する成果の多くは日本語によって発表されるため、日本語を解さない研究者によっては共有されず、依拠した成果の原作者からの応答、また、原作者をとりまくアカデミアによる評価を受けることは限られている（日本の憲法学のガラパゴス化）。そして比較対象は米独仏英（研究量の順）が中心であった[7]。だが、英語を共通言語に（その功罪は問われるべきだが）双方向で議論し合うグローバル化された研究環境の下では、日本における比較憲法研究の意義が問われよう[8]。本章では、最初に問題をとりまく背景を明らかにし

　　会と『国際人権』法時87巻13号（2015年）348頁以下：棟居快行「グローバル化の中の憲法」松本和彦（編）『日独公法学の挑戦』（日本評論社、2014年）17頁以下、24頁：寺谷広司「私人間効力論と「国際法」の思考様式」国際人権23号（2012年）9頁以下、9頁。

(6)　窪誠「誰のための何のための憲法学なのか」法時81巻5号（2009年）83頁以下、紙谷雅子「市民のための憲法学とは」同上87頁以下。

(7)　山元一「憲法解釈と比較法」公研66号（2004年）105頁以下、112頁参照。

(8)　西原博史・江島晶子「国際憲法学会第9回世界大会に参加して」論ジュリ11号（2014年）190頁以下。他方、日本でも比較憲法学の再検証が始まっている。君塚正臣「大学における『比較憲法』の存在意義」関西大学法学論集52巻2号（2002年）1頁以

第Ⅲ部　多元的・非階層的・循環的人権保障システム

（Ⅱ）、続いて現状を確認した上（Ⅲ）、新たなアプローチとして多層的人権保障システム（モデル）を提示する（Ⅳ）。

Ⅱ　背　景

1　日本公法学会における国際人権法・国際人権条約

　日本公法学会では、国際人権法は、元来、「国際化」を意識ないし念頭に置いたテーマの中で定期的に登場してきた[9]。近年では、「国際化」が「グローバル化」に代わっているが、グローバル化を国際化としてカウントすれば、約10年周期で登場しており、かつ、いずれの回でも国際人権法が取り上げられている[10]。1980年頃では、日本の外にある国際社会との接触が密になったので公法学はこれに対応すべきだという、国際化を外におく認識だったのが、1990年代では、日本社会自体が国際化し、日本は国際社会の一部となったという認識が示されている[11]。グローバル化に置換されたのちは、アクターの多元化（伝統的国際機関に限定されない）、法規範の多元化（国家を経由せず調整が行われる場合あり）が登場する。なかでも、2011年第76回日本公法学会では、「国家の役割の変容と公法学：市場のグローバル化」というテーマの下で、多元性、多様性という要素を析出しつつ、グローバル化の下での人権問題とそれに関わるシステムの問題を取り扱っており、国際人権保障に直接関連する。本章が関係する部分について敷衍しておくと[12]、工藤報告は、憲法論が扱ってこな

　　下、山元・前掲注(7)、林知更「戦後憲法学と憲法理論」憲法問題18号（2007年）39頁
　　以下、新井誠「憲法解釈における比較憲法の意義」憲法理論研究会編『憲法学の未来』
　　（敬文堂、2010年）31頁以下。
　(9)　主要なものとして、公研5号（1951年）、33号（1971年）、公研45号（1981年）、公研
　　55号（1993年）、公研64号（2002年）参照。初期には、国際法学者の報告もある。
　(10)　最初に取り上げられたのは2001年第66回日本公法学会「国家の『ゆらぎ』と公法」
　　で、国際人権保障については、建石真公子「国際人権保障と主権国家」公研64号（2002年）
　　138頁以下参照。
　(11)　江橋崇「主権理論の変容」公研55号（1993年）1頁以下。
　(12)　工藤達郎「市場のグローバル化と国家の位置づけ」公研74号（2012年）1頁以下、

かった、国外にいる外国人に対する日本国憲法の妥当性の問題を、紙野報告は、国民がグローバル化された存在になり、保障されるべき人権が多様化し必要性が増大することを指摘する。原田報告および藤谷報告は、政策実現過程に目を向ける。前者は多元的システムの必要性を説く点で筆者の構想と関連する。後者は、グローバル化のもたらす国家の制御能力の低下が所得分配機能の弱体化として表れていることを的確に指摘し、国際人権法が問題視する貧困の問題の解決がなぜ困難であるかを示している。大西報告の取り上げる企業、多田報告の取り上げるNPOは、本章の構想するシステムにおけるアクターの一つである。そして、高佐報告が、最後に提起した「国際人権レジームの正当性はどのようにして担保されるのか」という問いに、本章では多層的人権保障システムの観点から取り組む。

2　憲法学と国際人権条約

⑴　通説・判例・実務

　国内法秩序における国際人権条約の位置づけは、国内法秩序における国際法の位置づけという問題の中で扱われてきた[13]。具体的には、①国内法秩序における国際法の国内的効力の有無、②国内法秩序における国際法の序列、③国内法秩序における国際法の適用可能性である[14]。日本の通説・判例は、①条約は国内的効力がある（自動的受容）、②国内法秩序における序列は、憲法、条約、法律の順、③裁判所が適用できるのは、直接適用可能な条約または

　9頁、紙野健二「市場のグローバル化と国家の変動」同上22頁以下、36-37頁、原田大樹「政策実現過程のグローバル化と国民国家の将来」同上87頁以下、94頁、藤谷武史「企業・投資活動の国際的展開と国家」同上100頁以下、101頁、大西祥世「グローバル化における企業の公法上の位置づけ」同上112頁以下、多田一路「国家作用におけるNPOの位置」同上125頁以下、高佐智美「グローバル化の中の『移動の自由』」同上137頁、147頁。

(13)　他に、国内法と国際法の理論的関係という問題が存在する。森肇志「憲法学と国際法学の対話に向けて」法時87巻8号（2015年）76頁以下、76頁参照。なお、憲法学からの再検討として、石川健治「『国際憲法』再論」ジュリ1387号（2009年）24頁以下参照。

(14)　小寺彰・岩沢雄司・森田章夫(編)『講義国際法』（有斐閣、2010年）105-107頁（岩沢雄司執筆）、森・前掲注(13)、76頁。

self-executing な条約、と解してきた[15]。では、この枠組の下で、国際人権条約はどのように憲法の中に位置づけられてきたか。早くから国際人権法に注目してきた憲法学者が、1994年に行った評価（「憲法学の教科書においては、…個別人権規定の評価においては『国際人権』がまったくといっていいほど無視されており、うまく練り込んでいるとは言えない」）は、約20年後の現在も「当てはまる」と国際法学者の評価を受けている[16]。他方、裁判所側の評価として、園部逸男元最高裁判所判事は、1999年の国際人権法学会において、裁判官には、①法律の関係規定の合憲解釈、②憲法の規定の直接適用、③国際人権規約に沿った憲法の解釈、④国際人権規約の国内直接適用という思考順序があるが、④を緊急に必要とする事件がなかったと述べている[17]。そして、現時点でも、これは「実務家だけでなく、多くの憲法学者もいまなお漠然と共有する『前理解』」だと、憲法学者側が受け止めている[18]。

　他方、国際人権法の援用は、裁判の場面において実務家を中心として進められてきたゆえに、裁判所における国際人権法の適用による被害者救済という指向性が強く、また、そうであるがゆえに、個人通報制度の批准を強く主張してきた。だが、裁判所に期待するという方向性の妥当性・現実性には疑問がある。裁判所が、権力分立、国民主権といった憲法原理に注意を払うとすれば、謙抑的態度は容易に予想しうる。他方、条約の締結・承認・実施のプロセスにおいて、執行府と立法府が果たす役割は重要であるが、現在の憲法学の関心は不十分である（憲法と条約というテーマが隆盛したのは日米安全保障条約との関係であり、憲法と外交というテーマは未発展）。統治機構全体として国際人権条約の国

---

(15)　実務では、もれなく担保法を整備するのが基本なので、自動執行力の有無を検討した後、これがない場合に担保法を制定するというアプローチはまずとらないという。松田誠「実務としての条約締結手続」新世代法政策学研究10号（2011年）301頁以下、313頁および318頁。条約の直接適用可能性については、実際の実務を考慮に入れて再検討する必要がある。

(16)　横田耕一「『国際人権』と日本国憲法」国際人権5号（1994年）7頁以下、10頁、森・前掲注(13)、79頁、後篇・前掲注(4)、67頁。

(17)　園部逸男「日本の最高裁判所における国際人権法の最近の適用状況」国際人権11号（2000年）2頁以下。

(18)　宍戸常寿「イントロダクション」法時87巻8号（2015年）72頁以下、73頁。

内実施に関する理論構築が必要である。

(2) 世界的動向

　では、憲法学としてどのような対応が可能かを模索するために、最近の動向を探求する。最初に、第二次世界大戦後の世界の憲法状況、とりわけ、独立、体制転換、革命の際の憲法制定における人権の「グローバル化」に目を向けたい。戦後、多くの独立国家が誕生し、憲法を制定した。シカゴ大学の Tom Ginsburg 教授による Comparative Constitutions Project に基づけば、194カ国（台湾を含む）中123カ国は第二次世界大戦後に初めて憲法を制定している。また、68カ国の憲法は何らかの形で国際人権条約に言及している[19]。権利章典の内容として国際人権条約を参考にするものもある[20]。より最近では、冷戦終結を契機として中東欧諸国が新たに憲法を制定した。その際、ヨーロッパ評議会（とくにヴェニス委員会）および EU は大きな役割を果たしており、憲法の中には、直接、ヨーロッパ人権条約（以下、ECHR）に言及したり、国際人権条約の直接適用を規定するものがある。他方、古参締約国の間にも ECHR の影響力が司法実施だけでなく様々な形で及んでおり、例えばイギリス、アイルランド、スウェーデン等は ECHR の「国内法化」を推進した[21]。アフガニスタン憲法およびイラク憲法における国際機関・諸外国の影響も指摘できる[22]。なかでも、グローバル化（または開放型）の典型例は、南アフリカ憲法である。国内外の運動の成果としてアパルトヘイト政権からの転換をとげた南アフリカは、権利章典の内容としてカナダの権利および自由に関する憲章を参考にすると同時に、憲法中に国際法を考慮しなければならず、外国法を考慮できるという規定（39条）を有する。そして、南アフリカ憲法裁判所は頻繁に外

---

(19)　Comparative Constitutions Project 〈 https://comparativeconstitutionsproject.org/〉 を用いてカウントした。なお、https://comparativeconstitutionsproject.org/chronology を参照のこと。

(20)　イギリスからの独立国は、ECHR を参考にした。

(21)　江島晶子『人権保障の新局面』（日本評論社、2002年）参照。

(22)　Ran Hirschel, *Comparative Matters: The Renaissance of Comparative Constitutional Law*（OUP 2014）224.

第Ⅲ部 多元的・非階層的・循環的人権保障システム

国法判例を参照する（筆頭はカナダで、カナダも南アフリカ判例を参照する）。第二次世界大戦後、外国や国際機関の影響を全く受けずに憲法を制定した国はほぼ皆無である。

憲法と国際条約との関係で発展を見せてきたのがヨーロッパである。ECHRおよびEU（における人権の主流化）の発展ゆえに、憲法と条約の関係について活発な研究が行われている（ヨーロッパ立憲主義、憲法多元主義、グローバル立憲主義等）[23]。とりわけグローバル立憲主義は、EU法と国内憲法との関係を、EU法優位の一元的秩序（連邦的法秩序像）でもなければ、政府間協力に基づく二元的秩序でもないと把握するもので、人権保障の多層的システムを考える上で参考になる[24]。国際法学全体としても、国連における人権の主流化と司法的国際機関の増加を受け、国際立憲主義、国際法の憲法化、グローバル立憲主義、国際法の人権化等が論じられている[25]。他方、憲法学の中でも比較憲法学がルネッサンスを迎え、新たな方法論の必要性が説かれている[26]。なかでも、欧米中心の比較憲法（グローバル・ノース＝日本の「準拠国」）にグローバル・サウスを対置させて、真にグローバルな比較憲法を探求する点やアジアでも比較憲法研究が興隆している点は、前述した日本の研究状況から興味深い[27]。

----

(23) 小畑郁『ヨーロッパ地域人権法の憲法秩序化』（信山社、2014年）。なお、イギリスのEU離脱という選択（2016年6月23日国民投票の結果）が、今後のEUに与える影響を検討する必要がある。

(24) 須網隆夫「グローバル立憲主義とヨーロッパ法秩序の多元性」国際法外交雑誌113巻3号（2014年）25頁以下参照。

(25) Jan Klabbers and Anne Peters, *The Constitutionalization of international Law* (OUP 2009); 最上敏樹「国際立憲主義批判と批判的国際立憲主義」世界法年報33号（2014年）1頁以下：阿部浩己「国際法の人権化」国際法外交雑誌111巻4号（2013年）1頁以下。

(26) Michel Rosenfeld, M and András Sajó (eds.), *The Oxford Handbook of Comparative Constitutional Law* (OUP 2012); Hirschl (n 22); Vicki Jackson and Mark Tushnet, *Comparative Constitutional Law* (3rd edn, Foundation Press, 2014).

(27) Daniel Bonilla Maldonado (ed.), *Constitutionalism of the Global South* (CUP 2013); Albert H. Y. Chen (ed.), *Constitutionalism in Asia in the Early Twenty-First Century* (CUP 2013); Wen-Chen Chang, Li-ann Thio and Kevin Y. L. Tan, *Constitution-*

第12章　権利の多元的・多層的実現プロセス

(3) 日本の憲法学の応答

最近の日本の憲法学の応答には次のようなものがある。まず、国際人権の論理と国内人権の論理の峻別（二元的峻別論）である。活発な論争を招来させ、憲法学者と国際法学者の力点の違い、とりわけ国家権力に対するとらえ方の違いを明らかにした（「日本の憲法学は権力の介入に非常に強い警戒心を抱いている」のに対して、「国際法において、権力と法は無自覚なまで近い」）[28]。報告者は、二元的峻別論が依拠する、人権の構造（自由権と社会権の区別を強調）からくる国家機関の権限分配という統治構造からのアプローチでは、国内システムと国際システムが多元的・多層的に存在することによって人権保障の実効性を高めようとする新たな動向を十分に評価しえないと考える[29]。現在、論争を契機にさらに憲法学者からの応答が生じている。システムに着眼するアプローチ（ネットワーク論、多層的立憲主義）と権利論に着目するトランスナショナル人権法源論である[30]。とりわけ、後者は、法のグローバル化に注目して、外国法および国際人権法をトランスナショナル人権法源として把握し、司法による適用を支持する議論を展開する[31]。

---

alism in Asia (Hart Publishing 2014); Rosalind Dixon and Tom Ginsburg (eds.), *Comparative Constitutional Law in Asia* (Elgar, 2014). 高橋和之『日中における西欧立憲主義の継受と変容』（岩波書店、2014年）参照。

[28] 高橋和之「国際人権の論理と国内人権の論理」ジュリ1244号（2003年）69頁以下、同「現代人権論の基本構造」ジュリ1288号（2005年）110頁以下および同「国際人権論の基本構造」国際人権17号（2006年）51頁以下、大沼保昭「人権の国内的保障と国際的保障」同上57頁以下および大谷美紀子「国際人権の私人間効力をめぐる憲法学者と国際法学者の議論の架橋の試み」同上69頁以下、棟居快行「国内裁判所における国際人権の適用をめぐって」芹田健太郎ほか（編）『国際人権法の国内的実施』（信山社、2011年）27頁以下、寺谷・前掲注(5)、11-12頁。

[29] ヨーロッパの文脈で、江島晶子「ヨーロッパにおける多層的統治構造の動態」大沢秀介・川﨑政司（編）『現代統治構造の動態と展望』（尚学社、2016年）参照〔本書第1章〕。

[30] 棟居快行「国際人権条約と国内法ネットワークの自己組織化」国際人権25号（2014年）45頁以下；齊藤正彰「新たな人権救済制度がもたらす人権規範の共通化」法時84巻5号（2012年）25頁以下；山元一「『憲法的思惟』vs.「トランスナショナル人権法源論」」法時87巻4号（2015年）74頁以下。

第Ⅲ部　多元的・非階層的・循環的人権保障システム

Ⅲ　憲法と国際人権条約の関係

1　憲法が保障する権利と国際人権条約が保障する権利

　日本国憲法の制定は、国際人権条約の揺籃期と同時期であるがゆえに、日本国憲法中に国際人権条約に関する明示的言及は存在しない。しかし、国際社会が「世界人権宣言」を成立させた経緯と日本国憲法が成立した経緯は直接関連してはいないが、同趣旨の理想を共有する。第一に、日本国憲法の草案の準備過程に注目できる[32]。憲法前文案中の「政治道徳の法則は普遍的」という点について、Kadesは、各国家は、自らの運命の最終的判定権者であり、政治道徳と主権とは関わり合いがないと批判したのに対して、Husseyは、国際連合の成立を前提として、主権の行使が普遍的な政治道徳を破る場合には、主権を行使する権利を有しないと反論し、現行憲法に残った。第二に、憲法98条2項である。同項は、満州事変以降、日本は条約を遵守しなかったという外部の印象を払拭するため、日本は条約を尊重するという条文を憲法中に入れたいという外務省の提案を受け、衆議院憲法改正小委員会、法制局等における検討を経て現行の形に落ち着いた。GHQ側だけでなく、日本側も国際主義に立っていたといえよう。

　では、保障する権利にはどのような違いがあるか[33]。日本国憲法は1946年以来、変更がないのに対して、国際人権条約の方は、具体的人権問題に即して条約の種類を増やし、権利の内容を具体化している。日本は、国連の9つの中核的人権条約のうち、移住労働者権利条約を除き、8つ（自由権規約、社会権規約、女性差別撤廃条約、子どもの権利条約、人種差別撤廃条約、拷問等禁止条約、強制失踪条約、障害者権利条約）を批准している（ただし個人通報は一切不参加）。憲法は国家対国民の関係を規律し、条約は国家間の約束である[34]。保護の対

---

(31)　トランスナショナル人権法源論に対する評価として、江島・前掲注(5)参照。

(32)　江島晶子「国際人権保障の観点から見た『国際協調主義』の課題と可能性」笹川紀勝『憲法の国際協調主義の展開』（敬文堂、2012年）41頁以下参照。

(33)　詳細は、杉原泰雄他(編)『新版体系憲法事典』（青林書院新社、2008年）423-429頁（江島晶子・執筆）参照。

248

象も、日本国憲法上の権利は国民に保障されるもので、解釈によって外国人にも及ぶとされるのに対して、国際人権条約において認められる権利は、「締約国の領域内にあり、かつ、その管轄の下にあるすべての個人」（例として自由権規約２条（ただし市民の権利を除く））に対し、尊重・確保される。権利の内容についても、両者には一定の差異がある。国際人権条約の中にはデロゲートできない権利（生命に対する権利や拷問禁止等が中心で、表現の自由は含まれていない）を規定する場合があるので、権利体系にも違いがある[35]。権利に対する制約の規定の仕方についても、憲法は、「公共の福祉」による一般的制約を定めるのに対して、国際人権条約は制約事由を個別に規定する。以上のような違いを前提とすると、憲法と人権条約を安易に同視できないことは明らかであり、実践の場でどのように「練り込む」かを考える必要がある。

2　国際人権条約実施における国内実施機関

⑴　政府（執行府）

政府は、国際人権条約の起草・批准・国内実施において重要な役割を果たす。一般的に、多国間条約の場合は、①非政府レベルの専門家の間における協議、②政府間交渉、③条約文の確定、④内閣法制局審査、⑤締結について国会の承認を求めるための国会への提出、⑥国会における審議（政府委員として質問対応）、⑦締結、⑧効力を発生させるための手続という過程を経る。実務的には、②の段階で、対処方針や国内実施の方法が検討され、新規立法で手当てできない内容の条約にしないこと、条約の履行が日本の憲法秩序に抵触する義務を負うことがないことが肝要であるという。④では、外務省と関係省庁が準備した条約の日本語訳および立法措置（担保法）の案が審査され、審査が終了すれば政府として行うことが必要となる法的整理がほぼ終了する[36]。新規立法が見込めない場合や、憲法違反の可能性がある場合には、条約の締結には踏み出せない（留保や解釈宣言による対応あり）。例えば、女性差別撤廃条約や障害者権

---

(34)　松田浩道「人権条約上の名宛人関係とその法的効果」国際人権22号（2011年）123頁以下参照。

(35)　寺谷広司『国際人権の逸脱不可能性』（有斐閣、2003年）参照。

(36)　松田・前掲注(15)、323頁および326頁。

利条約は男女雇用機会均等法、国籍法改正、障害者差別解消法が制定された一方、議論がありながらも人種差別撤廃条約や子どもの権利条約には国内法的措置が取られていない。

　条約批准後は、条約の国内実施として政策立案に反映することが求められるし、後述するように実際に実施しているかどうかは、条約機関に提出する国家報告書の審査においてチェックされる。また、国際人権条約が「生きている文書」だとすると、条約批准時に想定しなかった対応が必要となる可能性がある。また、本来的に留保は撤回することが望ましい以上、留保の見直しも必要である。加えて、条約の起草過程における政府の役割があるが、日本政府は消極的である（強制失踪条約以外は、条約が発効してから批准）[37]。条約は誰かが問題提起しなければ誕生しない。例えば、障害者権利条約ではメキシコが、強制失踪条約ではフランスが推進した（過去の反省からアルゼンチンとチリがそれを支えた）。起草過程への積極的参加（の是非）は憲法と外交という観点から検討できよう。

(2) 立 法 府

　国会は、条約の承認（憲法73条3号）を通して関与する。必要な立法措置を行うのも国会の役目である（女性差別撤廃条約と男女雇用機会均等法・国籍法改正、障害者権利条約と障害者差別解消法が好例）。国会による条約の承認は、内閣の条約締結に対する民主的統制と解され、国会による条約の修正は憲法学上の論点であるが、実務では、「××条約の締結について承認を求めるの件」となっており、承認を行うか否かが審議対象である。国会で、条約本体を修正議決した、または、修正を希望する旨の決議を行ったという事例はない[38]。他方、留保の撤回について立法府の関与の必要性について検討する必要がある[39]。

　条約批准に際して内閣が立法措置を予定していない場合や不十分な場合、ま

---

(37)　日本政府は、強制失踪条約起草には積極的に関与し、条約が発効する前に批准した。

(38)　中内康夫「条約の国会承認に関する制度・運用と国会における議論」立法と調査330号（2012年）3頁以下、14頁。

(39)　森・前掲注(13)、77頁。

第12章　権利の多元的・多層的実現プロセス

たは、内閣が提出できない場合、議員立法による提案も考えられる。なお、2016年に議員立法によって「本邦外出身者に対する不当な差別的言動の解消に向けた取組の推進に関する法律」（以下、差別的言動解消法）が制定されたが、人種差別禁止条約ゆえというよりは（1995年人種差別禁止条約加入時より人種差別禁止法制定が求められながらも実現されていない）、現実の問題の深刻性によるところが大きい。もっとも、これまでの経緯があったからこそ、差別的言動解消法の抱える問題点はすでに明確である。人種差別撤廃委員会は、罰則を伴わず、対象を適法な居住者に限定する同法を、次回の国家報告においてどう評価するだろうか〔追記：人権差別撤廃委員会は、2018年、日本の第10回・第11回定期報告に関する総括所見において、差別的言動解消法の施行を歓迎する一方、直接的・間接的人種差別を禁止する包括的人種差別禁止法を勧告した（前回の勧告を踏襲）〕。

　さらに、国会は、国際人権条約の観点から政策や法案を検討できる。国際人権条約に依拠して議員が質問する場面もあるが、継続的・システム的ではなく効果は低く、研究対象にもなりにくい。例えば、個々の法律の立法過程は研究対象になってきたが、複数の異なる立法過程を横断的に研究すれば、そこに通底する共通性や特性を究明できる。

(3) 司 法 府

　従来、日本の裁判所（とりわけ最高裁判所）は人権条約に対して謙抑的な姿勢を示してきた（最高裁による直接適用の例はない）〔追記：最高裁における新たな動向として、本書第8章〕。その理由には、①憲法と国際人権条約を安易に同視し、条約より優位する憲法だけを検討の対象とすればよい、②国際人権条約についてあまりよく知らない（条約機関から裁判官に対する国際人権法教育が勧告されている）、③（最高裁の場合）条約違反は上告理由にならないなどがある。上記に関連して、国際人権条約が国内法に「練り込まれ」ていないことも大きい（ECHRのように、豊富な判例法が確立すれば、事情も異なる）。

　裁判所による適用については、直接適用と条約適合的解釈（条約を国内法解釈の指針として参照し、国内法を条約に適合するように解釈すること。国際法学では間接適用ともいう）の内容を精査する必要がある[40]。第一に、法律の条約適

251

第Ⅲ部　多元的・非階層的・循環的人権保障システム

合的解釈の場合、法律が上位の法形式である条約と抵触するためにその適用範囲を限定する作用は、直接適用可能性の問題だという指摘もある[41]。第二に、憲法の条約適合的解釈である。例えば、受刑者が弁護士と立ち合いなしに接見する権利が憲法32条の裁判を受ける権利によって保障されるかどうかについて、自由権規約を解釈基準として参照し、憲法32条は裁判拒絶の禁止だけでなく、実効的な裁判とするために裁判へのアクセスの一環として受刑者が弁護士と接見する権利が保障されているのだと解釈する。これに対しては、下位の条約に憲法を適合させるのはおかしいという疑問が提起されてきた。他方、自由権規約を持ち出さなくても憲法32条自身の解釈として、上記の解釈は可能だという見解[42]もある。さらに、憲法32条と自由権規約14条は衝突しないという前提で、憲法の問題にせず、法律の条約適合的解釈として扱うという方法もある（ECHR の場合のように自由権規約委員会が総括所見・見解を示していればより説得力が増す[43]）。なお、憲法の水準と国際人権条約の水準の「高低」という発想には注意が必要である。比較するためには人権水準を客観的・一義的に確定できることが前提だが、実際の人権規定の多くは、「解釈」という行為を伴い、必ずしも客観的・一義的に決まるわけではない[44]。また、例えば、憲法は表現の自由について制約規定なしに保障（かつ検閲禁止）するが、自由権規約20条は憎悪扇動的表現の禁止を規定しているので、憲法の表現の自由の保障の水準が条約よりも高いということは正しい比較といえるだろうか。

(4) 地方自治体

地方自治体も統治機構の一部として、人権条約の実施の一翼を担う。条例や政策に反映させ、各地域の特性に即した効果的な活用が可能である。例えば、

---

(40)　小寺・前掲注(3)、116-117頁。宍戸・前掲注(18)、74頁で、具体的事例に依拠しながら、直接適用、間接適用（適合的解釈）、立法事実の区別をしている。

(41)　宍戸・前掲注(18)、74頁。

(42)　只野雅人「最新判例批評」判時1746号（2001年）201頁以下、204頁。

(43)　ヨーロッパ人権裁判所は、*Golder v UK* において、ECHR6条（公正な裁判を受ける権利）は、受刑者が弁護士に接見する権利も含むことを認めている。

(44)　詳細については、江島晶子「憲法の未来像における国際人権条約のポジション」辻村みよ子・長谷部恭男(編)『憲法理論の再創造』（日本評論社、2011年）311頁以下参照。

第12章　権利の多元的・多層的実現プロセス

一部の地方自治体の子どもの権利条例は子どもの権利条約の影響である[45]。他方、人種差別禁止条例には消極的であった。なお、深刻な状況を契機として、2016年1月、「大阪市ヘイトスピーチへの対処に関する条例」（同年7月施行）が成立した。市民からの申出を受け審査会が審査を行い、審査会の意見が公表される。

(5) その他のアクター

統治機構ではないが、重要な役割を担うようになったアクターとして、人権NGOや企業が挙げられる。とりわけ、人権NGOは、国内における人権問題の発見・解決において重要な役割をはたす一方、国際人権条約の起草・実施過程に関与し、国内システムと国際システムをつなぐ役割を果たす。それだけに、人権NGOの説明責任や民主的正当性も問題となる。

(6) 統治機構における新たな改革

以上のような検討から日本の特徴として見えてくるのは、条約の批准に対する真摯だがミニマムな対応と批准後の沈黙である[46]。これは決して日本だけの問題ではない。統治機構における新たな改革を概観する。

(ア) 国内人権機関　既存の統治機構では人権の実現には不十分であることが国際社会においても問題意識として共有され、国内人権機関の創設を提唱するパリ原則の採択（1993年国連総会）に結実した。現在、100をこえる国内人権機関が誕生している（パリ原則前にすでに人権委員会や人権オンブズマンが存在し、一定の効果を挙げていたことが基礎）。一般的委員会、個別的委員会、人権オンブズマン等、形態は様々であり、かつ、任務も条約遵守の監視、研究の遂行、予防的措置の促進、啓蒙活動から訴訟支援まで多様である[47]。重要な点は、伝統的統治機構においては、人権問題の発見・対処・解決がアド・ホックで個

---

(45)　2000年に制定（2001年発効）された「川崎市子どもの権利に関する条例」が最初の事例である。

(46)　浅田正彦「人権分野における国内法制の国際化」ジュリ1232号（2002年）79頁以下。

(47)　江島晶子「『人権救済法』としての憲法の可能性」法律論叢83巻2・3号（2011年）65頁以下参照。

253

第Ⅲ部　多元的・非階層的・循環的人権保障システム

人（被害者）の努力次第になりやすいのを、システムを提供し、比較的費用を
かけず、簡易・迅速に問題解決を図ることである[48]。国内人権機関は、国内
人権機関国際調整委員会（ICC）という機構の下で、認証制度を作り、権限の
内容、独立性、実効性といった観点から評価（格付け）すると同時に、機関間
で情報交換を行うネットワークを有する。2014年5月段階で、106機関が参加
しており、うち71がAステイタス[49]を有する〔追記：ICCは、2016年にGlobal
Alliance of National Human Rights Institutions（GANHRI）に名称変更した。118機
関に増加し、うち91がAステイタスを、27がBステイタスを有する〕。4つの地理
的区分ごとに地域フォーラムも存在する。日本は、2002年に人権擁護法案が頓
挫して以来、国連人権理事会および6つの条約機関から、国内人権機関の創設
を勧告されている。

（イ）議会内の人権委員会　ウェストミンスター型議会の中には、議会の中
に人権委員会を設置して、法案の条約適合性や国際人権条約の履行状況を監督
するものが存在する[50]。例えば、イギリスでは、1998年人権法制定時に、庶
民院議員と貴族院議員で構成される人権合同委員会を設置した。同委員会は全
法案のECHR適合性を審査し報告書を作成し議会に提出し、ヨーロッパ事件
裁判所違反判決の履行状況を監視する。オーストラリアもこれにならって、
2011年人権（議会審査）法によって議会人権合同委員会を設置した。オースト
ラリアも権利章典を有しないので、同国が批准する7つの人権条約を適合性基
準とする。カナダは、合同委員会ではないが、下院に司法・人権常任委員会、
上院に人権常任上院委員会が存在する。法案（または法案前の政策方針）の段階
で、条約適合性を審査し、政府との建設的協議を通じて、条約適合性を確保で

---

(48)　Gauthier De Beco and Rachel Murray, *A Commentary on the Paris Principles on
　　　National Human Rights Institutions*（CUP 2015）; 山崎公士『国内人権機関の意義と役
　　　割』（三省堂、2012年）。

(49)　パリ原則に完全に適合し、ICCにおいて投票権を有し、国際的フォーラム（例えば
　　　人権理事会）で発言できる。

(50)　Stephen Gardbaum, *The New Commonwealth Model of Constitutionalism*（CUP
　　　2013）; Janet L. Hiebert and James B. Kelly, *Parliamentary Bills of Rights*（CUP 2015）;
　　　Murray Hunt, Hayley J Hooper and Paul Yowell（eds.）, *Parliaments and Human
　　　Rights*（Hart Publishing 2015）.〔追記：本書第5章参照〕。

きることが利点である。また、議会内における人権周知度を高める。一方、1990年ニュージーランド権利章典法（New Zealand Bill of Rights Act 1990）の下で、法務長官は、法案が同法中の権利・自由と矛盾する場合や、裁判所が法律に対して矛盾宣言を下した場合、議会に報告・通知しなければならない（イギリスの1998年人権法は、同法を参考にしている）。

　（ウ）裁判所における国際人権条約・外国法の援用　目覚ましい発展を遂げた領域であり、比較憲法のルネサンスを招来した要因でもあるが、各国間の差は大きく、援用の実際についても様々な問題が存在する[51]。国際人権条約については、その実効性を高めることおよび判例・先例を蓄積することがその援用を促進する（ECHRと各締約国裁判所の関係において顕著）。

　（エ）外国の人権状況に対する取組　国際人権条約や国連は、国家が他の国家の人権侵害について通報・審査する機会を設けている。他国の人権問題について積極的に発言し、改善を試みようとする国もあり（人権外交）、前提となるのは、他国の人権状況の把握である。例えば、アメリカ合衆国国務省は各国別に人権報告書を、イギリス外務省は総合的人権報告書を毎年発表する〔追記：2021年11月、第2次岸田内閣発足の際、国際人権問題担当首相補佐官ポストが新設されたが、2023年9月の内閣改造で消滅した〕。

3　国際人権条約実施における国際実施機関

⑴　国連レベル

　国際実施機関の中心的役割は、限られた権限と財源の中で、国内実施機関の活動を監視・奨励することである。現在、国連の9つの国際人権条約は条約機関を備え、締約国が定期的に提出する報告書を審査し、総括所見（最終見解）を作成し、勧告を行う。また、勧告の中でも重要なものを選択してフォロー・アップ事項に指定し、一定期間経過後に進捗状況の報告を締約国に求める（総

---

　(51)　詳細は、新井誠「日本の国内裁判における国際人権法・比較憲法の参照」公研78号（2016年）212頁以下参照。報告者の見解としては、Akiko Ejima, 'A Gap between the Apparent and Hidden Attitudes of the Supreme Court of Japan toward Foreign Pre. cedent, in Tania Groppi and Marie-Claire Ponthoreau (eds.), *The Use of Foreign Precedents by Constitutional Judges* (Hart Publishing 2013) 277-299.

括所見の実効化）。条約の多くは個人通報制度（選択議定書を別途批准する必要が
ある）を備えており、締約国による人権侵害の個人通報に対して、条約機関は
見解（views）を示すことができる（法的拘束力はないが、総括所見の一般的指摘
とは異なり、個別の事件における締約国による条約違反の指摘なので、影響力はよ
り大きい）。また、一部の条約機関は、条約の解釈について一般的意見を発表
し、条約の内容に対する理解を深めている。これに加えて、2006年に発足した
国連人権理事会による普遍的定期審査（UPR）もある。さらに、国連の政策プ
ロジェクト（例えば、UN Women）や国連安保理決議と国内行動計画（例えば
国連安保理決議1325と国内行動計画）など、様々な人権課題が提起・発展してい
る。そこでの日本の関与は憲法外の問題なのか、憲法の保障する権利等に関わ
るゆえ憲法の問題なのか問われよう。

(2) 地域レベル

　現在、国連レベル以外に、ECHR、米州人権条約およびアフリカ人権憲章と、
いずれも人権裁判所（判決は拘束力を有する）を備える地域的人権条約が存在
する。とりわけ、ヨーロッパにおける地域的人権保障は、ECHR だけでなく、
EU（および EU 司法裁判所）も人権を重要な政策課題としており、両者の競合
が問題になるほど実効性を及ぼしており（EU 加盟の前提条件が ECHR 批准であ
ることも、多層性が人権保障を推進する動因）、国内の統治機構にダイレクトな影
響（と反発）を招いている[52]。その発展ぶりは、アジアにおける「不在」
（ASEAN 政府間人権委員会（AICHR）のみ）と対照的である。なかでも、ヨー
ロッパ人権裁判所の判例法の充実ぶりは目を見張るものがあるが[53]、ヨー
ロッパ人権裁判所が条約適合性を検討する際に、被告国の法だけでなく、他の
締約国の法、他の国際人権条約、非締約国の法まで考察の対象に入れており、
地域的人権裁判所において国際人権条約と比較法が接合されている[54]。

---

(52)　詳細は、江島・前掲注(29)参照。

(53)　ヨーロッパ人権裁判所について、江島・前掲注(29)および江島晶子「ヨーロッパ人
　　　権裁判所における少数意見（個別意見）」大林啓吾・見平典『裁判所の少数意見』（成文
　　　堂、2016年）参照。

(54)　Akiko Ejima, Emerging Transjudicial Dialogue on Human Rights in Japan, 14

(3) 検　討

　回数を重ねてきた総括所見は、個別の問題についても重要な意味を持ち始めている。まず、政府が策定する報告書は、日本の人権状況に関する日本政府の認識を示すものなので、出発点として重要である（行政機関や立法機関による一般的・具体的人権問題に関する認識の有無や認識しているのに措置をとらない不作為状態であることを示すエヴィデンスとなる）[55]。そして、当該認識は、条約機関からどのように評価されるか（グローバルな比較の視点）が総括所見によって示される。現在、NGO はカウンター・レポートによって政府が提供しない情報を提供し、問題の別の側面を条約機関に提示する（条約機関の委員は NGO から得た情報も参考にして政府に対する質問を行う）。多数の NGO がネットワーク（例えば、日本女性差別撤廃 NGO ネットワーク）を形成し、レポートを一本化して条約機関に提出したり、政府が報告書提出前に、NGO との事前協議を行う場合もある。NGO の中には、その活動実績に応じて、経済社会理事会との協議資格を有するものもある。例えば、自由権規約委員会の総括所見はすでに 7 回にのぼり、幾つかの問題については同じ勧告を複数回受けており、同じ勧告（例えば婚外子差別や夫婦同氏制についての民法改正）を何度も受けていること自体が同委員会によって問題視されている。何度も同じ勧告を受けるのは、前述の NGO が繰り返し問題の重要性を喚起し続けるからである（よって上から、外から降ってくるのではなく、国内の問題が別のルートを通じて再提起されている）。

　他方、条約機関による条約の解釈の法的意義も検討する必要がある。確かに、自由権規約委員会の総括所見は法的拘束力を持たない。だが、委員は、個人通報および国家報告の検討という任務に際して、規約を解釈し適用する権限を締約国によって与えられていること、同委員会は規約によって設置された履行監視機関であること、委員は、高潔な人格を有し、人権の分野において能力と認められ、個人の資格で職務を遂行する存在であること（自由権規約28条 9）という自由権規約上の位置づけに加え、30年以上に及ぶ経験と実績から一定の評

Meiji Law School Review [明治大学法科大学院論集]（2014）139, 162ff.

（55）　国会が条約の立法動向のチェックを怠った場合、考慮不尽として、裁判所は立法裁量の逸脱濫用を宣言できるという指摘として、前篇・前掲注(4)、96頁参照。

第Ⅲ部　多元的・非階層的・循環的人権保障システム

価が与えられていることを考慮に入れると、同委員会の条約解釈は権威ある解釈（有権解釈）である[56]。そして、条約機関のメンバーは異なる18カ国（地理的均衡も配慮）から集まっており、比較法的見地とグローバル性を備えている[57]。憲法学は、個別人権規定の解釈において自由権規約委員会の解釈を検討材料にできる。また、国内機関に対しても指針となりうる。国際人権法を統治機構の各部門において活用する具体的方法論を開拓していけば、「国内憲法における人権の構造と国家機関の権限分配の関連を剔抉し、柔軟な連続的思考で特徴づけられた国際人権の論理を国内平面に持ち込めば、かかる権限分配が破壊される」という懸念は回避できる[58]。

Ⅳ　権利の多元的・多層的実現プロセス

1　モ デ ル

憲法学は、権力への警戒を前提とすればこそ、国家の手足をいかに縛るかからスタートした。だが、権力分立のポイントは機関間の抑制均衡にあるので、ある機関をより積極的に働かせるという方向には機能しない。各機関は権力分立原理を理由として謙抑的に機能する（問題に対応しない）ことも可能であり、各機関の理想と現実のギャップはたびたび指摘されてきた。そもそも民主制における多数決原理はマイノリティには不利に働く[59]。そして、いずれの統治機関もアクセスしやすさや救済の実効性の点で不十分であり、前述したように国内人権機関の提唱につながっている。

　そこで、統治機構を動態的にとらえ、各機関が各々の役割・権限・機能に即

---

(56)　岩沢雄司「自由権規約委員会の規約解釈の法的意義」世界法年報29号（2010年）50頁以下、62-63頁；坂元茂樹「日本の裁判所における国際人権規約の解釈適用」芹田健太郎ほか（編）『国際人権法の国内的実施』（信山社、2011年）45頁以下。

(57)　委員の配分は、地理的衡平および異なる文明形態・主要な法体系を考慮する。

(58)　宍戸・前掲注(18)、73頁。

(59)　元ハンセン病患者国賠訴訟熊本地裁は、議会制民主主義や多数決原理は本件に妥当しないと判示した（熊本地判2001（平成13）年5月11日判時1748号30頁）。

258

第12章　権利の多元的・多層的実現プロセス

して人権問題にアプローチし、できうる最大限の対処をとったのちに他の機関の判断に委ねる仕組み（開放型解決構造）をモデルとして設定する。まず何らかの事例が発生し、当該事例に即して実効的かつ合理的と考えられる手段がとられる（個別対応：第1の解決）。しかし、解決にならなかったり、同種の事例が相当件数発生すると、立法的・政策的対応がとられよう（第2の解決）。しかし、対応が取られない場合や不十分な場合に国際機関に提起することも考えられる（第3の解決）。そして、国際機関からの発信を受けて国内機関が何らかの対応をとる（第4の解決）。もしもとられなければ改めて再提起される。問題がシステムを常時循環し続けるかぎり、問題が解決される可能性がある（同時にすでに新たな問題が発見されて新たな循環が開始する）。この循環を促進する上で有用なのが新たな機関（Ⅲ2(6)参照）およびNGOである。

　システム自体は問題の解決を保証はしないが、システムが常時循環していれば、問題が忘却されない。国際機関にせよ、新たな国内機関にせよ、既存の統治機構に代置するものでもなければ、統治構造のオーバーホールを目指しているわけでもない。その目的は問題が統治機構のシステムを循環するよう促進することである。権力分立を否定するのではなく、権力分立ゆえに各機関の権限行使が謙抑的にならないよう、各機関が保有する権限を最大限行使させる。このシステムの下では、国際機関の決定の拘束力の有無による違いは、現時点では相対的である（拘束力があれば循環のスピードは加速する）。究極的には、システムが完全に循環していれば、最終的権威の確定さえ不要かもしれない。循環する中で、各機関が託された権限（権限の内容が機関の役割・性質によって異なることも重要）に基づき、具体的問題について対応し、当該対応の妥当性は次の機関が検討する。妥当性が常に、他の機関によって検証、書き換えられていく。

　このように考えれば、国際人権規範の普遍性ないし正当性（そこから引き出される共通化・国際標準化）についても、異なる観点から考えうる。例えば死刑のように、人権の観点から国際的に厳しい批判があるが、批判に対する反発を招くだけで進展がない問題がある。これを「死刑」を維持している統治機構（国内システム）の問題と考える。国内システムの中で全く議論されずに死刑を維持し続けている場合には、死刑という問題自体だけでなく、国内システムに

おける権利実現プロセス自体に働きかける必要がある（民主制度や表現の自由の見直し）。これに対して、国内で民主的に議論した上、それでも維持し続けているとすれば、システムの循環の中で対話を続けていく（前述した意味において結論の変更可能性は存在する）。こうしたプロセスの実現には、議会と裁判所の関係についての新しいとらえ方（例えば「対話」理論[60]、「多段階的な実現プロセス」[61]）、国際人権条約の実質的受容を可能にする解釈論の構築、それを通じて法案や条約の国際人権条約適合性の審査を行うこと、NGOを筆頭とする非国家的存在の公法学における位置づけ、そして、政策論としては個人通報制度や国内人権機関の導入が検討課題となる。

2　意義と課題

　多元的・多層的システムの意義は、第一に、情報収集・交換の促進である。第二に、新しい視点の獲得である。ある国では「常識」、「問題なし」とされていても、他国・他地域では「非常識」、あるいは「問題として対応中」、「問題とした上解決済」と異なる様相を見せることがある。第三に、一国の中ではマイノリティでも、地球レベルでは一定の数になり、それゆえに重要問題としてのプレゼンスを獲得しうる。第四に、問題を忘却させない効果が生じる。第五に、万が一、ある国がはなはだしい人権制約に乗り出した場合に、効果的抑止力となりうる（換言すれば、循環するシステムにおいても最低ラインは維持できる）。そして、第六に、未知の問題に対するグローバルな取組（予防ライン）を提供しうる。他方、課題としては、第一に、循環するシステムが人権を侵害する方向で働く可能性は皆無ではない。第二に、外国法や国際人権法のご都合主義的利用の危険性がある。第三に、新たな機関、アクターの民主的正当性の問題である。第四に、そもそも実効性はあるのか。第五に、むしろ「アリバイ」を提供することにならないか、そして、第六に、国内機関と国際機関との緊

---

(60)　佐々木雅寿『対話的違憲審査の理論』（三省堂、2013年）、江島晶子「ヨーロッパ人権裁判所と国内裁判所の『対話』」坂元茂樹・薬師寺公夫『普遍的国際社会への法の挑戦』（信山社、2013年）85頁以下。

(61)　尾形健「権利保障と憲法的協働——政治部門・社会領域と司法府との「対話」をめぐって」公研78号（2016年）201頁以下。

第12章　権利の多元的・多層的実現プロセス

張・衝突である。外国・国際機関による「押しつけ」ととらえられると、権利の実現は後退する。

3　検証 ── Comparative and Transnational Moments

婚外子差別（民法900条4号但書（改正前））は、変更に時間を要した一例であり、かつ、日本国憲法が制定されてから現在に至るまでに、様々なアクターが様々な機会に、当該アクターが有する権限の下で問題に関わる機会を有すると同時に、条約機関の勧告や諸外国の法改正の影響を受けており、自国の法を検討するに際して、外国法を参照する機会（comparative moment（以下、CM））と国境を越えて機能する規範（主として国際人権条約）を参照する機会（transnational moment（以下、TM））が入り組みつつ、最終的に法改正に至った例である。戦後直後の民法改正（国会）、民法改正法律案要綱（法務省）、複数の違憲訴訟（裁判所）、外国における法改正、条約機関の勧告、ヨーロッパ人権裁判所における条約違反判決に、CM および TM が登場する。CM および TM の両者は、システムの循環の中で、頻繁に登場し、ご都合主義的・偶然的要素を含みつつも、違憲主張の説得力を深めていったと総合的に判断できる[62]。

V　おわりに

立体的なもの、動いているものを認識すること、文字で表現することは難しい。法の段階構造という約束事に依拠して立体図を平面図に置換し、一時点を切り出して静的記述を施し、議論するしかないが、隔靴掻痒の感がある。憲法と国際法の関係もそうである。例えば、憲法、条約、法律という序列関係について、動態的プロセスを考慮に入れないと、ますます憲法は役立たないという烙印を押されかねない。不十分ながら、本章では、循環するシステムの保障によって、ある一時点で「よりベターに見える答」を提示し、それを検証し続け

---

(62)　詳細は、江島晶子「憲法の未来像（開放型と閉鎖型）」全国憲法研究会（編）『日本国憲法の継承と発展』（三省堂、2015年）403頁以下。2015年最高裁大法廷判決法廷意見は国際人権法については沈黙しており検討の必要がある。

261

第Ⅲ部　多元的・非階層的・循環的人権保障システム

る状態を作り出すことを、人権保障のオータナティブとして提示した。そして、憲法の権利実現プロセスと国際人権条約の権利実現プロセスの接合によって、憲法および国際人権法をグローバル人権法として再構築する可能性があることを論じてきた。現状では、国際法と憲法との階層関係に基づき、いずれかの法的権威づけによって最終的解決が示されるものではないし、それを目指すことは生産的ではない。両者の関係は発展中であり、発展中のプロセスを前提として、両者が目標とする人権保障の実効性確保という観点からどのようなシステムが構築しうるかを具体的に検討する段階にある[63]。

---

(63)　「動態的な国内法プロセスにおいて、どの機関がいかなる手続で、国際的な人権動向をウォッチし、対応していくのが適切なのかという、機関適性と権力分立をめぐる問い」（宍戸・前掲注(18)、74頁）に近い。

第13章　法多元主義と国際人権法
——多元的・非階層的・循環的な人権保障の可能性

I　はじめに

　本章では、グローバル化が法の変容を生じさせるのではないか、その際、法多元主義がグローバル化における法の変容を描写するための理論として有用ではないかを検証するという日本法哲学会2018年度学術大会「法多元主義——グローバル化のなかの法」の企画趣旨を受けて、国際人権保障の実態を検討素材として提示した上、国際人権法が直面する障害にとってどこまで法多元主義の理論が有用か（換言すると、同理論に依拠することによって、より実効的な人権保障メカニズムを描出することができるかどうか）を検討する[1]。その際、「国際法からの眺め」として指摘されている、法多元主義から考えて問題となる、①自己完結的国内法理解、②国内法中心主義、③裁判官中心の視点、④西洋近代法中心主義、⑤グローバル立憲主義についても意識しながら検討を進める[2]。

　国際人権法を国際法に包摂されるものとしてとらえれば、国際法の議論の中で十分に取り扱われるはずだが、国際人権法の発祥と実施メカニズムの運用状況からは、多元性という点で以下のような注目すべき点がある。第一に、(a)国際人権法を国際法と国内法（とりわけ憲法）の両者が関わる領域（関わり方をどのように表現するかが鍵で、筆者はひとまず多元的・非階層的・循環的と表現する）で機能する法ととらえうるのではないか（また、その方が国際人権法の実効性に資するのではないか）。第二に、(b)法を階層的に把握することが（それとの関係で日本ではもっぱら国際人権法の司法的実施に注目しがちであったことが）、国

---

[1]　企画趣旨については、浅野有紀「統一テーマ企画「法多元主義——グローバル化の中の方」提題趣旨」法哲学年報2018（2019年）1頁以下参照。

[2]　国際法からの検討は、郭舜「法多元主義の問題提起をどう捉えるか——国際法からの眺め」法哲学年報2018（2019年）59頁以下参照。

第Ⅲ部　多元的・非階層的・循環的人権保障システム

際法と国内法の実際上の関係をうまく把握しきれず、国際人権法の実効性を阻害しているのではないか。そして、第三に、(c)人権の実施状況において非国家的存在の役割が重要であることから、「法という現象における国家法と非国家法の併存」(法多元主義)という把握が有効ではないか、である。すなわち、(a)については、国際法と国内法(とりわけ憲法)との関係として、二元論、一元論、調整理論という一連の議論がすでに存在するが、こと国際人権法に限定して考えるとどのような特徴が見いだせるだろうか。(b)については、国際人権法の実施の文脈に限定すると、法の段階構造的発想は実情に合わない。人権条約や憲法の規定は一部の例外を除いて、一般的包括的である。仮に、段階的構造を前提として、一方がもう一方に優位すると設定しても、両者を比較して、一方がもう一方に違反していると明言できる場合は限られている(憲法と行政法のような関係ではない)。(c)については、非国家主体による人権侵害がますます問題になる一方で(しかも、従来言われてきた私企業や私人による人権侵害だけでなく、国際機関による人権侵害も指摘されている)、非国家主体による人権保障という局面も登場している。たとえば、2011年に国連人権理事会が推奨した「ビジネスと人権に関する指導原則」や、国連と企業が直接契約を交わす、国連グローバル・コンパクトなどが挙げられる[3]。これらの規定はソフト・ローであると同時に、国家法ではないが、法の世界においてどのように位置づけられるべきだろうか。

　本章では、最初に国際人権法の発祥と現状を確認した上、国際人権法の国際的実施および国内的実施の実情から、上記の問題を人権の具体的実施という文脈の中で検討する。

---

(3)　Andrew Clapham, *Human Rights Obligations of Non-State Actors* (OUP 2006)；Manfred Nowak and Karolina M. Januszewski, 'Non-State Actors and Human Rights' in Math Noortmann, August Reiinisch and Cedric Ryngaert (eds.), *Non-State Actors in International Law* (Hart Publishing 2015)；菅原絵美「人間の基本的ニーズの保障と企業活動──人権条約上の国家の義務と企業の責任」国際人権26号(2015年)44頁以下；東澤靖「ビジネスと人権──国連指導原則は何を目指しているのか。」明治学院大学法科大学院ローレビュー22号(2015年)23頁以下参照。

II　国際人権法の発祥と現状

　国際人権法の源は、20世紀前半、ホロコーストに代表されるような大規模な人権侵害の存在がグローバルに認識され、人権問題は「国内問題」ではなく、「国際社会の問題」であるという認識に国際社会が到達したことである。その端緒が、戦後まもなく採択された世界人権宣言（1948年）である。その後、これを条約化する試みが着手され、自由権規約および社会権規約として結実しただけでなく、個別テーマを扱う人権条約が次々と採択されてきた（本書第14章II3掲載の表参照）。

　国際法上の主体は国家だけであったのが、個人にも認められ、かつ、個人が国家による人権侵害を国際機関に申立てるとことができるという変革は、国際法と国内法の関係に新たな展開を生じさせた（具体的手段について後掲III参照）。自己完結的な国内法理解や国家法中心主義では、大規模な人権侵害を抑止できなかった現実こそが国際人権法の始まりである。そして、人権規範が国際的に承認されただけでなく、それを実現するための国際的救済手段が導入されたことが重要である。なぜならば、国際的実施手段の導入が、当該人権規範の具体的内容について、国際機関と国内機関とが接触する場面を生じさせ、具体的な調整が必要となり、そこでは自己完結的な国内法理解や国家法中心主義は通用しないからである。

　権利の内容（人権のグローバル化）という観点からすると、人権条約と憲法中の権利は一定の共通性を有する一方（憲法の内容が人権条約の起源である場合もあれば、憲法の起草や改正に際して人権条約を参考にする場合もある）、人権条約の方が憲法よりも、具体的規定を備えていたり、憲法中には明示的に存在しない内容を有していたりする場合もある（たとえば女性差別撤廃条約における積極的差別是正措置）[4]。

　権利の実現手段という観点からすれば、第二次世界大戦以降の憲法における重要な変革である憲法適合性審査（違憲審査）の導入は権利実現方法の憲法レ

---

(4)　小畑郁「グローバル化のなかの「国際人権」と「国内人権」」山元一ほか(編)『グローバル化と法の変容』（日本評論社、2018年）3頁以下。

第Ⅲ部　多元的・非階層的・循環的人権保障システム

ベルでの強化であるが、同時期に、国際人権法上の対応として国家を監視する国際機関の設置がされた（権利実現手段のグローバル化）。この点でも自己完結的国内法理解は現実にそぐわない。そして、憲法適合性審査と国際機関による条約適合性審査は、具体的事件のレベルで相互比較され、一定の場合には積極的に相互に影響を及ぼし合う場面も生じている（裁判官対話）[5]。

　現実には、国内の人権保障について、国際法（国際機関）が国内法（国内機関）の肩代わりができるだけの陣容のものが存在しない以上、国際人権法が各国家（そして間接的に私人）に義務として課す人権の実現は、国内機関（国内の統治機構）によって実現されるしかない。しかし、受け入れ方については各国に違いがある（条約の受容形式の話ではなく、実際に各国がどれだけ条約の実施に真剣であるかという話）。確かに現時点では主要な人権条約のうち7つは国連加盟国の約9割前後によって受容されており、形式的には人権は相当普遍的といってよかろう（本書第14章Ⅱ3掲載の表参照）。締約国数が多ければ多いほど未締約の国家にとって圧力となり（国連加盟国193カ国中で子どもの権利条約を批准していないのはアメリカ合衆国のみ）、少なければ少ないほど国家によって真剣に受け止められる可能性が低くなる。強制失踪条約の締約国数は60（署名のみ49）、移住労働者保護条約のそれは54（署名のみ13）である。前者の発効は2010年でまだ若い条約だから批准数が少ないのかもしれないが、後者は2003年に発効しており、かつ、そこには先進諸国が全く含まれていない。また、条約の批准が即、条約の100％受容を意味せず、様々な留保や解釈宣言を付すことによって条約上の義務を骨抜きにすることも可能である（たとえばアメリカ合衆国は批准した自由権規約に相当数の留保をつけた）。そして、国家の条約に対する姿勢を如実に示すのは、個人通報の承認である[6]。自由権規約の個人通報は116カ国が受け入れているが、子どもの権利条約では40カ国、社会権規約はわずか24カ国という実情である。個人通報は国際機関と国内機関をより密接に

――――――――――

(5)　「小特集「裁判官対話の臨界」」法時90巻12号（2018年）の各論稿参照。

(6)　条約の選択議定書の批准による場合と、条約中に用意されている個人通報を承認する宣言を行う場合の二種類がある。前者は、自由権規約、社会権規約、女性差別撤廃条約、子どもの権利条約、障がい者権利条約、後者は人種差別撤廃条約、拷問等禁止条約、移住労働者権利条約、強制失踪条約。

接合させる仕組だが、現状では相当数の国が敬遠している（日本は批准した8つの条約のいずれについても個人通報を認めていない）。

　最後に、そもそも、国内の統治機構の安定性や民主制自体に問題がありそもそも国家に任せられない場合をどう考えるべきかという問題がある。まずは平和構築や民主化支援を通じて「国家」の体を作ることが重要と考えられてきたが、そのようなアプローチの妥当性も検討の必要がある。

Ⅲ　国際的実施と国内的実施の関係

　国際法と国内法（とくに憲法）、そして国際機関と国内機関（とくに統治機構）が、人権の実施に向けてどのような関係にあると把握できるか。人権条約は人権を実現する義務を国家に課す。換言すると、国家は人権を実現する国際法上の責任を負い、各統治機関はそれぞれの権限において条約を実現する責任を負っている。たとえば、立法機関であれば、条約実施に必要な法制定・改正を行うこと、行政機関は、条約を実施するよう政策の定立・実施を遂行すること、そして、司法機関は、具体的事件の紛争解決において、条約を適用したり、考慮に入れたりすることが考えられる。このような国内実施を監督するのが国際機関による国際的実施である。

1　国　　連

　まず、国連レベルの人権条約の場合であるが、前掲した表中の人権条約は条約機関を有しており、締約国は定期的に報告書を条約機関に対して提出しなければならない。この報告書を条約機関は審査して、総括所見（最終見解）をまとめ、締約国の人権状況について評価し、改善が必要な部分について勧告を出す。フォローアップ制度も設けられており、勧告の中でも特に重要なものを数点選択して、一定期間経過後に進捗状況を条約機関に報告することを求めている。また、報告を重ねる中で、審査のたびに決まって指摘される常連の問題が出現してくる。条約機関の勧告には法的拘束力はないが、勧告の内容が実現された例もあり、こうしたプロセスを、人権実現を目指す「建設的対話」として評価できる[7]。この審査の過程で重要な役割を果たしているのがNGOの存在

第Ⅲ部　多元的・非階層的・循環的人権保障システム

である。NGO は国家報告書に対して「もう一つの報告書（alternative report）」を条約機関に提出して、国家報告書の不十分な点を指摘する役割を果たす慣行が成立している[8]。

　さらに、個人通報という制度によって、個人が国家による人権侵害を条約機関に申立てることができる。条約機関は、事件を受理した場合、条約違反の有無について意見を明らかにする。こちらも法的拘束力はないが、具体的な事件の中で判断が示されるだけに注目度も大きく、国際機関の意見と国内の実態の乖離もより明確に示され、結果として国内機関の見解を変えた例もある[9]。このほか、人権理事会による普遍的定期的審査や特別報告官による国別調査・テーマ別調査が国際的実施として存在する。

　こうした国際機関の発信する勧告や意見には法的拘束力がないことから、伝統的法理論に立てば、事実上の影響として扱われやすい。だが無視してよいという結論につなげるべきではない。条約機関は人権条約の実現のためにおかれた国際機関であることを前提として、当該条約を締結した以上、条約機関の判断を尊重することが出発点であり、判断に従えない場合には少なくとも、なぜ従えないのか合理的理由を付けて応答する説明責任が条約遵守義務から引き出せる。そもそも条約機関のメンバーは、個人通報および国家報告の検討という任務に際して、条約を解釈し適用する権限を締約国によって与えられているこ

---

(7)　たとえば、条約機関は日本の民法の改正を勧告してきた。これを受けて、最高裁は民法900条4号但書や民法733条について違憲判断を下した（前者については判決文中で勧告の存在に言及した）。

(8)　国連憲章71条に基づき国連特別協議資格を得ている NGO も存在する。NGO の民主的正当性や説明責任の問題がある一方、有用な情報ソースとして機能している。日本に関する説明として、江島晶子「グローバル化社会と「国際人権」──グローバル人権法に向けて」山元一ほか編著『グローバル化と法の変容』（日本評論社、2018年）参照〔本書第7章〕。

(9)　2018年に韓国最高裁は先例を覆し、良心的兵役拒否を正当とし、有罪判決を破棄した。この間、自由権規約委員会は、良心的兵役拒否に刑事罰を科すことは条約違反という意見を繰り返していた。See Communication No. 2179/2012, Young-kwan Kim et al v. The Republic of Korea, Views adopted by the Committee on 15 October 2014 and other communications cited in note 5 of the View of No.2179/2012.

と、条約機関は条約によって設置された履行監視機関であること等からすると、条約機関の条約解釈は権威ある解釈（有権解釈）ととらえるべきである[10]。

　現時点では、各国の人権状況について、国際機関において様々な手段を通じて明らかになり、国際機関と国家が応答し、かつ、そこに NGO が関与しうる状態が存在する。これを、国内法制度のアナロジーで評価してしまうと、過小評価になりがちであるが、本章で指摘した意義からすると、それを積極的に評価する枠組が必要である。

2　地　域

　地域的人権条約は、人権侵害の有無を法的拘束力のある判決によって示すという国際的実施手段を有する。その代表格であるヨーロッパ人権条約（1950年署名、1953年発効）は、EU 法の存在とも相まって、国際法と国内法、国際機関と国内機関の関係について、議論の素材を提供し続けてきた。扱う事件も、多種多様で、先端的な人権問題や論争的問題を含む豊富な判例法を確立し、ヨーロッパにとどまらず世界中に影響を及ぼしている[11]。ここで、本章の問題意識から強調しておきたいのは、ヨーロッパ人権裁判所は「第四審ではない」というスタンスを崩していないことである。すなわち、同裁判所は国内裁判所の上級審ではなく、当該事件の事実がヨーロッパ人権条約から見ると、同条約で保障する権利を侵害しているかどうかを判断することであって、国内機関の決定を書き換える権限を有してはいない（どちらかが優位するという立場に立たない）。また、原則としては、国内機関の方が適切な判断をするのに向いているという考え方から、裁量を国内機関に認め、ヨーロッパのコンセンサスを超えたときだけヨーロッパの監督を発動させる（換言すればコンセンサスが存在しな

---

(10)　岩沢雄司「自由権規約委員会の規約解釈の法的意義」世界法年報29号（2010年）50頁以下、62-63頁。

(11)　最新の事情は、小畑郁ほか（編）『ヨーロッパ人権裁判所の判例Ⅱ』（信山社、2019年）参照。2013年の最高裁違憲判決にヨーロッパ人権裁判所の判例の間接的影響が見いだせることについて、Akiko Ejima, 'Emerging Transjudicial Dialogue on Human Rights in Japan: Does it contribute in making a hybrid of national and international human rights norms?' 明治大学法科大学院論集14号（2014年）139頁以下参照。

第Ⅲ部　多元的・非階層的・循環的人権保障システム

い問題については国内機関の判断を尊重）というスタンスである（補完性、評価の余地）。出された判決の履行についても、その具体的手段については締約国に任せつつ、その進捗状況をヨーロッパ評議会閣僚委員会が監督している。近年、判決履行監視が強化されてはいるが、締約国が従う気がなければなす術がないのも現実である(12)。他方、国際機関から国内機関の判断とは異なる判断が出されるという可能性は、国内統治機構において変容を生じさせている。たとえば、国内裁判所が国際機関の判断に言及したり、国内議会や政府が「人権」という言葉をより頻繁に用いるようになったり、また、国内人権機関の創設を後押しする要因でもある。こうした動向は、人権条約の意義として、人権問題を可視化し、国内機関・国際機関の双方において問題を循環させ続けることにあることを強調しておきたい(13)。一回の判決による解決ではなく（かつ、それは不可能である）、むしろ時間をかけて、対話のルートを確保しておくことによって、解決の可能性を持続させること、すなわち、非階層性、循環性の方に人権保障の実効性を高めている要因を見出せる。

　アジアでは、地域的人権条約、そして地域的人権裁判所が存在しないが、すでに ASEAN 地域では、ASEAN 政府間人権委員会が存在する一方、アジア諸国においてもアジアにおける人権裁判所創設への機運は存在する(14)。多く

---

(12)　たとえば、イギリスは、2005年に受刑者の選挙権の一律剥奪が条約違反であるとの判決を受けたが、国内の政治家・議会による猛反発を受け、政府は2017年まで放置し（その間にも大量の同種の申立がなされた）、最終的にとった措置も極めて最低限のものであったが、それでも閣僚委員会は判決を履行したという評価を下した。他方、究極の手段として条約からの追放があるが、実際上極めて取りにくい上、条約から追放すれば監督を及ぼすことがもはやできなくなるので得策ともいえない。〔追記：条約からの追放はおよそ考えられない選択とされてきたが、ロシアが2022年2月にウクライナを侵略したことを受け、同年9月にロシアを「除名」した。〕

(13)　詳細は、江島晶子「ヨーロッパにおける多層的統治構造の動態」川崎政司・大沢秀介（編）『現代統治構造の動態と展望』（尚学社、2016年）310頁以下参照〔本書第1章〕。

(14)　韓国憲法裁判所は、2014年憲法裁判国際会議（ヨーロッパ評議会ヴェニス委員会の支援の下、世界の憲法裁判所・最高裁判所の裁判官が集まる）において、アジアにおける人権裁判所の設置を提唱した。他方、アジア地域（ロシア、アゼルバイジャンを含む）16カ国で現在、アジア憲法裁判所連合が創設されており、こちらもアジア・レベルでの人権に関する司法対話を促進するフォーラムとなりうる。さらに、2019年7月に台

のアジア諸国は国連の主要人権条約を批准する一方で、個人通報制度には消極的であるということを考慮に入れると、非階層性、循環性に重点をおいた構造から始めることが有用であろう。

Ⅳ　おわりに

　法多元主義が問題とする①自己完結的国内法理解、②国内法中心主義、③裁判官中心の視点[15]、④西洋近代法中心主義、⑤グローバル立憲主義のうち、筆者は①から④については、国際人権法の実効性を高めるという目的から国際人権保障を検証しようとするとき、有益な指摘だと考える[16]。別な言い方をすれば、一元的、階層的、非循環的（決定的）にとらえがちな国内法学や伝統的法理論の問題点をあぶりだすためには法多元主義は有用である。しかし、いまだ国家を単位として構築されてきた法制度が存在する以上、かつ、現状は国家と国家以外の存在が混在するというのが現状に近いことから、国家の役割は残る。法多元主義からの問題提起を受け止めながら、換言すれば、多元性・非階層性・循環性の確保に一層着目していくことによって、国家とそれ以外のアクターがより接合された、実効的な人権実施メカニズムの構築の可能性が開けると考える。

　　北では、アジア人権裁判所の創設を具体的に考えるために、アジア諸国の研究者・実務家・NGO によって、Asian Human Rights Court Simulation（模擬法廷）という取り組みが行われた。詳細は以下を参照のこと。Asian Human Rights Couts Simulation（AHRCS）〈https://sites.google.com/view/ahrcs〉

（15）　人権実施の包括的理解には、裁判所以外の統治機関の役割が欠かせない。江島晶子「人権実現における議会の新たな役割」工藤達朗他（編）『憲法学の創造的展開』（信山社、2017年）153頁以下〔本書第5章〕および江島晶子「裁判所による適用から統治機構による実現」樋口陽一ほか（編）『憲法の尊厳』（日本評論社、2017年）、445頁以下参照〔本書第6章〕。

（16）　⑤について、筆者はグローバル立憲主義と法多元主義が対立するものとは受け止めていない。

第14章 多元的・非階層的・循環的人権保障システム
―― 人権法に向けて

I イントロダクション ―― 人を中心に据える

「国際的な人権保障システム」とは何か。オーソドックスな理解では、国際法によって規律される人権を保障する仕組みである（また、国際人権法とは人権に関する国際法ととらえられる）。他方、対比させれば、「国内的な人権保障システム」（以下、「国内システム」という）は、憲法を筆頭とする国内法によって規律される、人権を保障する仕組みとなる。そうだとすると、憲法の教科書が、人権の章を「国際的な人権保障システム」（以下、「国際システム」という）で始めることは画期的である[1]。とりわけ、以下の2点を指摘したい。

第1に、これまで、憲法学の教科書は、そこで扱う人権（または憲法上の権利）と内容的にも制度（手続）的にも関係する国際人権法を、あくまでも補足的なものとして扱ってきた。たとえば、人権の総論において、人権の歴史の最後に「人権の国際化」が登場し、主要な人権条約の名称が列挙される[2]。だが、これらの条約が、個別の人権の説明の中で言及されることは少なく、ましてや、制度の関係では、憲法の予定する統治機構と条約機関との関係が扱われることはない[3]。よって、国際人権法が憲法の中に練りこまれていないとい

---

(1) 具体例として、横大道聡ほか（編）『グローバル化の中で考える憲法』（弘文堂、2021年）。同書は、山元一教授の還暦をお祝いするために企画されたもので、同書の画期的章立ては、山元一教授の挑戦的研究への編者らによるオマージュである。

(2) 古典的教科書の代表格である芦部信喜（高橋和之補訂）『憲法（第7版）』（岩波書店、2019年）は、人権宣言の歴史を人権の国際化で締めくくる（79頁）が、約1頁分の記述は条約の名称の列挙である。三段階審査を基軸とした画期的教科書である、渡辺康行他『憲法Ⅰ 基本権』（日本評論社、2016年）は、「基本的人権の国際化 ―― 国際人権保障」として約1頁を割くが（12-13頁）、「条約が憲法に反することは許されないし、憲法を条約に適合するように解釈する義務があるわけではない」（13頁）と結論づける。

第Ⅲ部　多元的・非階層的・循環的人権保障システム

う1990年代の指摘は変わっていないとされる[4]。

　第2に、憲法を研究対象とする憲法学の教科書のオーソドックスな目次は、総論、人権、統治機構で構成され、人権研究は、人権の内容の究明に重点があり、理論研究と判例研究によって行われる。しかし、「保障システム」（内容だけでなく実現するシステムも）を人権のセクションの冒頭に据えることはない。しかし、本章は、人権研究と統治機構研究を切り離すことなく、両者を一体的にとらえて、人権を実現する動態的プロセスとして把握する。

　20世紀は、ホロコーストをはじめ大規模かつ残酷な人権侵害が世界各地で生じたことの反省に立って、国際人権法が急激に発展した[5]。国家に人権保障を任せていたのでは人権が完膚なきまでに侵害される危険があることを地球規模で（グローバルに）経験したからである。人権問題は他国が口出しできない「国内問題」ではなく、「国際社会の問題」であるという認識はコペルニクス的転回である。その最初の成果が世界人権宣言（1948年）であり、そこから様々な国際人権条約が誕生した（後述Ⅱ3参照）。もう一つ忘れてはならないのは、そうした認識の転換のもとで戦後、日本国憲法も制定されたことである（裁判所が外国法・外国判例を参照するときの伏線）。だが、現在、人がどこにいてもその人権が現実に保障されているかというと、そうではない例は枚挙にいとまがない。本章では、人を中心にして国内システムと国際システムがどのように関係しあうか、それによっていかなる効果を生じさせうるかを検証する[6]。こ

---

(3)　具体例として、佐藤幸治『日本国憲法論（第2版）』（成文堂、2020年）135-139頁、辻村みよ子『憲法（第7版）』（日本評論社、2021年）88頁および170-171頁参照。近藤敦教授は、日本国憲法の保障する人権に人権条約の記述を加えた画期的体系書を出されているが、表題は、『人権法（第2版）』（日本評論社、2020年）であり、国際システム自体の説明はない。数少ない例として、山元一「グローバル化時代の日本国憲法」（放送大学教育振興会、2019年）参照。

(4)　横田耕一「国際人権と日本国憲法」国際人権5号（1994年）10頁、森肇志「憲法学のゆくえ⑥」法時87巻8号（2015年）76頁以下、9頁。

(5)　前史は、岩沢雄司『国際法』（東京大学出版会、2020年）360-361頁参照。

(6)　Anne Peters, *Beyond Human Rights: The Legal Status of the Individual in International Law* (CUP 2006). 国内法・国際法の双方において、権利を認め、権利に関与し、そして権利を実施しようとする動きが1990年代から現在まで活発と評価する（p 536）。

第14章 多元的・非階層的・循環的人権保障システム

の点において、20世紀後半の国際人権法の出発点となる世界人権宣言の起草において、人権委員会委員長としてリーダーシップを発揮した Eleanor Roosevelt の言葉が想起される。彼女は、世界人権宣言10周年演説で、普遍的人権は「ごく身近な小さな場所」から始まると言っている[7]。個々の人権問題は身近な場所から始まる。それはコロナ禍において苦境に置かれた一人ひとりが実感するところである。同時に、「感じる」から「問題解決」につなげるプロセスは必ずしも充実してないことも可視化された[8]。

　本章では、憲法および国際人権法が予定する人権を保障する仕組みを確認した後、「グローバル化」の下でどのように変容しているかを検討し、今後の展望として、グローバル化の進展するこの地球において、地球全体において人権保障の実効性を高めうる、国際システムと国内システムを接合させた「多元的・非階層的・循環的システム」を提示する。

Ⅱ 憲法と国際人権法

1 憲法と人権

　憲法学では、人権（または基本的人権）と憲法上の権利（または基本権）を意識して区別し、前者は自然法上の権利として、後者は実定法上の権利としてとらえ、憲法が扱うのは後者であるとする[9]。また、近年、後者に関する判例研究の精度を高め、精緻な違憲審査基準論が展開されてきた（従来の違憲審査基準論に加えて、ドイツ連邦憲法裁判所判例に触発された三段階審査論[10]が登場）。

---

(7)　Mary Ann Glendon, *A World Made New: Eleanor Roosevelt and the Universal Declaration of Human Rights* (Random House 2001) 270.

(8)　江島晶子「憲法のデザイン」柳原正治・森川幸一・兼原敦子・濱田太郎（編）『国際法秩序とグローバル経済』（信山社、2021年）161頁以下：江島晶子「COVID-19と人権」国際人権31号（2020年）3頁以下。合わせて、国際人権法学会「COVID-19と人権」フォーラム参照のこと。〈https://sites.google.com/view/covidhrproject〉

(9)　例として、奥平康弘『憲法Ⅲ 憲法が保障する権利』（有斐閣、1993年）：高橋和之『立憲主義と日本国憲法（第5版）』（有斐閣、2020年）参照。

(10)　代表例として、渡辺・前掲注(2)参照。

275

第Ⅲ部　多元的・非階層的・循環的人権保障システム

この傾向は、法科大学院創設により拍車がかかった。確かに、議論の混乱や人権のインフレ化を防ぐためにこの区別は重要であろう。しかし、二つ問題がある。第1に、解釈の対象となる日本国憲法の文言は1946年に書かれたときのままである（それに対して人権条約の内容はこの70余年の間に現代社会の要請を受け常に発展してきた）。第2に、裁判所が人権問題の解決をどのようにとらえているかである。アメリカ連邦憲法裁判所にせよ、ドイツ連邦憲法裁判所にせよ、金字塔と評される判例を創出してきた。換言すれば、政治部門や世論に嫌われる判決を出しうる制度的担保と受け止める土壌が存在するのかが問われよう（裁判官個人の特性によるのではなく）。この点、日本の最高裁判所（以下、最高裁）は立法に対する違憲判断を13件しか出していない。また、違憲判決が全く出されない時期もあり、学説は最高裁の違憲消極主義を批判し、かつ、学説が提唱する違憲審査基準を最高裁が採用していないことを批判してきた。しかし、憲法が予定する統治機構および憲法政治に鑑みると、批判の矛先としてどこまで妥当であっただろうか[11]。近年、元最高裁裁判官と憲法学者との対話が行われていることは硬直的な判例研究に新風を吹き込むものとなろう[12]。他方、憲法学は、人権保障の実現を行っているかという観点から裁判所以外の統治機関を精査してきたのか検討する必要がある。

2　憲法と国際法、憲法と条約

まず、憲法と国際法、憲法と条約の関係について確認する。国内法においては、国際法の国内的効力（国際法は国内で法としての効力をもつのか）は、各国の国内法が決める。国際法は自らの力で、当然に国内で法としての力をもつわけではなく、国内法（憲法等）の定めに従って国内的効力をもつに至る。日本国憲法では、国際法遵守義務（98条2項）を規定し、条約の締結には国会の承

---

(11)　江藤祥平「それでも基準は二重である？」法時93巻4号90頁以下、90頁。そもそも、憲法上、内閣が最高裁裁判官の任命を行うという制度（最高裁判所長官の場合は内閣が指名し天皇が任命）であることや、任命過程について法的コントロールは存在しないことなど統治機構の観点から検証されるべきである。

(12)　千葉勝美『違憲審査』（有斐閣、2017年）；同『憲法判例と裁判官の視線』（有斐閣、2019年）；石川健治・山本龍彦・泉徳治（編）『憲法訴訟の十字路』（弘文堂、2019年）。

第14章　多元的・非階層的・循環的人権保障システム

認が必要で（73条3号）、天皇によって公布されること（7条1号）、そして旧憲法下の慣習（公布された条約が国内法上の効力を有した）等から、条約は特別の立法を必要とせず公布によってただちに国内的効力を有する（一般的受容方式）と解されている[13]。また、「確立された国際法規」（98条2項）は、国際慣習法を意味すると解され、国際慣習法は国内的効力を有する。

　国際法の国内的序列のうち、憲法と条約については、第二次世界大戦直後は、戦争に対する強い反省を背景として条約優位説が提唱されたが、日米安保条約の合憲性が問われた1950年代以降、憲法優位説が通説となった[14]。最高裁も、憲法優位説に立つ[15]。なお、従来の憲法優位説は、二国間条約（特に日米安保条約）を念頭においているが、多国間で正文がえられている条約（特に国際人権条約）については改めて検討が必要である。法律と条約については、従来、条約が優位すると解されてきたが、現在、疑問が提起されている[16]。国際慣習法の国内的序列は条約と同位と一般的に考えられている。

　国際法の国内適用可能性（直接適用）とは、国際法が国内においてそれ以上の措置なしに直接適用可能（self-executing 自動執行的）か、という問題で、国内的効力とは区別される。国際法の国内適用可能性は国内法が決定する問題であるが、実際の決定基準は各国でほぼ共通する。判断基準には、①主観的基準（当事国の意思、国内立法者の意思）と②客観的基準がある。多国間条約が多くなった現在では、当事国の意思としては、国際法に国内的効力が与えられたことに基づいて直接適用可能性が推定されるべきだとされる[17]。一方、国際法の間接適用とは、裁判所や行政機関が国際法を国内法の解釈基準として参照し、国内法を国際法に適合するように解釈することである[18]。

---

(13)　芦部信喜『憲法学Ⅰ』（有斐閣、1992年）89頁。

(14)　宮沢俊義（芦部信喜補訂）『コンメンタール日本国憲法』（日本評論社、1978年）816-818頁；清宮四郎『憲法Ⅰ』（有斐閣、1979年）450頁；芦部『憲法学Ⅰ』（有斐閣、1992年）92-93頁。

(15)　最大判1959（昭和34）・12・16刑集13巻13号3225頁〔砂川事件〕。

(16)　高橋和之「国際人権の論理と国内人権の論理」ジュリ1244号（2003年）69頁以下；山田哲史『グローバル化と憲法』（弘文堂、2017年）は、国際法規範は法律と同位と考える（459頁）。

(17)　小寺彰・岩沢雄司・森田章夫(編)『講義国際法』（有斐閣、2004年）107-108頁。

277

第Ⅲ部　多元的・非階層的・循環的人権保障システム

3　憲法と国際人権法・国際人権条約

　国際人権法は、国際法の一分野、「人権に関する国際法」として扱われてきた[19]。だが、国際人権法は、「国際的諸基準がかかわる人権問題に国際法、国内法の両面から相互有機的に接近しようとするものであり、『人権に関する国際法』ではなく『国際人権法』という語を自覚的に用いる」べきだという主張が、いちはやく国際人権法の教科書を執筆した著者から提唱されてきた[20]。そして、国際人権法の特徴は、広域性、学際性、実務のニーズにこたえる問題解決志向型だとする[21]。また、別の教科書は、国際人権法を「人権保障に関する国際的な規範、およびそれを実施するための法制度や手続の体系を指す」と定義した上、その実施には国内の法制度・手続が不可欠であることから、国際的および国内的な制度・手続を併せて考えることが適切だとする[22]。国際人権法学会（1988年設立）も、「国際人権保障の国内的実施の段階を迎えると、憲法その他の国内法研究者や法律実務家などの参加なくしては、多くの実りを期待できない」（設立趣意書）として学際的研究の重要性を強調し、人権問題の学際的究明および理論と実務の架橋に力を注いできた[23]。

　実際にも、国際システム自体が各国における人権実施にとって代わるものではなく、現状では、人権実施を直接担当するのは国内システムである。国際システムはそれを監督し、促進するにとどまる。「国際人権と国内人権は、それぞれが異なる論理に立脚しており」、「人権の実現のプロセスをめぐる国内人権論上の様々な議論は、国際人権には関係がない」という静的整理[24]では、動態的な人権実現プロセスを十分に捕捉することは難しい。以下、国際システム

---

(18)　岩沢・前掲注(5)、530頁。

(19)　司法試験選択科目「国際関係法（公法)」の一部として国際人権法は出題されている。

(20)　阿部浩己ほか『国際人権法（第3版)』（日本評論社、2009年）10頁。初版は1996年。

(21)　同上9頁。

(22)　申惠丰『国際人権法（第2版)』（信山社、2016年）34頁。

(23)　国際人権法学会設立趣意書（1988年）〈http://www.ihrla.org/establish.shtml〉

(24)　高橋・前掲注(16)、69頁以下、69頁および74頁。

278

第14章　多元的・非階層的・循環的人権保障システム

と国内システムが接合する部分に注目しながら、国際人権法を概観する。なお、国際人権法には、具体的には、人権条約のほかに、国連総会等で採択された宣言や決議、国際慣習法が含まれる[25]。また、人権理事会など国連憲章に基づく人権保障も重要である。本章では、人権条約に基づく人権保障について検討する[26]。

　国連の人権条約には、一般的人権条約である、自由権規約および社会権規約と個別的人権条約が存在する。総じて、日本国憲法第三章が保障する権利に匹敵するが、日本国憲法が明示的に保障していない権利もある（たとえば、自由権規約の場合、被拘禁者に対する人道的処遇、自国に戻る権利、外国人追放に対する手続的保障、無料の通訳を受ける権利、国境にかかわりなく情報を受けおよび伝える自由、戦争宣伝および差別唱道の禁止、家族の保護、公務就任権、少数者に属する人の文化、宗教、言語の享有権等[27]）。さらに、対象またはテーマを特化した個別的人権条約が存在する。前述したように、制定時のテキストのままである日本国憲法に対して、人権条約の方は現実に存在する人権問題に即して新たに条約が制定されてきた。なかでも、人種差別撤廃条約、女性差別撤廃条約、拷問等禁止条約、子どもの権利条約、移住労働者権利条約、障害者権利条約、強制失踪条約は、自由権規約および社会権規約と合わせて国連における主要な国際人権条約（core international human rights treaties[28]）と位置付けられる[29]。日本は、移住労働者権利条約以外は加入しているが、個人通報制度は受け入れていない。また、日本は、強制失踪条約以外の条約は発効後に加入し

---

(25)　申・前掲注(22)、34頁。

(26)　詳細は、申・前掲注(22)、34頁、岩沢・前掲注(5)、366頁参照。

(27)　薬師寺公夫ほか『国際人権法』（日本評論社、2006年）14頁。

(28)　OHCHR, The Core International Human Rights Instruments and their monitoing bodies〈https://www.ohchr.org/EN/ProfessionalInterest/Pages/CoreInstruments. aspx〉.

(29)　その他の個別的人権条約については、岩沢・前掲注(5)、368頁参照。なお、子どもの権利条約の政府訳は児童の権利条約であるが、「児童」という言葉は日常的には主として小学生以下の子どもを指す言葉として使われていることから、同条約は18歳未満の子どもが対象であることを明確にするために「子ども」という訳語を用いる（なお、日本の法令のほとんどが児童を18歳未満の者と定義する）。

279

第Ⅲ部　多元的・非階層的・循環的人権保障システム

主要国際人権条約の採択年・発効年・締約国数・締約国（例示）の批准年

条約	条約機関	採択	発効	締約国数	日本	韓国	中国	UK	フランス	ドイツ	US
人種差別撤廃条約	人種差別撤廃委員会	1965	1969	182	1995	1978	1981	1969	1971	1973	1994
自由権規約	自由規約委員会	1966	1976	173	1979	1990	n/a *1	1976	1980	1973	1992
社会権規約	社会権規約委員会	1966	1976	171	1979	1990	2001	1976	1980	1973	n/a *2
女性差別撤廃条約	女性差別撤廃委員会	1979	1981	189	1985	1984	1980	1986	1983	1985	n/a *3
拷問等禁止条約	拷問等禁止委員会	1984	1987	172	1999	1995	1988	1988	1986	1990	1994
子どもの権利条約	子どもの権利委員会	1989	1990	196	1994	1991	1992	1991	1990	1992	n/a *4
移住労働者権利条約	移住労働者保護委員会	1990	2003	56	n/a	n/a	n/a	n/a	n/a	n/a	n/a
強制失踪条約	強制失踪委員会	2006	2010	64	2009	n/a	n/a	n/a	2008	2009	n/a
障害者権利条約	障害者権利委員会	2006	2008	184	2014	2008	2008	2009	2010	2009	n/a *5

＊1 1998年署名、＊2 1977年署名、＊3 19880年署名、＊4 1995年署名、＊5 2009年署名

（2021年現在）

ている。

　そして、9つの人権条約は条約の履行を監視する条約機関を備えていることが人権の実現において重要な点であり、国際保障システムと国内保障システムが接合する際の重要な片側となる。前述の条約については、自由権規約委員会、社会権規約委員会、人種差別撤廃委員会、女性差別撤廃委員会、拷問禁止委員会、子どもの権利委員会、移住労働者委員会、障害者権利委員会、強制失踪委員会が存在する[30]。

　人権条約が定める履行確保制度の要は、国家報告制度と個人通報制度である。国家報告制度は、締約国が条約の履行状況を条約機関に定期的に報告するもので、条約機関が審査して、総括所見（concluding observation）をまとめ、締約

(30)　加えて拷問等禁止条約によって設置された拷問防止小委員会が存在する。

第14章　多元的・非階層的・循環的人権保障システム

国の人権状況について評価し、改善が必要な部分について勧告を出す。勧告の中でも特に重要なものを選択して、一定期間経過後に進捗状況を報告することも求めている（フォローアップ制度）。また、報告を重ねる中で、審査のたびに繰り返し指摘される問題が出現してくる。条約機関の勧告には法的拘束力はないが、勧告の内容が実現された例もある。よって、こうしたプロセスは人権実現を目指す「建設的対話」として評価できる[31]。この審査の過程で重要な役割を果たしているのがNGOの存在である。NGOは国家報告に対して報告書（カウンター・レポート／オータナティヴ・レポート）を条約機関に提出して、国家報告の不十分な点を指摘する役割を果たす[32]。実際、委員会は、国の報告の検討の際に、この情報を「かなり参考にし、それに基づいて質問を行」っている[33]。他方、国内では外務省が個々の人権に関係する省庁の取りまとめを行うことから、この作業は政府の関係部署が人権に対する意識（awareness）を高める機会としても活用されるべきである。

　個人通報制度は、個人が国家による人権侵害を条約機関に通報する制度である。条約機関は、事件を受理した場合、条約違反の有無について見解（views）を明らかにする。見解は法的拘束力を有しないが、具体的な事件の中で国家が人権を侵害しているという判断が示されるため、注目度も大きく、国内機関（たとえば裁判所）の見解を変えた例もある[34]。このほか、人権理事会による普遍的定期的審査（UPR）や特別報告官による国別調査・テーマ別調査が国際的実施として存在する[35]。地域レベルでは、ヨーロッパ、米州、アフリカの

---

(31)　たとえば、条約機関は日本の民法改正を勧告し、最高裁は民法900条4号但書について違憲判断を下した（最高裁は判決文中で勧告の存在に言及）。

(32)　国連憲章71条に基づき国連特別協議資格を得たNGOも存在する。NGOの民主的正当性等の検討が必要だが、調査機能をもたない条約機関にとって有用な情報源である。NGOの意義について、横大道・前掲注(1)、III-3〔小川有希子執筆〕参照。

(33)　岩沢・前掲注(5)、374頁（元自由権規約委員会委員長の評価である）。

(34)　2018年に韓国最高裁は先例を覆し、良心的兵役拒否を正当とし、有罪判決を破棄した。この間、自由権規約委員会は、良心的兵役拒否に刑事罰を科すことは条約違反という意見を繰り返してきた。See Communication No. 2179/2012, Young-kwan Kim et al v. The Republic of Korea, Views adopted by the Committee on 15 October 2014 and other communications cited in note 5 of the View of No.2179/2012.

第Ⅲ部　多元的・非階層的・循環的人権保障システム

各地域に人権裁判所（判決に法的拘束力がある）が存在するが、アジア地域には存在しない。

　日本では、国内法における国際人権条約については、裁判所による条約の適用（なかでも人権条約適合的解釈）が議論の中心であった。しかし、日本の裁判所が国際人権条約の適用については消極的で[36]、個人通報制度も実現しないままであるため、裁判所における条約の影響は限定的であった（新しい動向として後掲Ⅲ参照）。加えて、国際機関の発信する勧告や見解は法的拘束力がないと解されているために、事実上の影響とみなされやすい。だが、条約機関が人権条約の実現のためにおかれた国際機関であることを前提として、締約国は条約を締結した以上、条約機関の条約解釈は権威ある解釈（有権解釈）ととらえるべきであり、締約国は条約機関の判断を尊重し、従えない場合には従えない合理的理由を付す説明責任が条約遵守義務から引き出せる[37]。

　現在、国際人権法のプレゼンスが高まるにつれ、憲法学も国際人権法に向き合うようになってきたが、憲法と国際人権法の違いを明確にし、「区別」の重要性を強調する議論が誕生した[38]。他方、条約の国内適用（とりわけ条約適合的解釈）[39]や条約の私人間適用[40]について、精緻な検討が進行中である。これ

（35）　詳細については、岩沢・前掲注(5)、381頁以下参照。

（36）　原因として、①違憲判断に慎重、②人権条約の各規定の趣旨・背景を周知していない、③人権条約と憲法の同一視から、憲法を解釈すれば足りると考えがち、④刑事訴訟法や民事訴訟法上の上告・特別抗告の理由が憲法違反・判例違反に限定、⑤個人通報制度に不参加のため国内機関の判断が国際機関の判断と合致しないことが明示される機会がない等。

（37）　岩沢雄司「自由権規約委員会の規約解釈の法的意義」世界法年報29号（2010年）50頁以下、62-63頁。

（38）　高橋・前掲注(16)：同「現代人権論の基本構造」ジュリ1288号（2005年）110頁以下：同「国際人権論の基本構造」国際人権17号（2006年）51頁以下。

（39）　有力な憲法学説は、憲法98条2項から、国際法を尊重しつつ国際法と国内法の調和を確保しなければならない、という国際法調和性の原則を導出し、憲法の規定を可能なかぎり人権条約適合的に解釈すべきだと主張してきた（齊藤正彰「国際人権訴訟における国内裁判所の役割」国際人権11号（2000年）36頁以下）。最近の研究として、山田・前掲注(16)：手塚崇聡『司法権の国際化と憲法解釈』（法律文化社、2018年）：松田浩道『国際法と憲法秩序』（東京大学出版会、2020年）参照。条約の国内適用という観点から

第14章　多元的・非階層的・循環的人権保障システム

らの議論の検討は別稿を期すことにして、適合的解釈の前提について３点指摘しておきたい。

　第１に、裁判所による条約の国内適用や条約の私人間効力は、国際人権法の問題の一部でしかない。統治機構全体の問題として、国際人権法をとらえる必要がある。第２に、憲法と条約のいずれがより人権を保障しているかという判断は容易ではない。従来、憲法優位説を前提として、以下の４つに場合分けした上、問題となるのは③としてきた[41]。①憲法の保障内容＝人権条約の保障内容（→憲法の解釈で足りる）、②人権条約の保障が憲法の保障よりも狭い場合（→憲法が優先）、③人権条約の保障が憲法の保障よりも広い場合（→人権条約を援用）、④人権条約の保障と憲法の保障が矛盾する場合（→憲法が優先）。だが、具体的に考えると問題がある。まず、憲法も人権条約も規定内容の抽象性が高い場合には保障の広狭は明確ではない（憲法と人権条約の規定構造の違いもある）。一方が抽象的で他方が具体的な場合に、保障の広狭として比較できるのか。たとえば、裁判を受ける権利（憲法32）と公正な裁判を受ける権利（自由権規約14条）はどちらが広いのか。憲法に明文規定がない無料の通訳を受ける権利（自由権規約14条３項（f））は直接適用できるのか（上記③に該当するのか）。それとも条約適合的に憲法32条を解釈すべき場合（間接適用）に該当するのか。憲法は無料通訳権を否定しているわけではないので、憲法の解釈によって認めればよく、よって①の場合になるのか。また、法の下の平等（憲14）と人種差別を受けずに輸送機関、ホテル、公園等一般公衆の使用を目的とするあらゆる場

　　三著作を分析するものとして、齊藤正彰「条約の国内適用論の読解」北大法学論集71巻
　　６号（2021年）1439頁以下参照。

(40)　条約の私人間適用について憲法学の立場から検討する最新論稿として、齊藤正彰
　　「私人間の人権保障と国際規律(1)」北大法学論集71巻５号（2021年）1039頁以下および
　　「同(2)」同72巻１号（2021年）49頁以下参照。他方、京都ヘイト・スピーチ事件におけ
　　る京都地裁（京都地判2013（平成25）年10月７日判事2208号74頁）が、人種差別撤廃条
　　約は、締約国の裁判所に対して、その名宛人として直接に義務を負わせる規定であると
　　解釈したことを評価する見解として、斎藤民徒「人種差別撤廃条約の国内への適用」森
　　川幸一ほか(編)『国際法判例百選〔第３版〕』（有斐閣、2021年）112頁以下、113頁参照。

(41)　横田耕一「人権の国際的保障と国際人権の国内的保障」ジュリ1022号（1993年）25頁
　　以下、26-27頁。

第Ⅲ部　多元的・非階層的・循環的人権保障システム

所又はサービスを利用する権利（人種差別撤廃条約5条（f））が仮に同じだとしても（①ととらえる）、公衆浴場の利用を拒否された外国人にとってどちらが実効的救済を受けやすいだろうか。さらに、保障の広狭を比較して、広い方を採用するという考え方をとるとしても[42]、人権Aを保障するために人権Bを制約する必要がある場合には、Aの保障が広くなることは、Bの保障が狭くなる。憲法の人権条約適合的解釈の検討は、より多くの実践例に基づいて具体的に検討する必要がある。

　第3に、そもそも、なぜ人権条約が憲法の解釈基準となるのかである。現在、人権条約が「人権」に関する法で、人権は普遍的だからというだけでは十分ではない。よって、実践的なアプローチとしては、多層的レベル（国際・地域・国内）において取り組まれている様々な方向を向いた人権実現の試み（と反発）を考慮に入れながら、進行形の「人権」を捕捉し、そこから部分的・一時的・地域的にせよ了解の得られる一定の基準を抽出し、さらにそれを試し続けるモデル（いかなる機関も最終決定権を持たない）が考えられる。そして、単一の絶対的解答が存在しないからこそ、複数の機関によって、答を出し、検証し、比較するプロセスを重層的に用意しておく必要がある。すなわち、国際人権保障システムは、国内基準を国際基準に近づけるという単線モデルではなく、むしろ国内システムと国際システムとの「対話」を通じた検証の中で試行錯誤を重ねながら人権実施を促進するという多元的・非階層的・循環的人権保障システム（多層的モデル）となる。

　次に、人権のグローバル化を受けて、多層性をどこまで追求できるか、そしてその意義は何かを検討する。なお、個人通報制度も国内人権機関も不備のままの日本の現状は、多層性が貧弱である[43]。

（42）　同上26頁。

（43）　江島晶子「権利の多元的・多層的実現プロセス」公研78号（2016年）47頁以下〔本書第12章〕。

第14章　多元的・非階層的・循環的人権保障システム

Ⅲ　グローバル化による変容 ── 国際的システムと国内的システムの接合

1　人権保障システムのグローバル化

　第二次世界大戦後、世界人権宣言に始まり、数多の国際人権条約の採択は、人権が国境を越えて承認されたことになり、人権のグローバル化と評するにふさわしい。同時に、憲法レベルでも、20世紀後半以降に誕生した多くの憲法は、人権条約と呼応しながら人権規定を規定している。しかし、人権のグローバル化の前後で何が変わったのかという点に注目すれば、それは人権保障システムの国際化またはグローバル化が重要である[44]。国際人権条約は、その締約国に条約中の人権を実現する国際法上の義務を課すものであるが、締約国が当該義務に違反した場合に国際機関がどのような手段をとれるのかによって、条約が保障している権利の内実が決まる。これは、国内システムにおいても同様であり、憲法がどんなに素晴らしい人権カタログを有していたとしても、それに

---

[44]　人権の内容に着眼して、グローバル化に対応するのが、トランスナショナル人権法源論である。トランスナショナル人権法源論については、江島晶子「グローバル化社会と『国際人権』」山元一他（編）『グローバル化と法の変容』（日本評論社、2018年）69頁以下〔本書第7章〕参照。また、山元教授の応答として、山元一「『憲法的思惟』vs『トランスナショナル人権法源論』」山元一他、同上書3頁以下、19-21頁参照。なお、筆者は、「トランスナショナル人権法源論」対「多元的・非階層的・循環的人権保障システム」を二者択一ととらえていないので、後者のシステムが発展する中でトランスナショナル人権法源が出現する可能性を否定しない。ただ、現状では主流を占める実定法主義者の賛同を得ることは難しいことと、そもそも人権保障システムの弱いところで「トランスナショナル人権法源」を主張することは、「上」、「欧米」、「グローバル・ノース」からの「押しつけ」と受け取られる可能性を危惧する。批准した条約の国内的効力の一環として、国内機関が条約機関の解釈（とりわけ有権解釈）を考慮に入れることと、外国法・外国判例を裁判官が選択的に参照することは現時点では質的に異なる。前者の場合には、国内機関側に国際機関の有権解釈になぜ従わないか（従うのであれば説明はいらない）を説明する必要があるのに対して、後者の場合には国内機関は外国法・外国判例に従わない理由を説明する必要はないが、逆に参照するのであればなぜ参照するかを説明することが必要だろう。将来的にトランスナショナル人権法源が語られる世界を想像しながら、そのレベルに達するための現実的道筋として多元的・非階層的・循環的人権保障システムを提唱している。

第Ⅲ部　多元的・非階層的・循環的人権保障システム

反する事態が生じた際に是正手段がなければ憲法中の権利は画餅に帰す。実際、第二次世界大戦後、違憲審査制が人権保障手段として注目を集めたのは軌を一にする。

　では、どのような実現手段を選択すべきかについては、国家主権との緊張関係がある。現在、もっとも実効性が高いとされるヨーロッパ人権条約（Convention for the Protection of Human Rights、1953年発効）は、常設のヨーロッパ人権裁判所（European Court of Human Rights、以下、「人権裁判所」という）を備え、同裁判所の判決は各締約国を国際法上拘束する。しかし、条約発効当初は、個人が直接、人権裁判所に提訴することはできなかった[45]。個人の申立権の受諾が義務となったのは第11議定書発効後（1998年）の話である。ヨーロッパ人権条約の初期の経験が教えてくれるのは、「小さく生んで、ゆっくり育て、大きくなった」というプロセスである[46]。最初は調停機関としてのヨーロッパ人権委員会と、同委員会と各締約国だけが提訴できる人権裁判所の二本立てで出発した。当時の国家には、国家自身が個人によって国際機関に訴えられるのは受け入れがたかった。その後、人権裁判所による慎重な運営により、次第に裁判所の判決の権威と信頼性が高まり、制度改革にすべての締約国が同意できる機運が醸成するところまで発展した。強力な実施手段を設ければただちに人権保障の実効性が上がるのではなく（むしろ反対を受け実現しない）、少しでも多くの国家が同意できるシステムから始めるしかない。

　他方、導入した国際システムにおいて、人権侵害を受けている当事者およびその関係者が何らかの形で国際機関にアクセスできることは、問題の解決のうえで出発点となる。ヨーロッパ人権条約においては、これに相当するのが個人申立権であり、その蓄積が豊富な判例法として、個々の締約国だけでなく締約国全体に影響を及ぼし、やがては締約国に個人申立権の受諾を義務化させた。国連システムの場合には、これに相当するのが個人通報制度である。条約本体の批准に比すると個人通報制度の批准状況は遅れているものの、徐々に増加し

（45）　締約国が第9選択議定書（1994年発効）を批准すれば可能。

（46）　ヨーロッパ人権条約については、戸波江二・北村泰三・建石真公子・小畑郁・江島晶子(編)『ヨーロッパ人権裁判所の判例Ⅰ』（信山社、2008年）、小畑郁・江島晶子・北村泰三・建石真公子・戸波江二(編)『同Ⅱ』（信山社、2019年）参照。

第14章　多元的・非階層的・循環的人権保障システム

ている（たとえば自由権規約は2021年現在、173カ国が批准しているが、選択議定書の方は116カ国である）。現在、条約機関が総括所見において勧告を出す際に、個人通報制度の導入は必ず出す勧告の一つである。また、国家報告制度についても、現在、国家報告を審査する機会に市民社会からの報告として国内状況の情報提供を行い、それを条約機関が参考にするという仕組みが確立し、個人の声が国際機関に届けられ、国際機関を媒介として各国政府に伝えるというプロセスとなっている。

　人権保障システムのグローバル化という点でもう一つ言及しておきたいのは、国内人権機関の創設である[47]。国連総会におけるパリ原則の採択によって一気に広まったが、国によっては、それ以前から国内平面においてすでに存在し、一定の実績を上げていたものもある。そうした経験に加えて、既存の憲法上の統治機構だけでは人権の国内的実施が進まないという認識が合致してパリ原則に結実した[48]。そして興味深いのは、設立された国内人権機関が国際的ネットワークを結成して、各機関の実効性を評価する仕組みを作っていることである。国内人権機関の設立で完了とするのではなく、格付けを与えて、その実績を検証している[49]。よって、国内人権機関は国内システム内の機関ではあるが、それは国際的に開かれている。

　以上の観察からは、人権のグローバル化というのは、外から何かを押し付けられるというのではなく、国内・国外の双方で起きていることが国際システムと国内システムの接合面においてインタラクションを発生させ、さらなる発展につながっている状態を指す。

---

(47)　山崎公士『国内人権機関の意義と役割——人権をまもるシステム構築に向けて』（三省堂、2012年）。

(48)　Principles relating to the Status of National Institutions (The Paris Principles), adopted by General Assembly resolution 48/134 of 20 December 1993; de Beco, G & Murray, R. *A Commentary on the Paris Principles on National Human Rights Institutions* (Cambridge University Press, 2016).

(49)　江島晶子「『人権救済法』としての憲法の可能性」法律論叢83巻2・3号（2011年）65頁以下。

第Ⅲ部　多元的・非階層的・循環的人権保障システム

2　アクチュアルな人権問題に対するシステマティックな対応

次に、人権条約の特性を浮き上がらせるために、憲法と国際人権法のいずれがアクチュアルな人権問題の析出に成功しているかを問いながら、条約機関の報告書を検討する（そもそも、条文テキストとして人権条約の方が憲法よりも現代社会の問題により対応している）。たとえば、自由権規約委員会に提出した日本政府の報告書に対する総括所見（2014年）から3つの問題点が指摘できる[50]。第1に、日本の人権保障システム自体の問題である（自由権規約委員会だけでなく他の条約機関も繰り返し勧告済み）。それは、①条約機関の勧告の多くが不履行という問題と、②システムとして備えられるべきものが欠けているという問題である。②には、個人通報制度未参加（国際システムの欠缺）および国内人権機関の不存在（国内システムの欠陥）がある。重要な点は、個人通報制度は国際システムが国内システムに接合する局面であり、国内人権機関は国内システムが国際システムに接合する局面であるので、両者の不在は国際システム・国内システム全体の循環を停滞させる。

第2に、日本の刑事司法における問題として、死刑制度、代用監獄、取り調べ（自白強要）の問題がある。これは憲法学がこれまであまり取り上げてこなかった問題群であるが[51]、他方、実務家が長年条約機関に知らせ続けてきたがゆえに、条約機関が何度も勧告を行ってきた問題群である。

第3に、総括所見では、女性、外国人、難民、入管被収容者、技能実習生、難民申請者・書類なき移民（undocumented immigrants）、精神科病院に強制入院させられた人、先住民族（アイヌ、琉球）、性的マイノリティ、「慰安婦」等、多様な具体的人間の問題が指摘された。こちらも憲法学が正面から引き受けているとは言い難い。憲法学は人権救済に対する関心が低いという批判は真摯に受け止めるべきであろう[52]。

---

(50)　Human Rights Committee, Concluding observations on the sixth periodic report of Japan, CCPR/C/JPN/CO/6.

(51)　江藤祥平「刑法上の刑事手続の復権に向けて」論究ジュリ36号（2021年）93頁以下、94頁。

(52)　窪誠「誰のための何のための憲法学なのか」法時81巻5号（2009年）83頁以下；紙

第14章　多元的・非階層的・循環的人権保障システム

　そして、自由権規約委員会は、死刑、「慰安婦」、代用監獄、技能実習制度について出した勧告については、勧告をどのように実施したかに関する情報を1年以内に提出することを日本政府に対して要請している（フォローアップ制度）。

　では、日本政府はどのように応答しているか。ここでも政府と自由権規約委員会との間で対話が繰り広げられている。まず、2014年8月19日に出された総括所見に対して、2015年8月31日に政府のフォローアップ報告がなされ、それに対して2016年4月15日に委員会から書簡が送られている。これに対して、政府は2016年5月17日、同6月13日、同12月19日にフォローアップ報告を送っている。そしてこれを踏まえて、委員会から日本政府の第7回報告前の事前質問票が公表され、これに対する回答という形で作成された第7回報告が2020年3月30日に委員会側に受領されている[53]。同時に、市民社会からの情報提供（57件、49団体）も活発に行われている。これらを踏まえて、同委員会の総括所見が予定される〔追記：2022年11月、総括所見が出された〕。また、NGO・市民社会側の反応はより俊敏であり、上記事前質問票公表後の重大問題として新型コロナウイルス感染症に対する政府の対応における人権保障上の問題が追加報告として提出された。以上のような対話は、女性差別撤廃条約についても同様である。なかでも、最新の2021年夫婦同氏制最高裁大法廷合憲決定の反対意見は、女性差別撤廃委員会の3度に渡る勧告は、夫婦同氏制が国会の立法裁量を超えるものであることを強く推認させると述べている[54]。国家報告制度の意義として重要な指摘であり、かつ、動態的プロセスの成果として評価できる。

3　最高裁における新たな動向とその先へ —— 比較憲法と国際人権法

　前述したように、最高裁は、以前は国際人権条約に対して理由も示さずに条約違反はないと判示してきた[55]。また、憲法違反の結論を補強する文脈で人権条約に言及することもなかった。しかし21世紀に入って最高裁において新し

　谷雅子「市民のための憲法学とは」法時81巻5号（2009年）87頁以下。

[53]　自由権規約委員会は2009年にこの簡易報告手続を採用し、現在、他の条約機関にも広まっている。岩沢・前掲注(5)、374頁。

[54]　最大決2021(令和3)・6・23裁時1770号3頁。

[55]　典型例として、最一判2000(平成12)・9・7判時1728号17頁。

第Ⅲ部　多元的・非階層的・循環的人権保障システム

い動向が観察できる。その先駆けは2008年国籍法違憲判決である[56]。ここで、最高裁は違憲の結論を補強する文脈で初めて人権条約の名称を引き合いに出した。最高裁が依拠するのは、憲法14条1項は「事柄の性質に即応した合理的な根拠に基づくものでない限り、法的な差別的取扱いを禁止する趣旨」であるという判断枠組（先例）であり、これはこのあと紹介するすべての判例において変わらない[57]。とすると違憲という判断を示すために何がポイントとなっているのか（国際人権法がどのような影響を及ぼしているのか）。ここでは、合憲と判断した先例があるにもかかわらず（法律が制定されてから相当時間が経過し、この間最高裁が判断をしていないという場合もこれに準じて考える）、最高裁が違憲という判断を下す場合の「切り出し方」に注目できる。その点で、法令違憲の最初の例となる1973年尊属殺重罰規定違憲判決では、尊属殺重罰規定について比較法的考察を行い、廃止した国や、そもそも設けなかった国など、別の対応をする諸外国の立法状況が紹介されている[58]。換言すれば、問題が論争的であればあるほど、他国の法が気になるはずであり、かつ、ほとんどの国で廃止や改正が行われていれば、違憲性への疑義はより強まる。2008年判決の場合には、「諸外国においては、非嫡出子に対する法的な差別的取扱いを解消する方向にあることがうかがわれ」という、比較法的考察を行っている。しかもそれに続けて、「我が国が批准した市民的及び政治的権利に関する国際規約及び児童の権利に関する条約にも、児童が出生によっていかなる差別も受けないとする趣旨の規定が存する」と人権条約に言及している。

　そして、これの発展形が、2013年婚外子法廷相続分違憲決定である[59]。同決定では、前述の判断枠組の「事柄」に注目して、1947（昭和22）年民法改正以降の変遷等を検討する中で、①諸外国の状況と②条約機関の勧告に言及する。いずれも抽象的な言及ではなく、具体的文書への言及であることが2008年判決からの発展である。①についてはドイツの1998年「非嫡出子の相続法上の平等化に関する法律」、フランスの2001年「生存配偶者及び姦生子の権利並びに相

---

(56)　最大判2008（平成20）・6・4民集62巻6号1367頁。

(57)　前掲注(54)、(56)、後掲注(58)、(59)、(61)および(62)参照。

(58)　最大判1973（昭和48）・4・4刑集27巻3号265頁。

(59)　最大決2013（平成25）・9・4民集67巻6号1320頁。

第14章　多元的・非階層的・循環的人権保障システム

続法の諸規定の現代化に関する法律」が参照され、②については自由権規約委員会が1993年以来、繰り返し勧告を出していること、直近では2010年に子どもの権利委員会が勧告を出していることに言及する[60]。

　しかし、この傾向は続かず、2015年再婚禁止規定違憲判決[61]と2015年夫婦同氏制合憲判決[62]は、自己の結論に都合がいいときだけ参照するご都合主義的態度（cherry-picking）のように見える。いずれの法廷意見も、前述した②の点では、条約機関による法改正の勧告が存在するにも関わらず言及せず、①の点では、2015年再婚禁止規定違憲判決だけが、再婚禁止期間が100日を超過する部分について、ドイツの1998年の「親子改革法」およびフランスの「離婚に関する2004年5月26日の法律」に言及し、2015年夫婦同氏制合憲判決は夫婦別姓を認める外国法に言及しなかったからである。よって、人権条約の規定を規範として適用しているわけではない最高裁の二つの違憲判断（2008年判決と2013年決定）を、人権条約の適用例として過大評価できないという評価[63]は、伝統的法実証主義にのっとればその通りである。だが、人権条約の意義は、国際機関の監督・助言の下に、国内機関が国際法上負う義務を履行させることだと考えれば、最高裁の現在の動向は、憲法構造上、最高裁が自己の権限と考える範囲内でできうることを拡張しつつあるという評価も可能である。実際、その後の展開からは、最高裁内部において、活発かつ潤沢な比較法的・国際人権法的検討が存在することが推察される（しかも、現状から過去を振り返り、1995年合憲決定[64]と2013年違憲決定を比べると、過去の有力な反対意見・意見が後の法廷意見となっていることが観察できる）。「性同一性障害者の性別の取扱いの特例に関する法律」の合憲性が争われた2019年小法廷決定では、補足意見が憲法違

---

(60)　2013年決定の理由付けに対して憲法学から厳しい批判がある。代表例として、蟻川恒正「婚外子法廷相続分最高裁違憲決定を読む」法学教室397号(2013年)102頁以下：同「婚外子法廷相続分最高裁違憲決定を書く(1)」法学教室399号(2013年)312頁以下：「同(2)」同400号(2014年)132頁以下。応答として山元・前掲注(44)、江島・前掲注(44)。

(61)　最大判2015(平成27)・12・16民集69巻8号2427頁。

(62)　最大判2015(平成27)・12・16民集69巻8号2586頁。

(63)　館田晶子「人権条約の『適用』」法学教室476号（2020年）31頁以下、35頁。

(64)　最大決1995(平成7)・7・5民集49巻7号1789頁。

291

第Ⅲ部　多元的・非階層的・循環的人権保障システム

反の「疑い」を指摘し、その際に、①として、生殖能力喪失を不要とする国の増加、②として、国際文書、なかでも、生殖能力喪失要件を条約違反と判示した2017年ヨーロッパ人権裁判所判決に言及した[65]。そして、2021年夫婦同氏制合憲大法廷決定においては、①および②のいずれにも言及する意見および反対意見の綿密な理論構成は、簡潔な法廷意見とは対照的である[66]。そして、簡潔な法廷意見を補う補足意見が、女性差別撤廃条約に言及したことは、裁判官合議において、①や②のプレゼンスが高まっていることが推察できる。他方、学説においても、「裁判官対話」、「外国法の参照」、「国際人権条約の参照」として研究が進んでいる分野であり、今後の発展が期待される[67]。その際、人権条約の実施における司法府の位置付けという問題を、憲法および国際人権法を接合させた統治機構論全体の中で深めることが建設的である[68]。なぜならば、人権実施の責任を負っているのは裁判所だけでなく、立法府、執行府も人権適合的に機能することが要請されている。実際、外国の立法府においては一定の実践が指摘できる[69]。

Ⅳ　今後の展望：人権法 ── 多元的・非階層的・循環的人権保障システム

人権は誰にでも保障されているというのが人権論（規範論）の出発点である。しかし誰にでも保障されているはずの権利を行使するためには、それを可能に

---

(65)　最二決2019（平成31）・1・23判例時報2421号4頁；江島晶子「『グローバル人権法』の可能性」山元一ほか（編）『憲法の普遍性と歴史性』（日本評論社、2019年）885頁以下〔本書第8章〕。

(66)　前掲注(54)。

(67)　Akiko Ejima 'Use of Foreign and Comparative Law by the Supreme Court of Japan' in Giuseppe, F F（ed）, *Judicial Cosmopolitanism: Use of Foreign Law in Contemporary Constitutional System*（Brill/Nijhoff, 2019）pp 800-815；手塚・前掲注(39)。

(68)　これをヨーロッパの文脈で行ったものとして、江島晶子「ヨーロッパにおける多層的統治構造の動態」川崎政司・大沢秀介（編）『現代統治構造の動態と展望』（尚学社、2016年）310頁以下〔本書第1章〕；人権志向的統治機構を試みる分析として、江島・前掲注(8)「COVID-19と人権」参照。

(69)　江島晶子「人権実現における議会の新たな役割」工藤達朗他（編）『憲法学の創造的展開〈下〉』（信山社、2017年）153頁以下〔本書第5章〕。

第14章 多元的・非階層的・循環的人権保障システム

するシステムが必要であることがグローバルに認識されてきた。国内システム
だけでは十分ではないとして、20世紀後半から、国際社会は様々なシステムを
構築し始めている。その中で、「憲法」を、「閉じた空間」として（あたかも国
際社会が存在しないかのように主権国家をデフォルト設定して）議論することはも
はやできない。国際的な人権保障システムとは、国連等の国際機関のことだけ
を指すのではない。ましてや国際システムと国内システムの二分論的認識は両
システムの実効性を減殺させる。むしろ、国際システムが加わったことによっ
て、国際システムと国内システムが接合される部分において変化が生じ、それ
が国内システムに波及し、かつ、国際システムにも波及する。そしてその効果
がさらに双方のシステムに波及するという動態的理解が必要である。よって、
国際システムと国内システムを接合した「多元的・非階層的・循環的人権保障
システム」という描き方が有効であり、それを規律する法が人権法である[70]。

---

(70) 曽我部真裕「『人権法』という発想」法学教室482号（2020年）72頁以下は憲法学か
ら人権法の可能性を模索する。

第15章　ビジネスと人権
——国家・国際機関・非国家主体による循環型システム

I　はじめに —— 人間の経済活動

　18世紀末には始まっていた「人新世」[(1)]だが、グローバル化によって人間の
経済活動が地球を覆いつくした現在、地球上の「分配」（とその結果）の不公平
さは途方もない（グローバル・ノースとグローバル・サウス、現役世代と将来世代
等）。しかも、新型コロナウイルス感染症の世界的パンデミックは、上記の
「格差」だけでなく、地球規模の課題に対応する国際的・国内的仕組みの脆弱
さを可視化した[(2)]。

　本章では、こうした状況を前提として、新たに注目を集めている「ビジネス
と人権」（BHR）というテーマの中で、企業・市民社会の取組みにおける「人
権」のポテンシャルを模索する。とりわけ、「ビジネスと人権に関する指導原
則：国際連合『保護、尊重および救済』枠組実施のために」（以下、指導原
則）[(3)]や「持続可能な開発目標」（以下、SDGs）など法的拘束力はないが、ビジ
ネスに対して影響を与えている国際的な目標・基準（ソフト・ロー）の意義や、
それを梃とする人権に関する多元的・非階層的・循環的取組みを考察する[(4)]。
その理由は五つある。第1に、人間の活動が自然の巨大な力に匹敵する「新人
世」における危機の根本には、人間の活動、なかでも、企業によって展開され

---

(1)　Paul J Crutzen, 'Geology of Mankind' (2002) 415 *Nature* 23, 23.

(2)　江島晶子「COVID-19と人権」国際人権31号（2020年）3頁以下：江島晶子「憲法の
　　デザイン」『国際法秩序とグローバル経済』（信山社、2021年）161頁以下参照。なお、
　　「可視化」について、国際人権法学会「COVID-19と人権」フォーラム「不可視の人権侵
　　害を可視化する」〈https://sites.google.com/view/covidhrproject〉参照。

(3)　A/HRC/RES/17/4 and A/HRC/17/31.

(4)　吾郷眞一「ビジネスと人権」法時91巻10号（2019年）57頁以下。

第Ⅲ部　多元的・非階層的・循環的人権保障システム

るグローバルな経済活動がある[5]。第2に、現状では国家や国際機関の対応
には限界がある。第3に、指導原則やSDGsなどは、第1の点に対する取組み
であるが、現状に即応した人権の一形態ととらえうる。第4に、地球上の
人々・集団が、地球の現状に対して、新しいメディアを駆使しながら声をあげ
る活動がグローバルに行われている。そして、第5に、グレート・リセットや
グリーン・ニュー・ディールは、新しい科学技術を頼みの綱とするが、開発・
実用化における企業の役割とそれを支える国家の役割について検討する必要が
ある[6]。一見、ばらばらな課題のようでも、いずれも人間（および全ての生命
体）に関わる問題であり、人権はそれらを「つなぐ」役割を果たしうる[7]。

　本章では、最初に、人権を保障するシステムとしての憲法や国際人権法の意
義と課題を検証する。そして、指導原則やSDGsと人権の関わりに注目しなが
ら、人権を保障するシステムの動態的把握を模索する。結論を先取りすれば、
憲法が予定する保障システム（国内システム）および国際人権法が予定する保
障システム（国際システム）を接合させて、多元的、非階層的、循環的なシス
テムととらえると、指導原則やSDGsを介して非国家主体である企業・市民社
会が主体的に上記システムにコミットし、人権を実現するアクターとして活動
できる。よって、個人が自分の身近な場所でエンパワーされることになる。

Ⅱ　憲法・国際人権法と人権──国家・国際機関の役割

　憲法で保障される憲法上の権利は、人であれば誰でも有する人権を基礎とす
る。しかし、近代立憲主義においては、憲法とは国家と個人の関係を規律する
ものとしてとらえられた。また、国家による人権侵害の阻止（自由権）を中心
に据えて発展してきた[8]。さらに、欧米の人権思想を継受した国では、継受

---

(5)　詳細は、坂元茂樹「国連持続可能な開発目標（SDGs）が目指す世界」ジュリ1566号
　　（2022年）14頁以下参照。

(6)　産業革命期の科学者は研究成果の影響（機械化の下で奴隷貿易、奴隷制による綿花
　　栽培、地場産業衰退と貧困、労働者の苦境等が生じた）をどこまで予測しただろうか。

(7)　Nadia Bernaz, *Business and Human Rights* (Routledge 2017) 296.

(8)　戸波江二編『企業の憲法的基礎』（日本評論社、2010年）は、憲法研究者にとって、

第15章　ビジネスと人権

した抽象的人権概念が先にあり、それを個別の例に当てはめる発想法をとりがちである。よって、現実の社会において起きている問題に対処するためには、それを憲法上の権利につなげる「作業」が必要だが、この部分が必ずしもシステムとして保障されているわけではない（指導原則の三つの柱の一つは「救済へのアクセス」である）。憲法学では、権利侵害に対する救済機関として裁判所が予定されているが、裁判による権利救済の実現には、別途、一定の条件が必要である。すなわち、権利を侵害されたと感じた人が（そもそも当事者が権利という観点から問題を認識できるかも疑問）、当該侵害はおかしいという気持ちを持ち続け、（運よく）支援する人々・法律家とつながることができるか（訴訟を起こせるか）如何による。しかも、違憲判断を得られるのはその一部である（これまで法令違憲は13件）。また、訴訟の効果として、世論を惹起し立法改正につながる場合もあるが、そのプロセスは、表現の自由や請願権として一部、憲法上保障されているだけで、プロセス全体がシステムとして憲法的に保障されているわけではない。憲法学の教科書・判例集において紹介される事例は、日本における人権問題の縮図ではなく、一部分である。近年、「人権法」という発想の必要性が主張されるのもこうした点からきている[9]。

　これに対して、国際人権法は、国内システムが人権を侵害する場合があるという具体的問題に直面したところから誕生した。とりわけ、第二次世界大戦後、世界人権宣言（1948年）を出発点として、実在する人権問題に対処するために、数々の人権条約が制定された[10]。すなわち、自由権規約、社会権規約という一般的人権条約に加えて、現に起きている具体的問題、すなわち、人種差別、女性差別、拷問、子どもの苦境、移住労働者の苦境、強制失踪、障害者の苦境

他の法律学からの意見や提言に正面から応えることは相当困難で、書籍としては、従来の憲法学の「法人の人権」論と「私人間効力」論の研究論文が多数を占めたと述懐する（同2頁）。

(9)　近藤敦『人権法（第2版）』（日本評論社、2020年）；曽我部真裕「『人権法』という発想」法学教室482号（2020年）72頁以下。

(10)　世界人権宣言は法的拘束力を有しないが、人権条約起草への貢献、人権条約解釈の補足、地域的人権条約への影響、慣習国際法的の存在など、多様な意義を持つ。横田洋三『世界人権宣言の今日的意義』（国際書院、2019年）参照。

第Ⅲ部　多元的・非階層的・循環的人権保障システム

等、現実の問題に対応して個別的人権条約が次々と制定された[11]。他方、実施機関としても、国連人権理事会や条約の国内実施を監督・促進させる条約機関など充実してきた[12]。また、国際機関の勧告やガイドライン等も重要な影響力を及ぼしている[13]。

このような国際人権法は、「人権保障に関する国際的な規範、およびそれを実施するための法制度や手続の体系」[14]と一応定義できる。しかし、重要な点は、国際人権法は、「国際的諸基準がかかわる人権問題に国際法、国内法の両面から相互有機的に接近しようとするもの」[15]」だという点である。そして、憲法と対比させるならば、国際人権法の特徴は、広域性、学際性、実務のニーズにこたえる問題解決志向型である[16]。だが、国際人権法の実施には国内の法制度・手続が不可欠であり、国際機関が国内機関に代わりうるものではない[17]。しかし、前述したように、現状では国内機関（統治機構）自体も限界がある。国内人権機関はこれに対する処方箋であり、国連も国内機構の地位に関する原則（パリ原則）によって提唱している[18]。日本では、裁判所による国内実施を中心に考えてきたが、裁判所による人権保障には前述した問題がある上、日本の裁判所は従来、国際人権条約の国内適用には消極的であった。

以上の点に鑑みると、SDGs や指導原則などを通じて新しいアクターが人権

---

(11)　人種差別撤廃条約、自由権規約、社会権規約、女性差別撤廃条約、拷問禁止条約、子どもの権利条約、移住労働者権利条約、障害者権利条約、強制失踪条約の内、日本は、移住労働者権利条約を除きすべて批准。

(12)　地域的人権条約の場合には、人権裁判所があり拘束力を有する判決を出す。

(13)　世界人権宣言をはじめ宣言群の、条約化に先行するソフト・ローの意義として、齋藤民徒「国際社会におけるソフトロー——規範の重要性と概念の有用性」法学セミナー776号（2019年）41頁以下、43頁参照。

(14)　申惠丰『国際人権法（第2版）』（信山社、2016年）34頁。

(15)　阿部浩己ほか『テキストブック国際人権法』（第3版、日本評論社、2009年）10頁。

(16)　阿部ほか・前掲注15、9頁。

(17)　そして、実効性の不十分さが、人権に対する厳しい批判につながる。Stephen Hodgeson, *The Endtimes of Human Rights*（2013, Cornell Univ Press）; Eric Posner, *The Twilight of Human Rights Law*（*Inalienable Rights*）（2014, Oxford University Press）.

(18)　A/RES/48/134. 山崎公士『国内人権機関の意義と役割』（三省堂、2012年）参照。

保障システムに参入することは、人権保障システムの新たな把握を可能にする。本章では、企業、NGO、市民社会が人権にコミットする機会をふやすことを通じて、具体的問題の認識、対応、再分析、再対応、さらなる問題の認識と、問題を持続的に把握するプロセスとしてとらえる[19]。

III　企業・市民社会と人権——非国家主体の役割

1　ビジネスと人権

「ビジネスと人権」は、2005年の国連人権高等弁務官報告書の中で、「多国籍企業と関連企業の人権に関する責任」の略語として登場し、現在では、「企業の事業活動全体（原材料調達、委託製造から流通過程、製品の廃棄・リサイクル・再資源化まで）とステークホルダー（労働者、消費者、地域住民など）との関わりにおける人権課題を包括的にとらえる概念として使われて」いるという[20]。企業も人権を守るべきであることにはさほど違和感はない。だが、企業に対して人権の遵守・尊重を法的に求めうるのか、とりわけ、憲法や国際法によって企業に義務付けできるのかとなると問題である。憲法中の人権（憲法上の権利）は、公権力との関係で国民の権利・自由を保護するものとして考えられてきた。しかし、「資本主義の高度化にともない、…企業、労働組合、経済団体、職能団体などの巨大な力をもった国家類似の私的団体」[21]による人権侵害が生じ、憲法の規定を私人にも何らかの形で適用すべきだという主張が登場し、憲法の私人間適用・私人間効力が議論されてきた（ただし、理論的探究であって、具体的保障に直結する議論ではない[22]）。企業は、国家と同等の、あるいはそれ以上

---

(19)　循環型システムの実践例として、江島晶子「グローバル化と『国際人権』」山元一ほか『グローバル化と法の変容』（日本評論社、2018年）79-81頁。

(20)　菅原絵美「『ビジネスと人権』——国連による規範形成に焦点をあてて」国際法学会エキスパート・コメント No.2019-5（2019年）〈https://jsil.jp/archives/expert/2019-5〉。

(21)　芦部信喜（高橋和之補訂）『憲法（第7版）』（岩波書店、2019年）111-112頁。

(22)　曽我部・前掲注(9)、72頁。

第Ⅲ部　多元的・非階層的・循環的人権保障システム

の社会的権力して警戒・規制されるべき存在となる。一方、判例上、企業にも人権享有主体性が認められてきた[23]。

　他方、国際社会は、企業の海外進出を背景として、いちはやく「ビジネスと人権」という問題設定を行い、国際規範を生成してきた。まず、1960年代以降、先進国の多国籍企業の発展途上国への進出が進む中、発展途上国から多国籍企業の規制が要求され、良好な投資環境を維持したい先進国との対立が始まる。こうした状況の中、OECD が1976年に「多国籍企業行動指針」を、ILO が1977年に「多国籍企業および社会政策に関する原則の三者宣言」を採択する。国連でも、多国籍企業に対する規制をめぐって活発な議論が展開される。Deva の整理によれば、4期に分けられる[24]。第1期（1973-1992年）の特徴は、多国籍企業の権利と義務との対立である。その対立は激しく、「国連多国籍企業行動綱領案」は立ち消えとなる。続く第2期（1998-2004）は、自主規制でいくべきという主張と拘束力ある規制が必要であるという主張が対立する。国連人権促進保護小委員会は、2003年に全員一致で「人権に関する多国籍企業およびその他の企業の責任に関する規範案」（以下、規範案）を採択したが、上部機関の人権委員会は、規範案は法的文書ではないと決定した。多国籍企業からの強い反対を反映して、先進国から慎重論が出されたことによる[25]。一方、自主規制という点では、1999年の Davos 会議で Annan 事務総長（当時）が、ビジネス・リーダーに、「私たち（ビジネス・リーダーと国連）で、共有する諸価値と諸原理によるグローバル・コンパクトを始めて、グローバル・マーケットに人間の顔を与えよう」と呼びかけ、「グローバル・コンパクト」（2000年）が誕生した[26]。その原則1および2には企業による人権の擁護・尊重、人権侵

---

(23)　最大判1970（昭和45）・6・24民集24巻6号625頁。

(24)　Surya Deva, The UN Guiding Principles on Business and Human Rights and Its Predecessors, in Ilias Bantekas et al（eds.）, *The Cambridge Companion to Business and Human Rights Law*（Cambridge, 2021）146.

(25)　横田洋三編『新国際人権法入門』（法律文化社、2021年）183頁。

(26)　United Nations, The Ten Principles of the UN Global Compact, available at 〈https://www.unglobalcompact.org/what-is-gc/mission/principles〉. Cf. A/RES/56/76. 江橋崇『企業の社会的責任経営——CSR とグローバル・コンパクトの可能性』（法政大学出版局、2009年）参照。

害に加担しないことが明記された。国家は強制力ある規範を実現できなかったが、国家とは離れて国連と企業が自主的行動規範を結んだ点で画期的である。第3期（2005-2011）は、第2期の失敗（規範案をめぐる激しい対立）を踏まえて、多様なステークホルダーの参入のもとに、指導原則が採択された。そして、現在（第4期）は、指導原則の実現のために各国が国別行動計画を策定する一方、国連では「国際人権法において多国籍企業および他の企業の活動を規制する法的拘束力ある文書」の起草作業が進行中である[27]。しかも、SDGsの発展や、CSRに指導原則が取り込まれたことによるCSRにおける人権の主流化[28]など、人権に関係する複数の動向が相互に還流し合って、ビジネスにおける人権の主流化が進行中である。指導原則やSDGsが法的拘束力を有しなくても、プレゼンスを確立した要因を次に検討する。

2　ビジネスと人権に関する指導原則と国別行動計画

指導原則は、2011年、国連人権理事会で承認された[29]。「ビジネスと人権」というテーマで国連加盟国が承認した初めての国連文書であり、国家だけではなく企業も対象とする。指導原則の成立・実施過程は、多元的・非階層的・循環型のシステムとして好例である[30]。指導原則の生みの親である国連事務総長特別代表Ruggieは、「主要な対立当事者をそれぞれが快適に過ごす領域から、言い換えれば、そこからでは何らの前進も達成できなかった領域から、その外側に連れ出すこと」[31]が成功の鍵だという。人権擁護派（とりわけ多国籍

---

(27)　濱本正太郎「グローバル化社会と国際法」法時88巻13号（2016年）242頁以下、245-246頁。草案について、available at〈https://www.ohchr.org/Documents/HRBodies/HRCouncil/WGTransCorp/Session6/LBI3rdDRAFT.pdf〉

(28)　菅原絵美『人権CSRガイドライン』（解放出版社、2013年）。

(29)　前掲注(3)参照。

(30)　「ビジネスと人権」の詳細について以下を参照：吾郷・前掲注(4)；同「国連ビジネスと人権に関する指導原則（第3の柱・救済）の実現方法」柏木昇ほか編『日本とブラジルからみた比較法』（信山社、2019年）；菅原絵美「『企業の人権保護義務』とその実現(1)〜(3・完)」12巻2号（2008年）177頁以下、13号2号（2009年）113頁以下、14巻2号（2010年）63頁；同「企業の社会的責任と国際制度」論ジュリ19号（2016年）51頁；東澤靖「ビジネスと人権」明治学院大学法科大学院ローレビュー22号（2015年）23頁。

第Ⅲ部　多元的・非階層的・循環的人権保障システム

企業の活動に批判的NGO）は、企業を直接拘束する条約の制定（強制的対応）を主張し、企業は、国内法の遵守以外は、市場の力による自発的対応を主張する。そして、国家は企業の圧力の下にある。両者の対立は大きく、相互の不信感も大きかったゆえに、第2期では成果を出せなかった。これに対して、Ruggieがとった戦略は六つあるが、一例として、第1戦略「共通の対話ができるような、最低限の共通認識の基礎を作り上げること」をとりあげる[32]。2005年当時は、ビジネスと人権について誰もが共有できる認識がないため、論争は原理をめぐるものとなりがちで、人権擁護派は最悪の侵害のケースに焦点をあてて強制的対応を主張し、企業は自発的対応の成果を主張し、両者は噛み合わない。そこでRuggieが行ったのは、事態の現状を「特定し、明らかにする」ことによって共通認識の基礎を作ることである[33]。そこで、①企業関連の人権侵害に見られる一般的なパターン、②既に存在する法的基準の確認とそれが国家やビジネス事業にどのように適用されるか、③自発的な企業の社会的責任イニシアティヴの利点と欠点を、調査によって明らかにし、その結果を利害関係者集団と討議するという方法をとった[34]。こうしたプロセスを経て、最低限の共通認識の基礎を作ったからこそ、指導原則は三者の協力を可能にする環境を作り出した（指導原則には拘束力がないことから、ここでの三者の関係は非階層的である）。

　現在、「ビジネスと人権」に関する国際規範は、国際システムによる実現と国内システムによる実現が展開され、かつ、両者は相互に影響を及ぼす関係にある。たとえば、2013年に指導原則を実現する国別行動計画をいちはやく策定したイギリスは、2015年に現代奴隷法（Modern Slavery Act）を制定した[35]。同法は、イギリス国内で事業を行い、全世界での売上高が3600万ポンドを超える企業に、自社事業およびサプライチェーンにおける現代奴隷に関する取組み

---

(31)　ジョン・ジェラルド・ラギー（東澤靖訳）『正しいビジネス』（岩波書店、2014年）8-9頁。
(32)　6つの戦略の全てに、人権の実効的実施関する重要なヒントがある。
(33)　ラギー・前掲注(31)、180-181頁。
(34)　ラギー・前掲注(31)、182-183頁。
(35)　現在、25カ国が行動計画を発表し、25カ国が策定中。

を開示する義務を課す[36]。罰則なしでも NGO や投資家からの圧力によって、政府の登録システムには、2020年に10519社、2021年に11806社の登録がある[37]。その中には日本企業も含まれており外国企業への域外的作用としてとらえられる。デューディリジェンス（以下、「DD」）の義務化は、フランス人権 DD 法（2017年）、オーストラリア現代奴隷法（2018年）、オランダ児童労働 DD 法、カナダ現代奴隷法案（2023年中）、ドイツサプライチェーン DD 法（2021年）と各国で発展中である。他方、2020年に日本政府も国別行動計画を策定したが、企業活動における人権尊重の考え方の普及や啓発活動に重点をおき、義務を課す法律は存在しない[38]。よって、他国の例は法改正への誘引ないし圧力として働きうる。また、自主的な取組みと義務的な法規制を組み合わせて実効性を上げる方式（スマートミックス）も考えられる。今後、日本の行動計画がどのように実効性を上げるのか注目される。2021年10月に、イギリスでは、企業と投資家から新たな人権環境 DD 法を求める動きがあった[39]。指導原則が、「規範の伝播」から「規範の内面化」（規範が「当然のこととしてみなされる性質」をもち、組織の日課に組み込まれる）が進み企業からの発案へと進んだことの証である[40]。現在、作業中の条約草案からは企業の国際法上の義務が姿を消しているが、各国における上記の義務化の流れは国内から国際平面に再び義務化を提起しうる。

　循環型プロセスとしてさらに注目できるのは、救済へのアクセスを重視する点である。指導原則は、①国家の人権保護義務、②企業の人権尊重責任、③救

---

(36)　詳細は、菅原（2016年）・前掲注(30)、52-53頁。

(37)　UK Government, Modern slavery statement registry〈https://modern-slavery-statement-registry.service.gov.uk 〉登録数は2021年11月23日現在。

(38)　ビジネスと人権に関する行動計画に関わる関係府省庁連絡会議「『ビジネスと人権』に関する行動計画（2020-2025）」（2020年）, available at〈https://www.mofa.go.jp/mofaj/files/100104121.pdf〉.

(39)　Calling for a new UK Law Mandating Human Rights and Environmental Due Diligence for Companies and Investors,〈https://media.business-humanrights.org/media/documents/UK_BUSINESS_STATEMENT_MHREDD_OCT21_FINAL.pdf〉.

(40)　規範の誕生，規範の伝播，規範の内面化というライフサイクルがある。ラギー・前掲注(31)、223-224頁。

303

第Ⅲ部　多元的・非階層的・循環的人権保障システム

済へのアクセスを三つの柱とし、その下に31の原則を規定するが、これらの実現を保障するのが③である。③では、国家による司法手続（原則25）だけでなく、国家による非司法的苦情処理の仕組み（原則27）および非国家基盤型の苦情処理の仕組み（原則28-30）、非司法的苦情処理メカニズムの実効性の基準（原則31）を取り入れ、救済が裁判所一辺倒ではなく、非国家主体による救済（企業レベルの苦情申立の仕組みは初期段階の解決をもたらす）を加え救済へのアクセスの多元性・循環性が確保されている。企業が取り組むきっかけはNGOからの批判である[41]。それを受けて真摯に取り組むと、それが単に企業のブランドや経済的価値を守るだけでなく、当該企業の活動に関係する従業員、消費者、取引先、取引先の従業員等と広範に影響が広がり、人権の具体的改善につながる。現場における具体的工夫は、政府や国際機関による介入よりも、より直接的・実践的であることが多い。「〈指導原則〉の中で考案された規範は、法か法でないのか、拘束力があるのかないのか、執行すべき確固たる制度はあるのかないのか、といった硬直的な二分法からは決して導くことができない多層的な規範」[42]だという指摘は、指導原則の本質をつく。

3　SDGsと人権

今や人口に膾炙したSDGs[43]も、指導原則と同様、SDGsに到達するまでに複数の道程がある。「持続可能な開発」という概念は、1980年代頃より国際社会で議論され、国連の「環境と開発に関する世界委員会」が1987年に提出した報告書「私たちの共通の未来」において提唱され[44]、1992年の国連環境開発会議（地球サミット）で採択された「環境と開発に関するリオ宣言」では、人類が持続可能な開発の中心に位置すること（第1原則）、環境保護と開発の不

---

(41)　有名なナイキの例について、横田・前掲注(25)、188頁参照。

(42)　ラギー・前掲注(31)、267頁（訳者コメント）。

(43)　United Nations, General Assembly, Transforming Our World: The 2030 Agenda for Sustainable Development, A/RES/70/1.

(44)　Report of the World Commission on Environment and Development: Our Common Future 〈https://sustainabledevelopment.un.org/content/documents/5987our-common-future.pdf〉.

可分性（第4原則）が宣言された。開発の概念のとらえ方にも変化が生じ、国家の経済開発、社会開発だけでなく、人間の能力向上も含む包括的概念に変貌を遂げた[45]。他方、目標としての先駆は、ミレニアム開発目標（MDGs）である。国際社会に共通する開発目標や解決課題の明示、期限付き数値目標の設定は、NGOや市民社会にとって利用しやすかったという評価がある一方、未達成の目標も存在する[46]。そして、2015年（目標年）の後の開発目標の議論の中から、SDGsが誕生した[47]。まず、SDGsの実現と人権の保護・促進は、相互補強、表裏一体の関係にある[48]。実際、国連人権高等弁務官はSDGsがどの人権とリンクするかを明示している[49]。そしてこのSDGsが他の原則や政策文書の随所で引かれることによって人権への配慮が各所でさらに進展する。たとえば、前述の日本政府の「『ビジネスと人権』に関する行動計画」において、政府は行動計画の策定をSDGsの実現に向けた取り組みの一つとして位置付けている。2016年に、内閣総理大臣を本部長として、全閣僚から成るSDGs推進本部を内閣官房に設置し（外務省だけでなく全省庁が関わる問題として認識）、かつ、ビジネス・市民社会と連携するためにSDGs推進円卓会議が設置され、SDGs実施指針が制定された（2019年に改訂）。今年、2回目となる自発的国家レビュー（Voluntary National Review）も実施された[50]。国際機関側も、たとえば、女性差別撤廃委員会は、SDGsの17目標のすべてに女性の問題が含まれていると考え、国家報告に関するガイダンス・ノートにSDGsの進捗状況の報告を要請している[51]。

---

(45)　横田・前掲注(25)、2-3頁。

(46)　横田・前掲注(25)、3頁。南博・稲葉雅紀『SDGs』（岩波書店、2020年）35頁。

(47)　SDGsの交渉過程については、南・前掲注(47)、第2章参照。

(48)　UN Human Rights Council, Thirty-seventh session, A/HRC/37/L.16.

(49)　UN OHCHR, Summary table on the linkages between the SDGs and relevant international human rights instruments〈https://www.ohchr.org/Documents/Issues/MDGs/Post2015/SDG_HR_Table.pdf〉.

(50)　詳細は、外務省、JAPAN SDGs Action Platform〈https://www.mofa.go.jp/mofaj/gaiko/oda/sdgs/index.html〉.

(51)　CEDAW, Guidance note for States parties for the preparation of reports under article 18 of the Convention on the Elimination of All Forms of Discrimination against

第Ⅲ部　多元的・非階層的・循環的人権保障システム

　SDGs 策定には、指導原則と共通するが、国連加盟国、ビジネス界、市民社会・NGO、学者・学術団体、国際機関など、多様なステークホルダーがコミットする。その結果、明確な目標が具体的なターゲットともに設定された。自己の活動がいずれの目標とも全く無関係という人・機関を探すのは難しい。そして、それらはいずれも人権につながっている。抽象的規範としての人権から人間の具体的行動へではなく、人間の具体的行動が人権の実現につながるという順番が、一般社会における目標等の理解を容易にする。SDGs は、目標→ターゲット→指標と具体化し（かつそれは相互に関係しあう）、それを多様なアクターが相互に関係しあいながら、多様な手段を用いて実現していく。従来の、国内機関（統治機構）が人権を実現していく場合とも、国際機関が人権を実現していく場合とも異なる様相を示しており、新たな多元的・非階層的・循環的な法秩序の例となる[52]。

Ⅳ　おわりに

　SDGs は地球的課題に対する有効な処方箋となるのか、現代版「大衆のアヘン」[53]となるのか。指導原則は企業に変革をもたらすのか、単なるアリバイとなるのか。それは具体的効果次第である。効果を上げるには、国家対個人、企業対個人、国際システムと国内システムという対立的思考ではなく、各々が接合する部分において人権を相互浸透させるメカニズムが求められる[54]。よって、幅広い学際的研究が必要であり、法律学以外の学問分野との協力が必須である。ビジネスと人権のテーマにおいては、開発、投資、経済的取引、環境、安全保障等、様々な領域において、人権との関わりについての「気づき」があ

　　Women in the context of the Sustainable Development Goals〈 https://tbinternet.
　　ohchr.org/_layouts/15/treatybodyexternal/Download.aspx?symbolno=CEDAW/
　　C/74/3&Lang=en〉.
（52）　内記香子・三浦聡「グローバルな経済秩序と『持続可能な開発目標』」法時91巻10
　　号（2019年）46頁以下、51頁。
（53）　斎藤幸平『人新世の「資本論」』（集英社、2020年）4頁。
（54）　酒井啓亘ほか「特集 国際制度の新展開と日本」論究ジュリ19号（2016年）参照。

第15章　ビジネスと人権

り人権へ接近する動向と、人権が各所に伝播する動向との相乗効果が存在する。こうした状況に法律学が対応するためには、法律学が何を担当していて、その目的は何かを法律学以外の分野、そして広く社会に語る努力が必要である。現在、ビジネスと人権に関する条約案や、新しい科学技術に対する法規制（例としてAI）が検討中だが、必ず示されるのは法規制が企業の活動や科学技術の発展を阻害するという懸念である〔追記：2024年EUがAI規則を、ヨーロッパ評議会がAI及び人権・民主主義・法の支配に関する枠組条約を成立させた〕。これを払拭して、法とは長期的に人間のダイナミックな活動を支え、かつ、「誰一人として取り残さない」（人間の活動の結果として特定の少数者に過大な負担・不利益を課さない）有効な仕組みであることを示す努力が必要で、人権という規範はそのために有用である。とりわけ、法の段階構造の最上位に位置付けられる憲法は、現状では、Elenore Rooseveltが言う「ごく身近な小さな場所」[55]から始まる人権から遠ざかっているように見える。再度、人権に関する憲法以外の規範と憲法との関係を、実践レベルで検討すべき時である。国家権力による人権侵害の阻止が憲法の中核にあることに変わりはないが、多元的・非階層的・循環的システムにおける憲法の役割は検討する必要がある。2003年に廃案となった人権擁護法案は、国内人権機関としての人権擁護委員会を梃に国家・企業・市民社会を直接規制する試みであったが、「ビジネスと人権」は、国家・国際機関・非国家主体の全てを参加者にして、人間の生活の全局面に人権を行き渡らせようとするものであり、今後の動向が注視される。

---

(55)　Mary Ann Grendon, *A World Made New* (Random House 2001) 270.

〈初出一覧〉

第1章 「ヨーロッパにおける多層的統治構造の動態 ── ヨーロッパ人権裁判所と締約国の統治機構の交錯」川崎政司・大沢秀介(編)『現代統治構造の動態と展望』(尚学社、2016年) 310-343頁

第2章 「多層的人権保障システムにおけるグローバル・モデルとしての比例原則の可能性」長谷部恭男・安西文雄・宍戸常寿・林知更(編)『現代立憲主義の諸相(高橋和之先生古稀記念)』(有斐閣、2013年) 85-114頁

第3章 「イギリス憲法の「現代化」とヨーロッパ人権条約 ── 多層的人権保障システムの観点から」松井幸夫・元山健・倉持孝司(編著)『憲法の『現代化』── ウェストミンスター型憲法の変動』(敬文堂、2016年) 297-311頁

第4章 「多層的人権保障システムの resilience ──「自国第一主義」台頭の中で」辻村みよ子・長谷部恭男・石川健治・愛敬浩二(編)『「国家と法」の主要問題』(日本評論社、2018年) 249-261頁

第5章 「人権実現における議会の新たな役割 ── ヨーロッパ人権条約とイギリス人権合同委員会の関係から」工藤達朗・西原博史・鈴木秀美・小山剛・毛利透・三宅雄彦・斎藤一久(編)『憲法学の創造的展開(戸波江二先生古稀記念)〈下巻〉』(信山社、2017年) 153-173頁

第6章 「裁判所による適用から統治機構による実現 ── 多層的人権保障システムの視点から」樋口陽一・中島徹・長谷部恭男(編)『憲法の尊厳 ── 奥平憲法学の継承と展開』(日本評論社、2017年) 445-461頁

第7章 「グローバル化社会と「国際人権」── グローバル人権法に向けて」山元一・横山美夏・髙山佳奈子(編著)『グローバル化と法の変容』(日本評論社、2018年) 69-82頁

第8章 「「グローバル人権法」の可能性 ── 2019年1月23日最高裁決定補足意見を契機として」山元一・只野雅人・蟻川恒正・中林暁生(編)『憲法の普遍性と歴史性(辻村みよ子先生古稀記念論文集)』(日本評論社、2019年) 885-908頁

第9章 「立憲主義と国際社会 ──「立憲」におけるインタラクションと new concept/conceptions の生成」憲法問題(全国憲法研究会学会誌) 29号(2018年) 22-34頁

第10章 「憲法と「国際人権」── 国際システムと国内システムの共生」憲法問題(全国憲法研究会学会誌) 17号(2006年) 7-19頁

第11章 「憲法を「人権法」にする触媒としての国際人権法 ── 憲法解釈を行う国家

　　　　機関の設計・作法における「国際標準化」」国際人権（国際人権法学会学会
　　　　誌）22号（2011年）69-74頁

第12章　「権利の多元的・多層的実現プロセス —— 憲法と国際人権条約の関係からグ
　　　　ローバル人権法の可能性を模索する」公法研究（日本公法学会誌）78号
　　　　（2016年）47-69頁

第13章　「法多元主義と国際人権法 —— 多元的・非階層的・循環的な人権保障の可能
　　　　性」法哲学年報（日本法哲学会年報）2018（2019年）76-83頁

第14章　「国際的な人権保障システム —— 人権法に向けて」横大道聡・新井誠・菅原
　　　　真・堀口悟郎（編著）『グローバル化のなかで考える憲法』（弘文堂、2021年）
　　　　145-163頁

第15章　「ビジネスと人権 —— 国家・国際機関・非国家主体による循環型システム」
　　　　ジュリスト1566号（2022年）21-28頁

事項・人名索引
（四角囲み数字は章番号）

◆ あ 行 ◆

アイルランド ……………………… 245
アクション・プラン ……………… 29
アクターの多元化 ………………… 242
アジア ……………………………… 270
アフガニスタン憲法 ……………… 245
アフリカ人権憲章 ………………… 256
アメリカ型審査基準論 …………… 52
慰安婦 ……………………………… 162
生きている文書 ………… 81, 221, 250
EC ……………………………… 50, 78
イギリス … [2], [3], [4], [5], v, 4, 30, 33, 37, 54, 217
　──の裁判所 ………………… 64, 89
イギリス憲法の「現代化」 ……… 75
違憲消極主義 ……………………… 276
違憲審査基準論 ………… 53, 226, 275
違憲審査制 …… 12, 64, 134, 189, 213, 215
移住労働者委員会 ………………… 280
移住労働者権利条約 ……………… 279
イズミール会議 …………………… 25
イズミール宣言 ………………… 79, 107
イタリア …………………………… 39, 42
一元論 ……………………………… 264
一律剥奪 …………………………… 38
一般手段（判決執行・履行） …… 29
一般的意見 ……………………… 216, 256
一般的人権条約 …………………… 279
EU …………… v, 9, 20, 50, 78, 197, 245
　──のヨーロッパ人権条約加入 … 79
EU 国民投票法案 ………………… 87
EU 脱退 ………………… v, 92, 104
EU 離脱　→ EU 脱退
イラク憲法 ………………………… 245
インターセックス ………………… 186
インタラクション ……………… 9, 191
インターラーケン会議 …………… 25
インターラーケン宣言 ………… 78, 107
ウェストミンスター型 …………… 107
ヴェニス委員会 …………………… 33
Wednesbury 原則 ………………… 66

Wednesbury 審査 ………………… 69
ウクライナ ………………………… vi
AI 及び人権・民主主義・法の支配に関する
　枠組条約 ………………………… 307
AI 規制 …………………………… 307
影響的権威 ………………………… 171
欧州人権裁判所　→ヨーロッパ人権裁判所
欧州人権条約　→ヨーロッパ人権条約
欧州連合　→ EU
大阪市ヘイトスピーチへの対処に関する条例
　………………………………… 140, 253
オーストラリア …………………… 254
オーストラリア現代奴隷法 ……… 303
オーストリア ……………………… 54
オータナティヴ・レポート　→カウンター・
　レポート
オランダ児童労働 DD 法 ………… 303

◆ か 行 ◆

外国人 …………………………… 162, 249
外国の人権状況 …………………… 255
外国判例 …………………………… 50
外国法 ………………… 50, 157, 167
　──の援用 ……………………… 255
　──の参照 ……………………… 50, 261
介　入 ……………………………… 61
開放型解決機構 …………………… 259
カウンター・レポート ……… 162, 163,
　　　　　　　　　220, 234, 257, 281
学者・学術団体 …………………… 306
閣僚委員会 ……………… 16, 22, 29, 270
カナダ ……………………………… 50
カナダ現代奴隷法 ………………… 303
環境と開発に関するリオ宣言 …… 304
勧　告 ……………… vii, 135, 257, 281
勧告の意見 ……………………… 25, 90
寛　容 ……………………………… 61
議員会議 ………………………… 16, 124
議　会 ………………… 4, 88, 105
　──と人権 ……………………… [5], 32
議会主権 ……………… 31, 64, 80

311

事項・人名索引

議会内人権委員会 …………………… 30, 254
企　業 …………………………………… 5, 253
　――の人権尊重責任 ………………… 303
規制消極論（差別的表現）……… 142, 144
規制積極論（差別的表現）………… 144
貴族院（UK）………………………… 34, 35
規範の伝播 ……………………………… 303
規範の内面化 …………………………… 303
規約人権委員会　→自由権規約委員会
9.11 ……………………………………… 86
救済へのアクセス ……………………… 303
教育的多元主義 ………………………… 42
教育を受ける権利 ……………………… 42
教　化 …………………………………… 42
共　生 ………………………………… v, 5
行政機関 …………………………… 139, 141
強制失踪委員会 ………………………… 280
強制失踪条約 …………………… 169, 279
行政実務 ………………………………… 29
近代立憲主義 …………………………… 191
国別行動計画 …………………………… 303
国別調査・テーマ別調査 ……… 268, 281
区　別 …………………………………… 282
グローバル化 ………… 197, 240, 275, 283
　――における法の変容 ……………… 263
グローバル・コンパクト ……………… 300
グローバル・サウス ……………… 246, 295
グローバル社会 …………………… 4, 151
グローバル人権法 …… 4, 165, 167, 184, 239
グローバル・ノース ……………… 246, 295
グローバル・モデル …… 4, 10, 45, 48, 49
グローバル立憲主義 ……… 12, 196, 198, 246
クローン事件 …………………………… 84
警　察 …………………………………… 139
刑事裁判および警察法（2001年）…… 36
ケース・メソッド ……………………… 66
現役世代と将来世代 …………………… 295
見解（国際機関）…………………… 55, 214,
　　　　　　　　　　　　216, 256, 281
権限分配 ………………………………… 219
謙　譲 ……………………………… 69, 70
建設的対話 ……………………………… 267
現代奴隷法（UK）…………………… 302
現代立憲主義 …………………………… 191
憲　法 …………………………………… 49

　――が保障する権利 ………………… 248
　――と国際法 ………………………… 276
　――と条約 …………………………… 276
　――の「国際化」………………… 11, 240
憲法化 …………………………………… 77
憲法改革 ………………… 31, 33, 76, 109
憲法改革・統治法（2010年）………… 82
憲法改正草案要綱 ……………………… 194
憲法学 ……………………… 5, 209, 274
憲法学（日本）………………………… 133
　――と国際人権法 …………………… 215
憲法裁判所 …………………………… 40, 49
憲法システム …………………………… 5
憲法上の権利 …………………………… 275
憲法上の人権 …………………………… 218
憲法適合性審査 ……………… 49, 191, 266
憲法的文書 ……………………………… 102
憲法優位説 ……………………………… 283
権利および自由に関する憲章（カナダ）… 245
権利実現手段のグローバル化 ………… 239
権利実現プロセス ……………………… 241
権利章典（1689年）………… 56, 87, 110
権利章典委員会（UK）……………… 86
権利と適合するように行動する義務 … 110
権利の実現手段 ………………………… 265
権利の内容 ……………………………… 265
権利の認定 ……………………………… 61
権力分立 …………………………… 230, 258
公共の福祉 ……………………………… 249
公職選挙法 ……………………………… 38
公正なバランス ………………………… 60
公正な満足 ……………………………… 29
公的機関 ………………………………… 119
公的機能を果たしうる私人 …………… 31
拷　問 …………………………………… 38
拷問禁止委員会 ………………………… 280
拷問等禁止条約 …………………… 169, 279
国外追放 ………………………………… 38
国際化 …………………………………… 242
　――された憲法 ……………………… 194
国際機関 …………………… 5, 239, 267, 306
国際機関の監督 …………………… 29, 255
国際基準 ………………………………… 225
国際裁判所 ………………………… 39, 48
国際システム ……………………… 5, 219, 273

312

事項・人名索引

国際社会 ……………………………… 192
　——の問題 ………… 13, 91, 239, 265, 273
国際人権 …………… [7], 4, 150, 210, 217, 240, 241
国際人権システム ………………………… 204
国際人権条約が保障する権利 …………… 248
国際人権条約の援用 ……………………… 255
国際人権条約の国内実施
国際人権条約の参照 ……………………… 261
国際人権法 …… [11], [13], [14], 5, 156, 169,
　　　　　　　240, 265, 273, 278, 297, 298
　——の援用 …………………………… 244
　——の実効性 ………………………… 152
国際人権法学 ……………………… 5, 209, 211
国際人権法学の裁判指向 ………………… 137
国際人権法学会 …………………………… 211
国際人権法的契機 ………………………… 201
国際人権保障 ……………………………… 211
国際組織の発展 …………………………… 197
国際標準 …………………………………… 225
国際法 ……………………………………… 49
　——と憲法の関係 …………………… 168
　——と国内法 ………………………… 264
　——の「憲法化」 …………………… 11
　——の国内的効力の有無 …………… 243
　——の国内的序列 …………………… 277
　——の国内適用可能性 ……………… 277
　——の「人権化」 ………… 77, 196, 246
　——の適用可能性 …………………… 243
　——の「立憲化」 …………………… 196
国際法学 ………………………………… 5, 209
国際法上の主体 …………………………… 265
国際法遵守義務 …………………………… 195
国際立憲主義 …………………………… 12, 192
国籍法 ……………………………………… 250
国内基準 …………………………………… 225
国内裁判所 …………………………… 39, 48
国内システム …………………… 5, 219, 273
国内実施 …………………… [6], [12], 249
国内社会 …………………………………… 192
国内人権 …………… 151, 217, 218, 240
　——と国際人権 …………………… 193
国内人権機関 …… 30, 162, 230, 232, 234, 253
国内人権システム ………………………… 204
国内的救済 ………………………………… 29
国内法化 …………………… [3], 31, 80

国内法秩序における国際法の序列 ……… 243
国内問題 ………………… 193, 237, 274
国内立憲主義 ……………………………… 192
国民代表法 (UK) ………………………… 38
国民投票 (2016年) ………… v, 92, 103, 199
国連 ………………………………………… 265
　——の人権条約 …………………… 279
国連加盟国 ………………………………… 306
国連環境開発会議 ………………………… 304
国連憲章 …………………………………… 194
国連事務総長特別代表 …………………… 301
個人通報制度 ……… 162, 233, 235, 244, 256,
　　　　　　　266, 268, 279, 280, 288
個人申立 …………………………… 26, 28
国　家 ……………………………………… 5
　——からの自由 …………………… 134
　——による司法手続（原則25）…… 304
　——による人権保障 ……………… 134
　——による非司法的苦情処理の仕組み（原則27）
　　　　　　　………………………… 304
　——の人権保護義務 ……………… 303
国　会 ……………………………………… 250
国家法 ……………………………………… 49
国家報告 ………… 162, 220, 236, 251, 280
国家報告書 ………………………… 135, 142
子どもの権利委員会 ……………… 176, 280
子どもの権利条約 …… 169, 202, 250, 279
個別手段 …………………………………… 29
コモンウェルス型 ………………………… 107
婚外子 ………………… 45, 162, 257, 261
コンセイユ・デタ ………………………… 57
コントロール・オーダー (UK) ………… 120

❀ さ 行 ❀

在外日本国民の選挙権 …………………… 202
最高裁判所 (UK) ………………………… 80
最高裁判所 (日本) ………… vi, 40, 52, 53,
　　　　　　　165, 169, 251, 289
再婚禁止期間 ……………………………… 179
最終見解　→総括所見
再　審 ……………………………………… 29
在ストラスブール総領事館 ……………… 170
最低ライン ………………………………… 236
裁判官対話 ………………… 40, 170, 266
裁判所 (日本) …………………………… 251

313

事項・人名索引

裁判を受ける権利 …………………… 40, 252, 283
差別的言動解消法 ……………… 137, 138, 251
差別的表現 ……………………………………… 136
三段階審査 ……………………………………… 275
ジェンダー認定法（2004年）…………… 184
死刑制度 ………………………… 162, 259, 288
自国第一主義 …………………………………… 93
私生活の尊重　→ヨーロッパ人権条約8条
事前質問票 ……………………………………… 289
持続可能な開発 ……………………………… 304
実効性 …………………………………………… 48
実　施 ………………………………………… 111
指導原則。→ビジネスと人権に関する指導原則
自動的受容 …………………………………… 243
自白強要 ……………………………………… 288
自発的国家レビュー ………………………… 305
司法審査 …………………………… 191, 200
司法対話　→裁判官対話
司法の権威 …………………………………… 62
司法の政治化 ………………………………… 12
市民社会 ……………………… 5, 162, 306
市民的自由 …………………………… 109, 220
指　紋 …………………………………………… 36
社会権規約 ………………………… 169, 279
社会権規約委員会 …………………………… 280
宗　教 …………………………………………… 42
自由権規約 ……………… 169, 202, 252, 279
自由権規約委員会 …………… vii, 154, 163,
176, 234, 257, 280, 289
受刑者の選挙権 ……………………………… 38
受　容 …………………… 11, 32, 35, 221
準違憲審査制 ………………………… 31, 102
循環型人権システム ……… 14, 15, v, 3, 5, 295
循環性 ……… 14, 15, v, vi, 94, 259, 270, 304
準拠国 ………………………………………… 246
障害者権利委員会 …………………………… 280
障害者権利条約 …………… 169, 249, 250, 279
障害者差別解消法 …………………………… 250
上級裁判所ネットワーク（SCN）………… 97
上告理由 ……………………………………… 251
少数民族 ……………………………………… 162
衝　突 ………………………… 11, 37, 95, 101
条約違反判決 ………………………………… 29
条約機関 …………………………………… 3, 162
——の解釈 ………………………………… 158

——の勧告 …………………………………… 159
——の人権実施手段 ………………………… 193
条約機関（国際機関）………………… 193, 225
条約機構 ………………………………………… 4
条約適合性審査 ……………………… 60, 266
条約適合的解釈 ……………………………… 251
条約の国内適用 ……………………… 282, 283
条約の私人間適用 …………………………… 282
条約の承認 …………………………………… 250
奨　励 ………………………………………… 255
諸外国 ………………………………………… 166
諸外国の立法 ………………………………… 201
女　性 ………………………………………… 162
女性差別撤廃委員会 ………… vii, 177, 181, 280
女性差別撤廃条約 …………… 169, 249, 279, 298
新型コロナウィルス感染症 ………………… 295
人　権 …………………………… 12, 223, 273
——の「グローバル化」………………… 245
——の国際化 ………………… 13, 240, 273
——の国際的保障 …………………… 13, 211
——の実現手段 ……………… 153, 209, 219
——の実効的保障 ………………………… 10
——の世紀 ……………………………… vii, 91
——の内容 …………………………… 209, 217
——の普遍性 ……………………………… 11
——を守る仕組 ……………………… 226, 230
人権委員会 …………………………………… 254
人権オンブズマン …………………………… 253
人権機関国際調整委員会（ICC）………… 254
人権基準 ……………………………………… 213
人権基準の比較 ……………………………… 227
人権規範の共通化 …………………………… 51
人権合同委員会（UK）… 31, 32, 34, 82, 105, 112
人権コミッショナー ………………………… 185
人権裁判所 …………………………………… 282
人権裁判所判例法 …………………………… 65
人権条約（一般）…………………………… 49
——の起草 ………………………………… 249
人権条約（ヨーロッパ）　→ヨーロッパ人権条約
人権条約適合的解釈 ………………………… 282
人権法（一般）……… 11, 14, 5, 76, 225, 297
人権法（1998年）……… 2, 3, 4, v, 4, 31, 54, 64
——の実施 ………………………………… 111
——の廃棄 ………………………………… 103
人権保障システム …………………………… 285

事項・人名索引

人権保障の広狭……………………228, 283
人権擁護委員会………………………307
人権擁護法案…………………210, 307
審査基準論……………………………49
人種差別禁止条例……………………251
人種差別撤廃委員会……135, 142, 251, 280
人種差別撤廃条約……135, 142, 169, 250, 279
人新世…………………………………295
身体への侵襲を受けない自由………vii, 186
スウェーデン…………………………245
枢密院…………………………………68
ステークホルダー……………………306
スマートミックス……………………303
政権交代（2010年）…………………103
政治的憲法……………………………76
政治部門………………………………10, 32
精神科医の診断………………………187
性的マイノリティ……………………162
性同一性障害者の権利……………[8], 181
性同一性障害者の性別の特例に関する法律
………………………………165, 182
性同一性障害に関する診断と治療のガイド
ライン………………………170, 183
正当な目的……………………………62
性別適合手術…………………………182
制約事由………………………………249
世界人権宣言…………………3, 13, 194, 274
世界法…………………………………196
世界保健機関…………………………vii
接　合………………………11, 94, 222, 234
説得の根拠……………………………171
1998年人権法　→人権法（1998年）
ソヴィエト憲法………………………196
総括所見………………55, 142, 154, 163, 216,
255, 257, 267, 280, 287
総選挙（2015年）……………………103
総選挙（2017年）……………………103
相　続…………………………………175
総領事館（在ストラスブール）……170
外からの視角…………………………5
園部逸夫………………………………155
ソフト・ロー…………………………5, 295
尊属殺重罰……………………………201
尊　重…………………………………42

◆た 行◆

第11議定書　→ヨーロッパ人権条約第11議定書
第14議定書　→ヨーロッパ人権条約第14議定書
第15議定書　→ヨーロッパ人権条約第15議定書
第16議定書　→ヨーロッパ人権条約第16議定書
対抗言論………………………………145
体制転換………………………………245
大西洋憲章……………………………194
大日本帝国憲法………………………194
代用監獄………………………162, 288
第四審…………………………………269
対　話…………………39, 97, 99, 260
妥　協…………………………………11
多元主義………………………………61
多元性…………………………239, 263, 304
多元的・多層的実現プロセス……[12], 5, 260
多元的・非階層的・循環的人権保障システム
……[14], [15], v, 3, 4, 5, 263, 296, 306
多国間条約……………………………249
多国籍企業および社会政策に関わる原則の
三者宣言…………………………300
多国籍企業行動指針…………………300
多層性…………………………10, 48, 239
多層的人権保障システム……[1], [4], [6], [8], v, 3, 4,
26, 43, 45, 76, 133, 166, 180, 202, 282
多層的統治構造………………[1], 4, 43
多層的立憲主義………………204, 247
磔刑像…………………………………42
Davos 会議……………………………300
他律的憲法……………………………195
誰一人として取り残さない…………307
男女雇用機会均等法…………………250
担保法…………………………………249
地域裁判所……………………………48
地域的機構……………………………9
地域的人権条約………………256, 269
地球サミット…………………………304
千葉勝美………………………53, 202
地方自治体……………………138, 140, 252
中東欧諸国……………………………33
超国家的機関…………………………77
調整理論………………………………264
調　停…………………………………78
直接適用………………171, 243, 251, 277

315

事項・人名索引

通常裁判所 ……………………………… 49
抵 抗 ……………………………………… 97
締約国のコンセンサス ………………… 37
DNA サンプル …………………………… 36
適合的解釈 ………………………… 31, 64
デロゲーション ………………… 35, 59
デロゲートできない権利 …………… 249
テロリスト ……………………………… 38
テロリズム …………………………… 70, 101
テロリズム法（2000年）……………… 123
テロリズム防止法（2005年）………… 35
テロリズム立法独立審査官（UK）… 122
伝聞証拠 ………………………………… 40
ドイツ …………………… 50, 54, 179, 202
ドイツ型比例原則 ……………………… 52
ドイツ警察行政法 ……………………… 56
ドイツサプライチェーン DD 法 …… 303
同 視 …………………………………… 251
統治機構 ……… 3, 4, 5, 9, 225, 258
　　──の人権保障的再構築 … ⑪, 230
統治機構（国内機関）… 193, 225, 267
統治構造 …………………………… 13, 28
統治構造の動態 … ①, ⑥, ⑫, ⑭, 12
道徳の保護 ……………………………… 63
トランスナショナル人権法源論 …… 157,
　　　　　　　　　　　　167, 203, 247
取り調べ ……………………………… 162

◆な 行◆

ニカブ …………………………………… 43
二元的岐別論 ………………………… 247
二元論 ………………………………… 264
西ドイツ連邦憲法裁判所 …………… 202
日本国憲法 …………… 191, 193, 274
日本国憲法前文 ……………………… 195
ニュージーランド権利章典 ………… 255
ネットワーク論 ……………………… 247

◆は 行◆

ハイブリッド …………………………… 31
パイロット判決 ………………………… 33
ハード・ロー …………………………… 5
ハムラビ法典 …………………………… 56
パリ原則 …………… 230, 254, 287
ハング・パーラメント ……………… 104

判決の執行 ……………… 22, 29, 214
万国公法 ……………………………… 194
パンデミック ………………………… 295
反テロリズム・犯罪・安全法（2001年）……… 33
判例の読み方 …………………………… 52
判例法 …………………………… 10, 26
非階層性 …………… ⑭, ⑮, 270, 302
比較憲法 …………… 49, 50, 241
比較法 ………………………………… 179
比較法的契機 ………………………… 201
比較法的・国際人権法的検討 …… 291
被告国 …………………………………… 29
非国家基盤型の苦情処理の仕組み（原則28-30）
　　　　　　　　　　　　　　　　… 304
非国家主体 …………………………… 5, 296
ビジネスと人権（BHR）…… ⑮, 5, 295, 299
ビジネスと人権に関する指導原則 …… ⑮, 295,
　　　　　　　　　　　　　　296, 301
非司法的苦情処理メカニズムの実効性の
　　基準（原則31）……………… 304
批 准 ………………………………… 249
批判的国際立憲主義 …………… 196, 198
評価の余地 … ②, 24, 61, 63, 71, 81, 87
表現の自由 …………………………… 143
表現の自由国連特別報告者 ………… 147
平等人権委員会（UK）…… 31, 82, 124
非ヨーロッパ …………………………… 45
比例原則 …………… ②, 4, 43, 49, 52, 232
夫婦同氏制度 …………… 177, 200, 257
フォーマット化 ………………………… 62
フォロー・アップ事項 ……………… 255
フォロー・アップ制度 …………… 281, 289
不適合宣言 …………… 31, 33, 64, 85, 110
普遍的定期的審査 …………………… 268
ブライトン会議 ……………………… 25, 71
ブライトン宣言 ……………………… 79, 107
ブラッセル宣言 ……………………… 107
フランス …………… 43, 179, 202
ブルカ …………………………… 42, 43
Brexit ………………………………… 103
米州人権条約 ………………………… 256
ヘイト・スピーチ …………… 140, 141
ヘイトスピーチに関する実態調査報告書 …… 146
変型方式 ………………………………… 30
弁護士 …………………………………… 30

事項・人名索引

法　案 ………………………………… 115, 119
法改正 ……………………………………… 29
法科大学院 ……………………………… 276
法形成 ……………………………………… 9
報告書 ………………………………… 255, 267
法多元主義 ………………… 13, 5, 263
法的憲法 ………………………………… 76
法と政治 …………………………………… 9
法の支配の国際化 ……………………… 232
法の段階的構造 ………………………… 228
法の下の平等 …………………………… 283
法部門 …………………………………… 10, 32
法律家共同体 …………………………… 197
法律顧問 ………………………………… 115
法律による規定 ……………………… 61, 62
補完性 ……………………………… 25, 27, 87
補完的発展 ……………………………… 105
ポツダム宣言 …………………………… 194
ポンソンビー・ルール ………………… 82
本邦外出身者に対する不当な差別的言動の
解消に向けた取組の推進に関する法律
　→差別的言動解消法

◆ま　行◆

マイノリティ …………………………… 162
マグナ・カルタ ………………………… 56
マッカーサー・ノート ………………… 194
マニフェスト ……………………… 87, 103
身近な小さな場所 ……………… 275, 307
南アフリカ ……………………………… 245
南アフリカ憲法 ………………………… 245
南アフリカ憲法裁判所 ………………… 245
Mirror 原則 …………………………… 71, 81
ミレニアム開発目標 …………………… 305
民主的社会において必要 ……… 58, 61, 62
民族学校 ………………………………… 140
民法改正 ………………………………… 257
民法733条 ……………………………… 179
民法750条 ……………………………… 180
民法900条但書（旧）………… 7, 175, 261
無　視 …………………………………… 11, 39
矛盾宣言 ………………………………… 255
申立件数超過 …………………………… 78
モニタリング …………………………… 193

◆や　行◆

唯一または決定的ルール …………… 40, 41
有権解釈 ………… 163, 179, 258, 269, 282
優生保護法 …………………………… vii, 182
良い慣行 ………………………………… 1, 121
抑止力 …………………………………… 95
四つの自由 ……………………………… 194
予防ライン ……………………………… 236
ヨーロッパ …………………………… v, 3, 13
ヨーロッパ社会のコンセンサス …… 27, 185,
　　　　　　　　　　　　　　　　221, 269
ヨーロッパ人権委員会 ………………… 78
ヨーロッパ人権裁判所 ……… 1, 2, 3, 4, vi,
　9, 16, 21, 49, 50, 55, 75, 166, 256, 269, 286
　――の機構改革 ……………………… 24
　――の機能不全 ……………………… 78
　――の裁判官 ………………………… 19
　――の判例 …………………………… 24
ヨーロッパ人権条約 … 1, 2, 3, 4, v, 9, 13, 33,
　　　　　　　55, 75, 213, 245, 256, 286
　――11条（集会および結社の自由）… 58
　――15条（緊急時におけるデロゲーション）
　　　　　　　　　　　　　　　　…… 59
　――2条（生命に対する権利）…… 59, 99
　――3条（拷問の禁止）……………… 59
　――4条1項（奴隷状態の禁止）…… 59
　――5条（自由および安全に対する権利）… 59
　――6条（公正な裁判を受ける権利）… 59, 283
　――7条（法律なくして処罰なし）… 59
　――8条（私生活および家族生活の尊重を
　　　受ける権利）………………… 37, 58
　――9条（思想、良心および信教の自由）… 58
　――10条（表現の自由）…………… 58
　――第11議定書 ……………………… 25
　――第14議定書 ………………… 25, 78, 79
　――第15議定書 ……………… 25, 71, 79, 88
　――第16議定書 ………………… 25, 79
ヨーロッパ人権条約脱退 …… vi, 101, 103
ヨーロッパ人権条約の実施 ………… 107
ヨーロッパ多元主義 …………………… 11
ヨーロッパの監督 ……………………… 63
ヨーロッパのコンセンサス ……… 24, 269
ヨーロッパ評議会 ………………… 1, v, 9, 14
ヨーロッパ立憲主義 …………………… 11

317

事項・人名索引

ヨーロッパ連合　→EU

◆ら 行◆

利益衡量 ······································· 53
リスボン条約 ································· 79
立憲主義 ····························· [9], 191
立憲主義（日本）····························· 200
立憲主義プロジェクト ······················ 193
留　保 ······································· 250
レジリエンス ····················· [4], 4, 96
連立政権 ····································· 72
労働党 ······································· 109
労働党政権 ······························ 31, 76
ロシア ·································· vi, 97
ロシア除名 ··································· vi
ロシア脱退 ··································· vi

◆わ 行◆

ワイマール憲法 ····························· 194

◆欧 文◆

absolute rights ···························· 58
Annan, Kofi ······························· 300
Arai-Takahashi, Yutaka ···················· 60
ASEAN ···································· 270
Bratza, Nicolas ···························· 99
Cameron, David ···························· 86
Christoffersen, Jonas ······················ 56
Comparative Constitutions Project ········· 245
Costa, Jean-Paul ················ 40, 56, 170
ECHR　→ヨーロッパ人権条約
Eissen, Marc-André ························ 55
Frowein, Jochen A ·························· 56
Ginsburg, Tom ··························· 245
Global Alliance of National Human Rights Insti-

tutions（GANHRI）··················· 232, 254
Hammond, Philip ···························· 93
Hard Brexit ································· 93
Hickman, Tom ······························ 72
HRA　→人権法（1998年）
Huseynov, Latif ···························· 170
ILO ······································· 300
Judicial College ··························· 71
Judicial Studies Board ····················· 71
Kavanaugh, Aileen ························· 68
Lord Hoffmann ···························· 71
Lord Irvine ································· 71
Lord Phillips ························· 41, 99
Lord Steyn ································· 68
Marbury v Madison ······················ 172
May, Theresa ······················ 101, 103
MDGs ····································· 305
Mill, John Stuart ·························· 56
NGO ············· 5, 30, 83, 142, 162, 163, 185, 220,
234, 253, 257, 259, 267, 281, 303, 306
OECD ····································· 300
Peters, Anne ······························ 198
qualified rights ···························· 58
Rivers, Julian ····························· 69
Roosevelt, Eleanore ······················ 275
Roosevelt, Franklin ······················ 194
Ruggie, John Gerard ······················ 301
SDGs ·························· [15], 296, 304
self-executing ···························· 244
Stone Sweet, Alec ·························· 56
Svarez, Karl Gottlieb ······················ 56
Tomkins, Adam ···························· 68
Trump, Donald ······················ 92, 199
Tulkens, Françoise ························ 170
Wildhaber, Luzius ························· 170

判例索引

◆日 本◆

・最高裁判所

最大判1973（昭和48）・4・4刑集27巻3号
265頁（尊属殺重罰規定違憲判決）………… 201

最大判1975（昭和50）・4・30民集第29巻第4号
572頁（薬事法違憲判決）……………………… 201

最大判1976（昭和51）・4・14集30巻3号223頁
（衆議院議員定員不均衡訴訟）……………… 201

最大判1985（昭和60）・7・17民集39巻5号
1100頁（衆議院議員定員不均衡訴訟）……… 201

最大判1987（昭和62）・4・22民集41巻3号408頁
（森林法違憲判決）…………………………… 201

最大判1995（平成7）・7・5民集49巻7号1789頁
（婚外子法定相続分訴訟）……………… 158，159

最大判2002（平成14）・9・11民集第56巻7号
1439頁（郵便法免責規定違憲判決）………… 201

最二小判2003（平成15）・3・28集民209号347頁
（婚外子法定相続分訴訟）…………………… 159

最一小判2003（平成15）・3・31時1820号64頁
（婚外子法定相続分訴訟）……………… 158，159

最大判2005（平成17）・9・14民集59巻7号2087頁
（在外日本人選挙権剥奪違憲判決）………… 201

最大判2008（平成20）・6・4民集62巻6号1367頁
（国籍法違憲判決）………… 53，158，166，169，
　　　　　　　　　　　　　172，201，202，290

最二小判2012（平成24）・12・7刑集66巻12号
1337頁（堀越事件）…………………………… 53

最大判2013（平成25）・9・4民集67巻6号1320頁
（婚外子法定相続分違憲決定）…… vii，154，166，
　　　　　　　　　174，179，201，202，290

最大判2015（平成27）・12・16民集69巻8号2427
頁（再婚禁止期間規定違憲判決）
　　　　　　　　　　　179，201，291

最大判2015（平成27）・12・16民集69巻8号2586
頁（夫婦同氏強制規定訴訟（第1次））
　　　　　　　　　　　　　　　180，291

最二小決2019（平成31）・1・23判時2421号4頁
（性同一性障害者特例法国賠訴訟）
　　　　　　　　　　　vii，165，182，291

最大決2021（令和3）・6・23集民266号1頁

夫婦同氏強制規定訴訟（第2次）…………… 289

最大決2023（令和5）・10・25民集77巻7号
1792頁（性同一性障害者特例法国賠訴訟
（違憲決定））…………………………………… vii

最大判2024（令和6）・7・3裁判所ウェブ
サイト（旧優生保護法国賠訴訟（違憲判決））
　　　　　　　　　　　　　　　　　　　　vii

・下級審

京都地判2013（平成25）・10・7判時2208号7頁
　　　　　　　　　　　　　　　　　　　　140

高松高判2016（平成28）・4・25（判例集未搭載）
　　　　　　　　　　　　　　　　　　　　141

横浜地川崎支決2016（平成28）・6・2判時
2296号14頁……………………………………… 139

◆ヨーロッパ人権裁判所◆
（事件名順）

A.P., Garçon and Nicot v. France nos 79885/12,
52471/13 and 52596/13………………… 166，185

Al-Khawaja and Tahery v the United Kingdom
[GC], 15 December 2011, Report 2011-VI
　　　　　　　　　　　　　　　　　40，99

Al-Khawaja and Tahery v the United Kingdom,
20 January 2009………………………… 40，99

Belgian Linguistic case [PC], 23 July 1968, Ser
A no 6 …………………………………………… 60

Broniowski v Poland [GC], 22 June 2004, Report
2004-V ………………………………………… 33

Chahal v the United Kingdom [GC], 15 November 1996, Report 1996-V ……………………… 34

Christine Goodwin v. the United Kingdom [GC],
11 July 2002, Reports 2002-VI………… 81，184

Gillan and Quinton v the United Kingdom, 12
January 2010, Reports 2010（extracts）・81，122

Greens and M. T. v the United Kingdom, 23
November 2010, Reports 2010（extracts）
　　　　　　　　　　　　　　　　38，100

Handyside v the United Kingdom [PC], 7
December 1976, Ser A no 24 ………………… 61

Hirst v the United Kingdom（No 2）[GC], 6
October 2006, Reports 2005-IX

判例索引

.... 38, 82, 84, 87, 100

Lautsi v Italy [GC], 11 March 2011, Reports
2011-III 42

Lautsi v Italy, judgment of 3 Novermber 2009
.... 42

Lawless v Ireland (No 3), 1 July 1961, Ser A
no 3 60

Marckx v Belgium [PC], 13 June 1979, Ser A
no 113 36

Othman (Abu Qatada) v the United Kingdom
[GC], 17 January 2012, Report 2012-I ···· 37, 87

Perlala v. Greece, Fenruray 2007 214

S and Marper v the United Kingdom [GC],
4 December 2008, Report 2008-V ········ 36, 80

S. A. S. v France [GC], 1 July 2014, Reports
2014-III 42

Scoppola v Italy (No 3) [GC], 22 May 2012
.... 39

Smith and Grady v the United Kingdom, 27
September 1999, Report 1999-VI ············ 67

Sunday Times v the United Kingdom [PC],
26 April 1979, Ser A no 30 ················ 62

◆イギリス◆
（事件名順）

A v Secretary of State for the Home Depart-
ment [2004] UKHL 56 ················ 85

Associated Provincial Picture Houses Ltd
v Wednesbury Corporation [1948] 1 KB 223
.... 66

Bellinger v Bellinger [2003] UKHL 21 ········ 184

de Freitas v Permanent Secretary of Ministry
of Agriculture, Fisheries, Lands and Housing
[1999] 1 AC 69 ································ 68

R v Horncastle and others [2009] EWCA Crim
964 ·· 41

R v Horncastle and others [2009] UKSC 14
.... 40, 41

R v Ministry of Defence, ex p Smith [1996]
QB 51 ································ 67, 68

R v Secretary of State for the Home Depart-
ment, ex p Brind [1991] 1 AC 696 ············ 67

R v Secretary of State for the Home Depart-
ment, ex p Daly [2001] UKHL 26 ············ 67

◆人権条約機関の総括所見◆

CCPR/C/79/Add.28 ···························· 176

CCPR/C/JPN/CO/5 ···························· 176

CCPR/C/JPN/CO/6 ···························· 176

CEDAW/C/JPN/CO/6 ························ 177

CEDAW/C/JPN/CO/7-8 ···················· 177

CERD/C/JPN/CO/10-11 ···················· 135

CRC/C/JPN/CO/3 ···························· 176

〈著者紹介〉

江島晶子（えじま・あきこ）

明治大学法学部教授
明治大学 博士（法学）

〈最近の主要著作〉

『グローバルな立憲主義と憲法学（講座立憲主義と憲法学 第6巻）』（編著，信山社，2024年）

『国際人権法学会の軌跡 ── 人権と学際性』大津浩（編）『国際人権法の深化 ── 地域と文化への眼差し（国際人権法講座 第7巻）』（信山社，2024年）

『経済安全保障と人権 ── 憲法・国際人権法・人権法の観点からの検討」憲法理論研究会（編）『憲法問題の新展開』憲法理論叢書32巻（敬文堂，2024年）

"The Use of Foreign Precedents by the Supreme Court of Japan: Awakening?" in T Groppi et al, *Judicial Bricolage: The Use of Foreign Precedents by Constitutional Judges in the 21st Century* (Hart 2025)

"Constitutional Amendment in Japan ── 'Unfeasible' Amendments versus 'Unnoticed' Amendments –" in N S Bui and M Malagodi (eds.), *Asian Comparative Constitutional Law, vol 2, Constitutional Amendment* (Hart 2024)

"Achievements and Challenges of Japan's Gender Constitutionalism: Consolidating Constitutional Law and International Human Rights Law" in W-C Chang et al (eds.), *Gender, Sexuality and Constitutionalism in Asia* (Hart 2024)

"Japan's Post-War Constitution: 'Imposed' Constitution or Hybrid between Global and Local Stakeholders?" in N S Bui and M Malagodi (eds.), *Asian Comparative Constitutional Law, vol 1 Constitution-Making* (Hart 2023)

"The Gap between Constitutional Rights and Human Rights: The Status of 'Foreigners' in Constitutional Law and International Human Rights Law" in Tetsu Sakurai and Mauro Zamboni (eds.), *Can Human Rights and National Sovereignty Coexist?* (Routledge 2023)

"Japan: Legal Response to Covid-19", in J King et al (eds.), *The Oxford Compendium of National Legal Responses to Covid-19* (OUP 2021), doi：10.1093/law-occ19/e47.013.47 〈https://oxcon.ouplaw.com/home/occ19〉

明治大学社会科学研究所叢書

学術選書
261
憲 法

循環型人権システム
── 憲法・国際人権法・人権法 ──

2025（令和7）年3月20日 初版第1刷発行

著 者 江 島 晶 子
発行者 今井 貴・稲葉文子
発行所 株式会社 信 山 社
〒113-0033 東京都文京区本郷6-2-9-102
Tel 03-3818-1019 Fax 03-3818-0344
出版契約 2025-8287-0-01010 Printed in Japan

©江島晶子, 2025 印刷・製本／藤原印刷
ISBN978-4-7972-8287-0 C3332. P.344/329.501 a.018 憲法
8287-0101：012-030-020 《禁無断複写》

JCOPY 〈(社)出版者著作権管理機構 委託出版物〉
本書の無断複写は著作権法上での例外を除き禁じられています。複写される場合は，そのつど事前に，(社)出版者著作権管理機構（電話03-5244-5088，FAX03-5244-5089，e-mail: info@jcopy.or.jp）の許諾を得てください。また，本書を代行業者等の第三者に依頼してスキャニング等の行為によりデジタル化することは，個人の家庭内利用であっても，一切認められておりません。

◆ 法律学の未来を拓く研究雑誌 ◆

人権判例報／小畑郁・江島晶子 責任編集

憲法研究／辻村みよ子 責任編集
　〔編集委員〕山元一・只野雅人・愛敬浩二・毛利透
メディア法研究／鈴木秀美 責任編集
国際法研究／岩沢雄司・中谷和弘 責任編集
EU法研究／中西優美子 責任編集
法と哲学／井上達夫 責任編集
行政法研究／行政法研究会 編集
民法研究 第2集／大村敦志 責任編集
民法研究／広中俊雄 責任編集
消費者法研究／河上正二 責任編集
環境法研究／大塚直 責任編集
医事法研究／甲斐克則 責任編集
社会保障法研究／岩村正彦・菊池馨実 編集
ジェンダー法研究／浅倉むつ子・二宮周平・三成美保 責任編集
法と社会研究／太田勝造・佐藤岩夫・飯田高 責任編集
法の思想と歴史／大中有信・守矢健一 責任編集
法と文化の制度史／山内進・岩谷十郎 責任編集

信山社

◆ **新国際人権法講座（全7巻）** ◆

第1巻　国際人権法の歴史／小畑郁・山元一　編集

第2巻　国際人権法の理論／小畑郁・山元一　編集

第3巻　国際人権法の規範と主体／近藤敦　編集

第4巻　国際的メカニズム／申惠丰　編集

第5巻　国内的メカニズム／関連メカニズム
　　　　／申惠丰　編集

第6巻　国際人権法の動態―支える力、顕現する脅威
　　　　／阿部浩己　編集

第7巻　国際人権法の深化―地域と文化への眼差し
　　　　／大津浩　編集

――― 信山社 ―――

◆講座立憲主義と憲法学（全6巻）

第1巻　憲法の基礎理論／山元 一 編

第2巻　人権Ⅰ／愛敬浩二 編

第3巻　人権Ⅱ／毛利 透 編

第4巻　統治機構Ⅰ／只野雅人 編

第5巻　統治機構Ⅱ／宍戸常寿 編　続刊

第6巻　グローバルな立憲主義と憲法学
　　　　　／江島晶子 編

信山社